Susanne Hartfiel

Die Neuerfindung des Menschen

Dominus-Verlag
Augsburg 2021

Erste Auflage. 2021

Bibliografische Information der Deutschen Nationalbibliothek
Die Deutsche Nationalbibliothek verzeichnet diese Publikation in der Deutschen Nationalbibliografie; detaillierte bibliografische Daten sind im Internet über http://dnb.dnb.de abrufbar.

Bild: Street Art in Austin, Texas (Justraveling.com, CC BY-SA 4.0).

Für den Inhalt ist ausschließlich die Autorin verantwortlich.

Dr. Peter C. Düren, Mittleres Pfaffengäßchen 11, 86152 Augsburg, Deutschland
Tel.: 0 (049) 821 - 56 65 65 8
Fax: 0 (049) 821 - 50 81 41 9
eMail: bestellung@dominus-verlag.de
www.dominus-verlag.de

ISBN 978-3-940879-75-2

Susanne Hartfiel
Die Neuerfindung des Menschen

Inhalt

1 Identitätslosigkeit und Körperlichkeit

„Der Mensch, der Gott verliert, verliert seine Identität“ (Manfred Spieker)[1]

Wollte man den säkularen, westlichen Menschen des 21sten Jahrhunderts mit einem einzigen Begriff beschreiben, so drängt sich der Begriff der Identitätslosigkeit auf: Viele Menschen wissen nicht mehr, wer sie sind, warum sie leben und was das Ziel ihres Lebens ist. Alles scheint irgendwie im Fluss zu sein. Grenzenlose Mobilität hat bewirkt, dass viele ihren Wohnort häufig wechselten und sich nirgendwo mehr wirklich beheimatet und verwurzelt fühlen. Lebenslange verbindliche Beziehungen sind rar geworden. Gemeinsame Werte existieren im Zeitalter kultureller, religiöser und sexueller Vielfalt nur begrenzt oder müssen ständig neu verhandelt werden. Alles scheint eine Frage der Perspektive. Da nichts mehr vorgegeben ist und historische Vorbilder diskreditiert erscheinen, muss der moderne Mensch die eigene Identität immer wieder neu erfinden.

Dabei rückt der menschliche Körper mehr denn je in den Mittelpunkt des Gestaltungsinteresses, denn die Frage der Identität scheint im Bewusstsein heutiger Menschen oft primär eine Frage der Körperlichkeit zu sein oder durch körperliche Manipulationen vermittelt zu werden: Schönheitschirurgie, exzessive Piercings und Tätowierungen sind immer verbreiteter. Das eigene Geschlecht sei nicht mehr angeboren und vorgegeben, sondern könne aus unendlich vielen Möglichkeiten ständig neu gewählt und verändert werden, behaupten Gendertheoretiker. Eltern fühlen sich berechtigt, die Identität ihrer Kinder nach eigenen Vorstellungen zu gestalten, nicht wie früher, durch Erziehung und Bildung, sondern indem sie deren biologische Beschaffenheit manipulieren lassen, mithilfe medizinischer Techniken, wie künstlicher Befruchtung, Präimplementations- oder Pränataldiagnostik und anschließender pränataler Selektion.[2] Wissenschaftler arbeiten fieberhaft an der genetischen Veränderung des Menschen.[3] Transhumanisten wollen den Menschen mithilfe pharmazeutischer Substanzen, genetischen Enhancements (der moderne Begriff für „Eugenik“), Nanotechnologie und der Schaffung von Mensch-Maschine-Schnittstellen, also der Verschmelzung von Mensch und Maschine, auf eine

[1] Spieker, 2011a, S. 123

[2] Vgl. Kiworr, Bauer, & Cullen, 2017, S. 25

[3] Vgl. z.B. Rehder, 2018; Rehder, 2018d; Rehder, 2019b

neue Stufe seiner evolutionären Entwicklung heben.[4] All diesen Bemühungen gemeinsam ist der alles durchdringende Materialismus, gepaart mit einer großen Unzufriedenheit mit dem eigenen Körper oder der Leiblichkeit des Menschen an sich.

Papst Benedikt XVI. hat in seiner Rede vor dem deutschen Bundestag am 22. September 2011 hingegen von einer „*Ökologie des Menschen*" gesprochen. Er sagte: „*Auch der Mensch hat eine Natur, die er achten muß und die er nicht beliebig manipulieren kann. Der Mensch ist nicht nur sich selbst machende Freiheit. Der Mensch macht sich nicht selbst. Er ist Geist und Wille, aber er ist auch Natur, und sein Wille ist dann recht, wenn er auf die Natur hört, sie achtet und sich annimmt als der, der er ist und der sich nicht selbst gemacht hat. Gerade so und nur so vollzieht sich wahre menschliche Freiheit.*"[5] An anderer Stelle schrieb er: "*Es muss so etwas wie eine richtig verstandene Ökologie des Menschen geben. Die Beschädigung der Natur hängt (...) eng mit der Kultur zusammen, die das menschliche Zusammenleben gestaltet. Wenn in der Gesellschaft die „Humanökologie" respektiert wird, profitiert davon auch die Umweltökologie (...). Das Buch der Natur ist eines und unteilbar sowohl bezüglich der Umwelt wie des Lebens und der Bereiche Sexualität, Ehe, Familie, soziale Beziehungen, kurz der ganzheitlichen Entwicklung des Menschen. Unsere Pflichten gegenüber der Umwelt verbinden sich mit den Pflichten, die wir gegenüber dem Menschen an sich und in Beziehung zu den anderen haben.*"[6]

Benedikt XVI. beschrieb damals einen merkwürdigen Widerspruch: Da ist einerseits der gesellschaftlich weit verbreitete Anspruch nach ökologischem Handeln, nach umfassendem Naturschutz, artgerechter Tierhaltung, erneuerbaren Energien, die Sorge um den Klimawandel, kurz gesagt, der Anspruch, möglichst alles zu tun, um die Erde und die natürliche Umwelt des Menschen lebensfähig zu erhalten oder, christlich ausgedrückt, die Schöpfung zu bewahren. Andererseits spricht aus dem Umgang des modernen Menschen mit sich selbst die Überzeugung, der Mensch könne sich und andere beliebig manipulieren, ohne negative Konsequenzen befürchten zu müssen, er sei nicht auch – zumindest in seiner Körperlichkeit – Teil der Natur. Die Natur der Tier- und Pflanzenwelt, ja sogar die physikalische Natur der Erde sei zu respektieren,

---

[4] Vgl. Rehder, 2007, S. 207-219; Sorgner, 2016; Rehder, 2016; Rehder, 2019c

[5] Benedikt XVI., 2011

[6] Benedikt XVI., 2009, 51

während der Mensch selbst keine eigene menschliche Natur habe, die Respekt verdiene.

Dieser hier nur sehr knapp skizzierte weltanschauliche Konflikt zwischen dem Menschen, der sich selbst neu erfindet und dem Menschen, der seine ihm vorgegebene Natur achtet, zeigt sich heute überall. Im Bereich der Sexualität, der Weitergabe menschlichen Lebens, berührt er die Grundlagen des Menschseins und hat deshalb Auswirkungen auf (fast) alle anderen Bereiche des menschlichen Lebens. Um diese Grundlagen des Menschseins, um die menschliche Identität, wird heute immer heftiger gestritten – auch innerhalb der Kirchen. Beide Seiten verweisen auf die menschliche Freiheit als Ziel.

Schauen wir uns diesen Konflikt einmal etwas genauer an. Wie unterscheiden sich die beiden Weltanschauungen? Wie unterscheiden sich ihre Sichtweisen auf den Menschen und seinen Leib? Welche Folgen hat ein Menschenbild, das den menschlichen Körper als frei gestaltbar ansieht, die Existenz einer vorgegebenen menschlichen Natur leugnet und den Körper entsprechend manipuliert? Wie sieht die „Lebenswirklichkeit" der Menschen aus, die die gesellschaftlichen Veränderungen der letzten 50 Jahre in den Bereichen Ehe, Familie und Sexualität hin zu mehr Offenheit und Vielfalt begrüßen und aktiv in ihr Leben integrieren? Wie haben sich menschliche und familiäre Beziehungen verändert, wie wandelt sich die Gesellschaft infolge dieser Neuerfindung der menschlichen Natur?

Nur wenigen Menschen ist bewusst, dass die gegenwärtigen gesellschaftlichen Umbrüche in den Bereichen Ehe, Familie und Sexualität auch Teil eines noch viel umfassenderen Projektes sind, das die Natur des Menschen nicht nur hier und da, sondern von Grund auf umgestalten will. Dieses Projekt, von dem in Kapitel 4 die Rede sein wird, trägt die Bezeichnungen Transhumanismus, Postgenderismus oder Posthumanismus. Es stellt den vielleicht größten, systematischsten und kohärentesten Gegenentwurf zum christlichen Menschen- und Weltbild dar, der je erdacht wurde. Zwar stehen der menschliche Wille und die menschliche Freiheit im Zentrum aller transhumanistischer Bemühungen, dennoch zielt das transhumanistische Projekt auf die Eliminierung des Menschen, wie wir ihn heute kennen. Ziel ist die umfassende Neuerfindung des Menschen, betrieben von finanzstarken und einflussreichen Unternehmern, Wissenschaftlern und Technikern.

„Was tun?", mögen sich anschließend einige fragen. Ich plädiere für die Klärung des Denkens, als Grundlage für alle – wie auch immer nachgeordneten –

Entscheidungen und Handlungen. Das gesellschaftliche Projekt der Neuerfindung des Menschen ist schon recht weit fortgeschritten. Wer nicht in seinem Strudel mitgerissen werden will, benötigt einen klaren Kopf und eine klare Entscheidung.

Gegenwärtig versuchen viele Menschen, Elemente beider sich gegenüberstehender Weltanschauungen – nennen wir sie die die menschliche Natur achtende, christliche[7] oder gottzentrierte Weltanschauung und die den Menschen neu erfindende, menschenzentrierte Weltanschauung – miteinander zu verbinden und in ihr Leben zu integrieren. Vorab sei daher schon einmal angemerkt: Sie sind nicht miteinander kompatibel. Es ist unmöglich, sie zu einer beide Sichtweisen des Menschen und der Welt integrierenden Theorie oder Religion zusammenzufügen, ohne dass diese in umfassender Weise unstimmig, unlogisch und irrational wird. Selbst die meisten Christen der westlichen Länder vertreten heute eher unreflektiert eine inkohärente Mischung beider Weltanschauungen und Menschenbilder. Sie hinterfragen nicht, welche übergeordneten impliziten Grundannahmen ihren jeweiligen Überzeugungen und Handlungen zugrunde liegen. Wenn die nachfolgenden Darstellungen und Gegenüberstellungen also zum Nachdenken auch über die eigenen Inkohärenzen im Bereich der weltanschaulichen Grundüberzeugungen anregen würden, wäre dies ein Gewinn.

Noch eine Warnung vorweg: Insbesondere das dritte Kapitel ist recht schwer verdaulich. Viele werden sagen: „Zu negativ!“ und geneigt sein, das Buch beiseite zu legen oder weiter hinten weiterzulesen. Dennoch sei die unangenehme Lektüre hier explizit empfohlen. Wir haben uns daran gewöhnt, gesellschaftliche Entwicklungen nicht in ihrer Gesamtheit und in ihren Wechselwirkungen zu betrachten, sondern in unendlich viele Teilentwicklungen und größere oder kleine Teilprobleme zu zerstückeln, die dann dieser oder jener gesellschaftlichen Gruppe oder Entwicklung zugeschrieben werden können. Dies schützt uns davor, zu viel Negatives wahrzunehmen und Entmutigung oder sogar Verzweiflung zu empfinden. Zugleich hält es gesellschaftliche Entwicklungen, in

---

[7] Der Begriff „christlich“ bezieht sich auf Glaubensinhalte und Überzeugungen, die biblisch grundgelegt sind, immer von Christen vertreten wurden und im Laufe der Zeit manchmal eine inhaltliche Vertiefung erfahren haben. Einen guten, auch für Anfänger verständlichen allgemeinen Überblick über solche grundlegenden christlichen Glaubensüberzeugungen geben beispielsweise der Klassiker von C.S. Lewis: Mere Christianity (dt. „Pardon, ich bin Christ“) oder das Buch von Joseph Ratzinger: Einführung in das Christentum.

die wir alle auf die eine oder andere Weise involviert und verstrickt sind, mental auf Distanz. Wir müssen uns nicht damit befassen, wo wir selbst oder uns liebgewordene Menschen Mitverantwortung tragen. Ich wage zu behaupten, dass sich niemand, der dieses Buch liest, ganz von dieser Mitverantwortung freisprechen kann. Insbesondere Christen, die Zweifel an dieser oder jener überlieferten christlichen Lehre zu Ehe, Familie und Sexualität hegen oder gar beschlossen haben, sie als nicht mehr zeitgemäß anzusehen und durch ihr persönliches Gewissen zu ersetzen, sei das dritte Kapitel in Gänze empfohlen. Es enthält kaum christliche Argumente, dafür eine eher sozialwissenschaftlich ausgerichtete Beschreibung und Analyse der gesellschaftlichen Wirklichkeit. Es ist genau jene Wirklichkeit, die unter dem Stichwort „Lebenswirklichkeit" nach dem Wunsch nicht weniger Katholiken Eingang in die kirchliche Lehre und Verkündigung erhalten sollte und die viele Protestanten schon seit geraumer Zeit als mit ihrem Glauben kompatibel ansehen.

Zu guter Letzt noch einige Informationen zu mir, damit mein weltanschaulicher Standpunkt deutlich wird. Ich bin relativ spät in meinem Leben mit dem christlichen Glauben in Berührung gekommen, was den Vorteil hat, dass mir die Lebenswirklichkeit des auf sich selbst reduzierten Menschen vertraut ist. Wäre Christus nicht in mein Leben getreten, dann würde ich heute vermutlich, wie alle eher linksorientierten Menschen, auf dem jährlichen CSD mitmarschieren, die x-te Lebensabschnittspartnerschaft eingehen, froh über erfolgreiche Verhütung und somit nicht notwendige Abtreibung sein und mir diesen Lebensstil als die große Freiheit verkaufen, ohne aber das Glück, für das der Mensch geschaffen ist und nach dem sich alle Menschen zutiefst sehnen, je kennengelernt zu haben. Mir fiel es schwer, in die katholische Kirche einzutreten, weil sie in einigen Bereichen das absolute Gegenteil meiner bisherigen Überzeugungen verkörperte. So beschloss ich, ihre Lehren zu studieren, um sie mit rationalen Argumenten widerlegen und mich anschließend einer etwas zeitgeistkompatibleren christlichen Gemeinschaft zuwenden zu können.

Doch die rationale Widerlegung gelang mir nicht. Stattdessen häuften sich die Argumente gegen meinen bisherigen Lebensstil und für die scheinbar so aus der Zeit gefallene Lehre der Kirche. Merkwürdigerweise schienen die allermeisten Kirchenmitglieder im deutschsprachigen Raum, selbst Bischöfe und Priester, diese Argumente nicht zu kennen oder nicht kennen zu wollen, obgleich sie doch vielfach so offensichtlich sind, wenn man nur offen für gesellschaftliche Realitäten ist und sie nicht schönredet. Heute empfinde ich die überlieferte Lehre der katholischen Kirche als Anleitung zum Glück, als Gebrauchsanweisung zu einem guten Leben – auch in den Bereichen Ehe, Familie und Sexualität. Leider sind viele, selbst viele Katholiken, nicht bereit, sich mit dieser Lehre überhaupt zu befassen, trotz diverser neuerer und guter Veröffentlichungen, gerade auch zu letzteren Themen. Ich habe daher versucht, darzustellen, was geschieht, wenn der Mensch beginnt, seine Natur neu zu erfinden und wohin die Reise letztendlich geht.

Meine Darstellung erfolgt auf nüchterne Weise und unter Berücksichtigung wissenschaftlicher Literatur. Mir liegt daran, zentrale Fakten zu den einzelnen Themenbereichen zu vermitteln, um zu einer rationalen Auseinandersetzung mit den Themen Ehe, Familie und Sexualität und den zugrundeliegenden Menschen- und Weltbildern beizutragen. Ich bin davon überzeugt, dass richtige persönliche Entscheidungen leichter zu treffen und umzusetzen sind, wenn sie auf klarem, kohärenten Denken beruhen, das die Suche nach der Wahrheit nicht ausblendet. Ich hoffe dazu beizutragen, dass vielen Lesern die Schönheit und Menschenfreundlichkeit des christlichen Menschenbildes wieder bewusster wird und sie sich entscheiden, es näher kennenzulernen.

Ein nicht unbedeutender Teil meiner Betrachtung ist im Denken von Wolf Wolfensberger (1934-2011) grundgelegt, welches er in zahlreichen Kursen und Publikationen vermittelt hat. Die thematischen Schwerpunkte seiner Arbeit lagen nicht im Bereich der menschlichen Natur oder bei den Themen Ehe, Familie und Sexualität, jedoch gelang es ihm, wie wenigen anderen, eine stringente Form des Denkens zu vermitteln, das sich am Guten und Wahren orientiert. Ihm und seinen Mitarbeitern gebührt mein Dank, ebenso, in besonderer Weise, Stefan Luft, der mich zum Schreiben dieses Buches angeregt und mir wertvolle Anregungen und Rückmeldungen gegeben hat. Danke auch an alle hier nicht genannten Menschen, die mich beim Schreiben unterstützt haben.

2 Gottzentrierung versus Menschenzentrierung

„Sanft gleitet das christliche Abendland in eine irrlichternde Unbestimmtheit hinüber, von der man nicht weiß: Sind wir noch Christen; haben wir das Christliche überwunden; oder sind wir unmerklich regrediert in einen heidnischen Zustand?“ (Bernhard Meuser)[8]

In vielen aktuellen gesellschaftlichen Auseinandersetzungen stehen sich implizit eine die menschliche Natur achtende, christliche oder gottzentrierte Weltanschauung und eine den Menschen neu erfindende, menschenzentrierte Weltanschauung gegenüber – meist nicht in Reinform, sondern in unzähligen Variationen der Vermischung. Hier sollen diese beiden Welt- und Menschenbilder zunächst einmal in aller Kürze vor- und gegenübergestellt werden, denn sie werden beim Nachdenken über die Existenz oder Nichtexistenz einer menschlichen Natur und die Themen Ehe, Familie und Sexualität immer bewusst oder unbewusst mitgedacht.

Was bedeutet Gottzentrierung? Zunächst einmal, dass das gesamte christliche Welt- und Menschenbild auf Gott hin ausgerichtet ist. Gott ist der Schöpfer des Universums und des Menschen. Auf Gott hin ist alles geschaffen. Gott ist Ursprung und Ziel des menschlichen Lebens. Nur von Gott her lässt sich aus christlicher Perspektive die menschliche Identität verstehen, nur von Gott her kann der Mensch erkennen, wer er ist und wie er seine Beziehungen zu anderen Menschen und zu seiner natürlichen Umwelt gestalten soll. Nur von Gott her kann der Mensch wissen, wie er leben soll und was ihn glücklich macht. Nur von Gott her, kann der Mensch Sinn und Ziel seines Lebens begreifen. Je mehr also ein Mensch in der Erkenntnis und Liebe Gottes voranschreitet, desto mehr wird sich auch seine Beziehung zu sich selbst, zu anderen Menschen und zur Schöpfung klären. Je mehr er Gott liebt, desto mehr wird er versuchen, den göttlichen Willen zu erkennen und das eigene Leben mit ihm in Übereinstimmung zu bringen.

---

[8] Meuser, 2020, S. 83

Wir sind, nach christlicher Überzeugung, durch die Vernunft in der Lage, zu erkennen, dass Gott existiert. *„Denn von der Größe und Schönheit der Geschöpfe läßt sich auf ihren Schöpfer schließen,“* heißt es im Buch der Weisheit.[9] Johannes Paul II. spricht von einem *„Buch der Natur“* und schreibt: *„liest der Mensch dieses Buch mit den seiner Vernunft eigenen Mitteln, kann er zur Erkenntnis des Schöpfers gelangen.“*[10] Die von Gott geschenkte Vernunft ermöglicht darüber hinaus auch die Erkenntnis allgemein gültiger moralischer Grundsätze[11], deren Beachtung zu einem guten Leben verhelfen. Über ihre Einhaltung wacht das Gewissen, denn *„der Mensch hat ein Gesetz, das von Gott seinem Herzen eingeschrieben ist.“*[12] Dies mag erklären, weshalb bestimmte moralische Prinzipien in etwas unterschiedlicher Form in allen großen Religionen zu finden sind, obgleich sich ihre grundlegenden Glaubensaussagen zum Teil wesentlich unterscheiden.

Darüber hinaus hat, nach christlicher Überzeugung, Gott selbst sich dem Menschen offenbart: zunächst seinem auserwählten Volk, den Israeliten, denen er sein Gesetz gab und die er dazu berief, sein *„besonderes Eigentum“* und ein *„heiliges Volk“* zu sein,[13] und schließlich, in umfassender und abschließender Weise, in Jesus Christus, dem menschgewordenen Sohn Gottes, der von sich sagt, dass er *„der Weg und die Wahrheit und das Leben“*[14] ist. Am Leben und an den Worten Jesu wird sich der gottzentrierte christlich denkende Mensch also ausrichten. Er wird versuchen, ihn immer tiefer kennenzulernen und seine Worte tiefer zu verstehen, um das eigene Leben dem Leben Christi ähnlicher werden zu lassen.

Diesem christlichen und gottzentrierten Bild vom Menschen steht heute ein insbesondere in den westlichen Gesellschaften verbreitetes Bild der Welt und des Menschen gegenüber, das völlig ohne einen Schöpfer auskommt. Es versteht den Kosmos, die Erde und den Menschen als Zufallsprodukte physikalischer, chemischer und biologischer Prozesse. Hier steht der Mensch selbst im Mittelpunkt seines eigenen Lebens: Er existiert aus sich selbst heraus, er definiert sich selbst, schafft sich selbst, entscheidet selbst, was als richtig und

---

[9] Weish 13, 5

[10] Johannes Paul II., Fides et Ratio, 19. Ein Plädoyer für diese Aussage aus naturwissenschaftlicher Sicht findet sich in Bergmann, 2019.

[11] Vgl. Johannes Paul II., Veritatis Splendor, 40, 51 & 52

[12] Ebd., 54

[13] Vgl. Ex 19, 5-6 & 20,1ff

[14] Joh 14,6

falsch gelten soll, wie er seine Beziehungen zu anderen Menschen und seiner natürlichen Umwelt gestalten möchte und was Sinn und Ziel seines Lebens ist. Da der heutige menschenzentriert denkende Mensch – im Gegensatz etwa zu den menschenzentriert denkenden Aufklärern vergangener Zeiten – seiner Vernunft und Fähigkeit zur moralischen Analyse oft misstraut und es in seinem Weltbild niemanden außerhalb des Menschen gibt, von dem er seine ethischen Grundsätze empfangen könnte, müssen die temporär gültigen Regeln des persönlichen und gesellschaftlichen Zusammenlebens immer wieder neu definiert werden. In der Regel geschieht dies durch Aushandlungsprozesse oder Machtausübung. Medien, die Unterhaltungsindustrie, Peer-Groups und gesellschaftliche Institutionen, denen es gelingt, ihre Interessen und Interpretationsweisen der Wirklichkeit überzeugend und durchsetzungsstark zu präsentieren, spielen dabei eine wichtige Rolle. Viele Menschen des 21sten Jahrhunderts lehnen es grundsätzlich ab, allgemeingültige und verbindliche ethische Grundsätze zu akzeptieren. Sie glauben, dass diese menschengemacht sind und daher jeweils nur situative oder kulturabhängige Gültigkeit besitzen. Nützlichkeitsdenken, Pragmatismus, Hedonismus und der Wunsch nach persönlichem Wohlbefinden prägen oft, manchmal in Kombination mit Elementen aus Religion und Philosophie, ihre moralischen Entscheidungen und die daraus abgeleiteten Handlungen.

Die folgenden Abschnitte handeln von einigen grundlegenden Fragen der Menschheit, die für das Thema „Neuerfindung des Menschen“ von wesentlicher Bedeutung sind. Ihre Beantwortung verdeutlicht die konträren Sichtweisen der beiden Menschen- bzw. Weltbilder. Diese Fragen lauten: Wer ist der Mensch? Wer ist der Mensch im Verhältnis zu Gott? Wie soll das Verhältnis der Geschlechter zueinander und wie die Beziehung zwischen Eltern und Kindern gestaltet werden? Wozu dient die menschliche Sexualität? Was ist eine Ehe? Wer konstituiert eine Familie? Woher kommen Unheil, Krankheit, Hunger, Krieg und Ungerechtigkeiten? Warum scheint alles in irgendeiner Weise dysfunktional oder zumindest nicht so perfekt zu sein, wie wir es uns wünschen?

Bekanntlich wurden ganze Bibliotheken mit Schriften gefüllt, die versucht haben, diese Fragen zu beantworten. Hier geht es nicht um Details, sondern lediglich darum, einige wesentliche Grundzüge und Unterschiede des gottzentrierten christlichen Menschenbildes und des menschenzentrierten Menschenbildes der westlichen Gesellschaften des 21sten Jahrhunderts zu verdeutlichen.

2.1 Geliebtes Geschöpf Gottes oder identitätsloses Wesen mit defizitärem Körper

> *„Unsere Menschennatur wurzelt in der frohen Erfahrung, dass wir nicht Ursprung unseres Selbst sind, dass wir nicht unser eigener Schöpfer sind, sondern dass wir geliebt und gewollt wurden, noch bevor wir begannen zu sein.“*
> (Robert Kardinal Sarah)[15]

Beginnen wir mit den beiden grundlegenden Fragen: Wer ist der Mensch? Wer ist der Mensch im Verhältnis zu Gott?
Nach christlichem Verständnis wurde der Mensch – und zwar jeder einzelne Mensch – nicht nur als beseelter Leib, also als Einheit von Körper und Geist, sondern auch als Abbild Gottes[16] geschaffen. Gott hat den Menschen um seiner selbst willen als sein unendlich geliebtes Geschöpf geschaffen. Der Mensch lebt, weil er *„von Gott aus Liebe geschaffen, immer aus Liebe erhalten wird.“*[17] Entzöge Gott uns seine Liebe, so könnten wir nicht existieren.
Gott selbst *ist* die Liebe, eine ewige Liebesgemeinschaft dreier göttlicher Personen. An dieser Gemeinschaft soll der Mensch teilhaben. Gott ruft also den Menschen in die Gemeinschaft mit sich. Das Ziel jedes menschlichen Lebens ist daher der Eintritt in diese Liebesgemeinschaft und die Teilhabe an dieser Liebesgemeinschaft mit Gott. Es geht hier sozusagen um die Vergöttlichung des Menschen durch Gott selbst. Nach christlichem Verständnis will Gott den Menschen in die Liebesgemeinschaft mit sich hineinziehen und hineinverwandeln. Diese Verwandlung und Teilhabe beginnt schon im irdischen Leben und findet im ewigen Leben ihre Vollendung.
Jeder Mensch ist, sobald er gezeugt wurde, ein geliebtes Geschöpf Gottes. Durch Taufe und Glaube wird er zum Kind Gottes. Er erhält gleichsam Anteil am göttlichen Leben, kann eintreten ins Reich Gottes, das schon hier und jetzt beginnt, sozusagen als Vorgeschmack der ewigen Freude in der Gemeinschaft mit Gott.

---

[15] Sarah & Diat, 2019, S. 189
[16] Vgl. Gen 1, 27
[17] Zweites Vatikanisches Konzil, Gaudium et Spes, 19

Aus dieser Gottesebenbildlichkeit und Berufung des Menschen zur Gemeinschaft mit Gott leitet sich nach christlicher Überzeugung auch seine unveräußerliche Würde ab. Kein Mensch kann die ihm von Gott verliehene Würde verlieren, egal was er tut, was andere ihm antun, in welcher Situation oder in welchem Zustand er sich befinden mag. Niemand kann einem Menschen seine Würde nehmen. Sie ist untrennbar mit dem Menschen verbunden, weil sie von Gott selbst kommt. Jeder einzelne Mensch, der je auf dieser Erde gelebt hat und leben wird, besitzt diese Würde.

Diese Berufung und eine tiefe Sehnsucht nach Gott sind nach christlicher Überzeugung allen Menschen ins Herz geschrieben. Der Mensch kann sie verkennen, vergessen oder aus freiem Willen zurückweisen, Gott aber hört nie auf, den Menschen zu lieben. Im Buch des Propheten Jeremia sagt Gott zu seinem Volk: *„Mit ewiger Liebe habe ich dich geliebt, darum habe ich dir so lange die Treue bewahrt."*[18]

Der menschenzentriert denkende Mensch hat keine solche Basis, auf der er stehen könnte. Seine Herkunft ist ungewiss; er ist das zufällige Produkt der Evolution oder sonst irgendeines biologischen Vorgangs. Seine Zukunft ist ebenfalls ungewiss; sicher ist nur der Zerfall seines Körpers, am Ende des Lebens. Für viele menschenzentriert denkende Menschen bedeutet der Blick in ein Grab den Blick in das große Nichts. Manche entwickeln Strategien, um dem großen Nichts seinen Schrecken zu nehmen, etwa indem sie hoffen, in der Erinnerung geliebter Menschen weiterzuleben oder durch eigene Werke in der Nachwelt nicht vergessen zu sein.

Da Gott im Denken menschenzentrierter Menschen entweder gar nicht oder nur als distanzierte Idee, abstrakte Gottheit oder der Welt innewohnendes Etwas existiert, zu dem keine persönliche Beziehung möglich ist, kann der Mensch seine Identität nicht von ihm empfangen. Er muss sie selbst finden oder konstruieren und Sinn und Ziele seines Lebens selbst definieren. Nur kurze Zeit steht ihm dafür zur Verfügung, denn niemand weiß, wann ihn das große Nichts ereilen wird oder wann Schicksalsschläge oder äußere Umstände den eigenen Plänen einen Strich durch die Rechnung machen. Freude kann der menschenzentriert denkende Mensch nur in den wechselhaften Dingen und Beziehungen dieser Welt finden, denn außerhalb dieser Welt existiert nichts oder zumindest nichts Konkretes. Manche menschenzentriert denkende Menschen suchen diese Freude mit wachsender Vehemenz, denn wo keine Freude

---

[18] Jer 31,3

(oder zumindest Unterhaltung und Ablenkung) ist, taucht schnell das große namenlose Nichts auf.

Würde muss sich der menschenzentriert denkende Mensch selbst zu- oder absprechen oder von anderen Menschen zu- oder absprechen lassen, denn es existiert ja niemand, der sie ihm qua Menschsein zuerkennen könnte. Als geliebt erfährt er sich nur, wenn andere Menschen ihn attraktiv genug finden, um sich ihm zuzuwenden. Schon beim oberflächlichen Hinsehen wird deutlich, dass immer mehr Menschen diese Zuwendung nicht mehr erfahren, wenn sie den gesellschaftlichen Standards etwa von Leistungsfähigkeit, Schönheit und Gesundheit nicht (mehr) entsprechen.[19] Auf diese Weise wird Würde verhandelbar und Liebe schnell etwas, das an Gegenleistung gekoppelt ist. So fällt es vielen Menschen der westlichen Welt heute schwer, sich selbst als wertvoll und liebenswert anzusehen.

Nicht selten nehmen menschenzentriert denkende Menschen auch ihren Körper primär als defizitär wahr. Warum sonst müssten sie ihn mit allen verfügbaren Mitteln nicht nur gesund erhalten, sondern auch anders, besser, ungewöhnlicher, schöner gestalten, in seinen Funktionen verändern oder sogar auf eine höhere evolutionäre Stufe heben wollen? Welch individueller und kollektiver Selbstzweifel, vielleicht sogar Selbsthass, verbirgt sich hinter diesem fieberhaften, körperlichen Anders-sein-wollen?

In gewisser Weise ist dies eine Spätfolge und Vollendung des aufklärerischen Denkens, dessen Anhänger den menschlichen Leib nicht mehr als beseelten Leib und Gefäß des Heiligen Geistes verstehen konnten, wie zahllose christlichen Denker vor ihnen. Stattdessen degradierten sie ihn zur Maschine, deren Funktionsweisen sie erforschen und manipulieren wollten. Diese naturalistische Degradierung des menschlichen Leibs – also der von Gott geschaffenen Einheit von Körper und Geist – zur reinen Materie öffnete zwar den Weg zum naturwissenschaftlichen Denken, wie wir es heute kennen, hat aber zugleich viele Menschen dazu verführt, sich selbst und andere Menschen ebenfalls nur noch rein materialistisch wahrzunehmen. So wurde der menschliche Leib zum Produkt, das beliebig manipulierbar ist.

---

[19] Einer der Ersten, der auf diese Entwicklung aufmerksam gemacht und die modernen gesellschaftlichen Abwertungsprozesse beschrieben hat, denen etwa alte, kranke und behinderte Menschen in den westlichen Gesellschaften immer stärker ausgesetzt sind, war Wolf Wolfensberger, vgl. Wolfensberger, 1980; Wolfensberger, 1984a & b; Wolfensberger, 1992; Wolfensberger, 1994c & d.

2.2 Mann und Frau oder genderfluide Rohmasse

> *„Der tiefste anthropologische wie theologische Gedanke der Genesis ist wohl, dass die Liebesgemeinschaft von Mann und Frau eine Ahnung von der Liebesgemeinschaft in Gott selbst verleiht. Schon von der zweifachen Gestalt des Menschen her wäre klar, dass Gott nicht selbstgenügsam, schweigsam, verschlossen ist, vielmehr Hingabe, Gespräch, Beziehung – eben Liebe."*
> (Hanna-Barbara Gerl-Falkovitz)[20]

Dies leitet zur nächsten Frage über: Was bedeutet es, dass der Mensch in zwei Varianten vorkommt, als Mann und als Frau?
Nach christlichem Verständnis ist klar, dass der Mensch von Gott nicht zufällig als Mann und Frau geschaffen wurde. Kuby erklärt es folgendermaßen: *„Die Genesis* (spricht) *von der menschlichen Natur, der Geschlechtlichkeit und Komplementarität, die sich in Gottes Schöpfung zeigt. Der Mensch ist nicht eine im Grunde asexuelle Rohmasse, die sich im Laufe des Lebens ihre eigene Identität gibt. Er ist auch nicht Geist, der in einem Körper gefangen ist, mit dem er sonst nicht viel zu tun hat. Er hat nicht einen Körper, als wäre es ein beiläufiges Ascessoire; er ist vielmehr beseelter Leib. Er ist diese Einheit von Körper und Geist, die im irdischen Leben niemals voneinander trennbar ist. Die Tatsache, dass wir den Körper eines Mannes oder einer Frau haben, ist folglich nicht etwa ein nichtssagender Zufall. Das Faktum sagt etwas Basales darüber aus, wer wir sind und schenkt gleichzeitig eine Aufgabe und Berufung, als Mann und Frau ein Fleisch zu werden. Identität im biblischen Sinn kann also auch vom Leib abgelesen werden."*[21]
Frau und Mann sind nach christlichem Verständnis also gleich an Würde, aber komplementär: Sie ergänzen sich wechselseitig. Die Männlichkeit des Mannes erfährt durch die Weiblichkeit der Frau ihre Bestätigung, und umgekehrt. Das Geschlecht eines Menschen ist nicht lediglich Attribut, sondern konstitutiver

---

[20] Gerl-Falkovitz, 2020a

[21] Kuby S. , 2018a, S. 114

Bestandteil der Person.[22] Johannes Paul II. spricht von der *„vollen Wesensgleichheit“* von Mann und Frau, die sich in *„verschiedenen Verleiblichungen“*[23] ausdrückt. Gerl-Falkovitz nennt es *„schöpferisches, erlaubtes, leibhaftes Anderssein auf dem Boden gemeinsamer göttlichen Grundausstattung – mit dem Antlitz von Frau oder Mann.“*[24] Sie beschreibt den *„schöpferisch-göttlichen Sinn“* dieser Verschiedenheit und Komplementarität so: *„Sie sind zu ihrem eigenen Glück verschieden – leibhaft, seelisch, geistig. Diese Vision zeigt gerade im fremden Geschlecht eine göttliche Spannung, die Lebendigkeit des Andersseins und die Notwendigkeit wunderbarer Asymmetrie.“*[25]

Denn dem Menschen ist ein grundlegendes Bewusstsein seines Alleinseins zu eigen. Er nimmt sich als Person wahr, die sich von allen anderen unterscheidet, zugleich aber sehnt er sich nach Einheit, nach existentieller Überwindung dieses Alleinseins. Die geschlechtliche Vereinigung, das „Ein-Fleisch-werden“ von Mann und Frau in der Ehe, ist nach Johannes Paul II. ein vom Schöpfer festgelegtes mächtiges Band, durch welches beide ihr eigenes Menschsein sowohl als Einheit, als auch in der Zweiheit einer geheimnisvollen wechselseitigen Anziehungskraft entdecken können. Denn Mann und Frau sind *gemeinsam* als Abbild Gottes geschaffen. Indem sie sich gegenseitig zum Geschenk machen, werden sie zusammen eine Einheit. In der geistigen, seelischen und körperlichen liebenden personalen Vereinigung von Mann und Frau entsteht schließlich ein neuer Mensch, ein neues Abbild Gottes.[26] So vermittelt die *„Liebesgemeinschaft von Mann und Frau eine Ahnung von der Liebesgemeinschaft in Gott selbst (...). Schon von der zweifachen Gestalt des Menschen her wäre klar, dass Gott nicht selbstgenügsam, schweigsam, verschlossen ist, vielmehr Hingabe,*

---

[22] Gendertheoretiker würden hier einwenden, dass es Menschen gibt, die mit den Geschlechtsmerkmalen beider Geschlechter geboren werden. Dies ist richtig und hat chromosomale oder hormonelle Ursachen. Es betrifft einen geringen Prozentsatz der Bevölkerung. Diese Tatsache ändert jedoch nichts an der Regel, dass der Mensch in seiner biologischen Beschaffenheit entweder männlich oder weiblich ist und dieses Junge- oder Mädchensein, Mann- oder Frausein sein gesamtes Wesen prägt. Abweichungen von der Norm, von denen eine kleine Anzahl von Individuen betroffen sind, gibt es in allen Bereichen des Lebens. Diese Abweichungen können niemals die Norm als solche aufheben (vgl. auch Abschnitt 3.6).

[23] Johannes Paul II. (1979-1984), S. 113 & 116

[24] Gerl-Falkovitz, 2020b, S. 10

[25] Gerl-Falkovitz, 2020a

[26] Vgl. Johannes Paul II. (1979-1984), S. 79ff

Gespräch, Beziehung – eben Liebe.“[27] Anders formuliert: Die Liebesgemeinschaft des einen Gottes in drei Personen spiegelt sich in seiner Schöpfung wider, denn Gott hat den Menschen nicht als isoliertes Einzelwesen geschaffen, sondern als Frau und Mann, aus deren liebender Hingabe und Vereinigung wiederum ein neuer Mensch entsteht.

Ganz anders versteht dies das menschenzentrierte Menschenbild: Sofern das biologische Geschlecht nicht als Kategorie der Machtausübung, Benachteiligung und Unterdrückung in den Blick genommen wird, um die Rechte von Frauen durchzusetzen oder zu verteidigen, hat es für den sich selbst neu erfindenden Menschen wenig Bedeutung. Es ist lediglich ein individuelles Merkmal ohne besondere Relevanz, das mit hormonellen und chirurgischen Methoden veränderbar ist, wenn es dem Empfinden des jeweiligen Menschen nicht (mehr) entspricht.[28] Das eigene Frau- oder Mannsein wird nicht notwendigerweise als ergänzungsbedürftig durch das jeweils andere Geschlecht angesehen: Es ist sich selbst genügend. Sexualität wird mit gleichgeschlechtlichen wie mit andersgeschlechtlichen Menschen vollzogen und rechtlich in der „Ehe für alle“ kodifiziert. Das biologische Geschlecht erscheint allenfalls noch als Zumutung, wenn es menschlichen Wünschen natürliche Grenzen setzt. So lassen etwa Homosexuelle, die keine Kinder auf natürlichem Wege zeugen können, Kinder künstlich erzeugen und durch Leihmütter austragen oder Transsexuelle unterbrechen ihre Hormoneinnahme, um schwanger zu werden.

Wichtiger als das biologische Geschlecht sei das „soziale Geschlecht“ bzw. die individuelle sexuelle Identität, die häufig fluide, wechselhaft, in ständiger Veränderung begriffen sei und die persönliche, subjektive Dimension des eigenen Geschlechts (weiblich, männlich oder irgendetwas dazwischen) zum Ausdruck bringe, meinen Gendertheoretiker. So finden sich auf einschlägigen Internetseiten[29] unzählige Geschlechtsidentitäten, die in der Mehrzahl sexuelle Vorlieben sind. Der Mensch erscheint hier als eine Art Rohstoff oder genderfluide Materie, deren Geschlechtsidentität in Entwicklung begriffen ist und prinzipiell jederzeit wechseln kann und es im Laufe des Lebens manchmal auch mehrfach tut. Auf diese Weise können sich unzählige Geschlechtsidentitäten mit un-

---

[27] Gerl-Falkovitz, 2020a

[28] Immer häufiger geschieht das schon bei Kindern und Jugendlichen, vgl. z.B. Kirkland, 2019; Kath.net, 2019a & b; Van Maren, 2019a

[29] Vgl. z.B. Nonbinarywiki, 2019; Queer-Lexikon, 2020

zähligen sexuellen Vorlieben auf unzählige Weisen und in unzähligen Kombinationen sexuell begegnen, so dass eine bunte sexuelle Vielfalt entsteht, deren handlungsimmanenter Sinn und handlungsleitende Ziele jeweils individuell und situativ zu definieren sind.
Neben solchen Menschen mit fluider Genderidentität existieren im menschenzentrierten Menschenbild jedoch auch Menschen, deren sexuelle Identität gänzlich fixiert und unveränderlich ist, etwa Heterosexuelle, die traditionellen Geschlechterrollen und antiquierten Geschlechtsidentitäten verhaftet sind und diese nicht aufgeben wollen oder Homosexuelle, die nach eigenen Angaben immer schon homosexuell empfunden haben. Letztere sind vor äußerer Einflussnahme auf ihre sexuelle Identität zu schützen, etwa durch einschlägige Gesetze, die sogenannte „Konversionstherapien" verbieten.

2.3 Personales Erkennen und Mitwirken am göttlichen Schöpfungswerk oder Freizeitvergnügen, Gesellschaftsspiel, käufliche Dienstleistung

> *„Als Geist im Fleisch, das heißt als Seele, die sich im Leib ausdrückt, und als Leib, der von einem unsterblichen Geist durchlebt wird, ist der Mensch in dieser geeinten Ganzheit zur Liebe berufen. Die Liebe schließt auch den menschlichen Leib ein, und der Leib nimmt an der geistigen Liebe teil."* (Johannes Paul II.)[30]

Wozu dient nun die menschliche Sexualität? Auch hier finden das gottzentrierte und das menschenzentrierte Welt- und Menschenbild gänzlich verschiedene Antworten – was nicht überraschend sein sollte.
Die Bibel gebraucht durchweg den Begriff des „Erkennens", wenn von ehelicher Sexualität die Rede ist, was verdeutlicht, dass nicht lediglich ein rein körperlicher Vorgang beschrieben wird, sondern eine zutiefst personale Handlung, die Mann und Frau zu „einem Fleisch" macht. Dabei geht es um viel mehr, als um die Faszination und geheimnisvolle Kraft der instinktmäßig handelnden menschlichen Körperlichkeit. Es geht um gegenseitige Annahme und Hingabe, um Gemeinschaft, um ein sich wechselseitig als einmaliges Menschenwesen Geschenkt-Sein, um ein immer neues Überschreiten der Grenze des Alleinseins des Menschen durch die Annahme des anderen „Ichs" als das eigene.[31] Johannes Paul II. beschrieb die so vollzogene Einheit bei gleichzeitiger

[30] Johannes Paul II., Familiaris Consortio, 11
[31] Vgl. Johannes Paul II. (1979-1984), S. 124ff

Verschiedenheit folgendermaßen: *„Sie werden so gleichsam zu einem einzigen Subjekt jenes Aktes und jenes Empfindens und bleiben doch gleichzeitig in dieser Einheit zwei voneinander real verschiedene Geschöpfe. (...) Sie offenbaren sich einander mit jener Tiefe des eigenen menschlichen Ichs, das gerade durch ihr Geschlecht, ihr Mann- bzw. Frausein, offenbar wird.“*[32] Denn der menschliche Leib kann Geistiges und Göttliches sichtbar machen, hier nämlich das Geheimnis der Wahrheit und der Liebe, das Geheimnis des göttlichen Lebens, an dem der Mensch teilnimmt, wenn er *„als Person zum Geschenk wird und so den tiefen Sinn des eigenen Seins und der eigenen Existenz erfüllt.“*[33] Durch ihre gegenseitige Selbsthingabe und ihr wechselseitiges „Erkennen“ wirken Mann und Frau an der Schöpfung neuer Menschen mit und setzen damit das Werk des Schöpfers durch alle Zeiten der Menschheitsgeschichte hindurch fort: *„Jeder neue Mensch, von der Frau durch die Zeugungskraft des Mannes geboren, wiederholt dasselbe Abbild Gottes, jenes Gottes, der die Menschheit des ersten Menschen geschaffen hat: „Gott schuf den Menschen als sein Abbild .... Als Mann und Frau schuf er sie“ (Gen 1,27)“*[34] Sexualität wird aus dieser christlichen Perspektive also erst dann wirklich menschlich und mit der göttlichen Intention kompatibel, wenn sich Mann und Frau mit Leib, Seele und Geist in Liebe einander schenken und sich so der schöpferischen Kraft Gottes zur Verfügung stellen, die durch alle Zeiten hindurch neues Leben schenken will.

Der menschenzentriert denkende Mensch kann die eigene Sexualität nur noch selten in einen großen und tiefen Zusammenhang stellen. Oft weiß er darüber nichts oder hat allenfalls eine diffuse sehnsüchtige Ahnung, wenn er von der großen Liebe träumt. Viele wünschen sich zwar eine stabile Liebesbeziehung, auch Ehe und Familie, praktizieren Sexualität aber dennoch in immer größerem Maß auch ohne tiefere personale Beteiligung, man könnte sagen, als reine Körperlichkeit, etwa als Freizeitvergnügen, Gesellschaftsspiel oder Konsumware. Wechselnde Sexualbeziehungen (gleichzeitig oder in Serie) sind für viele Menschen eher die Regel als die Ausnahme geworden. Pornografie ist über das Internet allgemein verfügbar geworden und hat in den westlichen Ländern

---

[32] Ebd., S. 174

[33] Ebd., S. 234

[34] Ebd., S. 181

enorme Ausmaße angenommen.[35] Prostitution wurde in Deutschland zu einem Erwerbsberuf, der nun als „Sexarbeit" bezeichnet wird.[36] Kinder müssen sich oft schon in Kindergarten und Grundschule mit sexuellen Vorlieben befassen, an sexuellen Planspielen und praktischen Übungen teilnehmen.[37]
Oft liegt diesen Praktiken eine Haltung zugrunde, die Sexualität ausschließlich mit Spaß assoziiert. Erlaubt ist, was in wechselseitigem Einverständnis geschieht und zumindest einem der Beteiligten Vergnügen bereitet. Der Mensch gibt nur seinen Körper, hält aber den Rest seiner Person zurück. So wird der Andere für einige Zeit zum eigenen oder wechselseitigen Vergnügen benutzt, manchmal auch nur für einen *„kurzen Moment scheinbarer Vereinigung mit dem Universum"*[38] instrumentalisiert, um schließlich gegen andere Menschen eingetauscht zu werden, die mehr Vergnügen und Befriedigung verheißen. Auf diese Weise werden Menschen zu Objekten und die sexuelle Begegnung nicht selten zu einem Geschehen, bei dem sich zwei oder mehr Menschen wechselseitig als Objekte begreifen. Die Ehrfurcht vor einer Handlung, in der Mann und Frau in ihrer wechselseitigen Hingabe Mitwirkende im göttlichen Schöpfungswerk sind und dabei eine Ahnung von der göttlichen Liebe erhalten, ist einer solch ichzentrierten Denkweise fremd.
Manchmal jedoch ist die sexuelle Begegnung mehr als nur Vergnügen. Sie ist ehrlicher Ausdruck tief empfundener wechselseitiger Liebe, einer Liebe, die nicht primär etwas für sich erwartet, sondern dem Anderen Gutes tun will. Dann verschenkt auch der menschenzentriert denkende Mensch mehr als nur seinen Körper. In der Regel tut er das aber unter dem Vorbehalt, die Gabe unter bestimmten Umständen (wenn etwa die gefühlte Liebe und Faszination abnehmen oder andere Probleme auftauchen) jederzeit widerrufen zu können, was letztlich bedeutet, dass das Geschenk kein wirkliches Geschenk ist, sondern allenfalls eine temporäre Leihgabe. Nicht selten begehen solche Lieben-

---

[35] Vgl. z.B. Kuby G. , 2013, S. 193ff; Gasnik, 2010; Liminski, 2011

[36] Vgl. z.B. Haseborg & Mikuteit, 2012

[37] Die Bundeszentrale für gesundheitliche Aufklärung und die Bundesländer glauben, dass Sexualität von Geburt an Teil der Persönlichkeitsentwicklung des Menschen sei und die staatliche Sexualaufklärung daher schon in der frühen Kindheit beginnen und bis ins Erwachsenenalter fortgesetzt werden solle; der Fokus solle auf Informationsvermittlung und Förderung von Einstellungen und Kompetenzen bei Kindern und Jugendlichen liegen (vgl. BZgA, 2016, S. 14ff. Zur Kritik vgl. z.B. Kuby G. , 2013, S. 293ff; Weber, 2014).

[38] Meuser, 2020, S. 50

den zusätzlich den Fehler, die Erfüllung ihrer tiefsten menschlichen Sehnsüchte in ihrer Liebesbeziehung zu erwarten – was notwendigerweise scheitern muss, denn eine solche Sehnsucht kann nur Gott erfüllen. So sind Enttäuschung und wechselseitige Verletzungen aufgrund unrealistischer Erwartungen bei gleichzeitiger Unverbindlichkeit vorprogrammiert. Dennoch suchen nicht wenige menschenzentriert denkende Menschen immer von Neuem die große Liebe im äußerlich unverbindlichen Rahmen und setzen so eine Serie enttäuschter Liebesbeziehungen in Gang.

2.4 Lebenslanger Bund oder temporäre Lebensgemeinschaft mit sexueller Komponente und Verantwortungsbekundung

> *„Das Sakrament der Eheschließung ist mit dem Anschluss an eine Starkstromleitung zu vergleichen (...) Aus diesem Sakrament erwächst uns eine Kraft, die wir aus uns selbst heraus nicht haben. In einem Sakrament verbindet sich Gott mit uns (...) und zwar schenkend und liebend. Verbinden heißt: Wir nehmen teil an ihm. Er ist unsere Kraftquelle. In der Ehe verbindet sich die menschliche Liebe der Menschen mit der Leben und Gnade spendenden Liebe Gottes. Die Ehe wird so zu einer ständigen Quelle göttlichen Lebens und Gnade." (Hans Buob)*[39]

Die Ehe existiert, seit es Menschen gibt. Was ist eine Ehe?
Nach christlichem Verständnis umfasst die Ehe das ganze Leben: Sie schließt die Bereitschaft zu lebenslanger Treue, wechselseitiger Liebe und Hingabe sowie die Offenheit für Kinder ein. Jede human gelebte Sexualität findet innerhalb der Ehe statt. Eine christliche Ehe umfasst also das ganze Leben: *„Die eheliche Liebe hat etwas Totales an sich, das alle Dimensionen der Person umfaßt; sie betrifft Leib und Instinkt, die Kraft des Gefühls und der Affektivität, das Verlangen von Geist und Willen; sie ist auf eine zutiefst personale Einheit hingeordnet, die über das leibliche Einswerden hinaus dazu hinführt, ein Herz und eine Seele zu werden; sie fordert Unauflöslichkeit und Treue in der endgültigen gegenseitigen Hingabe und ist offen für die Fruchtbarkeit."*[40] Und weiter: *„Die leibliche Ganzhingabe wäre eine Lüge, wenn sie nicht Zeichen und Frucht personaler Ganzhingabe wäre, welche die ganze Person, auch in ihrer zeitlichen Dimension, miteinschließt. Wenn die Person sich etwas vorbehielte, zum Beispiel die Möglichkeit, in Zukunft anders zu entscheiden, so wäre schon dadurch*

---

[39] Buob, 2016, S. 7
[40] Johannes Paul II., Familiaris Consortio, 13

ihre Hingabe nicht umfassend.“[41] Anders ausgedrückt, das wechselseitige Geschenk zweier Menschen, welches ihre gesamte Person umfasst, erfordert einen stabilen äußeren Rahmen, um gut gelebt werden zu können. Es wäre ein grundlegender Widerspruch, sich gegenseitig alles zu versprechen und zugleich zu versuchen, diese Ganzhingabe in einem unverbindlichen, flexiblen Rahmen leben zu wollen. Johannes Paul II. hat es so ausgedrückt: *„Man kann nicht nur auf Probe leben, man kann nicht nur auf Probe lieben, nur auf Probe und Zeit einen Menschen annehmen.“*[42]

Schon Jesu Jünger waren über die Unauflöslichkeit der Ehe schockiert, denn nach jüdischem Gesetz war die Scheidung unter bestimmten Voraussetzungen möglich. Jesus verwies auf die Hartherzigkeit der Menschen. Die ursprüngliche Intention des Schöpfers beinhalte keine Scheidung; diese sei lediglich menschliches Gesetz.[43] In diesem Gespräch zwischen Jesus und seinen Jüngern wird auch deutlich, dass nicht jeder Mensch für die Ehe geeignet oder zu ihr berufen ist. Es gibt neben der Ehe andere Formen der Nachfolge Jesu.

Eine christliche Ehe ist jedoch eine Berufung, eine Antwort der beiden Eheleute auf den göttlichen Ruf, gemeinsam in der Nachfolge Christi zu leben. Nach christlichem Verständnis ist sie keine rein menschliche Angelegenheit, sondern wird durch Gott besiegelt. Durch die Eheschließung entsteht ein Bund zwischen Mann, Frau und Christus. Christus gibt den Eheleuten die Kraft, den gemeinsamen Weg zu gehen, sich zu vergeben und die Lasten des Anderen mitzutragen. Die gemeinsame Ausrichtung auf Gott schützt beide davor, die Erfüllung ihres Lebens allein vom Anderen zu erwarten. Gemeinsam gehen sie mit Christus ihren Lebensweg, dessen Ziel nicht die gegenseitige Erfüllung im Hier und Jetzt ist, sondern die gemeinsame Vollendung in Christus.

Nach katholischem Verständnis ist die Ehe auch ein Sakrament, also eine zeichenhafte Handlung, in der göttliche Gnade wirksam wird.[44] So ist das Sakrament der Ehe ein Zeichen für den Bund zwischen Christus und seiner Kirche. Wie Christus seiner Kirche immer treu bleibt, so werden die Eheleute von ihm in die Lage versetzt, diese Treue in ihrem eigenen Leben zu leben und nach außen hin zu bezeugen – sofern sie bereit sind, mit der ihnen geschenkten

---

[41] Ebd., 11

[42] Zitiert nach Liminski, 2020

[43] Vgl. Mt 19, 3ff und Mk 10, 2ff; außerdem Johannes Paul II. (1979-1984), S. 79ff

[44] Eine kurze, anschauliche Beschreibung des Ehesakramentes findet sich in Buob, 2016.

göttlichen Gnade zu kooperieren.[45] Denn überall in der Heiligen Schrift wird der Bund Gottes mit seinem Volk in der Sprache der Liebe und der Ehe beschrieben. Im Buch des Propheten Hosea heißt es zum Beispiel: *„Ich traue dich mir an auf ewig; ich traue dich mir an um den Brautpreis von Gerechtigkeit und Recht, von Liebe und Erbarmen, ich traue dich mir an um den Brautpreis meiner Treue: Dann wirst du den Herrn erkennen.“*[46] Oder im Buch des Propheten Jesaja: *„Wie der junge Mann sich mit der Jungfrau vermählt, so vermählt sich mit dir dein Erbauer. Wie der Bräutigam sich freut über die Braut, so freut sich dein Gott über dich.“*[47] Die Beschreibung der Untreue des Menschen gegen seinen Gott, der Götzendienst, ist aus dieser biblischen Perspektive folgerichtig Prostitution, Ehebruch, ein Verrat an der bräutlichen Liebe Gottes. Im Neuen Testament wird das Leben des Menschen bei Gott am Ende der Zeiten ebenfalls in der Sprache einer Hochzeit beschrieben – das „neue Jerusalem“ ist hier ein Bild für die bei Gott vollendete Kirche: *„Dann sah ich einen neuen Himmel und eine neue Erde; denn der erste Himmel und die erste Erde sind vergangen, auch das Meer ist nicht mehr. Ich sah die heilige Stadt, das neue Jerusalem, von Gott her aus dem Himmel herabkommen; sie war bereit wie eine Braut, die sich für ihren Mann geschmückt hat. Da hörte ich eine laute Stimme vom Thron her rufen: Seht, die Wohnung Gottes unter den Menschen! Er wird in ihrer Mitte wohnen, und sie werden sein Volk sein; und er, Gott, wird bei ihnen sein. Er wird alle Tränen von ihren Augen abwischen: Der Tod wird nicht mehr sein, keine Trauer, keine Klage, keine Mühsal. Denn was früher war ist vergangen. Er, der auf dem Thron saß, sprach: Seht, ich mache alles neu.“*[48]

Es wird deutlich: Wie die zweifache Gestalt des Menschen, aus deren Vereinigung neues Leben entsteht, Rückschlüsse auf ihren Schöpfer zulässt, so soll auch die Ehe Eigenschaften widerspiegeln, die Gott in seine Schöpfung hineingelegt hat, nämlich seine niemals endende liebende Treue zum Menschen. So entspricht eine Ehe nur dann der christlichen Berufung, *„wenn sie die Liebe widerspiegelt, die Christus als Bräutigam der Kirche, seiner Braut, schenkt und welche die Kirche (...) Christus zu erwidern sucht.“*[49]

---

[45] Vgl. z.B. Katechismus der Katholischen Kirche, 2013, 1601 – 1666.

[46] Hos 2,21

[47] Jes 62, 5

[48] Offb 21, 1-5

[49] Johannes Paul II. (1979-1984), S. 511

Für den menschenzentriert denkenden Menschen ist die Ehe jeglicher religiöser oder metaphysischer Qualitäten beraubt. Sie ist eine durch und durch menschliche Angelegenheit. Das Geschlecht derer, die sie eingehen ist unerheblich geworden und auch der Wunsch nach Kindern nicht mehr notwendigerweise mit ihr verbunden. Die Ehe des 21sten Jahrhunderts ist vielmehr eine Art Vertrag zur Besiegelung langfristiger oder temporärer, manchmal auch aufeinander folgender Lebensgemeinschaften mit emotionaler und sexueller Komponente und wechselseitiger Verantwortungsbekundung für die Zeit ihrer Dauer. Wie dieser Vertrag im Einzelnen inhaltlich zu füllen ist, muss individuell ausgehandelt, manchmal auch schriftlich fixiert werden. In Deutschland ist die staatliche Ehe noch auf zwei Personen beschränkt, es mehren sich aber von LGBT-Seite Forderungen nach rechtlicher Anerkennung von Mehrelternfamilien und von muslimischer Seite Wünsche nach der staatlichen Anerkennung von Ehen zwischen einem Mann und mehreren Frauen und/oder Mädchen.
Das deutsche Grundgesetz stellt Ehe und Familie in Artikel 6 noch unter den besonderen Schutz der staatlichen Ordnung, ohne sie jedoch näher zu definieren. Im Jahr 1993 hat das Bundesverfassungsgericht festgelegt, dass es sich dabei um eine Lebensgemeinschaft zwischen einem Mann und einer Frau handelt.[50] In seinem Urteil zum Lebenspartnerschaftsgesetz 2002 hat das Gericht außerdem geurteilt, *„dass die Ehe als Form einer engen Zweierbeziehung zwischen Mann und Frau eine personelle Exklusivität auszeichnet.“*[51] Für die am 30. Juni 2017 im Deutschen Bundestag beschlossene Gesetzesänderung zur Einführung der „Ehe für alle“ wurde jedoch nicht das Grundgesetz geändert, sondern lediglich das Bürgerliche Gesetzbuch, in dem es nun heißt: *"Die Ehe wird von zwei Personen verschiedenen oder gleichen Geschlechts auf Lebenszeit geschlossen."*[52] Ob diese Gesetzesänderung verfassungskonform ist, wurde noch nicht höchstrichterlich geklärt.
Unabhängig davon ist festzustellen, dass ähnliche Gesetzesänderungen oder inhaltliche Neudefinitionen existierender Gesetze auch in anderen westlichen Ländern stattgefunden haben. Sie spiegeln ein sich gewandeltes Eheverständnis in der westlichen Welt wider: Die Ehe zwischen Mann und Frau wurde zunächst immer seltener als Gemeinschaft auf Lebenszeit verstanden, sondern vielmehr als temporäre gemeinschaftliche Lebensform. Dies verdeutlichen die

---

[50] Vgl. Deutscher Bundestag, wissenschaftliche Dienste, 2017
[51] Ebd., S. 3
[52] Deutscher Bundestag, Dokumente, 2017

hohen Scheidungszahlen: Im Jahr 2017 standen in Deutschland laut Statistischem Bundesamt 277.815 Ersteheschließungen 153.501 Ehescheidungen gegenüber; im Jahr 2016 waren es 277.699 Ersteheschließungen und 162.397 Scheidungen.[53] Sodann verstanden viele Bürger die Ehe nicht mehr notwendigerweise als wünschenswerte Institution zum Aufwachsen ihrer Kinder: Im Jahr 2017 lebten 1.055.000 unverheiratete Paare mit Kindern in Deutschland.[54] Viele Paare bleiben ganz ohne Kinder, was zur unverändert niedrigen Geburtenrate in Deutschland beiträgt. Die Diskussion um die Einführung der „Ehe für alle" hat darüber hinaus deutlich gemacht, dass Ehen heute vor allem aus emotionalen Gründen geschlossen werden oder der finanziellen Absicherung dienen sollen. Vielen Bürgern fehlt das Bewusstsein, dass es dem Staat beim Schutz von Ehe und Familie (nach Artikel 6 GG) nicht um die staatliche Reglementierung privater Gefühle, Liebesbeziehungen und Verantwortlichkeiten geht, sondern um die zukünftige Stabilität von Staat und Gesellschaft. Der Schutz von Ehe und Familie liegt primär deshalb im staatlichen Interesse, weil aus ihnen Kinder hervorgehen, die mehrheitlich zu kompetenten Staatsbürgern erzogen werden und auf diese Weise für Stabilität und Fortbestand von Staat und Gesellschaft von morgen sorgen werden. Das Argument, in gleichgeschlechtlichen Partnerschaften werde wie in einer gemischtgeschlechtlichen Ehe Verantwortung *füreinander* übernommen, konnte so als Kriterium zur Neudefinition des Ehebegriffs dienen, obgleich in ihnen niemals Kinder gezeugt werden können. Der Staat dürfte eigentlich kein spezielles Interesse an solchen unausweichlich kinderlosen Partnerschaften haben – ebenso wenig, wie er ein spezielles Interesse an allen möglichen anderen privaten Beziehungen und Lebensformen nicht-sexueller Art hat.

Die Neuformulierung staatlicher Ehenormen in den westlichen Gesellschaften spiegelt noch einen anderen gesellschaftlichen Wertewandel. Nicht nur Gott wird jedes Mitspracherecht in Bezug auf Ehe und Familie abgesprochen – was aus menschenzentrierter Sicht durchaus schlüssig ist – sondern auch Staat und Gesellschaft sollen angeblich kein spezielles Interesse mehr daran haben, wie die Ehe im Einzelnen definiert wird und welchen Zwecken sie dienen soll. Wurde zunächst Sexualität zur emotionalen Privatangelegenheit erklärt, so folgte anschließend die Ehe: Sie ist heute nicht mehr auf das Gemeinwohl ausgerichtet, sondern soll einzig und allein den individuell definierten privaten

---

[53] Vgl. Statistisches Bundesamt (Destatis), 2019d

[54] Vgl. Statistisches Bundesamt (Destatis), 2019e

Zielen der beteiligten Menschen dienen. Dies ist einzigartig in der Geschichte der Menschheit, denn Sexualität und Ehe wurden niemals als rein private Angelegenheit betrachtet. Ihnen wurde immer *auch* Relevanz für das Gemeinwohl, also für Staat und Gesellschaft zugeschrieben.

2.5 Ebenbild und Geschenk Gottes oder geplanter Nachwuchs, medizintechnisches Produkt, unerwünschtes Schwangerschaftsgewebe

„Laßt uns Menschen machen ...“[55]

Die nächste Frage lautet: Welche Beziehung besteht zwischen einem Kind und seinen Eltern? Anders ausgedrückt: Wer oder was ist ein Kind? Und: Wem „gehört“ das Kind?

Wie bereits erläutert, handelt es sich nach christlichem Verständnis bei der Zeugung eines Kindes im Rahmen einer in Liebe und Treue gelebten Ehe um die Mitwirkung des Menschen am göttlichen Schöpfungswerk, welches sich durch alle Zeiten der Menschheitsgeschichte hindurch vollzieht. Johannes Paul II. spricht sogar von einer *„Urberufung der Eheleute zur Teilnahme am schöpferischen Wirken Gottes.“*[56] Im wechselseitigen „Erkennen“ verwirklicht der Mensch in jedem neu gezeugten Menschen das Menschsein als solches, er verwirklicht sein Menschsein als Person.[57]

Fruchtbarkeit ist ein Kennzeichen jeder Liebe. Sie kann sich auf unterschiedliche Weise ausdrücken. Eine Frucht der in wechselseitiger Hingabe gelebten körperlichen Liebe ist das Kind. Diese fruchtbare Liebe ist zugleich Symbol für die göttliche Liebe. Kinder sind nach christlichem Verständnis also ein aus der Teilhabe an der fruchtbaren Liebe Gottes erwachsendes Geschenk an den Menschen.

Wie der Mensch weder sich selbst, noch anderen Menschen, sondern Gott gehört, so gehören auch Kinder nicht ihren Eltern. Auch sie gehören Gott. Er hat sie ihren Eltern lediglich anvertraut, um sie zu lieben und für sie zu sorgen. Eltern haben deshalb zunächst die Pflicht, ihr Kind als Person zu achten. Sie sollen für ihr Kind in leiblicher und geistiger Hinsicht sorgen, es erziehen und

---

[55] Gen 1,26

[56] Johannes Paul II., Familiaris Consortio, 36

[57] Johannes Paul II. (1979-1984), S. 183

ihm Bildung ermöglichen. Diese Pflichten beschreiben zugleich ein Recht aller Eltern, nämlich ihr Recht auf Erziehung ihrer Kinder. Es darf ihnen nicht ohne schwerwiegende Gründe von anderen, etwa dem Staat, genommen werden. Da die Beziehung zwischen Eltern und Kind wesentlich mit der Weitergabe des Lebens verbunden ist, ist ihre Beziehung einzigartig und unersetzlich.[58]
Wie alle Menschen sind Kinder als Ebenbilder Gottes geschaffen. Aus christlicher Sicht ist ihr Leben daher von Anfang an (also vom Zeitpunkt ihrer Zeugung an) heilig. So wird verständlich, dass ihre vor- oder nachgeburtliche Tötung für Christen moralisch verwerflich ist. Es handelt sich um einen Akt, der nicht nur das unveräußerliche Recht des Kindes auf Leben missachtet, sondern auch einen direkten Angriff auf Gott selbst darstellt.[59] Ein Indiz für die Humanität einer Gesellschaft – auch für die Humanität ihrer zwischenmenschlichen Beziehungen – ist das Maß, in dem Kindern Respekt und Wertschätzung entgegengebracht wird: *„An der Sorge für das Kind noch vor seiner Geburt, vom ersten Augenblick seiner Empfängnis an, und dann in den Jahren der Kindheit und der Jugendzeit erkennt man zuerst und grundlegend das Verhältnis des Menschen zum Menschen.“*[60]
Niemand, auch kein Staat und keine internationale Institution, hat somit aus christlicher Sicht das Recht, die Freiheit des Ehepaares zur Familiengründung und zur Nachkommenschaft einzuschränken: Jede gewaltsame Maßnahme solcher Autoritäten zugunsten der Empfängnisverhütung, Sterilisation oder Abtreibung ist nach christlicher Überzeugung abzulehnen und zu verurteilen. Wenn etwa in den internationalen Beziehungen Wirtschaftshilfe zur Förderung armer Staaten oder Bevölkerungsgruppen von Programmen zur Empfängnisverhütung, Sterilisation und Abtreibung abhängig gemacht wird, stellt dies ein schweres Unrecht dar.[61] Anders formuliert, der Staat oder internationale Institutionen haben keine Legitimationsgrundlage, über das Lebensrecht eines Menschen zu entscheiden, Ehepaaren die Gründung einer Familie zu verwehren oder das Erziehungsrecht der Eltern grundlos zu beschränken. Leben, Ehe und Familie existieren aus christlicher Sicht von Gott her. Sie existieren

---

[58] Vgl. Johannes Paul II., Familiaris Consortio, 36
[59] Vgl. Katechismus der Katholischen Kirche, 2013, 2270-2275
[60] Johannes Paul II., Familiaris Consortio, 26
[61] Vgl. Johannes Paul II., Familiaris Consortio, 30

vor dem Staat und auch in Zeiten, in denen alle staatlichen oder internationalen Institutionen zusammenbrechen. Der Staat hat somit kein Recht, Leben, Ehe und Familie willkürlich zu gewähren oder zu versagen.
Der menschenzentriert denkende Mensch kann die Beziehung zwischen sich und seinem Schöpfer oft nicht (mehr) wahrnehmen. Er wird daher zum alleinigen Gestalter seines Lebens und zum Erzeuger und Gestalter seiner Nachkommenschaft. Auf diese Weise sind in den individualisierten menschen- und ichzentrierten westlichen Gesellschaften des 21sten Jahrhunderts zwei extreme Sichtweisen auf das Kind immer vorherrschender geworden: Das Kind ist entweder ein Wunschkind seiner Eltern, das ihrer individuellen oder gemeinschaftlichen Selbstverwirklichung dienen soll bzw. zum Leben dazu gehört, wie Karriere, Haus und Auto, oder ein unerwünschtes Nebenprodukt ihrer sexuellen Betätigung, das keinen Wert an sich hat, solange es zwar gezeugt, aber nicht erwünscht ist.
Zukünftige Eltern haben beispielsweise oft ganz genaue Vorstellungen davon, wie viele Kinder sie wollen und welche Eigenschaften eines Kindes wünschenswert oder absolut unerwünscht sind (z.B. eine Behinderung). Solange ein Kind als Nebenprodukt der sexuellen Aktivität seiner Eltern unerwünscht ist, kann es mit dem ganzen Arsenal empfängnisverhütender Mittel verhindert werden. Misslingt dies oder werden bei den zahlreichen vorgeburtlichen Untersuchungen unerwünschte Charakteristika diagnostiziert, bleibt die Möglichkeit, es zum *„Schwangerschaftsgewebe“*[62], *„Zellhaufen“*[63], *„Abtreibungsmaterial“*[64], *„Fremdkörper“ oder „Parasiten“*[65] umzudefinieren, die eigenen *„reproduktiven Rechte“*[66] in Anspruch zu nehmen und die Schwangerschaft zu *„unterbrechen.“*[67]
Ist das Kind ein Wunschkind, dann soll es oft auch zum richtigen Zeitpunkt das Licht der Welt erblicken, um die Lebensplanung und Karrierechancen seiner Eltern nicht zu beeinträchtigen. Daher warten viele junge Paare mit der Zeugung ihrer Kinder, manchmal so lange, bis die fruchtbaren Jahre der Frau vorüber sind oder ihre Fruchtbarkeit zumindest eingeschränkt ist. Dies ist einer der Gründe, weshalb Kinder immer häufiger mithilfe künstlicher Befruchtung

---

[62] Pro Familia Landesverband Nordrhein-Westfalen, 2019
[63] Gerhardt, 2001
[64] Bonsen, 2016
[65] De Gregorio, 2018
[66] International Planned Parenthood Federation, 2009
[67] Solidarität mit Kristina Hänel, 2017

im Labor erzeugt werden. Inzwischen sind hier die unterschiedlichsten Varianten technisch möglich und in immer mehr Ländern auch legal: mit Spermien- und/oder Eizellspende der biologischen Eltern; mit Samen- und/oder Eizellspende Fremder und mit Samen- und/oder Eizellspende plus Austragung durch eine Leihmutter. Vor der Einsetzung in die Gebärmutter wird das Wunschkind oft mithilfe der Präimplementationsdiagnostik einer Qualitätsprüfung unterzogen, um Kinder mit unerwünschten Eigenschaften zu vermeiden und Kinder mit erwünschten Eigenschaften zum Leben zu verhelfen. Wenn es zu Mehrlingsschwangerschaften mit zu vielen Kindern kommt, werden diese „reduziert", also abgetrieben.[68]

Deutlich wird an diesen beiden gerade beschriebenen extremen Sichtweisen auf das Kind Folgendes: Wenn Gott nicht existiert oder für die Menschen irrelevant wird, dann geht dies mit einer veränderten Sichtweise auf das Kind einher: Man könnte fast sagen, das Kind als Mensch und Person fällt mehr und mehr aus dem Blick. Vater- und Muttersein werden anders wahrgenommen, die elterliche Verpflichtung gegenüber dem Kind neu definiert. Denn das Kind wird nicht mehr als Geschenk empfangen, das es unter Respektierung seines einzigartigen Menschseins und seiner Persönlichkeit zu lieben und erziehen gilt, sondern es wird geplant oder in Auftrag gegeben, um elterliche Wünsche zu erfüllen.[69] Das Kind kann zum Produkt werden, welches hergestellt und auch wieder zerstört werden kann. Der Mensch wird nicht mehr Vater oder Mutter, weil er ein Kind gezeugt oder empfangen hat, sondern erst, nachdem er sich entschieden hat, die Vater- oder Mutterrolle anzunehmen. Das Kind gehört nicht mehr Gott, sondern seinen Eltern und/oder seinen medizintechnischen Erzeugern, die auch dafür zu sorgen haben, dass das Erzeugnis wünschenswerte Eigenschaften aufweist. Auch die sexuelle Begegnung ist nicht mehr notwendigerweise Teil des Herstellungsprozesses.[70] All dies sei hier lediglich angedeutet und wird in den folgenden Kapiteln weiter vertieft werden.

---

[68] Vgl. z.B. Spieker, 2012; Kiworr, Bauer & Cullen, 2017; Rehder, 2017c; Rehder, 2018b; Beckmann, 2018; Lindner, 2018; Kuby S. , 2018b; Cullen, 2021

[69] Zur Illustration dieses Punktes sei auf einen im *Spiegel* erschienen Beitrag verwiesen. Er handelt von der – völlig kritiklos dargestellten – Geschichte einer Frau, die sich ein Kind, aber keinen Mann wünscht und dafür jahrelang sogenannte „Kinderwunschzenten" bemühte. Ihr Kinderwunsch und die Art der Kindererzeugung wurde von den Autoren des Berichts nicht hinterfragt. Die Interessen des zukünftigen Kindes blieben unerwähnt. Vgl. Der Spiegel, 2019

[70] Ein nächster Schritt in der künstlichen Erzeugung des Menschen ist die Entwicklung einer künstlichen Gebärmutter, an der Wissenschaftler bereits arbeiten. Sie wird es ermöglichen,

Es gibt auch die Sicht des Kindes als Verfügungsmasse für politische Interessen: Sie hat sich gerade in der internationalen Politik immer mehr durchgesetzt, etwa indem eine Bevölkerungskontrollpolitik durch Verhütung, Sterilisation und Abtreibung armen Staaten und Bevölkerungsgruppen gegen ihren Willen aufgezwungen wird. Aktuell geschieht dies durch die *Vereinten Nationen* und ihre Unterorganisationen, außerdem durch die *Europäische Union*, einflussreiche Stiftungen und NGOs sowie einige nationale Regierungen.[71] Bill Gates, Gründer von *Microsoft* und der *Bill & Melinda Gates Stiftung*, rechnete im Jahr 2010: *„Die Welt hat heute 6,8 Milliarden Menschen, die auf 9 Milliarden zusteuern werden. Wenn wir wirklich gute Arbeit in Bezug auf neue Impfstoffe, Gesundheitsfürsorge und reproduktive Gesundheitsdienste leisten, könnten wir diese Zahl vielleicht um 10 oder 15 Prozent senken.“*[72] Hier wird deutlich: Die „Besitzer“ des Kindes sind weder Gott, noch seine Eltern, sondern mächtige Institutionen und reiche Einzelpersonen, die in der Lage sind, weltweit Kinder zu verhindern und zu töten, um so die Weltbevölkerung zu reduzieren – „reproduktive Gesundheit“ ist ein Euphemismus für Sterilisation und vorgeburtliche Tötung.

---

die Mutterschaft auf die Eizellspende zu reduzieren und somit obsolet machen. Vgl. Cullen, Eva, 2018

[71] Vgl. z.B. Kuby G., 2013, S. 94ff

[72] Vgl. Bill Gates: TED2010, Innovating to zero! https://www.ted.com/talks/bill_gates_innovating_to_zero (ab Minute 4) Das Zitat im Original: *„The world today has 6,8 billion people that's headed up to 9 billion. Now, if we do a really great job in new vaccines, health care, reproductive health services, we could lower that by perhaps 10 or 15 percent."*

2.6 Gemeinschaft von Mann, Frau und Kindern, Urzelle des gesellschaftlichen Lebens oder Ort, wo Kinder sind

> *„In der Ehe werden nicht nur leibliche Kinder gezeugt, es wird auch eine Leistung vererbt: der Friedensschluss der Geschlechter. Dieser Friedensschluss wird die Weltanschauung der Kinder bestimmen."* (Eugen Rosenstock)[73]

> *„Die Erziehung ist (...) vor allem eine »Beschenkung« mit Menschlichkeit seitens beider Elternteile."* (Johannes Paul II.)[74]

Die nächsten Fragen lauten: Was ist eine Familie und wozu dient sie? Und: Wer konstituiert eine Familie?

Nach christlichem Verständnis bilden eine Frau und ein Mann, die miteinander verheiratet sind, zusammen mit ihren Kindern eine Familie. Ehe und Familie sind aus christlicher Sicht heilig, weil sie vom Schöpfer begründet und mit eigenen Gesetzen geschützt sind, beispielsweise durch das vierte, sechste und neunte Gebot des Dekalogs.[75] Eltern haben spezifische Verpflichtungen gegenüber ihren Kindern und umgekehrt. In einer christlichen Familie sollen Eltern ihren Kinder etwa die Verehrung Gottes, grundlegende moralische Werte, den angemessenen Gebrauch ihrer Freiheit und die Sorge um alte, kranke, behinderte und arme Menschen vermitteln. Sie sind verpflichtet, ihre Kinder als Kinder Gottes anzusehen und als menschliche Personen zu achten. Kinder sind ebenfalls verpflichtet, ihre Eltern zu achten und sich um sie zu kümmern, wenn sie beispielsweise alt, krank oder in Not sind.

Die Familie wird auch als Urzelle des gesellschaftlichen Lebens oder als Fundament der Gesellschaft bezeichnet, weil sie vor dem Staat existiert und Aufgaben übernimmt, die für Gesellschaft und Staat von zentraler Bedeutung sind. In der Familie leben verschiedene Generationen zusammen und helfen sich idealerweise gegenseitig, zu größerer Weisheit zu gelangen und die Rechte der einzelnen Personen mit den Notwendigkeiten des gesellschaftlichen Lebens zu verbinden. In der Familie können Kinder gemeinschaftliches, uneigennütziges Verhalten und Problemlösungskompetenzen lernen. *„Gerade die Erfahrung von Gemeinschaft und Anteilnahme, die das tägliche Leben in der Familie prägen soll, stellt auch ihren ersten und grundlegenden Beitrag für die Gesellschaft*

---

[73] Zitiert nach Vonholdt, 2012

[74] Johannes Paul II., 1994

[75] Vgl. Ex 20, 12, 14 & 17

dar. Die Beziehungen zwischen den Mitgliedern der Familiengemeinschaft werden vom Gesetz des unentgeltlichen Schenkens geprägt und geleitet, das in allen und in jedem einzelnen die Personwürde als einzig entscheidenden Wertmaßstab achtet und fördert, woraus dann herzliche Zuneigung und Begegnung im Gespräch, selbstlose Einsatzbereitschaft und hochherziger Wille zum Dienen sowie tiefempfundene Solidarität erwachsen können. So wird die Förderung einer echten und reifen Gemeinschaft von Personen in der Familie zu einer ersten unersetzlichen Schule für gemeinschaftliches Verhalten, zu einem Beispiel und Ansporn für weiterreichende zwischenmenschliche Beziehungen im Zeichen von Achtung, Gerechtigkeit, Dialog und Liebe."[76] Eine christliche Familie, die versucht, die genannten Werte nach innen und außen hin zu leben, wird also für das Leben und Wohlergehen der Gesellschaft eine besondere Bedeutung haben. Daher ist der Staat aus christlicher Sicht verpflichtet, Familien zu respektieren und gegebenenfalls auch zu unterstützen, ohne sich jedoch ihre Rechte anzumaßen.[77]

Eine christliche Familie wird zudem als „Hauskirche" angesehen, als eine spezifische Darstellung und Verwirklichung der kirchlichen Gemeinschaft.[78] In der Familie wachsen Kinder im Glauben; durch ihr gemeinschaftliches Glaubensleben verkünden Familien ihre christliche Hoffnung in die Gesellschaft hinein. Als Hauskirche soll die Familie ein *„lebendige Zelle für die Verwandlung der Welt"*[79] sein.

„Wo Kinder sind, da ist Familie"[80], sagte hingegen der ehemalige Bundespräsident Horst Köhler beim Jahresempfang der *Evangelischen Akademie Tutzing* im Jahr 2006 und präzisierte: *„Kinder auf das Leben vorzubereiten, partnerschaftliche Lebensentwürfe zu verwirklichen, das kann in ganz unterschiedlichen Strukturen gelingen: in der Ehe, in nicht-ehelichen und auch gleichgeschlechtlichen Familien, in Patchwork- oder Einelternfamilien."*[81] Er erhielt dafür viel Lob aus LGBT-Kreisen.[82] Sein Statement brachte die Beliebigkeit dessen, was von vielen inzwischen als „Familie" angesehen wird, auf den Punkt:

---

[76] Johannes Paul II., Familiaris Consortio, 43

[77] Vgl. Zweites Vatikanisches Konzil, Gaudium et Spes, 48 & 52; Katechismus der Katholischen Kirche, 2013, 2201-2213

[78] Vgl. Katechismus der Katholischen Kirche, 2013, 1655-1658

[79] Franziskus, Amoris Laetitia, 324

[80] Bundespräsidialamt, 2006, S. 2

[81] Ebd, S. 4

[82] Vgl. z.B. Klein, 2006

Ein oder mehrere Erwachsene, gleichen oder unterschiedlichen Geschlechts, die verheiratet oder nicht verheiratet sind, sich temporär oder längerfristig um ein oder mehrere Kinder kümmern, mit dem sie verwandt oder auch nicht verwandt sind, bilden eine Familie. Sobald ein Kind irgendwo eine Zeitlang wohnt, bildet es mit den dort anwesenden Personen eine Familie. Nicht die Erwachsenen scheinen hier die Konstanten der wechselnden Beziehungsarrangements zu sein, sondern das Kind, welches im Laufe des Lebens in den Genuss mehrerer solcher in ständiger Wandlung begriffenen Familien kommen kann – gleichzeitig und/oder in Folge.

Was hier – in Abwesenheit von Mutter, Vater, Geschwistern, Großeltern und anderen Verwandten – noch unter dem besonderen Schutz des Staates nach Artikel 6 GG zu verstehen ist, dessen Repräsentant Bundespräsident Köhler war, ist schwer fassbar. Konsequent umgesetzt wurde dieses Familienbild durch das *Bundesministerium für Familie, Senioren, Frauen und Jugend* unter der Leitung von Familienministerin Giffey, auf dessen Webseite sich unter dem Stichwort „Chancen und Teilhabe für Familie" zuerst die Stichworte „Alleinerziehende", „Partnerschaftlichkeit nach Trennung", „Familien mit Migrationshintergrund" und „Gleichgeschlechtliche Lebensweisen, Geschlechtsidentität" fanden, bevor irgendein Bezug auf normale, nicht-vielfältige und vollständige Familien erfolgte.[83] Das Familienministerium betonte außerdem, dass es sich für den Schutz und die Akzeptanz gleichgeschlechtlicher Lebensweisen und geschlechtlicher Vielfalt einsetze[84] – also nicht lediglich für Toleranz gegenüber solchen Lebensformen, sondern für Schutz und Akzeptanz. Auf Kritik am „Regenbogenportal" des Ministeriums antwortete das Ministerium mit einer neuen Definition von Familie: Familie sei da, *„wo Menschen Verantwortung füreinander übernehmen."* Demnach bräuchte es weder Vater, noch Mutter, nicht einmal mehr Kinder, um eine „Familie" zu bilden.[85] Hier wird ein ganz neuer Familienbegriff sichtbar, der auf die komplette Auflösung der Familie als gesellschaftstragende Institution hinausläuft. Jede beliebige Gruppe, die ihre reale oder vermeintliche Verantwortungsübernahme für andere glaubhaft machen kann, wird zur „Familie." Nachdem Sexualität und Ehe zur Privatangelegenheit wurden und nach der Privatisierung der Entscheidung, ein Kind künst-

[83] Vgl. BMFSFJ, 2019a
[84] Vgl. BMFSFJ, 2019b
[85] Vgl. Demo für alle, 2019a

lich erzeugen oder vorgeburtlich töten zu lassen, erscheint in diesem menschenzentrierten (und mehr und mehr auch erwachsenenzentrierten) Menschenbild die Privatisierung des Familienbegriffs durch eine Vertreterin des Staates durchaus folgerichtig.

2.7 Gefallenes, aber geliebtes Geschöpf Gottes oder Schöpfer seiner selbst und einer besseren Welt

> *„Kein Staat, kein noch so perfektes Sozialsystem können die Natur des Menschen heilen, zu deren Wesenszügen es gehört, im Kern, in ihrem Innersten verletzt, zum Guten bereit, aber auch anfällig für das Böse zu sein“* (Guido Horst)[86]

Die vorhergehenden Abschnitte beschrieben einige Antworten auf grundlegende Fragen der Menschheit in den Bereichen Sexualität, Ehe und Familie aus der Perspektive des gottzentrierten und des menschenzentrierten Menschenbildes. Wenn man diese konträren Perspektiven betrachtet, wird schnell deutlich, dass sie im praktischen Leben des Menschen kaum jemals in Idealform existieren. Denn niemand wird seinen Idealen gerecht. Weder die christliche Ehe und Familie, noch die vielfältige, weltoffene und alle individuellen Differenzen akzeptieren wollende Patchwork- oder Regenbogenfamilie wird so sein, wie ihre Mitglieder sie sich vorstellen und vielleicht ersehnen. Immer wird es auch Schwierigkeiten, Differenzen, Streit, Benachteiligung, Unterdrückung, Leid, vielleicht sogar Gewalt geben. Der letzte Abschnitt dieses Kapitels beschäftigt sich daher mit der Frage, woher aus der Perspektive der beiden Menschen- und Weltbilder diese überall zu beobachtende Dysfunktionalität der menschlichen Beziehungen, der gesellschaftlichen Strukturen und Institutionen, ja der Welt überhaupt kommt. Wie lässt sich erklären, dass nichts dauerhaft so ist, wie der Mensch es sich ersehnt und nichts langfristig so funktioniert, wie er es sich wünscht?

Beginnen wir auch hier mit der Perspektive des gottzentrierten, christlichen Welt- und Menschenbildes. Eine sehr wichtige, grundlegende, jedoch nur noch selten gelehrte christliche Glaubensüberzeugung ist die vom Fall des Menschen: Gott ist die Liebe und hat die Welt gut erschaffen; dennoch ist sie eine Welt der Naturkatastrophen, Krankheiten, Unfälle, eine durch Krieg, Unter-

[86] Horst, 2007

drückung, Ungerechtigkeiten gezeichnete Welt, eine Welt, in der die menschliche Sünde allgegenwärtig ist. Das erste Buch der Bibel beschreibt, wie der Mensch, von der Lüge der Schlange, also des Teufels[87] verführt, seine ihm von Gott geschenkte Freiheit missbraucht, weil er werden will „wie Gott".[88] Der Mensch misstraut also der göttlichen Liebe, weist Gott, der die Liebe ist, zurück. Er will sich selbst vergöttlichen, statt sein Geschöpf-Sein anzuerkennen und sich die Vergöttlichung von Gott aus Liebe schenken zu lassen. Die Folge dieser menschlichen Anmaßung wird in der biblischen Erzählung als Vertreibung aus dem Paradies beschrieben. Es handelt sich um einen Bruch zwischen Gott und Mensch, dessen Konsequenzen sich durch alle Zeiten und Generationen ziehen und Auswirkungen auf alle Menschen und die gesamte Schöpfung haben. Gott respektiert die Freiheit des Menschen, auch die Freiheit, sich gegen ihn, seinen Schöpfer, zu wenden. Zugleich ist die gesamte Menschheitsgeschichte aus biblischer Sicht das Bemühen Gottes, dem Menschen, den er unverändert liebt, einen Weg zu sich zurück zu bahnen: durch den Bund mit seinem auserwählten Volk, den Israeliten; durch die Berufung auserwählter Menschen und Propheten, die die anderen zur Umkehr rufen; schließlich durch Jesus Christus, seinen Sohn, der – selbst unschuldig und ohne Sünde – die menschliche Schuld am Kreuz auf sich genommen hat, um den Menschen zu erlösen, also den Bruch zwischen Gott und Menschen zu heilen. Der nach Christi Leiden, Tod und Auferstehung lebende Mensch steht vor der Entscheidung, diese ihm von Gott angebotene Erlösung anzunehmen, sich also durch die Taufe von der Erbschuld befreien und seine persönliche Schuld durch Reue und Beichte von Christus vergeben zu lassen und so in das Reich Gottes einzutreten, das hier und jetzt beginnt und im ewigen Leben seine Vollendung findet oder sich dieser Erlösung zu verweigern und eigene Wege zu gehen.

Wie das Buch Genesis in sehr verdichteter Form berichtet, hat diese Ursünde des Menschen – das Sein-wollen-wie-Gott, das Erkennen-wollen-von-gut-und-böse, der Ungehorsam gegen Gott, der die Liebe ist – sehr konkrete Konsequenzen: Die Menschen beginnen sich vor Gott zu fürchten und glauben, sich

---

[87] In der traditionellen christlichen Theologie wurde der Teufel (Luzifer) immer als der größte und mächtigste der gefallenen Engel angesehen, also als ein von Gott geschaffenes geistiges Wesen, das sich gegen Gott aufgelehnt hat und den Menschen in seine Feindschaft zu Gott hineinziehen möchte.

[88] Vgl. Gen 3,1-7

vor ihm verstecken zu können. Sie machen andere für ihre Schuld verantwortlich. Die Beziehung zwischen den Geschlechtern ist gestört: Mann und Frau empfinden ihre Nacktheit als bedrohlich und wollen sich voreinander schützen. Die Frau hat Verlangen nach ihrem Mann, doch dieser missbraucht ihr Verlangen und will über sie herrschen. Für sie ist die Geburt ihrer Kinder mit Schmerzen verbunden, während der Mann unter Mühsal die Erde bearbeiten muss, um Nahrung zu erzeugen, eine Erde, die auf einmal nicht mehr nur gute Früchte hervorbringt, sondern auch Dornen und Disteln. Mit der Vertreibung aus dem Paradies, aus der Gemeinschaft mit Gott, ist schließlich auch der physische Tod verbunden, den fortan jeder Mensch erleiden muss. Die dann folgende Geschichte von Kain und Abel ist eine Geschichte von Neid, (Bruder-)Mord, Lüge und Rastlosigkeit.[89]

Man könnte sagen, die bis heute andauernden Konsequenzen der Ursünde werden nicht nur in einer gestörten Beziehung zwischen Gott und Mensch sichtbar, sondern auch in gestörten Beziehungen der Menschen untereinander. Dies zeigt sich unter anderem in einer gestörten Beziehung zwischen Mann und Frau. Darüber hinaus ist die Beziehung zwischen den Menschen und der sie umgebenden Schöpfung ebenso beeinträchtigt, wie die Schöpfung selbst: Alles auf unserer Erde ist in irgendeiner Form dem Tod, dem Verfall, der Dysfunktionalität, der Sünde preisgegeben. Paulus schreibt: *„Denn die ganze Schöpfung wartet sehnsüchtig auf das Offenbarwerden der Söhne Gottes. Die Schöpfung ist der Vergänglichkeit unterworfen, nicht aus eigenem Willen, sondern durch den, der sie unterworfen hat; aber zugleich gab er ihr Hoffnung: Auch die Schöpfung soll von der Sklaverei und Verlorenheit befreit werden zur Freiheit und Herrlichkeit der Kinder Gottes. Denn wir wissen, dass die gesamte Schöpfung bis zum heutigen Tag seufzt und in Geburtswehen liegt.“*[90]

Die Erlösung durch Jesus Christus hat den Menschen, der es annehmen will, zwar von der Erbschuld befreit, aber die *Folgen* der Ursünde, unter denen alle Menschen und die Schöpfung weiterhin leiden, nicht aufgehoben. Gott hat denen, die seine Erlösung annehmen, einen *„neuen Himmel und eine Neue Erde“*[91] versprochen, in der alles neu wird: *„Er (Gott) wird in ihrer Mitte wohnen, und sie werden sein Volk sein; und er, Gott, wird bei ihnen sein. Er wird alle Tränen von ihren Augen abwischen: Der Tod wird nicht mehr sein, keine Trauer, keine*

[89] Vgl. Gen 3,7 – 4, 16
[90] Röm 8, 19-22
[91] Vgl. Jes 65,17ff; 2 Pet 3,13; Off 21,1

Klage, keine Mühsal. Denn was früher war, ist vergangen."[92] In der Zwischenzeit erfahren diejenigen, die durch Glaube und Taufe Kinder Gottes werden, dass sie durch ihre persönliche Liebesbeziehung zu Jesus Christus bereits jetzt am Reich Gottes teilhaben können, also schon in der gegenwärtigen Zeit einer gefallenen und dysfunktionalen Welt den Vorgeschmack der zukünftigen Freude und übernatürliche Gnaden genießen können.

Aus christlicher Sicht lassen sich die Folgen der Ursünde und die Folgen der Sünden jedes Einzelnen (die immer zu den Folgen der Ursünde hinzukommen) in der gegenwärtigen Welt im besten Fall abmildern, niemals aber vollständig beseitigen. Dies geschieht durch individuelle persönliche Umkehr und Neubesinnung auf den Willen Gottes, der die Liebe ist, durch die Erneuerung der persönlichen Liebe des einzelnen Menschen zu Gott, der in Jesus Christus menschliche Gestalt angenommen hat, durch die Ausrichtung des eigenen Lebens am Leben Jesu, der der Weg, die Wahrheit und das Leben[93] ist. Auf diese Weise wird auch die Liebe des Menschen zu seinen Mitmenschen und zu sich selbst wachsen und so letztlich eine humanere und gerechtere Gesellschaft entstehen. Unglück, Widerwärtigkeiten und Leid sind aus dieser Perspektive, sofern sie nicht durch persönliche Sünde verursacht wurden, eine Teilhabe am Leiden und Erlösungswerk Christi. Darüber hinaus wissen Christen, dass Gott aus dem Bösen, das er nicht will, aber zulässt, Gutes hervorbringen kann. Er nutzt also auch das größte Übel, die größte Sünde der Menschen, um den Lauf der Welt und das Leben des Menschen letztendlich zum Guten zu führen, ohne jedoch den einzelnen Menschen zum Guten zu zwingen: Wer Gott ablehnt, hat sich aus freier Entscheidung selbst von der göttlichen Liebe getrennt.

Der sich selbst neu erfindende Mensch des 21sten Jahrhunderts stimmt im Allgemeinen mit der christlichen Analyse darin überein, dass er die gegenwärtige Welt, in der er lebt, als defizitär wahrnimmt und Sehnsucht nach einer besseren Welt hat – auch wenn er die christliche Analyse der Ursachen ihrer Dysfunktionalitäten nicht teilt. Je nach politischer und weltanschaulicher Ausrichtung wird er die Ursachen in der biologischen Ausstattung des Menschen (z.B. in dessen Genen oder Hirnfunktion bzw. -struktur) suchen, durch welche die Evolution einzelne Menschen in unterschiedlichem Maße begünstigt oder benachteiligt hat, und/oder in gesellschaftlichen und globalen Macht- und Ungleichheitsverhältnissen und den damit verbundenen unterdrückerischen

---

[92] Off 21, 3-4

[93] Vgl. Joh 14,6

Strukturen. Die Benachteiligung der Frau durch den Mann ist aus dieser Perspektive beispielsweise Kennzeichen und Folge patriarchalischer Gesellschaften. Die gesellschaftliche Ausgrenzung behinderter Menschen resultiert aus der vorherrschenden gesellschaftlichen Sicht von „Normalität", die dazu führt, dass diese als normabweichend und somit defizitär wahrgenommen werden. Die Diskriminierung sexueller Minderheiten ist eine Folge des Hasses der Mehrheitsgesellschaft auf davon abweichende Lebensentwürfe und Geschlechtsidentitäten. Die Armut vieler Länder Afrikas, Asiens und Lateinamerikas wird als Spätfolge des europäischen Kolonialismus und anhaltender globaler wirtschaftlicher und politischer Unterdrückungsmechanismen beschrieben, von denen die westlichen Länder und multinationale Konzerne einseitig profitieren. Die Mittel der Wahl zur Bekämpfung solcher Ungerechtigkeiten oder Ungleichheiten wären je nach politischer Ausrichtung etwa: Forschung zur Bekämpfung von Krankheiten und Behinderungen; Abtreibung und eugenische Maßnahmen in Bezug auf Menschen mit unerwünschten Eigenschaften; verbesserter Zugang zu Bildung; spezielle soziale Hilfsangebote oder wirtschaftliche Hilfsprogramme für benachteiligte Bevölkerungsgruppen oder Staaten; politische Beteiligung marginalisierter Gruppen; soziale Bewegungen oder Bürgerrechtsbewegungen zur Abschaffung von Missständen; Bemühungen um Relativierung oder Abschaffung solcher Werte und Normen, die zu Ungerechtigkeit und Benachteiligung beitragen; Antidiskriminierungsgesetze; Quoten für Frauen und gesellschaftliche Minderheiten; faire Handelsbeziehungen; politische Arbeit; Militärinterventionen; eine zukünftige Weltrevolution, usw.

Aus menschenzentrierter Sicht ist der Mensch allein dafür verantwortlich, sich selbst ein gutes Leben und eine bessere Gesellschaft oder Welt zu schaffen. Wer an diesem guten Leben und/oder der besseren Welt teilhaben darf und welche Mittel zu ihrer Erreichung legitim erscheinen, ist eine Frage des individuellen Geschmacks, der philosophischen Orientierung, der kollektiven Aushandlungsprozesse oder einfach der Macht oder des Reichtums. Auf jeden Fall aber existiert niemand außerhalb des Menschen, der für Gerechtigkeit oder eine Reduzierung der allgemeinen Dysfunktionalitäten sorgen könnte. Der Mensch ist entweder einem anonymen, unklaren Schicksaal ausgesetzt oder muss eigene Kräfte und Fähigkeiten entwickeln. Er ist letztlich der Schöpfer und Gestalter seiner selbst, seines Lebens und einer besseren Welt oder er bleibt ein Staubkorn im kalten, anonymen Chaos der Evolution und Weltgeschichte.

Einige der beispielshaft angeführten Ursachen von Ungleichheit und Benachteiligung sowie die Mittel ihrer Bekämpfung sind auch aus christlicher Sicht richtig und legitim. Falsch ist aus christlicher Sicht jedoch der dem menschenzentrierten Denken oft innewohnende Glaube, der Mensch könne aus eigener Kraft ein grundlegendes menschliches Übel wie Armut, Krankheit oder Benachteiligung nicht nur abmildern, temporär lindern oder lokal irgendwo für einen begrenzten Zeitraum beseitigen, sondern den perfekten Menschen, eine gerechte Gesellschaft oder absolut gleichberechtigte Geschlechterverhältnisse schaffen.

Die empirischen Fakten stützen – zumindest bis zum heutigen Tag – die christliche Sicht: In der Geschichte der Menschheit gab es noch nie eine Gesellschaft ohne Armut und Unterdrückung. Lediglich die Identität und Anzahl der Armen und Unterdrückten variierte von Gesellschaft zu Gesellschaft oder im Verlauf der Zeit. Nie war die Welt frei von Krankheiten. Immer wenn bestimmte Krankheiten vermeintlich erfolgreich bekämpft waren, brachen entweder neue, noch unbekannte Krankheiten aus oder bereits bekannte Krankheiten verbreiteten sich an anderen Orten und zu späteren Zeitpunkten neu. Spätestens seit der Covid-19-Pandemie dürften daran nur noch wenige Menschen zweifeln. Auch die Unterdrückung der Frau durch den Mann hat nie aufgehört, obgleich sich nach intensiven Bemühungen um Gleichberechtigung und Wertschätzung von Frauen in vielen Ländern der Erde die Situation insbesondere westlicher Frauen im Vergleich zu früheren Zeiten gebessert hat, was etwa Bereiche wie Bildung, berufliche Chancengleichheit oder politische Beteiligung betrifft. Zugleich bestehen andere Bereiche der Degradierung von Frauen unverändert fort, haben sogar zugenommen oder sind neu entstanden. Viele Bürger westlicher Länder sind beispielsweise geradezu blind, was die sexuelle Ausbeutung und Degradierung primär von Frauen und Mädchen betrifft, z.B. durch Prostitution, Pornografie, Leihmutterschaft und die damit verbundene moderne Sklaverei. Man könnte also sagen, dass sich die gestörte Beziehung zwischen Mann und Frau in der westlichen Welt heute lediglich etwas anders manifestiert, als zu früheren Zeiten. Ob diese neuen Manifestationen der Unterdrückung von Frauen weniger degradierend und gewalttätig sind, als diejenigen früherer Zeiten, bliebe zu diskutieren.

Letztendlich hat noch keine der menschenzentrierten Weltanschauungen und politischen Ideologien eine befriedigende Antwort auf die Frage nach der grundlegenden Ursache all des Unheils und der allgemeinen Dysfunktionalität dieser Welt gefunden. Alle gängigen Erklärungsansätze setzen an den Zweitursachen an, können aber nicht erklären, warum es Armut, Ungleichheit, Ungerechtigkeit, Unterdrückung, Gewalt, Krankheit und Naturkatastrophen in *allen* Ländern der Erde und zu *allen* Zeiten der Menschheitsgeschichte gab und noch immer gibt. Ideologien, die versucht haben, den perfekten Menschen oder die perfekte Gesellschaft zu schaffen, führten zu immer noch mehr Unheil, Gewalt und Tod. Politische Systeme, die versuchten, Ungerechtigkeit mithilfe von Zwang und Gewalt ein für alle Mal zu beseitigen, führten immer zu noch mehr Zwang und Gewalt.

3 Die Lebenswirklichkeit des sich neu erfindenden Menschen

„Ich zeige die Finsternis und glaube an das Licht.“
(François Mauriac)[94]

Oft wird gesagt, die – zugegebenermaßen recht knapp dargestellten – christlichen Grundüberzeugungen seien nicht mehr zeitgemäß, sie verkörperten ein veraltetes Weltbild und eine nicht mehr zeitgemäße Moral. Ehrlicherweise muss man auch feststellen, dass selbst viele Christen sie nicht mehr verstehen und noch weniger versuchen, nach ihnen zu leben. Wenn man jedoch die Frage stellt, ob das konkurrierende, in der westlichen Welt inzwischen dominierende menschenzentrierte Welt- und Menschenbild und seine daraus abgeleiteten moralischen Grundsätze richtig sind und daher positive Konsequenzen für Menschen und Gesellschaft haben, also Menschen zu einem guten Leben verhelfen, dann relativiert sich das Argument der Unzeitgemäßheit. Schauen wir uns daher einmal einige Begleiterscheinungen des menschenzentrierten Menschen- und Weltbildes an. Wie sieht die Lebenswirklichkeit westlicher, auf sich selbst zurückgeworfen lebender Menschen aus? Wie leben Menschen, die sich selbst neu erfinden wollen? Was geschieht, wenn der Mensch seine ihm von Gott gegebene Natur im Bereich der Liebe und Sexualität, der Komplementarität von Mann und Frau, im Bereich von Ehe und Familie nicht mehr achtet, also die Grenzen dessen, was ihm von seinem Schöpfer vorgegeben ist, überschreitet?

Auffallend ist eine umfassende Fragmentierung[95] der Wahrnehmung, des Denkens und Handelns, die sich durch alle Lebensbereiche des modernen Menschen zieht. Im Denken und Handeln des menschenzentriert denkenden Menschen werden Dinge, die im gottzentrierten Welt- und Menschenbild miteinander verbunden und aufeinander bezogen sind, voneinander getrennt. Sexualität wird von der Liebe und von der Fruchtbarkeit getrennt, die Kinderzeugung von der Sexualität, die Sexualität von der Ehe, die Kinder von ihren biologischen Eltern, die Fortpflanzung wird unabhängig vom Geschlecht. All dies wird im Folgenden noch deutlicher werden.

---

[94] Zitat nach Scheidgen, 2017

[95] Vgl. Wolfensberger, 1994c, S. 397; Meuser, 2020, S. 228

3.1 Der gequälte Leib: Krankheit, Behinderung & Selbstbeschädigung

> *„Der Mensch hat nicht nur einen Leib, er ist auch Leib. Was dem Leib passiert, betrifft den ganzen Menschen."* (Christl R. Vonholdt)[96]

Beginnen wir die Beschreibung der Lebenswirklichkeit des menschenzentriert denkenden Menschen mit der Beschreibung einiger körperlicher Begleiterscheinungen in den oben genannten Bereichen. Sie sind inzwischen kaum noch zu übersehen, denn ganz offensichtlich führt die Missachtung der menschlichen Natur nicht selten zu Erkrankungen, manchmal auch zu dauerhaften Beeinträchtigungen, von denen inzwischen große Teile der Bevölkerung betroffen sind. Wir neigen dazu, sie als naturgegeben hinzunehmen, in Wirklichkeit sind sie Konsequenzen unseres Lebensstils. Manchmal fügen Menschen ihrem Körper auch gezielte Beschädigungen zu. Sie lehnen den eigenen Leib oder seine natürlichen Funktionsweisen ab und nehmen solche oft irreversiblen Schädigungen bewusst in Kauf, um andere erwünschte Effekte zu erzielen. Die medizinische Kunst dient dann nicht mehr der Heilung oder Linderung von Beschwerden, sondern wird mit dem Ziel eingesetzt, den Körper nach eigenen Vorstellungen zu gestalten oder ihn der eigenen Selbstwahrnehmung anzupassen. Nachfolgend einige Beispiele: Sie betreffen die Geburtenkontrolle, die künstliche Befruchtung, die Promiskuität, den Fehlgebrauch des Körpers und die Geschlechtsumwandlung.

3.1.1 Kinder verhindern

> *„Hormonelle Empfängnisverhütungsmittel zählen heute zu den bestuntersuchten, aber auch auf komplexeste Weise wirkenden Substanzen in der Medizin. Es erstaunt aber doch einigermaßen, dass die Auswirkungen dieser Hormoneinnahmen über Jahrzehnte kaum in das öffentliche Bewusstsein gedrungen sind."*
> (Walter Rella, Johannes Bonelli & Susanne Kummer)[97]

Sexualität und Fruchtbarkeit sind natürlicherweise miteinander verbunden. Im Denken vieler Menschen ist die Fruchtbarkeit heute hingegen beinahe vollständig von der Sexualität entkoppelt. So wird etwa gesagt, eine Schwanger-

---

[96] Vonholdt, 2012

[97] Rella, Bonelli, & Kummer, 2010, S. 263

schaft sei „unerwartet", obgleich bekannt ist, dass Geschlechtsverkehr zur Zeugung eines Kindes führen kann. Die Entwicklung hormoneller Verhütungsmittel hat eine solche Haltung ermöglicht und beschleunigt, weil sie die Wahrscheinlichkeit, ein Kind zu zeugen, enorm reduzieren und den beteiligten Menschen versprechen, ihre Fortpflanzung fast vollständig kontrollieren zu können. Alle künstlichen Verhütungsmethoden sind mit Nebenwirkungen oder anderen Problemen verbunden, zum Teil gesundheitlicher Art, zum Teil beeinträchtigen sie die Beziehung zwischen Frau und Mann und ihre sexuelle Begegnung.[98]

Wenn eine Frau jedoch Hormone einnimmt, um so ihre natürliche Fruchtbarkeit auf die möglichst effektivste Weise zu unterdrücken, bringt sie damit zusätzlich zum Ausdruck, dass sie die natürlichen Funktionsweisen ihres Körpers, selbst um den Preis massiver gesundheitlicher Nachteile, abstellen will. Sie ist hier also schon einen Schritt in Richtung Neuerfindung ihrer menschlichen Natur gegangen, zumindest kann man nicht sagen, dass sie diese vorbehaltlos achte. Jede Missachtung hat ihren Preis. Hier seien lediglich einige der möglichen körperlichen Folgen und krankheitsfördernden Effekte angeführt, die bei der Einnahme hormoneller Empfängnisverhütungsmittel auftreten können. Diese sind: Übelkeit, Kopfschmerzen, Depressionen, Libidoverlust, Thrombosen, plötzliche Durchblutungsstörungen mit Schlaganfall als Folge, Herzinfarkt, Gebärmutterhalskrebs, Brustkrebs, Abnahme der Knochendichte.[99] Etwa 100 Millionen Frauen weltweit benutzen hormonelle Verhütungsmittel; ihre krebsfördernde Wirkung wurde von der *Weltgesundheitsorganisation* offiziell bestätigt.[100] Durch die Ausscheidung gelangen Hormone ins Trinkwasser und stehen im Verdacht, Organschäden hervorzurufen, bei Jugendlichen eine früher einsetzende Pubertät zu begünstigen, zur Unfruchtbarkeit von Männern beizutragen und die Umwelt zu schädigen. Hormonelle Verhütungsmittel können darüber hinaus frühabtreibende Wirkungen haben. Neuere Studien kamen zu weiteren Ergebnissen, etwa, dass Gehirnscans von Frauen, welche die Pille einnehmen, strukturelle und funktionale Unterschiede im Vergleich zu Frauen aufweisen, welche die Pille nicht einnehmen. Hormonelle Verhütungsmittel verändern also das Gehirn von Frauen. Frauen, welche

---

[98] Einen guten Überblick gibt Kuby G., 2020, S. 39-60

[99] Für einen Überblick über die Nebenwirkungen hormoneller Verhütungsmittel vgl. Rella, Bonelli, & Kummer, 2010

[100] Vgl. International Agency for Research on Cancer, 2007

die Pille einnehmen, weisen zudem alle biologischen Marker auf, mit denen heute chronischer Stress nachgewiesen wird – und chronischer Stress ist nachweislich nicht gesundheitsförderlich.[101]
Eine noch perfektere Abkopplung der Sexualität von der ihr innewohnenden Möglichkeit, menschliches Leben weiterzugeben ist die Sterilisation. Ihr erwünschter Effekt ist die Unfruchtbarkeit, meist mit dem Ziel, die eigene Sexualität ohne Einschränkungen praktizieren zu können. Sterilisation wird als Verhütungsmethode mit sehr hoher Sicherheit beschrieben und hat ebenfalls ihren Preis. Für Frauen ist er höher, als für Männer, die abgesehen von den üblichen OP-Komplikationen lediglich das Risiko chronischer Schmerzen in den Hoden zu tragen haben. Bei Frauen birgt die Sterilisation unter anderem ein erhöhtes Thromboserisiko, ein erhöhtes Risiko einer Eileiterschwangerschaft oder Bauchhöhlenschwangerschaft, Ovarialinsuffizienz, ein verfrühtes Eintreten der Menopause, mit der Gefahr an Osteoporose zu erkranken bzw. hormonelle Veränderungen mit Hitzewallungen, Stimmungsschwankungen, Schlafstörungen und sexueller Lustlosigkeit.[102] Eine Sterilisation kann zudem nicht immer rückgängig gemacht werden und führt bei manchen Menschen dazu, dass sie sich nicht mehr als vollwertige Vertreter ihres Geschlechtes fühlen. Manche Frauen berichten von Depressionen, weil sie fortan keine Kinder mehr bekommen können.[103]

---

[101] Vgl. Hill, zit. nach Rehder, 2020a
[102] Vgl. Familienplanung, 2019; Sadrinna, 2019
[103] Vgl. Shreffler et al., 2016; Lutter, 2019

3.1.2 KINDER PRODUZIEREN

> *„Eine Kinderwunsch-Behandlung kann die Frau, den Mann und ihre Beziehung zueinander ernsthaft belasten. Untersuchungen, Nebenwirkungen der Medikamente und Eingriffe können strapaziös sein. Zudem muss das Paar in dieser Zeit einen großen Teil seines Lebens auf die Therapie abstimmen – manchmal sogar über einen Zeitraum von mehreren Jahren. Die Termine für Kontrolluntersuchungen und Behandlungen sind häufig schwer mit beruflichen Verpflichtungen vereinbar. (...) Die finanzielle Belastung kann ebenfalls groß sein. Auch die Partnerschaft kann unter den aufwendigen medizinischen Therapien leiden. (...) Aus vielen Untersuchungen ist inzwischen bekannt, dass es bei der Mehrzahl der Paare zu irgendeinem Zeitpunkt der Fruchtbarkeits-Behandlung zu Problemen in der Sexualität kommt.“* (Aus einer Informationsbroschüre der Bundeszentrale für gesundheitliche Aufklärung)[104]

Wie bereits erwähnt, neigen immer mehr Paare dazu, medizinisch-technische Hilfe in Anspruch zu nehmen, wenn ihre Fruchtbarkeit aus irgendwelchen Gründen beeinträchtigt ist. Sie lassen ihr Wunschkind im Labor zeugen. Die Menschheit kannte immer auch natürliche Wege zur Steigerung der Fruchtbarkeit. Diese sind heute bei praktizierenden Gynäkologen vielfach in Vergessenheit geraten bzw. werden zugunsten der technischen Methoden vernachlässigt. Die Laborzeugung setzt die Trennung des Geschlechtsaktes von der Fortpflanzung voraus, was eine noch wesentlich eklatantere Missachtung der natürlichen Funktionsweisen des menschlichen Körpers darstellt, als der Gebrauch künstlicher Verhütungsmittel oder die Sterilisation. Die liebende Vereinigung von Mann und Frau wird durch die Arbeit von Medizintechnikern im Labor ersetzt.

Allgemein hat die Unfruchtbarkeit in den westlichen Ländern erheblich zugenommen. Dies hat vielfältige Ursachen, etwa die Zunahme sexuell übertragbarer Krankheiten, die massive Einnahme hormoneller Verhütungsmittel oder der Aufschub des Kinderwunsches. Da die weibliche Fruchtbarkeit mit zunehmendem Alter abnimmt, führt der Aufschub des Kinderwunsches nicht selten dazu, dass manche Frauen überhaupt nicht mehr schwanger werden. Zwischen 1997 und 2016 wurden allein in Deutschland mehr als 275.000 künstlich erzeugte Kinder geboren.[105] Die künstliche Erzeugung von Kindern hat natürlich ebenfalls ihren Preis. Sie ist insbesondere für Frauen und die betroffenen

---

[104] Familienplanung, 2012

[105] Vgl. Deutsches IVR Register, 2018, S. 43

Kinder mit erheblichen Gesundheitsrisiken verbunden.[106] Nachfolgend einige Beispiele.

Die für die In-vitro-Fertilisation (IVF) erforderliche Hormonbehandlung der Frau kann zum Überstimulationssyndrom führen, bei dem sich die Eierstöcke stark vergrößern. Übelkeit, Schmerzen, Flüssigkeitsansammlung im Bauch, Atemnot und Störungen der Blutgerinnung können die (in einigen Fällen auch lebensgefährlichen) Folgen sein. Die Eizell-Entnahme kann eine bakterielle Infektion der Eierstöcke zur Folge haben. Blase, Darm und die großen Blutgefäße im Becken können verletzt werden. Da eine erfolgreiche künstliche Befruchtung mehrere Behandlungszyklen erfordert, zieht sie sich oft über Jahre hin, was als enorme psychische Belastung empfunden werden kann.[107] Während der Schwangerschaft sind Präeklampsie (Schwangerschaftsvergiftung), Extrauteringravidität (Einnistung außerhalb der Gebärmutter), Fehlgeburten und Frühgeburten häufige Komplikationen. Mehrlingsschwangerschaften treten gehäuft auf, Kaiserschnitt-Entbindungen ebenfalls.[108] Eine groß angelegte kanadische Studie kam außerdem zum Schluss, dass eine Verbindung zwischen IVF und einem erhöhten Risiko von Herz- Kreislauferkrankungen, wie Herzinsuffizienz oder Schlaganfall möglich ist.[109] Berichte einzelner Frauen weisen zusätzlich auf erhebliche Nebenwirkungen unterschiedlichster Art hin.[110]

Einige Folgen der IVF für die künstlich erzeugten Kinder sind 40 Jahre nach der Geburt des ersten Retortenbabys mittlerweile ebenfalls erforscht: Diese Kinder sind häufiger von intrauteriner Wachstumsverzögerung betroffen, werden häufiger zu früh oder tot geboren und sterben öfter wenige Tage nach der Geburt, als natürlich gezeugte Kinder. Sie haben oft ein geringeres Geburtsgewicht als natürlich gezeugte Kinder und neigen zu mehr Fehlbildungen oder seltenen Erkrankungen, die zum Teil auf chromosomale Anomalien zurückzuführen sind.[111] Wissenschaftliche Studien weisen inzwischen daraufhin, dass mithilfe von IVF erzeugte Kinder häufiger an Gefäßschädigungen leiden, als natürlich gezeugte Kinder. Diese können später im Leben zu erhöhtem Blutdruck und Herzerkrankungen führen und dadurch die Lebenserwartung

---

[106] Einen lesenswerten Gesamtüberblick nicht nur über Gesundheitsrisiken, sondern über viele weitere mit der Laborzeugung verbundenen Probleme gibt Kuby G., 2020, S. 89-122

[107] Vgl. Familienplanung, 2012

[108] Vgl. Gemeinsamer Bundesausschuss, 2008, S. 17ff

[109] Vgl. Udell, Lu & Redelmeier, 2017

[110] Vgl. z.B. Zuber-Jerger, 2002

[111] Vgl. Gemeinsamer Bundesausschuss, 2008, S. 21ff

erheblich mindern.[112] Künstlich erzeugte Kinder sind zudem stärker gefährdet, in ihrem späteren Leben an einer psychiatrischen Störung zu leiden.[113]

3.1.3 „Freier“ Sex

> *„Im Jahr 2015 wurde die Zahl der HIV-Neudiagnosen auf etwa 3900 geschätzt. 57 % der Neudiagnosen entfielen auf Männer, die Sex mit Männern hatten (MSM). Für das Jahr 2015 wurde weiterhin geschätzt, dass sich etwa 3200 Menschen neu infiziert haben und 84.700 Menschen mit einer HIV-Infektion in Deutschland leben. Im Jahr 2015 wurden 6834 Syphilisfälle gemeldet; ein Anstieg von 149 % seit 2009. Die Inzidenz lag bei Männern 16-fach höher als bei Frauen. 85 % der Syphilisdiagnosen wurden bei MSM festgestellt. Die Resistenz von Gonokokken gegenüber dem Breitbandantibiotikum Cefixim nahm zwischen 2014 und 2016 nach einer Änderung der Therapieleitlinien ab und blieb entgegen dem Antibiotikum Ceftriaxon auf niedrigem Niveau stabil. Die Resistenz gegen das Antibiotikum Azithromycin zeigt nach einem Anstieg bis auf 11,3 % im Jahr 2015 eine abfallende Tendenz im Folgejahr. Die Resistenz gegen Azithromycin sank von 11,3 auf 2,2 % zwischen 2015 und 2016.“* (Aus der Zusammenfassung eines Fachaufsatzes zu sexuell übertragbaren Krankheiten in Deutschland)[114]

Promiskuität gab es schon immer. Die Entkoppelung von Sexualität und Fruchtbarkeit hat sie jedoch erleichtert, weil durch Verhütungsmittel und Abtreibung unerwünschte Kinder vermieden werden können. Da das menschenzentrierte Welt- und Menschenbild Sexualität oft nur noch als Mittel der jeweils individuellen Triebbefriedigung oder des gemeinschaftlichen Vergnügens wahrnimmt, ist sie nur noch in speziellen Fällen an Verantwortung oder wechselseitige Liebe gekoppelt. Mobile Dating Apps erleichtern heute die Verabredung von unverbindlichem Sex mit Menschen, die sich in der Nähe aufhalten. Eine App, die sich an junge Menschen zwischen 18 und 25 richtet, verzeichnete im Jahr 2020 etwa 6 Millionen zahlende Benutzer.[115]

War Promiskuität lange Zeit gesellschaftlich geächtet, so wird sie heute offensiv als alternative und gleichwertige Lebensform zur monogamen Ehe oder Lebensgemeinschaft beworben. Damit verbunden ist eine neue Wortschöpfung, die „Polyamorie“. Eine Webseite beschreibt sie mit euphemistischen Worten

---

[112] Vgl. Scherrer et al., 2012; Meister et al., 2018; Weirauch, Gerhard-Herman, & Mendelson, 2018

[113] Vgl. Hömberg, 2019

[114] Bremer et al., 2017, S. 948

[115] Vgl. Wikipedia, 2020e

so: *„Polyamorie bedeutet, mehrere Menschen zur selben Zeit zu lieben, mit dem Herzen, aber auch sexuell. Neu daran ist vor allem, dass es offen gelebt wird, mit der Zustimmung oder Billigung aller Beteiligten. Polyamorie ist für manche nach wie vor ein Tabu, für viele andere aber schon gelebtes Leben. Mit der Liebe nicht Halt zu machen bei einem Menschen, sie größer und weiter werden zu lassen, ist ein alter Traum vieler Menschen. Wir wollen mit dieser Seite beitragen, dass Menschen, die das wollen und so fühlen (...) Akzeptanz für ihre Lebensweise finden.“*[116]
Vor einigen Jahren hat der grüne Politiker Volker Beck in einem *Stern*-Interview zwischen sozialer und sexueller Treue unterschieden. Er sagte über sich: *„Ich lebte 17 Jahre mit meinem Partner zusammen, wir haben geheiratet und ich habe ihn in seinen letzten Lebensmonaten gepflegt. Er hätte dasselbe für mich getan, wäre ich krank geworden. Das ist es, worauf es ankommt – sich füreinander zu entscheiden und aufeinander verlassen zu können. Die Frage, ob mal jemand mit einem anderen ins Bett geht, ist zweitrangig.“*[117] Er hat damit sicherlich das Lebensgefühl und die sexuelle Praxis vieler homosexueller Männer beschrieben.[118]
Eine Konsequenz der Promiskuität ist die Verbreitung sexuell übertragbarer Krankheiten, denn die Wahrscheinlichkeit der Ansteckung nimmt mit der Häufigkeit wechselnder Sexualkontakte zu. Die *Weltgesundheitsorganisation* hat 2012 geschätzt, dass sich weltweit jährlich etwa 774 Millionen Menschen neu mit einer sexuell übertragbaren Krankheit[119] infizieren, wobei hier HIV- und Hepatitis-Neuinfektionen noch nicht mitgerechnet sind. Auch in Deutschland und den europäischen Nachbarländern sind die Neuinfektionszahlen stark angestiegen, Syphilis z.B. um knapp 20% innerhalb eines Jahres. Zudem haben in Deutschland im Jahr 2015 geschätzte 84.700 Menschen mit einer HIV-Infektion gelebt, darunter etwa 3.200 Menschen mit einer Neuinfektion. Mindestens jeweils 300.000 Menschen sind in Deutschland mit dem Hepatits B- oder Hepatitis C-Virus infiziert, das zu Leberzirrhose und Leberkrebs führen

---

[116] Vgl. Polyamorie, 2020

[117] Stern, 2011

[118] Eine lesenswerte Beschreibung des homosexuellen Lebensstils aus christlicher Sicht, durch einen praktizierenden Homosexuellen, ist Lee, 2017; eine andere lesenswerte Beschreibung aus der Perspektive einer Tochter findet sich in Krips-Schmidt, 2013.

[119] Chlamydien, Gonokokken, Syphilis, Trichomonaden, Herpes, HPV/Papillomvirus

kann.[120] Als besondere Risikogruppen für sexuell übertragbare Krankheiten gelten bei medizinischen Fachgesellschaften Prostituierte, Drogenabhängige, Männer, die sexuelle Kontakte mit Männern haben[121], Jugendliche und junge Erwachsene.[122] Wissenschaftler des *Robert-Koch-Instituts* beschreiben die gesundheitlichen Folgen solcher Infektionen folgendermaßen: *„Sexuell übertragbare Infektionen (STI) können zu einer schwerwiegenden Beeinträchtigung der sexuellen Gesundheit führen. So ist z. B. eine HIV-Infektion weiterhin nicht heilbar und erfordert eine lebenslange medikamentöse Therapie. Eine unbehandelte Syphilisinfektion kann zu bleibenden Organschäden und bei schwangeren Frauen zur schweren Erkrankung oder zum Tod des Kindes führen. Bei einer Infektion mit Gonokokken sind nur noch wenige Antibiotika wirksam, sodass befürchtet werden muss, dass diese Infektion in der Zukunft unbehandelbar wird. Auch bei genitalen Chlamydieninfektionen kann es bei Frauen zu Komplikationen wie chronischen Unterbauchschmerzen („pelvic inflammatory disease") und Infertilität kommen. Infektionen durch Hochrisikotypen von humanen Papillomviren (HPV) können zu Gebärmutterhalskrebs oder anderen Karzinomen führen. Gleichzeitig erhöht das Vorhandensein einer STI wie Syphilis, Gonorrhö oder Herpes die Wahrscheinlichkeit, sich mit HIV zu infizieren."*[123]
In einem 2020 erschienenen Beitrag eines medizinischen Fachjournals kommen Wissenschaftler außerdem zu dem Ergebnis, dass die Wahrscheinlichkeit einer Krebserkrankung bei fortgeschrittenem Alter mit der Anzahl der Sexualpartner während des Lebens sowohl bei Männern als auch bei Frauen steige. Bei Frauen sei mit steigender Anzahl von Sexualpartnern auch die Wahrscheinlichkeit anderer langwieriger Erkrankungen erhöht. Die Forscher warnen vor der Annahme von Kausalzusammenhängen, geben aber an, dass ihre Ergebnisse bei der klinischen Bewertung der Wahrscheinlichkeit von Krebserkrankungen bei älteren Erwachsenen von Nutzen seien.[124]

---

[120] Vgl. Bremer et al., 2017; Bundesministerium für Gesundheit/Bundesministerium für wirtschaftliche Zusammenarbeit und Entwicklung, 2016

[121] Gemeint sind Männer, die sich selbst als homosexuell, schwul, bisexuell, transsexuell, transgender, intersexuell oder heterosexuell mit zusätzlichen gleichgeschlechtlichen Kontakten bezeichnen.

[122] Vgl. AWWF online, 2018, S. 43ff

[123] Bremer et al., 2017, S. 948

[124] Vgl. Grabovac et al., 2020

3.1.4 Der Fehlgebrauch des Körpers

> *„Ein leiblich-körperliches Einssein ist nur in der sexuellen Beziehung zwischen Mann und Frau möglich."* (Christl R. Vonholdt)[125]

Die Geschlechtsorgane von Mann und Frau sind komplementär beschaffen, nämlich so, dass sie wie beim Schlüssel-Schloss-Prinzip ineinander passen. Für die gleichgeschlechtliche sexuelle Vereinigung ist der menschliche Körper anatomisch ungeeignet; wird sie dennoch vollzogen, so stellt sie in gewisser Weise eine Handlung dar, welche die natürliche Beschaffenheit des Körpers ignoriert und ihn zu etwas zwingt, das ihm nicht entspricht. Auch dies hat seinen Preis. Insbesondere bei Männern ist gleichgeschlechtlicher Sex mit erheblichen gesundheitlichen Risiken verbunden. *„Zu den häufigsten sexuellen Praktiken mit erhöhtem Risiko gehören oral-anale Berührung, gegenseitige Masturbation von Penis und After sowie Analverkehr. Die weibliche Scheide und Beckenmuskeln sind auf Geschlechtsverkehr gut abgestimmt, für die Anatomie von After und Enddarm trifft dies aber nicht zu. Komplikationen des analen Geschlechtsverkehrs können Geschwüre, Entzündungen und Einrisse der Schließmuskulatur im Bereich von After und Enddarm sein. Dies kann zu Inkontinenz und erhöhter Anfälligkeit für Infektionen führen. Folglich treten Geschlechtskrankheiten viel häufiger bei männlichen Homosexuellen auf, ungeachtet des Gebrauchs von Kondomen."*[126] Die medizinischen Fachgesellschaften zählen Männer, die sexuelle Beziehungen mit Männern haben[127] in ihren Leitlinien zu den Hochrisikogruppen, um an sexuell übertragbaren Krankheiten zu erkranken und empfehlen, dass ihnen, sofern sie zwar symptomfrei sind, aber wechselnde Sexualpartner haben, alle 3-6 Monate Untersuchungen und Beratungen hinsichtlich HIV, Syphillis, Gonorrhoeae, C. trachomatis Mykoplasmen und Hepatitis C sowie eine Hepatitis A & B-Impfung angeboten werden sollten.[128] Als Ursachen für das erhöhte Risiko werden zusätzlich zu den bereits erwähnten anatomisch-physiologischen Gründen noch die erschwerte Diagnose einer sexuell übertragbaren Krankheit im Analbereich genannt sowie der Sachverhalt, dass manche Männer, die sexuelle Beziehungen mit Männern haben, eine hohe Zahl sexueller Kontakte mit verschiedenen Partnern in kurzen Zeiträumen haben

---

[125] Vonholdt, 2012

[126] Saunders, 2008, S. 5

[127] Vgl. Fußnote 121

[128] Vgl. AWWF online, 2018, S. 43f

oder psychoaktive Substanzen konsumieren, die das sexuelle Leistungsvermögen bzw. Erleben steigern, die Wahrnehmung verzerren und zu einem Kontrollverlust führen können.[129] Letzteres ist nicht auf Männer beschränkt, die sexuelle Beziehungen mit Männern haben, führt aber auch bei Heterosexuellen zu einem erhöhten Erkrankungsrisiko. Eine im *Deutschen Ärzteblatt* publizierte repräsentative Befragung[130] zeigt, dass auch Heterosexuelle erstaunlich oft berichteten, Erfahrungen mit Analsex zu haben. In Mainstreammedien wie *FOCUS*[131] oder *Wikipedia* kann man inzwischen Anleitungen zum Analsex finden – was die Sache auch für Heterosexuelle nicht gesünder macht.

3.1.5 Von Mann zu Frau, von Frau zu Mann – und zurück

> *„Vor 30 Jahren gab es 3.000 Transsexuelle in Deutschland, heute sind es 24.000. Immer mehr Frauen fliehen in das andere Geschlecht. Warum?"*
> (Chantal Louis)[132]

Einige Menschen leiden unter einer Körper-Geschlechts-Inkongruenz. Sie erleben eine Diskrepanz zwischen ihrer biologischen Geschlechtszugehörigkeit und ihrem geschlechtsbezogenen Identitätsgefühl. Nach Angaben von Fachleuten sind davon weniger als 1% der Kinder und Jugendlichen betroffen. Bei etwa 2,5 – 20% dieser Kinder und Jugendlichen verfestigt sich die gefühlte Inkongruenz (Genderdysphorie) im Erwachsenenalter zu einer irreversiblen Transsexualität. Die betreffenden Menschen sind also dauerhaft nicht in der Lage, sich mit ihrem angeborenen Geschlecht auszusöhnen. Die Ursachen der Genderdysphorie sind umstritten; vermutlich handelt es sich um ein komplexes Zusammenspiel biologischer, sozialer und familiärer Faktoren.[133] Die Medizin bietet den Betroffenen Hormonbehandlung und operative Eingriffe an, die Genitalien und/oder sekundäre Geschlechtsmerkmale verändern, um ihren Körper dem gewünschten Geschlecht anzugleichen. Die physischen Begleiterscheinungen dieser Behandlungen und Eingriffe, also der von den Betroffenen zu zahlende körperliche Preis ist wesentlich höher, als bei allen zuvor beschriebenen Handlungen, welche die menschliche Natur missachten.

---

[129] Vgl. AWWF online, 2018, S. 26
[130] Vgl. Haversath et al., 2017
[131] Vgl. Preuk, 2019
[132] Louis, 2019
[133] Vgl. Korte et al., 2008

Durch die operative Anpassung der Genitalien wird deren Zeugungsfähigkeit zerstört. Da sich die Chromosomen der betreffenden Menschen nicht verändern, sie biologisch also weiterhin das Geschlecht ihrer Geburt haben, müssen sie nicht nur während der Geschlechtsumwandlung selbst, sondern dauerhaft Hormone einnehmen, um das gewünschte äußere Erscheinungsbild zu erhalten. Diese können, ebenso wie die operativen Eingriffe, mit erheblichen Risiken, Nebenwirkungen und Langzeitfolgen verbunden sein.[134] Das weibliche Geschlechtshormon Oestrogen erhöht beispielsweise das Risiko für Thrombosen, Schlaganfälle, Herzinfarkt und Brustkrebs und kann Nebenwirkungen, wie Kopfschmerzen, Migräne, Bluthochdruck, Herzrhythmusstörungen, Übelkeit, Erbrechen, Bauchschmerzen, Blähungen, Durchfall, Gewichtszunahme, Ödeme, Sehstörungen, Schwindel, Haarausfall, Hautausschläge, Juckreiz, Wadenkrämpfe, Erhöhung der Blutfettwerte, Leberfunktionsstörungen, Schilddrüsen-Funktionsstörungen, Zucker-Stoffwechselstörungen und depressive Verstimmungen auslösen.[135] Das männliche Geschlechtshormon Testosteron kann zu Nebenwirkungen wie Hitzewallungen, Akne, Gewichtszunahme, Ödemen, Schlafstörungen, Ruhelosigkeit, Reizbarkeit, Aggression, Abgeschlagenheit, Kopfschmerzen, Migräne, Schwindel, Bluthochdruck, Husten, Atemproblemen, Hautausschlägen, Juckreiz, Gelenkschmerzen, Muskelschmerzen, Harnwegstörungen, Erhöhung der Blutfettwerte, Anstieg der Leberwerte, oder Erythrozytose führen und wird verdächtigt, das Herzinfarkt-, Schlaganfall-Brustkrebs- und Gebärmutterkrebsrisiko zu erhöhen.[136] Sollten sich die betreffenden Menschen später anders entscheiden und doch mit dem biologischen Geschlecht ihrer Geburt leben wollen, so sind die individuellen Folgen der Hormoneinnahme und chirurgischen Eingriffe meist nicht vollständig rückgängig zu machen.

Immer mehr Mediziner verabreichen bereits Kindern und Jugendlichen, die sich im falschen Körper fühlen, pubertätsblockende Hormone, um irreversiblen körperlichen Veränderungen (wie Stimmbruch, Bartwuchs, Brustwachstum, Menstruation) vorzubeugen, was wiederum, sollte sich die Transidentität der betreffenden Jugendlichen verfestigen, zu besseren Behandlungsergebnissen bei zukünftigen Operationen beitragen könne – so die Argumentation. Die Spätfolgen dieser Pubertätsblocker und ihre Effekte auf die Hirnreifung junger

---

[134] Vgl. Langrehr, 2016; Kittlas, 2019a & b

[135] Vgl. Transsexualität – Transidentität –Trans-Infos, 2019a

[136] Vgl. Transsexualität – Transidentität –Trans-Infos, 2019b

Menschen sind bisher kaum erforscht. Zugleich zeigt sich, dass die betreffenden Jugendlichen, ist der Weg in die Transidentität erst einmal eingeschlagen – normale Erfahrungen mit dem eigenen biologischen Geschlecht während der Pubertät sind nun nicht mehr möglich – in der Mehrzahl mit der Einnahme gegengeschlechtlicher Hormone beginnen. Auf diese Weise ist, sicherlich befeuert durch die mediale Dauerpräsenz des Gender-Themas und euphorische Berichte Jugendlicher über eigene Behandlungen in den sozialen Medien, die Anzahl der Geschlechtsumwandlungen in den letzten Jahren stark angestiegen: in Deutschland laut Statistischem Bundesamt im Zeitraum von 2005 bis 2012 um 154%. Insbesondere Mädchen fühlen sich oft im falschen Körper. Der Münchener Kinder- und Jugendpsychiater Alexander Korte macht dafür, neben anderen Einflussfaktoren, den Druck durch das soziokulturell und medial vorgegebene Schönheitsideal verantwortlich, dem viele Mädchen nicht gewachsen seien. Er bezeichnet die Geschlechtsdysphorie als moderne ethnische bzw. soziokulturelle Störung, die heute in Teilen an die Stelle der Anorexie trete.[137] In anderen Ländern, z.B. in Großbritannien, den USA oder Kanada, ist die Zahl der Kinder, die sich im falschen Geschlecht fühlen noch erheblich stärker gestiegen, als in Deutschland. Es mehren sich Berichte über die Gefährlichkeit der dort verabreichten Pubertätsblocker.[138]

3.1.6 Erstes Zwischenfazit

Als erstes Zwischenfazit zu den physischen Folgen der Missachtung der menschlichen Natur im Bereich der Sexualität sei hier angemerkt, dass das moderne menschenzentrierte Denken ein enormes Maß an Widersprüchlichkeit aufweist. Einerseits ist Gesundheit in den westlichen Gesellschaften ein sehr hoher Wert: Mit enormen finanziellen, medizinischen und technischen Mitteln wird versucht, Gesundheit möglichst bis ins hohe Alter zu erhalten, Krankheiten zu lindern oder Behinderungen vorzubeugen. Viele Menschen legen Wert auf gesundes Essen, eine gesunde Umwelt und gesundheitliche Prävention jeglicher Art. Chronische Krankheiten und Behinderungen sind mit Leid assoziiert und gefürchtet. Unzählige Wissenschaftler sind damit befasst, sie zu erforschen und verbesserte Behandlungsmöglichkeiten zu entwickeln.

---

[137] Vgl. Korte et al., 2008; Rehder, 2019d

[138] Vgl. Rayner, 2018; Allen, 2019; Barillas, 2019

Wenn chronische Erkrankungen und Behinderungen vorgeburtlich diagnostizierbar sind, neigt die überwiegende Mehrheit der Bevölkerung inzwischen zur Abtreibung der betroffenen Kinder. Die Covid-19-Pandemie hat darüber hinaus deutlich gemacht, dass die meisten Menschen bereit sind, erhebliche Grundrechtseinschränkungen zu akzeptieren, um ihre Gesundheit zu erhalten. Andererseits aber nehmen unzählige Menschen beträchtliche Gesundheitsschädigungen in Kauf, um ihre Sexualität und Fruchtbarkeit nach eigenen Vorstellungen zu gestalten und auf eine Weise zu leben, die ihrer Natur widerspricht: Millionen Frauen nehmen jahre- oder sogar jahrzehntelang krebsfördernde Hormone ein, um nicht schwanger zu werden. Wenn ein erwünschtes Kind aufgrund vorgeschrittenen Alters oder mangels geeigneten Partners nur noch schwer zu zeugen ist, sind viele bereit, ihren Körper durch künstliche Befruchtung weiteren enormen gesundheitlichen Belastungen und Gefährdungen auszusetzen. Millionen von Menschen finden es vertretbar, sich und andere durch ihren promiskuitiven Lebensstil und/oder durch unnatürliche und gesundheitlich riskante Sexualpraktiken zu gefährden. Unzählige Menschen sind bereit, ihre Kinder vorgeburtlich töten zu lassen, weil sie etwa zum falschen Zeitpunkt gezeugt wurden oder unerwünschte Eigenschaften aufweisen. Sie nehmen hin, dass ihre Kinder bei künstlichen Befruchtungen selektiert und „verworfen“, also getötet werden oder im Rahmen einer „Mehrlingsreduktion“ abgetrieben werden. Eltern, die ihre Kinder künstlich erzeugen lassen, setzen diejenigen ihrer Kinder, die das Prozedere der künstlichen Befruchtung überleben, zudem bewusst einem höheren Erkrankungs- und Behinderungsrisiko aus, während sie zugleich eigentlich kein behindertes Kind wollen – wie die allgemein exzessive Abtreibungspraxis nach Pränataldiagnostik z.B. von Kindern mit Down Syndrom zeigt.
Manche Menschen gehen noch einen Schritt weiter und schädigen ihren Körper gezielt, indem sie dessen Fruchtbarkeit zerstören und dafür gesundheitliche Komplikationen in Kauf nehmen. Andere unterziehen sich nicht nur lebenslangen, potentiell stark gesundheitsschädlichen Hormonbehandlungen, sondern auch komplizierten Operationen mit ungewissem Ausgang, um Selbstwahrnehmung und äußeres Erscheinungsbild in Übereinstimmung zu zwingen. Letzteren könnte man einen enormen Leidensdruck unterstellen, sind doch in der Regel nur Menschen mit erheblichem Leidensdruck zu solch radikalen Maßnahmen bereit. Kinder und Jugendliche dürften sich allerdings

selten der langfristigen Konsequenzen solch radikaler Entscheidungen bewusst sein. Zu den größten Opfern der zeitgenössischen Vielfalts-Euphorie gehören daher mit Sicherheit jene Kinder und Jugendlichen, die von LGBT-Gruppen, diversitätseuphorischen Medienleuten, Politikern, Eltern, Ärzten und profitorientierten Pharmakonzernen schon früh in einer geschlechtlichen Identität bestärkt werden, die auf eine gezielte und massive Beschädigung des eigenen Körpers hinausläuft und damit ihr gesamtes Leben irreversibel prägen wird[139] – mehr dazu in den Abschnitten 3.4.4 und 3.5.3.

3.2 Der gepeinigte Mensch: Entwürdigung, Gewalt und Tod

> *„Wir Christen bräuchten für uns und die ganze Welt dringend eine Weltsynode über Kain und Abel."* (Weihbischof Andreas Laun)[140]

Bereits im Jahr 1994 thematisierte Mutter Teresa die Verbindung zwischen der Missachtung der menschlichen Natur in den Bereichen Ehe, Familie und Sexualität und wachsender Gewalt, indem sie Abtreibung als das größte Hindernis für den Frieden überhaupt bezeichnete: Wenn ein Land akzeptiere, dass unschuldige Kinder getötet werden dürfen, dann sei es unmöglich, den Menschen zu erklären, warum sie keine Gewalt zur Durchsetzung ihrer eigenen Interessen gebrauchen dürften. Statt Mutter und Vater zu helfen, ihr Kind zu lieben, lernten beide nur, Gewalt zur Lösung ihrer Probleme einzusetzen.[141]
Wie manifestiert sich die zur vermeintlichen Lösung von Problemen eingesetzte Gewalt? Oft zeigt sie sich als Begleiterscheinung oder Folge eines sexualisierten Lebensstils, nicht selten aber ist sie systemimmanenter, also zwingender Bestandteil der Geburtenkontrolle oder eines die menschliche Natur missachtenden Reproduktionsprozesses. Manchmal ist sie ein Geschäftsmodell, mit dem viel Geld verdient werden kann. Gewalt ist oft mit vorausgehender Entwürdigung, Degradierung oder der Entpersonalisierung ihrer Opfer verbunden. Menschen, die sich an dieser Degradierung beteiligen, sind in der Regel gesellschaftlich angesehene Menschen. Meistens handelt es sich nicht um „perverse Triebtäter", sondern um ganz normale Bürger. Obgleich die mit der Neuerfindung des Menschen verbundene Gewalt in den westlichen Gesellschaften mittlerweile ein massives Ausmaß erreicht hat, können oder wollen

[139] Vgl. Cretella, 2017
[140] Laun, 2020
[141] Mother Teresa, 1994

viele Menschen sie nicht sehen. Sie denken und handeln, als existiere sie nicht. In der politischen Diskussion kommt sie nur am Rande vor.

Die nachfolgende Analyse ist, wie alle nur beispielhaft angeführten Punkte in diesem Kapitel nicht erschöpfend. Sie soll lediglich einige offensichtliche Verbindungen zwischen der Akzeptanz des menschenzentrierten Welt- und Menschenbildes in den Bereichen Ehe, Familie und Sexualität und der sich in den westlichen Gesellschaften immer mehr ausbreitenden und weitgehend akzeptierten Gewalt verdeutlichen.

3.2.1 Degradierende Bilder, degradierte Menschen

> *„Tatsächlich leben wir in einer Gesellschaft, die von einem Chaos der Begierden regiert ist."* (Robert Kardinal Sarah)[142]

Wer bereit ist, Sexualität als rein körperlichen Vorgang anzusehen und sie von Liebe, Beziehung, Zärtlichkeit, Verlässlichkeit und Ehe zu trennen, wird der Pornografie kaum Argumente entgegenzusetzen haben. So hat der Pornokonsum, erleichtert durch Internet und soziale Medien, in der westlichen Welt inzwischen alle gesellschaftlichen Gruppen, Frauen wie Männer und Menschen jeglichen Alters erfasst. Angeboten werden Bilder und Filme für sexuelle Vorlieben aller Art sowie immer gewalttätigere und härtere Darstellungen. Was noch vor 20 oder 30 Jahren als Pornografie galt, wird heute als „Erotik" bezeichnet.[143] Anfang November 2019 lieferte *Google.de* 5,55 Milliarden Ergebnisse für den Begriff „Sex"; der Begriff „Porno" brachte es auf 1,13 Milliarden Ergebnisse, „Pornosucht" auf 1,35 Millionen. *Pornhub*, eine Plattform, bei der jeder seine eigenen Sexfilme hoch- und runterladen kann, kommt auf 3,5 Milliarden Besucher im Monat; das sind mehr als bei *Netflix, Yahoo* oder *Amazon.* Darunter befinden sich viele Filme, die Minderjährige und/oder Gewalt in jeglicher Form zeigen. Oft wurden die Filme ohne Wissen und gegen den Willen der kindlichen und jugendlichen Opfer hochgeladen und führen anschließend im Netz ihr Eigenleben. Dies bewirkt unter anderem, dass die Bilder auch viele Jahre nach dem sexuellen Missbrauch oder der jugendlichen Unvorsichtigkeit noch ihre zerstörerische Wirkung entfalten können, wenn etwa Arbeitgeber oder Freunde der Opfer auf sie stoßen.[144] Im September 2019 berichtete die *New York Times*, dass im Jahr 2018 45 Millionen Bilder und Videos des sexuellen Missbrauchs von Kindern durch offizielle Stellen dokumentiert worden

---

[142] Sarah & Diat, 2019, S. 283

[143] Vgl. Gasnik, 2010; Gobry, 2019

[144] Vgl. Kristof, 2020

seien. Dies sei eine Steigerung um mehr als 100% gegenüber dem Vorjahr.[145] Das *Bundeskriminalamt* berichtet, dass kinderpornografische Bilder inzwischen auch durch Kinder und Jugendliche selbst verbreitet werden, denen nicht bewusst ist, dass sie dadurch eine Straftat begehen.[146]

Krahé hat sich mit der Auswirkung des Pornografiekonsums Jugendlicher auf deren persönliche Vorstellung von Sexualität beschäftigt. Sie fasst eine Reihe von wissenschaftlichen Studien zusammen, die unter anderem typische Merkmale der von Jugendlichen benutzten Bilder und Filme analysiert haben. Demnach werden in diesen von Jugendlichen angesehenen pornografischen Darstellungen in der Regel Sexualkontakte zwischen Menschen gezeigt, die sich kaum oder gar nicht kennen; Frauen werden auf ihre Rolle als Sexualobjekte reduziert; die Anwendung von Zwang und Erniedrigung von Frauen ist in diesen Darstellungen häufig zu finden; etwa 88% aller Szenen enthalten physische Gewalt. Krahé berichtet zudem von mehreren Studien, die einen Zusammenhang zwischen jugendlichem Pornokonsum, einer hohen Anzahl von Sexualpartnern und Alkoholkonsum feststellen; außerdem gebe es signifikante Korrelationen zwischen Pornokonsum, sexueller Aggression und sexueller Viktimisierung. Eine Studie fand bei Jugendlichen, die gewalttätige Pornos konsumiert hatten, eine sechsfach erhöhte Wahrscheinlichkeit sexueller Aggression in den darauffolgenden drei Jahren. Männer, die bevorzugt paraphile Pornografie (Sado-Masochismus, Bondage und Discipline, Fetischismus, gewalttätige sexuelle Handlungen) anschauen, hätten eine persönliche Vorstellung von „gutem Sex“, die von solchen Praktiken geprägt sei. Zahlreiche Studien belegen zudem, dass unfreiwillige sexuelle Kontakte bei Jugendlichen und jungen Erwachsenen inzwischen sehr verbreitet sind.[147] Krahés Fazit lautet: *„Der Bedeutung des Pornografiekonsums als potentiellem Risikofaktor sexueller Aggression und Viktimisierung ist künftig mehr Aufmerksamkeit zu widmen. In dem Maße, wie Jugendliche ihre sexuellen Verhaltensdrehbücher und damit auch ihr tatsächliches Verhalten an den medial vermittelten Bildern „normaler“ Sexualität orientieren, wächst die Wahrscheinlichkeit, dass sie sich in Situationen begeben und sexuelle Verhaltensmuster entwickeln, die sexuelle Aggression sowohl aus der Täter- als auch aus der Opferperspektive begünstigen.“*[148] Das

---

[145] Vgl. Keller & Dance, 2019

[146] Vgl. Tagesschau, 2019

[147] Vgl. Krahé, 2011

[148] Krahé, 2011, S. 140

Bundeskriminalamt listet in seiner Opferstatistik des Jahres 2018 insgesamt 31.115 gemeldete Straftaten gegen die sexuelle Selbstbestimmung (die Dunkelziffer dürfte wesentlich höher sein); von diesen Opfern sind fast die Hälfte (45,8%) Kinder und Jugendliche bis 18 Jahre, die meisten von ihnen weiblich.[149]

Fagan hat bereits im Jahr 2009 eine große Anzahl von wissenschaftlichen Studien zusammengetragen, die sich mit den Auswirkungen des Pornografiekonsums auf einzelne Menschen, Familien und die Gesellschaft befassen. Danach entwickeln Männer, die häufig Pornografie konsumieren, eine größere Toleranz für abnormale sexuelle Verhaltensweisen, sexuelle Aggression, Promiskuität und Vergewaltigung. Die betreffenden Männer neigen zu einer verzerrten Wahrnehmung, in der Frauen und Kinder primär als Sexualobjekte wahrgenommen werden und in der die Opfer sexueller Gewalt diese Gewalt selbst wünschen. Die Gefahr, sich mit sexuell übertragbaren Krankheiten zu infizieren oder uneheliche Kinder zu zeugen, nimmt aufgrund der erhöhten Promiskuität zu, die Zufriedenheit mit der Ehefrau und normalen ehelichen Beziehungen nimmt ab, was zu Untreue, Trennung und Scheidung führen kann. Pornokonsum kann zu unkontrolliertem Suchtverhalten führen, bei dem im Laufe der Zeit immer neue und bizarrere Bilder (Gruppensex, Sado-Masochismus, Sex mit Tieren, Analsex, Kinderpornografie, Vergewaltigung, Folter) angeschaut werden, um Interesse oder Erregung hervorzurufen. Exzessiver Pornokonsum kann mit Depressionen und der Unfähigkeit einhergehen, ein normales soziales Leben zu führen und einer Berufstätigkeit nachzugehen. Frauen empfinden Pornografie in der Regel entwürdigender als Männer und berichten, sich durch den Pornokonsum ihres Mannes verletzt, verraten und verärgert gefühlt zu haben. Sie neigen dann dazu, sich als unattraktiv, sexuell inadäquat und depressiv wahrzunehmen. Kinder und Jugendliche, die zum ersten Mal mit Pornografie in Berührung kommen, empfinden in der Regel zunächst Gefühle von Verstörung, Scham, Ärger, Irritation, Ekel, manchmal auch Faszination. Anschließend stellt sich jedoch schnell ein Gewöhnungseffekt ein, bei Jungen stärker als bei Mädchen.[150] Ein kürzlich erschienener Überblick über die neurowissenschaftliche Forschung in diesem Bereich kommt zu ganz ähnlichen Ergebnissen.[151]

---

[149] Vgl. Bundeskriminalamt, 2018, S. 13-17

[150] Vgl. Fagan, 2009

[151] Vgl. Gobry, 2019

Wenn pornografische Darstellungen Menschen (überwiegend Frauen und Kinder) auf die Rolle (käuflicher) Sexualobjekte reduzieren, die der individuellen, egoistischen Lustbefriedigung der Zuschauer dienen, sollte darüber hinaus nicht vergessen werden, dass es sich um reale Menschen handelt, die vor einer Kamera bloßgestellt, entwürdigt, gedemütigt und oft auch misshandelt oder sogar gefoltert wurden. Wenn eine ganze Gesellschaft, einschließlich der meisten jungen Menschen ihre Köpfe und Seelen mit solchen Bildern füllt und sich selbst zugleich gegen das Leid und die Degradierung der Opfer dieser Darstellungen immunisiert, ist zu erwarten, dass diese Bilder Auswirkungen auf das reale Denken und Leben der Zuschauer haben. Wie sollte der Genuss von Entwürdigung, Degradierung, sexualisierter Gewalt, Misshandlung oder Folter ohne Folgen bleiben?

3.2.2 Gekaufte Körper, erniedrigte Menschen

> *„Es hat den Anschein, als verlören wir gerade kollektiv das Gefühl dafür, dass Menschen keine Produkte sind."* (Bernhard Meuser)[152]

Prostitution ist ein weiterer Bereich, in dem Sexualität von allem entleert ist, was sie menschlich machen könnte. Sie wird ohne Liebe, Beziehung, Rücksichtnahme, Verbindlichkeit und Verantwortungsübernahme vollzogen, von lebenslanger wechselseitiger Hingabe ganz zu schweigen. Schätzungen zufolge gibt es in Deutschland etwa 400.000 Prostituierte; täglich gehen in Deutschland ca. 1,2 Millionen Männer zu einer Prostituierten.[153] Die Prostituierten sind zu 90% ausländische Frauen, überwiegend aus osteuropäischen Ländern, die aufgrund von Armut und oft mit falschen Versprechungen oder unter Zwang nach Deutschland gekommen sind. Nicht selten haben sie keinen festen Wohnsitz, sondern werden von Bordell zu Bordell verschickt. Dort werden sie oft pausenlos überwacht und bedienen für hohe Tagesmieten und häufig zu Dumpingpreisen, nur unterbrochen durch wenige Stunden Schlaf, rund um die Uhr Freier. Die *Bundesregierung* hat 2004 eine Studie zur Gewaltbetroffenheit in Auftrag gegeben, wonach 82% der sich prostituierenden Frauen Formen von psychischer Gewalt erlebten, 92% erlebten sexuelle Belästigung, 87% körperliche Gewalt und 59% sexuelle Gewalt. Ärzte berichten von erhöhten Infekti-

[152] Meuser, 2020, S. 35

[153] Vgl. Hofmeister, 2015; Paulus, 2019

onsraten aufgrund riskanter Sexualpraktiken, akuten Infektionen, chronischen Bauchschmerzen, Gastritis, posttraumatischen Belastungsstörungen, Alkohol-, Medikamenten- und Drogenkonsum.[154] Seit dem Inkrafttreten des *Gesetzes zur Regelung der Rechtsverhältnisse der Prostitution* im Jahr 2002 gilt Prostitution in Deutschland als Erwerbsberuf. Polizei, Staatsanwaltschaften und Gerichte können den mit der Prostitution häufig verbundenen organisierten Menschenhandel meist nur dann verfolgen, wenn Betroffene die Menschenrechtsverletzungen selbst anzeigen – was viele aufgrund ihrer mangelnden Sprachkenntnisse, ihrer Abhängigkeitsverhältnisse von Zuhältern und ihrer Traumatisierung nicht tun. Das *Bundeslagebild Menschenhandel und Ausbeutung 2018* des *Bundeskriminalamtes* dokumentiert daher lediglich 356 Ermittlungsverfahren wegen sexueller Ausbeutung mit 430 Opfern. Zusätzlich gab es im Jahr 2018 143 Verfahren wegen kommerzieller sexueller Ausbeutung Minderjähriger mit 172 minderjährigen Opfern.[155]

Fachleute und Mitarbeiter von Hilfsorganisation aber geben an, dass es keine „freiwillige" Prostitution gebe, da sich alle, die den Ausstieg aus der Prostitution geschafft hätten, als „Überlebende" bezeichnen würden.[156] Eine ehemalige Prostituierte beschreibt es so: *„Egal ob ein Mensch vermeintlich einwilligt oder nicht, diese Einwilligung ändert nichts an den Gefühlen, es ändert nichts daran, dass man gerade von einem fremden Menschen berührt und penetriert, zu einem Objekt degradiert wird, und der innerste Kern der eigenen Persönlichkeit sich gegen diesen Akt wehrt. Es ist ein Stillhalten und Unterdrücken von Gefühlen wie Schmerz, Widerstand, Trauer und Ekel, aber das ändert nichts daran, dass all das dennoch da ist. Die Fähigkeit sich gegen diese Objektivierung zu wehren und Widerstand zu leisten geht bei jedem Sexkäufer mehr verloren, denn diese ungewollte Penetration bedeutet eine permanente Demütigung und Entmenschlichung. Man hört irgendwann auf, sich als fühlender Mensch wahrzunehmen. Es ist eine Art Zerstörung der eigenen Identität und ein Grund, warum viele in der Prostitution bleiben. Man hat sie dort oder auch anderswo zuvor schon durch Gewalt gebrochen, man hat ihnen ihre Würde, ihre Seele, ihr Menschsein genommen. Von diesem Zustand profitieren Zuhälter, Menschenhändler und Sexkäufer, denn in diesem Zustand wehrt man sich nicht mehr. In diesem Zustand kann man auch nicht einfach in ein normales Leben wechseln*

---

[154] Vgl. Kraus I., 2019

[155] Vgl. Bundeskriminalamt, 2019, S. 3ff und 26ff

[156] Vgl. Mack & Ackermann, 2019

als wäre nichts passiert, denn man trägt diese Demütigungen, die Überzeugung nichts wert zu sein und den Verlust von Würde und Seele in sich, man ist psychisch in dieser Welt gefangen. All das sind auch Faktoren, die die Frauen in der Prostitution halten, was dann oft als „Freiwilligkeit" verkauft wird. Dass diese Menschen in ihrem Trauma, in ihrem Schmerz und der Gewalt von Freiern, Zuhältern und Menschenhändlern gefangen sind, wird nicht gesehen. Sie sind in dem Gefängnis der Prostitution eingesperrt und unser Staat akzeptiert mit seiner Gesetzgebung ihre Gefangenschaft, anstatt zu versuchen sie zu befreien! Ich habe gesehen, wie vermeintlich freiwillige Prostitution aussehen kann, wenn keine dritten Personen dahinter stehen, sondern Frauen sich beispielsweise auch aus Armut prostituieren, wobei sie meistens alle gemeinsam haben, dass sie bereits früh Formen von Gewalt oder Missbrauch erlebten und sie deshalb entwürdigende Handlungen gewohnt waren. (...) Manchmal wusste ich nicht, was schlimmer war. Es selbst zu ertragen oder zu sehen, wie Menschen schwer sexuell missbraucht werden, während man daneben sitzt, es sieht und nichts tun kann, weil alles legal ist und sogar noch als Job bezeichnet wird. Ich habe oft Zimmergänge erlebt, in denen prostituierte Frauen voll mit Alkohol und oft auch weiteren Drogen, um das ertragen zu können, leblos auf dem Bett gelegen sind und die schlimmsten, unmenschlichsten Dinge durch die Sexkäufer über sich ergehen lassen haben, weil sie keinen anderen Ausweg sahen, weil sie die Hoffnung und sich selbst bereits aufgegeben oder verloren hatten."[157]

Neben den Prostituierten selbst, leiden unter der Prostitution auch die Ehefrauen der Sexkäufer. Daher bezeichnet Kraus Deutschland als *„ein Land von Millionen betrogenen Frauen."*[158] Schwarzer weist auf die Konsequenzen für das Geschlechterverhältnis hin: *„die Akzeptanz der Prostitution (...) bedeutet, dass wir Frauen alle das käufliche Geschlecht sind – und die Männer alle potenzielle Käufer beziehungsweise Händler mit der Ware Frau. Sowas prägt alltäglich die Befindlichkeit aller Frauen und den Blick aller Männer. Auch der Mann, der keine Frau kauft – und dem wir dafür dankbar sind – könnte es tun."*[159]*„Doch nicht nur die Frau wird entwürdigt und gedemütigt"* schreibt Kuby, *"der Mann entwürdigt sich nicht minder, denn auch er, eine Person aus Geist, Leib und Seele, hat sich vollständig auf seinen tierischen Trieb reduziert,*

---

[157] Norak, 2019

[158] Kraus I., 2019

[159] Schwarzer, 2019

so dass er durch den Missbrauch der menschlichen Freiheit in immer tiefere Abgründe der Perversion hinabrutscht.“[160]

3.2.3 Menschenhandel und Sklaverei im 21. Jahrhundert

> *„Eigentumsansprüche auf Menschen zu erheben, heißt sie versklaven.“*
> (Manfred Spieker)[161]

Das Thema Menschenhandel und Sklaverei ist für unser Thema auf zweifache Weise relevant: Zum einen sind Menschenhandel und Sklaverei zum Zweck der sexuellen Ausbeutung eine der Pornografie und Prostitution innewohnende Realität. Sexualität bedeutet hier Triebabfuhr. Die dafür Ausgebeuteten werden zur Handelsware degradiert, die benutzt, verbraucht und zerstört werden können, während einige mit ihnen das große Geschäft machen. Zum anderen kommt es bei der künstlichen Erzeugung von Kindern und bei der Leihmutterschaft zu neuen Formen der Sklaverei und des Menschenhandels, die von vielen Menschen nicht als solche wahrgenommen werden. Die moderne Trennung von Sexualität und Fortpflanzung ist also auf manchmal nicht ganz offensichtliche Weise mit Entwürdigung, Gewalt und Tod verbunden.
Einen allgemeinen, sehr lesenswerten Überblick über den modernen Menschenhandel und die moderne Sklaverei aus christlicher Sicht gibt Goerzen.[162] Menschenhandel und Sklaverei existieren in allen Ländern der Erde,[163] im Unterschied zu anderen Weltregionen dominiert in Europa und Nordamerika jedoch die sexuelle Ausbeutung (75%) gegenüber der Ausbeutung durch Zwangsarbeit (25%). Goerzen nennt fünf Gründe für das globale Anwachsen der Sklaverei und des Menschenhandels: Durch die Globalisierung stehen erstens vereinfachte Kommunikationsmöglichkeiten und ein gut ausgebautes Straßennetz zur Verfügung, die den Menschenhändlern Organisation und Transport ihrer Opfer erleichtern. Mangelnde oder fehlende Grenzkontrollen, zum Beispiel in der EU, vereinfachen den grenzüberschreitenden Handel mit Menschen zusätzlich. Zweitens lassen sich viele Menschen aufgrund von Armut auf riskante Versprechungen ein, weil sie ein besseres Leben erhoffen. Ein

---

[160] Kuby G., 2013, S. 199
[161] Spieker, 2011a, S. 251
[162] Goerzen, 2013
[163] Einen umfassenden jährlichen Überblick, unterschieden nach verschiedenen Weltregionen und Ländern, gibt die *Walk Free Foundation*, vgl. z.B. Walk Free Foundation, 2018

dritter Grund ist die hohe Nachfrage durch Männer, ohne die es keine Sexsklavenindustrie gäbe. Auch die Pornoindustrie wird vom organisierten Verbrechen dominiert, deren Verdienstmöglichkeiten auch deshalb so groß sind, weil viele Sexdarstellerinnen nicht freiwillig zur Verfügung stehen. Viertens sind Menschenhandel und Sklaverei mit hohem Profit und geringem Risiko verbunden: In der Regel wird beides von den meisten Menschen im eigenen Land verharmlost und geleugnet, während zugleich die Strafverfolgung inadäquat ist – wie bereits im Abschnitt über Prostitution dargestellt. Fünftens ist die Sexindustrie überall auf der Welt von mächtigen Verbrechergruppen organisiert, die Verbindungen zu Polizei und Politik haben.[164] Kurz zusammengefasst, könnte man sagen, wer Pornografie und Prostitution befürwortet oder selbst nutzt, trägt eine Mitverantwortung an der millionenfachen Versklavung und sexuellen Ausbeutung von Menschen, insbesondere von Frauen und Kindern. Hier zeigt die massive Sexualisierung der westlichen Welt ihr hässliches Gesicht, das überhaupt nichts mehr mit Freiheit und Selbstbestimmung zu tun hat, mit den Werten also, die durch eine freizügige Sexualität angeblich gefördert werden sollen.

Schauen wir uns die andere moderne Form des Menschenhandels und der Sklaverei an, die Leihmutterschaft. Sie ist durch die Trennung von Sexualität und Reproduktion möglich geworden. Hier zunächst eine Definition: *„Sklaverei bezeichnet den Zustand, in dem Menschen als Eigentum anderer behandelt werden. Nach der von den Vereinten Nationen verwendeten Definition bedeutet Sklaverei „die Rechtsstellung oder Lage einer Person, an der einzelne oder alle der mit dem Eigentumsrecht verbundenen Befugnisse ausgeübt werden“, und Sklave „eine Person in einer solchen Rechtsstellung oder Lage.“*[165] So steht es in der *Europäischen Menschenrechtskonvention* als Erklärung zu Artikel 4 Absatz 1 der Menschenrechtskonvention, der Sklaverei und Zwangsarbeit verbietet.

„Der Umsatz auf dem globalen Leihmutterschaftsmarkt wird auf circa fünf Milliarden US-Dollar geschätzt. Vermittlungsagenturen, Ei- und Samenzellenlieferanten, Ärzte Kliniken und Anwälte machen ein gutes Geschäft mit dem Verkauf von genetischem Rohmaterial, in-vitro Herstellung von Embryonen, der Implantation in gemietete Bäuche, bis zur Übergabe des bestellten Babys an die Auftragseltern“[166] schreibt Kuby. Eizellspende und Leihmutterschaft ist in

---

[164] Vgl. Goerzen, 2013

[165] Europäische Menschenrechtskonvention, 2019

[166] Kuby S., 2018b

Deutschland durch das Embryonenschutzgesetz zwar verboten, dennoch werben ausländische Anbieter auf deutschen sogenannten Kinderwunsch-Messen, etwa in Berlin, Köln oder München, für ihre Kliniken, die im Ausland das anbieten, was in Deutschland (noch) illegal ist.[167] Rehder beschreibt einen „Muster-Vertrag“, den eine für die Firma *Biotexcom* arbeitende Leihmutter in der Ukraine unterschreiben muss, um 8.000 € für die Austragung eines Kindes bzw. 10.000 € für die Austragung von Zwillingen zu verdienen. Eine solche Frau muss bis zu drei Embryonentransfers zustimmen. Bei jedem dieser Embryonentransfers können ihr jeweils bis zu drei künstlich erzeugte Embryonen in den Uterus eingesetzt werden. Die Leihmutter verpflichtet sich, auf Elternrechte und Mitsprache bei der Namensgebung zu verzichten und keine Eltern-Kind-Beziehung aufzubauen. Sie verzichtet auf ihr Recht einer freien Arztwahl; stattdessen muss sie allen Tests und Untersuchungen zustimmen, welche die von den Bestelleltern beauftragten Ärzte durchführen wollen. Sie verpflichtet sich, die Abtreibung eines Kindes zu gestatten, wenn die Bestelleltern dies aufgrund medizinischer Befunde wünschen. Sie stimmt einer Kürzung ihres Honorars entsprechend der tatsächlichen Schwangerschaftsdauer zu. Wenn der Embryonentransfer zu drei oder mehr Föten führt, verpflichtet sie sich, einer „Mehrlingsreduktion“ zuzustimmen, also die nicht gewünschten Kinder töten zu lassen. Ähnliche Verträge benutzen auch andere Anbieter von Fertilitätsdienstleistungen.[168] Eine in Indien durchgeführte Studie fand heraus, dass alle an der Untersuchung teilnehmenden Leihmütter infolge von Armut und finanziellen Notlagen zur Leihmutterschaft bereit waren. Ihre Bezahlung betrug hier zwischen 3.430 € und 7.143 €. Kam es zu Fehlgeburten, wurden die Frauen nicht bezahlt. Während der Zeit ihrer Schwangerschaft mussten die Frauen in speziellen Häusern wohnen, wo sie weder arbeiten noch ihre Familie sehen durften, selbst dann nicht, wenn sie eigene zu stillende Kinder hatten. Die Klinik überwachte ihre Aktivitäten und ihre Ernährung. Die Leihmütter beklagten sich unter anderem über mangelnde Hygiene, räumliche Enge und Wassermangel. Den Frauen wurden fünf Embryonen gleichzeitig eingesetzt; wenn mehr als zwei von ihnen überlebten, wurden sie abgetrieben. Geburten fanden, gegen den Willen der Frauen, ausschließlich durch Kaiserschnitt statt. Nach der Geburt mussten die Frauen sich so lange um das Baby kümmern, bis die ausländischen Auftraggeber angereist waren und sie das Kind übergeben

---

[167] Vgl. Rehder, 2017a; Rehder, 2018b; Kinderwunschtage, 2019

[168] Vgl. Rehder, 2018b

hatten. Die Klinik stellte falsche Geburtsurkunden aus und machte ihren Einfluss geltend, wenn Käufer ein Kind in ein Land mitnehmen wollten, in dem Leihmutterschaft illegal war. Die die Studie durchführende Wissenschaftlerin stellte mehrere Verstöße gegen die *UN-Menschenrechtskonvention* fest.[169]
Eine Initiative, die für das Verbot von Leihmutterschaft wirbt, beschreibt die gesundheitlichen Risiken, denen Leihmütter und ihre Kinder ausgesetzt sind wie folgt: *„Der mit Mietmutterschaft verbundene medizinische Prozess ist für die Mietmutter, die junge Frau, die ihre Eier verkauft und die Kinder, die mit Hilfe von Reproduktionstechnologien zur Welt kommen, riskant. Die Risiken für Frauen sind ein Ovar-Hyper-Stimulations-Syndrom (OHSS), Ovarverkrümmung, Zysten in der Gebärmutter, chronische Beckenschmerzen, verfrühte Menopause, Verlust von Fruchtbarkeit, Krebs in den Reproduktionsorganen, Blutgerinnsel, Nierenversagen, Schlaganfall und in einigen Fällen Tod. Frauen, die mit den Eiern einer anderen Frau schwanger werden, haben ein erhöhtes Risiko für einen Präeklampsie (Schwangerschaftsintoxikation) und hohen Blutdruck. Kinder, die mit Hilfe von Reproduktionstechnologien gezeugt werden, wie sie bei Mietmutterschaft üblicherweise verwendet werden, sind höheren Gesundheitsrisiken ausgesetzt. Diese inkludieren Frühgeburt, Totgeburt, geringes Geburtsgewicht, fötale Anomalien und höheren Blutdruck. Eine Mietmutterschaft unterdrückt absichtlich das sogenannte „Bonding" (d.h. die Phase der Bindungsentwicklung zwischen Mutter und Fötus während der Schwangerschaft), – eine Bindungsentwicklung, die nachdrücklich von medizinischen Fachleuten empfohlen wird. Die biologische Verbindung zwischen der Mutter und dem Kind ist unbestreitbar sehr intim und hat, wenn diese verhindert wird, andauernde Auswirkung für beide. Wo Mietmutterschaft legal ist, wird dieser mögliche Schaden institutionalisiert."*[170]
Weitere negative Folgen entstehen für die Kinder, denn nicht selten streiten sich mehrere Erwachsene gerichtlich, wem nun das bestellte, ausgetragene und schließlich käuflich erworbene Kind gehört.[171] Bis zu sechs Personen können die Anerkennung der Elternschaft einfordern: die genetischen Eltern (Eizellspenderin und Samenspender), die biologische Mutter (Leihmutter) und

---

[169] Vgl. Sarvanan, 2013. Eine gute Nachricht ist, dass Indien im Jahr 2019 zumindest die kommerzielle Leihmutterschaft verboten hat. Vgl. Kuby G., 2020, S. 115
[170] Stop Surrogacy Now, 2019
[171] Anschauliche Beispiele beschreibt Saul, 2009

nach fast allen Rechtsordnungen der Welt auch ihr Ehemann sowie die Bestelleltern, welche die rechtliche Elternschaft beanspruchen. Letztere können eine Frau und/oder ein Mann oder auch zwei Frauen oder zwei Männer sein, die manchmal zugleich die genetischen Eltern sind, oft aber auch keinerlei Verwandtschaftsverhältnis zum Kind aufweisen. Da das Kindererzeugungsgeschäft stark internationalisiert ist, kann es sein, dass Eizellspenderin, Samenspender, Leihmutter und Käufer des Kindes aus verschiedenen Ländern stammen. Wenn das Kind kurz nach der Geburt in ein Land gebracht werden soll, in dem Leihmutterschaft verboten ist, kommt es vor, dass es bei der Einreise den Käufern entzogen wird und so lange in Waisenhäusern und bei Pflegefamilien leben muss, bis die verworrenen Sorgerechte gerichtlich geklärt sind. Oft ist nicht einmal die Nationalität des Kindes rechtlich geklärt. Das alles führt zu chaotischen Verhältnissen und tiefen Verletzungen des Kindes, das nicht nur von seiner biologischen Mutter kurz nach der Geburt getrennt wird, sondern darüber hinaus von weiteren Menschen, mit denen es in den ersten Lebensmonaten eine enge Beziehung entwickelt hat. Zugleich werden mehrere international festgeschriebene Grundrechte des Kindes verletzt, nämlich das Recht, seine biologischen Eltern zu kennen und mit ihnen eine Beziehung einzugehen, das Recht auf Familienzusammenführung und das Recht auf Schutz vor Verkauf und Menschenhandel.[172]

Künstliche Befruchtung, Eizellspende und Leihmutterschaft sind auch die Voraussetzungen dafür, dass zwei homosexuelle Männer „Eltern" werden können, sofern nicht einer von beiden mit einer Frau ein Kind zeugt. Wenn also etwa auf Christopher Street Days oder durch den *Lesben- und Schwulenverband* Forderungen nach der rechtlichen Anerkennung von Mehrelternfamilien und freier Zugang zu allen reproduktionsmedizinischen Maßnahmen unabhängig vom Familienstand laut werden,[173] dann schließt das implizit ein Plädoyer für das oben dargestellte kinder- und frauenfeindliche Kindererzeugungsgewerbe mit ein. In der FDP wird darüber hinaus schon seit längerem ganz offen für die Legalisierung der Eizellspende und der Leihmutterschaft auch in Deutschland geworben.[174]

Kuby schreibt: *„Leihmutterschaft, mit und ohne finanziellen Profit, degradiert das Kind zum Produkt, zum Objekt eines Dienstleistungsvertrags und letztlich*

---

[172] Vgl. Kuby S., 2018b; Rehder, 2018c

[173] Vgl. z.B. CSD Magdeburg, 2018; LSVD, 2020a

[174] Vgl. Freie Demokraten, 2017

zu gehandelter Ware. Dies führt zwangsläufig dazu, dass Rohstofflieferanten, Leihmütter und Kinder einer mehr oder weniger expliziten Qualitätskontrolle unterworfen werden.“[175] Man könnte ergänzen: Fällt eine Leihmutter oder ihr Produkt – das Baby – durch eine solche Qualitätskontrolle, dann erhält die Leihmutter in der Regel keine Bezahlung, während ihr Produkt vernichtet, also getötet wird. Weigert sich die Leihmutter einer solchen Abtreibung zuzustimmen, kann es sein, dass von ihr Schadensersatz gefordert wird.[176] Wie ließe sich die oben zitierte *Europäische Menschenrechtskonvention* anders deuten, als dass hier beide zu Sklaven geworden sind, in jedem Fall das Kind und in den vermutlich allermeisten Fällen auch seine Leihmutter? Wer denkt an diese Dinge, wenn liberale Politiker und bunte, vielfältige, undogmatische CSD-Pride-Teilnehmer Zugang zu allen reproduktionsmedizinischen Maßnahmen, zu Eizellspende und Leihmutterschaft fordern und Stadtverwaltungen, Universitäten und Konzerne die Regenbogenflagge hissen?

3.2.4 Sex und Gewalt in unzähligen Varianten

> *„Wo Sexualität primär von Ansprüchen ausgeht, wird sie asymmetrisch, wird sie zur Gewalt und zur Vergewaltigung. Sex wird zum Recht über den Anderen, verkommt zur postfaktischen Rechtfertigung.“* (Bernhard Meuser)[177]

Gewalt ist immer Teil einer entgrenzten und regellos gelebten Sexualität. Die Gewalt, die mit Pornografie, Prostitution, mit Menschenhandel und Sklaverei der zeitgenössischen Sexindustrie sowie mit künstlicher Kindererzeugung und Leihmutterschaft verbunden ist, wurde in den vorangegangenen Abschnitten beschrieben. Es gibt aber weitere Verbindungen zwischen einer entgrenzten Sexualität und Gewalt.

Denn allgemein ist das Ausmaß sexualisierter Gewalterfahrung junger Menschen enorm. Eine großangelegte Befragung von Studenten im Alter zwischen 18-27 Jahren in 10 europäischen Ländern im Jahr 2015 ergab, dass zwischen 19,7 und 52,2% der befragten jungen Frauen mindestens einmal in ihrem Leben Opfer sexualisierter Gewalt geworden waren; bei den jungen Männern waren es zwischen 10,1 und 55,8%.[178] In Bezug auf Deutschland ergab eine

---

[175] Kuby S., 2018b

[176] Vgl. z.B. Schneider, 2016

[177] Meuser, 2020, S. 53

[178] Vgl. Krahé et al., 2015

ähnlich angelegte Befragung, dass 35,9% der Studentinnen und 19,4% der Studenten Opfer sexueller Übergriffe geworden waren; 13,2%, der jungen Männer und 7,6% der jungen Frauen gaben zu, schon einmal selbst übergriffig geworden zu sein. Allgemein war die Rate der Opfer wie der Täter bei solchen Befragten am höchsten, die sowohl gleichgeschlechtliche, als auch gegengeschlechtliche Kontakte gehabt hatten. Sexuelle Aggression kam häufiger unter Bekannten vor, als zwischen Fremden.[179] Es gibt Anzeichen dafür, dass Formen der Gewalt, die häufig in der Pornografie vorkommen, ihren Weg inzwischen in die realen sexuellen Kontakte zwischen jungen Menschen gefunden haben. Hier kommt der sexuelle Kontakt einvernehmlich zustande, führt dann aber zu gewalttätigen Handlungen (wie schlagen, spucken, würgen oder knebeln) des Mannes gegenüber der Frau, mit denen diese nicht einverstanden ist.[180]

In einer Befragung homosexueller Männer (Altersdurchschnitt 21,8 Jahre) durch dieselben Wissenschaftlerinnen gaben sogar 43,5% der Befragten an, schon (mindestens) einmal Opfer eines versuchten oder vollendeten sexuellen Übergriffs geworden zu sein. 28,4% der Befragten gaben zu, schon einmal einen anderen Mann gegen seinen Willen zu sexuellen Handlungen genötigt oder es zumindest versucht zu haben. Insgesamt hatten 52,9% der Befragten Erfahrung mit sexueller Gewalt gemacht. Dabei handelte es sich zu einem nicht unerheblichen Teil um Übergriffe, die im strafrechtlichen Sinn als „sexuelle Nötigung" oder „Vergewaltigung" bezeichnet worden wären. Als Risikofaktoren für solche sexualisierte Gewalt zwischen homosexuellen Männern nennen die Autorinnen sexuellen Missbrauch, Gewalt und Minderwertigkeitsgefühle in der Kindheit, uneindeutige Kommunikation sowie den Konsum von Alkohol und/oder Drogen. Das Risiko, Opfer von homosexueller Gewalt zu werden, steigt sowohl mit der Anzahl der Sexualpartner, als auch mit der Bereitschaft, Bezahlung für den Sex zu akzeptieren.[181] Das Fazit der Autorinnen lautet: *„Insgesamt zeigen die Ergebnisse, daß die Erfahrung sexueller Gewalt in homosexuellen Beziehungen verbreitet ist. Dabei kommt es meistens in den Situationen zu sexuellen Übergriffen, in denen das Opfer sich nicht wehren kann – weil es z.B. zu viel Alkohol getrunken oder andere Drogen zu sich genommen hat.*

---

[179] Krahé & Berger, 2013

[180] Vgl. Khazan, 2019; Van Maren, 2019c

[181] Vgl. Krahé & Scheiberger-Olwig, 1999. Andere Studien kommen zu ähnlichen Ergebnissen, vgl. z.B. Greenwood, et al., 2002

Aber auch der Einsatz bzw. die Androhung von physischer Gewalt sowie die verbale Druckausübung sind häufige Mittel zur Durchsetzung sexueller Interessen gegen den Willen des anderen."[182]

BDSM – darin enthalten sind die englischen Begriffe Bondage & Discipline, Dominance & Submission, Sadism & Masochism" – oder kurz Sadomasochismus ist eine Form der Sexualität, bei der ein dominanter Partner einem unterwürfigen Partner bewusst körperliche und/oder seelische Schmerzen zufügt, um daraus sexuellen Lustgewinn zu ziehen. Gewalt, etwa in Form von Fesselung und Schlägen, soll hier in wechselseitigem Einverständnis ausgeübt werden. Befürworter betonen die Freiwilligkeit der Handlungen und die Notwendigkeit vorab vereinbarter Sicherheitsmaßnahmen und bezeichnen die Gewalt als „erotisches Rollenspiel". War BDSM bis vor kurzem nur eine subkulturelle Randerscheinung, so gibt es heute vielfältige Bestrebungen, sie als normale Form der Sexualität im gesellschaftlichen Bewusstsein zu etablieren. Laut *Wikipedia* sind dem BDSM-Spektrum zugehörige Artikel heute fester Bestandteil des allgemeinen Geschäfts mit Erotikzubehör. In Pornofilmen ist BDSM stark vertreten. Es gibt Bestrebungen, BDSM aus dem diagnostischen und statistischen Handbuch psychischer Störungen zu entfernen. BDSM-Symbole sind in Mode und Popkultur immer häufiger zu finden, bekannte Bands haben Lieder mit expliziten BDSM-Texten veröffentlicht, Kino- und Fernsehfilme sich des Themas angenommen, Marketingkampagnen mit explizitem SM-Sex geworben (z.B. eine Hamburger Brauerei im Sommer 2019). Auf den CSD-Paraden wird regelmäßig für die Akzeptanz von BDSM, also von Gewalt zwecks sexueller Stimulation und Triebbefriedigung geworben.[183] Wie oft die freiwillige Gewalt in unfreiwillige Gewalt umschlägt, ist schwer zu sagen. Die Zeitschrift *Emma* kritisiert, dass der Kampf um die Menschenwürde Homosexueller auf vielen CSD-Paraden längst zum Kommerz- und Porno-Spektakel verkommen sei: *„Sauna-Werbewagen, öffentlich kopulierende Männerpaare sowie eine massive Präsenz homo- wie heterosexueller SM-Anhänger, die ihre „Sklavin" an der Kette durch die Straßen führen, sind an der Tagesordnung."*[184]

---

[182] Krahé & Scheiberger-Olwig, 1999, S. 9

[183] Vgl. Wikipedia, 2019b & c

[184] Louis, 2009

3.2.5 Töten und Lebensverkürzung

> *„Das ganze Unglück des Menschen kommt daher, daß er sich selbst nicht mehr als einen Endzweck betrachtet. Jeden Tag dringt er weiter vor in der Erkenntnis der Materie – aber er glaubt, nur noch Materie zu sein. Warum sollte er Mitleid haben mit den Atomen, aus denen er sich zusammensetzt?"*
> (François Mauriac)[185]

All dies hat zu einer weitgehenden Akzeptanz und Normalisierung von Gewalt und diversen Formen des Tötens beigetragen, einschließlich der Akzeptanz der Tatsache, dass Menschen infolge von Entwürdigung, Gewalt und Krankheit früher sterben, als natürlicherweise zu erwarten gewesen wäre. In der vom Christentum geprägten westlichen Welt, in der das Grundrecht jedes Menschen auf Leben in allen Verfassungen und Menschenrechtserklärungen verankert ist, stellt dies die kollektive Abkehr von den Werten und Idealen, die Europa geprägt haben, vielleicht am deutlichsten dar. Auch hierzu einige Beispiele.

Gewalt, die mit Pornografie, Prostitution, Leihmutterschaft, Menschenhandel und ganz allgemein mit gewalttätigen Formen der Sexualität einhergeht, trägt indirekt zur Lebensverkürzung unzähliger Menschen bei, denn sie führt zu Verletzungen und Krankheiten, die weitere gesundheitliche Komplikationen mit sich bringen können. Die mit exzessiver Gewalt oft einhergehende Traumatisierung kann zudem dazu führen, dass ihre Opfer nicht in der Lage sind, sich gegen neue Gesundheitsrisiken und Gewalt angemessen zu schützen. Oft befinden sie sich in prekären Lebensverhältnissen, die eine weitere Viktimisierung begünstigen.

Ferner führen viele der heute weit verbreiteten Sex-Praktiken regelmäßig zu Erkrankungen, welche die Lebenserwartung der betroffenen Menschen negativ beeinflussen können: Promiskuität, hormonelle Geburtenkontrolle, Sterilisation, Abtreibung, künstliche Befruchtung, Leihmutterschaft, der Fehlgebrauch des Körpers durch unnatürlichen Sex, Langzeit-Hormonbehandlung und Geschlechtsumwandlung sind eben nicht selten mit schweren oder chronischen Erkrankungen und Komplikationen verbunden, die oft lebensverkürzend sind, aber vermeidbar gewesen wären.

---

[185] Zit. nach https://www.zitate.eu/autor/francois-mauriac-zitate/157415

Darüber hinaus hat die Trennung von Sexualität, Ehe und Fruchtbarkeit im Bewusstsein heutiger westlicher Menschen zu einer weit verbreiteten Mentalität geführt, die den Anspruch hat, die menschliche Fortpflanzung umfassend zu kontrollieren. Alle damit verbundenen Körperfunktionen sollen so gut es geht den eigenen Vorstellungen angepasst werden. Sex wird oft zum alleinigen Selbstzweck. Ein Kind soll nur dann das Licht der Welt erblicken, wenn die Eltern dies explizit wünschen. Allein in Deutschland werden daher jährlich mehr als 100.000 ungeborene Kinder getötet, weil sie etwa zum unpassenden Zeitpunkt gezeugt wurden, nicht in die Lebensplanung passen, Eltern oder Mütter nicht ausreichend Unterstützung erfahren oder weil diese Kinder schlichtweg unerwünschte Eigenschaften, etwa eine Behinderung, aufweisen. Weltweit werden jährlich etwa 50 Millionen ungeborener Kinder getötet; zudem existieren einflussreiche Bestrebungen, international ein „Menschenrecht auf Abtreibung" zu etablieren, also ein Menschenrecht, die eigenen Kinder töten zu dürfen.[186] Das vielleicht größte Tabuthema der heutigen Medien sind die zum Teil mit einer ungeheuren Brutalität verbundenen Methoden der Abtreibung.[187]

Die weitverbreitete Akzeptanz und Praxis der vorgeburtlichen Kindstötung hat zugleich Einfluss auf die gesellschaftliche Akzeptanz und Praxis der nachgeburtlichen Kindstötung, des Infantizids. So haben renommierte Wissenschaftler seit den 1970er Jahren immer wieder gefordert, Kinder auch nach der Geburt töten zu dürfen, wenn sie unerwünschte Eigenschaften aufweisen. Die Liste der Wissenschaftler, die offen oder in wissenschaftlich verklausulierter Sprache den Mord an Kindern nach der Geburt rechtfertigen oder sogar fordern, ist lang – ohne dass dagegen viel universitärer oder öffentlicher Widerspruch laut würde.[188] Neuerdings gibt es dafür auch den passenden Euphemismus: postnatale oder nachgeburtliche Abtreibung (englisch: „after-birth abortion"). Ist doch schwer zu begründen, warum das Töten eines Menschen kurz vor dessen Geburt ein „reproduktives Recht" sein sollte, kurz nach der Geburt aber Mord? Hier wird deutlich, dass sich ein einmal legitimiertes Töten schlecht eingrenzen lässt, sondern die Tendenz hat, immer mehr Menschen in

[186] Einen guten Überblick über diese Entwicklungen gibt Kuby G., 2013, S. 87ff

[187] Vgl. Kuby G., 2020, S. 76ff und Lindner, 2009, S. 23ff

[188] Hier eine Auswahl der Rechtfertigung des Infantizids durch Wissenschaftler: Duff & Campbell, 1973; Singer, 1980; Kuhse & Singer, 1985; Singer, 1994; Tooley, 1988, S. 83-114; Verhagen & Sauer, 2005; Giubilini & Minerva, 2013; Coyne, 2017 sowie zwei kritische Kommentare: von Gersdorff, 2014; Smith, 2019a

den Strudel des Todes hineinzuziehen. Die Haltung, dass eine Tötung *während* der Geburt mit einer Abtreibung gleichzusetzen sei, wird inzwischen auch in der deutschen Rechtsprechung sichtbar: Das *Landgericht Berlin* verurteilte zwei Gynäkologen wegen Totschlags zu (relativ kurzen) Freiheitsstrafen auf Bewährung, weil sie in Absprache mit der Mutter zunächst ihr gesundes Kind per Kaiserschnitt zur Welt gebracht und anschließend ihr hirngeschädigtes Zwillingskind mithilfe einer Kaliumchloridlösung in die Nabelvene getötet hatten. Der *Bundesgerichtshof (BGH)* definierte diesen „Totschlag" (der eigentlich ein vorab geplanter Auftragsmord war) in einer Revisionsentscheidung zur *„umsichtigen Planung einer absehbaren Operation"* um und hob die Strafen auf.[189]

Auch Paare, welche die Reproduktionstechnologie in Anspruch nehmen – nicht selten, nachdem sie die fruchtbaren Jahre der Frau durch Verhütung und Abtreibung haben verstreichen lassen[190] – müssen zum Töten bereit sein: Um die Chance einer tatsächlichen Geburt zu erhöhen, werden bei jeder künstlichen Befruchtung mehrere Embryonen erzeugt. Anschließend werden mehrere Embryonen gleichzeitig in den Uterus der Frau transferiert und später bei Bedarf einer sogenannten „Mehrlingsreduktion" unterzogen, also selektiv abgetrieben. Spieker schreibt: *„Die Lage der Eltern ist geradezu dramatisch. Die In-Vitro-Fertilisation zwingt sie zu paradoxen Entscheidungen. Sie wollen ein Kind, entschließen sich aber bei der Mehrlingsreduktion gleichzeitig, ein Kind oder mehrere töten zu lassen, eine Beziehung zwischen Geschwistern zu zerstören und dem überlebenden Mehrling ein Heranwachsen an der Seite des getöteten Bruders bzw. der getöteten Schwester zuzumuten – bleibt der getötete Mehrling doch bis zur Geburt des lebenden in der Gebärmutter."*[191] Mehrere Embryonen werden aber auch für den Fall erzeugt, dass weitere Embryonentransfers in die Gebärmutter der Frau nötig sind, weil der erste nicht erfolgreich war. So entstehen überzählige Embryonen, die kryokonserviert, also eingefroren werden, um für eventuelle spätere Versuche zur Verfügung zu stehen. Manche bezeichnen sie euphemistisch als „Schneeflöckchen" oder „Eisbärchen", was aber nicht darüber hinwegtäuschen kann, dass inzwischen welt-

---

[189] Vgl. BGH, 11.11.2020 – 5 StR 256/20

[190] Das Statistische Bundesamt meldet, dass immer mehr Frauen ihr erstes Kind erst im vierten Lebensjahrzehnt bekommen, vgl. Statistisches Bundesamt (Destatis), 2019c

[191] Spieker, 2011a, S. 91

weit Millionen oder sogar Milliarden von ihnen darauf warten, entweder irgendwann in einen weiblichen Uterus eingepflanzt, zu Forschungs- oder anderen Zwecken genutzt oder vernichtet zu werden.[192]

3.2.6 Die Verdinglichung des Menschen

> *„Eine Freiheit, die den Anspruch auf Absolutheit erhebt, behandelt schließlich den menschlichen Leib wie Rohmaterial, bar jeglichen Sinnes und moralischen Wertes“* (Johannes Paul II.)[193]

In Verbindung mit den oben beschriebenen Praktiken hat sich nach und nach die Verdinglichung des Menschen als weitgehend akzeptierter Normalzustand etabliert. Der Mensch und sein Körper werden zum Mietobjekt, Rohstofflieferanten, Abfall oder zur Handelsware degradiert: Leihmütter vermieten ihren Körper zur Austragung einer Schwangerschaft, Prostituierte zur Triebbefriedigung. Männer stellen ihr Sperma als Rohstoff zur Verfügung, Frauen ihre Eizellen. Medizintechniker produzieren daraus ein Kind, für das Bestelleltern oder Krankenkassen bezahlen. Dieses Kind wird mithilfe diagnostischer Verfahren einer Qualitätskontrolle unterzogen. Fällt die Kontrolle negativ aus, wird der zuvor noch als Wunschkind bezeichnete kleine Mensch zerstört und als medizinischer Abfall behandelt.[194]

Menschen, menschliche Körperteile und menschliches Gewebe werden in den westlichen Ländern in kaum noch vorstellbarem Ausmaß auch gehandelt: Pornografie, die oft gewalttätige und unfreiwillige sexuelle Degradierung überwiegend von Frauen und Kindern, bringt den Produzenten und Verkäufern Milliarden ein. Menschenhandel zwecks sexueller Ausbeutung durch Prostitution ist ebenfalls äußerst lukrativ, Leihmutterschaft ein Milliardengeschäft. Menschliche Embryonen aus künstlicher Befruchtung und Abtreibung werden als Rohstoff für Forschungszwecke oder zur Testung von Substanzen verwendet.[195] Die Ergebnisse solcher Forschung sind in renommierten Fachzeitschriften veröffentlicht. Kürzlich publizierte etwa das bekannte Wissenschaftsjournal *Nature* einen Beitrag, der die Transplantation embryonaler Organe und

---

[192] Vgl. Kummer, 2017; Beckmann, 2018

[193] Johannes Paul II., 1993, 48

[194] Vgl. Kiworr, Bauer & Cullen, 2017; Rehder, 2017c; Rehder, 2019a

[195] Die Bundesregierung publiziert regelmäßig einen Erfahrungsbericht zur Durchführung des Stammzellgesetzes, in der u.a. einschlägige Forschungsinstitutionen und Forschungsprojekte gelistet sind. Vgl. z.B. Deutscher Bundestag, 2019

Haut in bzw. auf lebende Ratten und Mäuse beschrieb. Auf den Abbildungen sind Nagetiere mit menschlichem Babyhaar auf dem Rücken zu sehen. Die Mutter hatte den Forschern ihr getötetes Kind zur Verfügung gestellt und die Ethikkommission der Universität Pittsburgh ihre Zustimmung gegeben. Ergebnis war das Ratte-Mensch-Mischwesen.[196]

Spieker bezeichnet solche Embryonen als *„Sklaven des 21. Jahrhunderts“*[197], weil sie *„auf den Status einer Handelsware, eines Produktionsmittels oder einer Forschungsressource reduziert“*[198] werden. Zellen abgetriebener Kinder finden sich heute unter anderem in Impfstoffen[199], Kosmetika[200] und Geschmacksverstärkern.[201] Der Handel mit den Organen und Körperteilen abgetriebener Kinder floriert.[202] Das Fleisch abgetriebener Kinder findet sich in pulverisierter Form in Kapseln, die Leistungssteigerung und Heilung versprechen.[203] Gelegentlich werden noch illegale Abtreibungen von der Presse skandalisiert, wenn etwa getötete Ungeborene irgendwo in einem Waldgebiet *„wie lästiger Müll“*[204] weggeworfen wurden. Aber auch die etwa 50 Millionen Kinder, die jedes Jahr weltweit legal abgetrieben werden, erhalten in der Mehrzahl kein menschliches Begräbnis, sondern werden wie Gegenstände irgendwo verbrannt, entsorgt oder ausgeschlachtet und verkauft. Ein amerikanischer Journalist, der die Praxis des Organhandels der Abtreibungsorganisation *Planned Parenthood* in den USA dokumentiert hat, wurde dafür mit Klagen und Schadensersatzforderungen überhäuft.[205]

Unter den Bannern der sexuellen Freiheit und technischen Machbarkeit wird also ein Teil der Menschheit zum Objekt degradiert, mit dem ein anderer Teil der Menschheit beliebig verfahren darf: Das „Kinderwunsch“-Gewerbe produziert und handelt Kinder, ein Leihmutterschaftsmarkt bietet junge Frauen zur

---

[196] Vgl. Agarval et al., 2020

[197] Spieker, 2011a, S. 75

[198] Ebd., S. 76

[199] Vgl. z.B. Lindner, 2009, S. 55ff; Wadman, 2013; Ärzte für das Leben e.V., 2017; Montagna, 2019; Prentice & Lee, 2020

[200] Vgl. Parfitt, 2005; Lindner, 2009, S. 115ff

[201] Vgl. Millette, 2011; Johnson, 2012; Wikipedia, 2019a

[202] Vgl. z.B. Evans, 2009; Gilbert, 2010

[203] Vgl. Welt, 2012; Shears, 2012

[204] Stern, 2012

[205] Vgl. Laurence L., 2019; Kuby G., 2020, S. 81f

Miete an, medizinische Zentren offerieren „repoduktive Gesundheit“ und systematische Kindstötungen, die Pornoindustrie bietet sexuellen Missbrauch als Massenunterhaltung an, das Prostitutionsgewerbe hat Flat-Rate-Angebote zur sexuellen Ausbeutung von Frauen im Angebot. Renommierte Forschungslabore verbrauchen menschliche Embryonen, Biotech-Konzerne verarbeiten sie zur Handelsware und entwickeln diagnostische Tests zur privatisierten Selektion unerwünschter Kinder.

Diese systematische Verdinglichung des Menschen verändert auch unseren Blick aufeinander bzw. setzt – umgekehrt – eine solche veränderte Sichtweise auf den Menschen voraus. Denn bevor ein Mensch zum Objekt oder zur Handelsware gemacht wurde, fand in der Regel ein Prozess der Entmenschlichung oder Depersonalisierung dieses Menschen statt. Alle westlichen Gesellschaften sind vom 2000 Jahre alten christlichen Tötungsverbot unschuldiger Menschen geprägt und ihre Verfassungen und Menschenrechtserklärungen haben das christliche Instrumentalisierungsverbot des Menschen in Form des Menschenwürdebegriffs kodifiziert. Wenn nun entgegen dieser historischen Tradition und aller aktuell proklamierten Werte die Menschenwürde und das Lebensrecht unzähliger Menschen systematisch und dauerhaft missachtet werden, dann setzt dies Verschleierungsstrategien voraus, die es uns ermöglichen, die offiziell proklamierten Werte zu bewahren und zugleich mittelbar oder unmittelbar an der Entwürdigung, Degradierung, Instrumentalisierung und Tötung von Menschen mitzuwirken.[206] Diese Verschleierungsstrategien zielen darauf ab, die Opfer als nicht-menschlich oder als so grundlegend anders als „normale“ Menschen zu beschreiben, dass bei ihnen das Instrumentalisierungs- und Tötungsverbot nicht mehr plausibel erscheint. Einige dieser Strategien seien hier beispielhaft genannt.

Verschleierung geschieht häufig durch Sprache, die suggeriert, dass ein Mensch kein Mensch ist, etwa indem ungeborene Kinder als „Zellhaufen“ oder „Schwangerschaftsgewebe“ bezeichnet werden. Keine freudig auf ihr Kind wartende Mutter wird solche Begriffe verwenden. Kein Mediziner oder Biologe hat jemals nachgewiesen, wie aus dem toten Zellhaufen oder Schwangerschaftsgewebe plötzlich ein lebendiger Mensch entsteht, dennoch sind viele Menschen dankbar bereit, daran zu glauben.

---

[206] Vgl. Wolfensberger, 1992, S. 35ff

Sprachliche Entmenschlichung geschieht auch, wenn eine gedankliche Trennung zwischen dem Menschen und seinen Körperteilen suggeriert wird, anstatt ihn als ganzen Menschen in seiner leiblichen Integrität anzuerkennen – so als ob etwa Frauen nur ihre Gebärmütter vermieten könnten, wenn sie sich als Leihmütter verkaufen oder Prostituierte nur ihre Geschlechtsorgane.
Verbreitet ist zudem die Strategie, entmenschlichten Menschen natürliche Bedürfnisse oder Eigenschaften abzusprechen, indem beispielsweise gesagt wird, Prostituierte und Sexdarstellerinnen hätten Freude an ihrer Tätigkeit – als ob sie Degradierung und sexuellen Missbrauch anders empfänden, als „normale" Menschen.
Eine Kombination aus mehreren dieser Strategien verfolgt das Kinderwunschgewerbe: Die betroffenen Kinder werden vor ihrer Geburt nicht als Kinder angesehen (sie können in jedem Stadium des Erzeugungsprozesses getötet werden) und scheinen nach ihrer Geburt keine normalen menschlichen und kindlichen Bedürfnisse zu haben (sie können absichtlich von ihren biologischen Eltern getrennt und gehandelt werden) – zumindest werden ihre Bedürfnisse nie thematisiert.
Philosophen, Theologen und Wissenschaftler haben seit den 1970er Jahren viel Mühe darauf verwandt, Theorien zu entwickeln, nach denen bestimmte Menschen keine Personen sind, sondern sich lediglich in einem vorpersonalen, halbpersonalen oder nachpersonalen Zustand befinden.[207] Diese Aberkennung des Personseins kann heute Menschen jeglichen Alters betreffen und wird offen diskutiert. Park – und neben ihm viele andere – vertritt beispielsweise die Ansicht, dass man den Grad des Personseins eines Menschen bestimmen könne.[208] Er hat dazu eine Bibliographie mit den Werken zahlreicher zeitgenössischer Philosophen und Wissenschaftler zusammengestellt, die Kriterien für das Person- und Menschsein eines Menschen entwickelt haben.[209] Bei alledem ist klar, dass ein Mensch im angeblich nichtpersonalen bzw. vor-, halb- oder nachpersonalen Zustand eben *noch* kein Mensch ist, noch *nie* ein Mensch war oder kein Mensch *mehr* ist und deshalb auch nicht als solcher behandelt werden muss.[210]

---

[207] Einer der ersten, der nach den sozialdarwinistischen Massenmorden des Nationalsozialismus diese Sicht des Menschen vertrat, war der Theologe Joseph Fletcher, vgl. Fletcher, 1972
[208] Vgl. Park, 2009
[209] Vgl. Park, 2017
[210] Vgl. hierzu auch die Autoren in Fußnote 188, von denen viele ähnlich argumentieren.

Die Vorstellung des Menschen als „Nicht-Person" ist eng mit Begriff und Konzept der „Lebensqualität" verbunden, das – sofern nicht auf Bevölkerungsgruppen und ihr Lebensumfeld, sondern auf einzelne Menschen und ihre Merkmale bezogen – auch den betreffenden einzelnen Menschen und ihrem Leben viel oder wenig Wert zuschreibt.[211] Menschen mit geringer Lebensqualität sind dann Menschen, deren Leben wenig Wert hat, also letztendlich wertlose Menschen. Bei einem Menschen mit anhaltend geringer Lebensqualität liegt es anschließend nahe, darüber nachzudenken, wie sich das wertlose Leben dieses Menschen oder das Leben dieses wertlosen Menschen verkürzen oder beenden lässt. Ergänzende Argumentationsfiguren wie eine Tötung aus Mitleid oder aufgrund angeblich selbstbestimmter Entscheidung können dabei hilfreich sein.[212]

All dies sind keine rein akademischen Diskussionen, sondern reale Rationalisierungs- und Verschleierungsstrategien, die der Verdinglichung, Degradierung und Tötung von Menschen den Weg bereiten. Wir sehen sie überall in der öffentlichen Diskussion. Viele Menschen haben sie mehr oder weniger unbewusst in ihr Denken und Handeln integriert.

In diesem Zusammenhang ist es hilfreich, sich bewusst zu machen, wie wir Objekte behandeln. Meist bewerten wir sie auf einer Nützlichkeitsskala, die von sehr wertvoll, hochgeschätzt oder nützlich auf der einen Seite, bis hin zu völlig wertlos, schädlich, minderwertig oder unbrauchbar auf der anderen Seite reicht. Wertvolle und nützliche Objekte werden instandgehalten und gepflegt, minderwertige und unbrauchbare Gegenstände weggeworfen oder zerstört. Unnütze Gegenstände bleiben manchmal unbeachtet, solange sie nicht im Weg sind oder Unannehmlichkeiten bereiten. Objekte, die einen gewissen Wert besitzen, werden gehandelt, verschenkt oder irgendwo gelagert. Ihre Besitzer können in der Regel mit ihnen verfahren, wie ihnen beliebt, sie wertschätzen, pflegen und instand halten, aber auch manipulieren, verbrauchen oder zerstören. Wenn wir nun Menschen als Objekte betrachten, wird der so wahrgenommene Mensch ebenfalls auf einer solchen Nützlichkeits- oder Werteskala bewertet und seinem Körper bzw. seinem Leben insgesamt viel oder

[211] Shaw hat bereits 1977 eine Formel zur Berechnung der Lebensqualität eines Menschen vorgelegt und ihr als Professor für Chirurgie und Pädiatrie (pseudo-)wissenschaftliche Aura verliehen, obgleich niemand in der Lage sein wird, die einzelnen Elemente und Variablen seiner Gleichung richtig zu bestimmen. Vgl. Shaw, 1977

[212] Eine Darstellung der Entwicklung und Kritik des Lebensqualitäts-Konzepts findet sich in Wolfensberger, 1994d

wenig Wert beigemessen. Merkmale oder Eigenschaften, die gesellschaftlich wertgeschätzt werden, wie heute etwa Gesundheit, Leistungsfähigkeit, Schönheit oder Lebensqualität definieren dann seinen Wert. Wenn ein Mensch nicht mehr als Mensch, nicht mehr als menschliche Person angesehen wird, ist alles erlaubt: Er kann misshandelt oder getötet und sein(e) Körper(teile) verwertet werden. Er wird zum Eigentum anderer Menschen und damit leicht zur Handelsware. Es handelt sich hier um einen durch und durch utilitaristischen, also vom Nützlichkeitsdenken geprägten Blick auf den Menschen.

Dieser utilitaristische Blick aufeinander verbreitet sich immer mehr. Er bestimmt inzwischen auch die engsten menschlichen Beziehungen, allen voran die Beziehungen zwischen Eltern und Kind. Spieker beschreibt dies beispielhaft anhand der Beziehung zwischen einer Schwangeren und ihrem Kind. Bei seiner Beschreibung wird deutlich, dass heute selbst eine der natürlichsten und intimsten menschlichen Beziehungen – die Beziehung zwischen Mutter und Kind – von Anfang an durch Nützlichkeitsdenken, Verdinglichung und potentielle Bereitschaft zum Töten geprägt ist – und zwar *ohne* dass die beteiligten Mütter sich irgendwann bewusst für eine solche Beziehung zu ihrem Kind entschieden hätten.

Diagnostische Verfahren sind heute Begleiterscheinung jeder normalen Schwangerschaft. Jede aus einer künstlichen Befruchtung hervorgehende Schwangerschaft wird sowieso umfassend überwacht. Präimplementationsdiagnostik (die Untersuchung der künstlich gezeugten Embryonen vor der Einsetzung in die Gebärmutter auf genetische Merkmale und Chromosomenanomalien) und Pränataldiagnostik (die Untersuchungen des Kindes während der Schwangerschaft) wurden entwickelt, um die Geburt kranker und behinderter Kinder zu vermeiden. Nur in den allerseltensten Fällen ist eine Therapie des Kindes vor der Geburt überhaupt möglich. Die Mutter steht also vor der Entscheidung, ein als behindert diagnostiziertes Kind töten zu lassen oder es auszutragen. War eine Schwangere früher „guter Hoffnung“, so befindet sie sich heute automatisch in Distanz zu ihrer Schwangerschaft und zu ihrem Kind: Der Qualitätstest des Kindes muss erst positiv ausfallen, bevor sie es als ihr Kind annehmen kann. Eine natürliche Schwangerschaft wird auf diese Weise zum permanenten Risikozustand, der durch regelmäßige Überwachung kontrolliert werden muss. Das Kind wächst nicht mehr einfach geschützt im Leib der Mutter heran, sondern der Mutter wird suggeriert, aktive Produzentin in einem Produktionsprozess zu sein, der auch jederzeit abgebrochen werden

kann. Wenn das Kind behindert ist und die Mutter es dennoch als ihr Kind annimmt, also nicht abtreiben lässt, werden ihr in der Regel Schuldgefühle vermittelt, weil sie kindliches Leid nicht verhindert und Familie und Gesellschaft mit einem behinderten Kind belastet. Lässt sie das Kind töten, dann verursacht ihr *das* mit großer Wahrscheinlichkeit irgendwann Schuldgefühle. Der Mutter wird also in jedem Fall die Verantwortung zugeschrieben.[213] Das Kind aber wird *„vom gezeugten Geschöpf, dem Rechte zustehen, weil es gezeugt wurde, zum zertifizierten Produkt, dessen Rechte zur Disposition des Produzenten stehen."*[214] So wachsen junge Menschen heute oft in dem Bewusstsein auf, dass ihre Mütter sie vor der Geburt hätten töten lassen können und sie womöglich eines oder mehrere ihrer Geschwister tatsächlich töten ließen. Einem im Labor erzeugten Menschen ist oft bewusst, dass *„er vom ersten Moment seiner Existenz an technisch produziert, gekauft und verkauft wurde"*[215] und seine Eltern dafür den Tod seiner Geschwister in Kauf nahmen.
Bei alledem sollte nicht übersehen werden: Wenn der Mensch verdinglicht wird, entscheiden die jeweils Mächtigen über die Ohnmächtigen, nämlich die Geborenen über die Ungeborenen oder die Starken über die Schwächeren, wie etwa die Menschenhändler, Zuhälter und Sexkäufer über die Prostituierten, die physisch überlegenen Männer über die physisch unterlegenen Frauen und Kinder oder die Angestellten der Leihmutterindustrie und ihre Auftraggeber über die gemietete Frau und ihr Kind. Das Ideal der prinzipiellen Gleichheit aller Menschen wird so faktisch aufgehoben. Wenn der Mensch verdinglicht und entmenschlicht wird, kann er nur noch als Materie wahrgenommen werden, denn das „Ebenbild Gottes" oder den „Menschen mit unveräußerlicher Würde" würde man so nicht behandeln. Wird die Verdinglichung des Menschen gesellschaftlich institutionalisiert, wie das nicht nur heute, sondern immer wieder in der Geschichte der Menschheit geschehen ist – bekannte Beispiele sind etwa die nordamerikanische Versklavung der Afrikaner, die sozialdarwinistische Massenvernichtung „minderwertiger" Menschen durch die Nationalsozialisten oder die stalinistischen Arbeitslager – dann ist jeglicher Barbarei Tür und Tor geöffnet.

---

[213] Vgl. Spieker, 2012. Zu den psychischen Folgen der Abtreibung vgl. z.B. Pouliquen, 2017 und Kuby G., 2020, S. 84ff

[214] Spieker, 2012, S. 268

[215] Kuby S., 2018a, S. 112

Ein Mensch, der andere Menschen zum Objekt degradiert, entmenschlicht sich jedoch auch selbst. Er muss sich gegen das Leid der Degradierten immunisieren und sich selbst und andere immer wieder davon überzeugen, dass es sich nicht um Menschen handelt oder eben um Menschen, die so andersartig oder minderwertig sind, dass ihre Degradierung, Entwürdigung, Folter oder Tötung legitim ist. So lebt er in permanenter Lüge und Selbsttäuschung, verliert seine Fähigkeit zur Mitmenschlichkeit, zur Empathie, zum Mitleiden, zur Rationalität und zur Unterscheidung von Moral und Unmoral. Wenn eine ganze Gesellschaft in Degradierung und Tötung verstrickt ist, wird das auch für sie Konsequenzen haben – davon allerdings später.

3.2.7 Zweites Zwischenfazit

Als zweites Zwischenfazit sei hier festgehalten, dass der menschenzentriert denkende Mensch nicht nur bereit ist, sich durch seinen sexualisierten und unnatürlichen Lebensstil selbst zu (be-)schädigen, sondern dass er in noch viel größerem Maße zur Gewalt gegen andere bereit ist – nicht immer, indem er diese Gewalt selbst ausübt, gewiss aber, indem er durch seine persönlichen Überzeugungen und seinen Lebensstil akzeptiert, dass unzählige Menschen zu Opfern von Degradierung und Gewalt werden. Die vielen Opfer legaler und illegaler sexualisierter Gewalt, die entwürdigten Darsteller pornografischer Massenunterhaltung, all die vorgeburtlich getöteten Kinder, die ausgebeuteten Leihmütter und die über Staatsgrenzen hinweg gehandelten Neugeborenen, sie und viele andere sind nicht nur Opfer der jeweils konkret handelnden Täter, sondern ebenso Opfer eines Lebensstils, dessen Dogma es ist, dass im Bereich der Sexualität und Fortpflanzung alles gut sei, was zwei volljährige Menschen einvernehmlich und selbstbestimmt tun. Oft wird dabei übersehen, dass dieses Handeln nicht nur zwei, sondern wesentlich mehr Menschen betrifft, etwa die ungewollt gezeugten und anschließend abgetriebenen Kinder oder die vielen Menschen, deren Gesundheit durch die sexuell übertragbaren Krankheiten eines promiskuitiven oder polyamourösen Lebensstils geschädigt wird. Übersehen wird auch, dass bei vielen Beteiligten von Selbstbestimmung kaum noch die Rede sein kann. Die meisten Pornosüchtigen, Pornodarstellerinnen, Prostituierten und ausgebeuteten Leihmütter haben eher die Kontrolle über ihr Leben verloren, als dass man noch von selbstbestimmten Entscheidungen sprechen könnte. Andere üben Kontrolle über sie aus. Vielen Opfern einer regellos gelebten Sexualität, etwa einem vorgeburtlich getöteten Kind oder einem vergewaltigten oder sexuell misshandelten Menschen wird sowieso niemand ernsthaft unterstellen können, selbstbestimmt gehandelt zu haben.

All dies geht mit einem enormen Maß an Irrationalität einher, denn das Ausmaß der Gewalt ist den meisten Menschen nicht bewusst. Die Gewalt wird verdrängt. Gegenwärtig werden immer mehr verbale Äußerungen, etwa gegen Gendertheorien oder moderne Familienbilder als „Hassrede" gebrandmarkt und zum Teil erheblich sanktioniert. Oft bricht ein medialer Shitstorm los, der Ansehen und Karriere kosten kann. Vermeintlich verbale „Gewalt" führt also zu einer enormen Entrüstung, während reale physische Gewalt, wie das Töten ungeborener Kinder oder die systematische sexuelle Misshandlung und Versklavung von Menschen durch Prostitution, für dieselben Menschen in der Regel kein Thema ist. Universitäten, öffentliche Verwaltungen, Kirchen und progressive Politiker überbieten sich im Gebrauch einer gendergerechten Sprache, um Frauen und sexuelle Minderheiten nicht zu benachteiligen, doch die Degradierung und Entwürdigung von Frauen durch Pornografie, Prostitution oder Leihmutterschaft, die eine extreme Form der „Benachteiligung" darstellen, wird zum Teil noch politisch gerechtfertigt. Die westlichen Länder gebärden sich als weltweite Verteidiger der Menschenrechte, während zugleich viele ihrer politischen Vertreter ein „Recht auf reproduktive Gesundheit" proklamieren, welches das Recht einschließt, das eigene Kind töten zu dürfen.

Die Liste ähnlicher widersprüchlicher Haltungen ließe sich beliebig verlängern. Deutlich wird dabei, dass sich große Teile der Bevölkerung an Entwürdigung, Verdinglichung, Gewalt und Tod gewöhnt haben, sie meist überhaupt nicht mehr (als Problem) wahrnehmen. Wissenschaftler, Politiker, Medienleute, Interessens- und Lobbygruppen haben es geschafft, das Töten und die Degradierung des Menschen durch euphemistische Sprache und andere Verschleierungsstrategien allgemein gesellschaftsfähig zu machen.

3.3 Die Auflösung der Familien

> *„Die sexuelle Revolution gibt den Familien den Rest. Sie greift das an, was uns als mitfühlende Wesen ausmacht. Freie Liebe, promiskuitives Verhalten und wechselnde Beziehungen sind das Gegenteil von Treue, Wertschätzung und echter Liebe. Das schrittweise Auflösen und Ersetzen der Sexualmoral durch eine Pille-Porno-Puff-Idylle ist der bewusste Angriff auf die natürliche Würde und Identität des Menschen. Wie durch ein Krebsgeschwür zerfallen Familien von innen heraus und suchen verzweifelt nach dem neuen Patchwork-Glück“*
> (Martin Voigt)[216]

In dem Maße, in dem Sexualität von Liebe, lebenslanger Verpflichtung, von Ehe und Fruchtbarkeit abgekoppelt wurde, haben sich unterschiedliche Formen der Beziehungen und des Zusammenlebens herausgebildet: Sexuelle Beziehungen unterschiedlicher Dauer, zwischen zwei oder mehr Menschen, gleichen oder unterschiedlichen Geschlechts, mit oder ohne emotionale Komponente und Treueversprechen. Die damit verbundenen Lebensformen decken ein breites Spektrum ab: monogame Ehe auf Lebenszeit, serielle „Ehen“ oder Lebensgemeinschaften, eingetragene Partnerschaften, Homoehen, monogame oder polyamouröse Beziehungen. Hinzu kommt das Single-Dasein mit oder ohne sexuelle Betätigung. Kinder leben in den unterschiedlichsten Konstellationen, mit einem oder beiden biologischen Elternteil(en), in gleich- und gegengeschlechtlichen Beziehungen, in Patchworkfamilien, bei ihren alleinerziehenden Müttern oder Vätern oder auch bei Fremden. Viele Menschen in den westlichen Gesellschaften durchlaufen heute eine ganze Reihe solcher Beziehungen und Lebensformen, bevor sie sich – zumindest für eine gewisse Zeit – auf eine länger andauernde Lebensform oder Familienkonstellation festlegen. Manche legen sich nie fest. Der Begriff der „Familie“ ist heute sehr dehnbar geworden und scheinbar beliebig zu füllen.
Laut Statistischem Bundesamt lebten in Deutschland im Jahr 2018 41,9% der Menschen in einem Einpersonenhaushalt, 33,8% in einem Zweipersonenhaushalt; zusammengerechnet sind dies mehr als 75% der Bevölkerung.[217] Die Zahl der Einpersonenhaushalte ist seit 1991 um 46% gestiegen.[218] Knapp 30% der minderjährigen Kinder lebten 2018 in unehelichen Lebensgemeinschaften

[216] Voigt, 2015
[217] Vgl. Statistisches Bundesamt (Destatis), 2020a
[218] Vgl. Statistisches Bundesamt (Destatis), 2019b

oder bei einem alleinerziehenden Elternteil.[219] Insgesamt lebten im Jahr 2017 lediglich 48% aller Menschen in Deutschland in einer Eltern-Kind-Gemeinschaft im gemeinsamen Haushalt, 84% dieser Eltern-Kind-Gemeinschaften hatten zwei Elternteile; bei 16% handelte es sich um Alleinerziehende mit Kind(ern).[220]

Sehen wir uns einmal die normalen familiären und zwischenmenschlichen Beziehungen an, die Beziehungen zwischen Mann und Frau, zwischen Eltern und Kind, die emotionalen Dimensionen von Liebesbeziehungen, den Wunsch nach Liebe und familiärer Geborgenheit, welcher den meisten Menschen vertraut ist. Wie beeinflussen das menschenzentrierte Denken und die bereits beschriebenen gesellschaftlichen Entwicklungen das Verhältnis zwischen den Geschlechtern und innerhalb der Familien?

3.3.1 Geschlechterdisharmonien

> *„Männer, die sich an empfängnisverhütende Mittel gewöhnt haben, könnten die Ehrfurcht vor der Frau verlieren, und, ohne auf ihr körperliches Wohl und seelisches Gleichgewicht Rücksicht zu nehmen, sie zum blossen Werkzeug ihrer Triebbefriedigung erniedrigen und nicht mehr als Partnerin ansehen, der man Achtung und Liebe schuldet“* (Papst Paul VI., 1968)[221]

Zunächst ist festzustellen, dass heutige Liebesbeziehungen und damit auch viele familiäre Beziehungen durch ein hohes Maß an Unverbindlichkeit geprägt sind. Selbst wenn Paare sich irgendwann festlegen, werfen doch vergangene Ehen und Beziehungen oft ihren Schatten auf die Gegenwart, mit Folgen für alle Beteiligten.

Gehen wir hier einmal von der Annahme aus, dass der Mensch eine Einheit aus Körper und Geist ist, also nicht nur einen Leib, sondern auch eine Seele besitzt. Wenn dies der Fall ist, dürfte es unmöglich sein, einem anderen Menschen nur rein körperlich nahe zu kommen, ohne dass davon auch die Seele berührt wird. Versuchen Menschen dennoch, ihre Sexualität in diversen unverbindlichen Beziehungen als rein körperliches Vergnügen zu praktizieren, obgleich ihre Seele zutiefst beteiligt ist, so versuchen sie, den wesentlichsten

---

[219] Vgl. Statistisches Bundesamt (Destatis), 2020b

[220] Vgl. Statistisches Bundesamt (Destatis), 2019a

[221] Paul VI., 1968, 17

Teil ihrer selbst zu unterdrücken, man könnte fast sagen, zu amputieren. Zugleich wird der Sexualpartner verdinglicht: Er wird zum Objekt der eigenen Begierden. Beides muss Auswirkungen auf die Seele haben. Ist die sexuelle Begegnung hingegen durch tiefe gegenseitige Liebe und Hingabe geprägt, der äußere Rahmen, in dem sie stattfindet, aber unverbindlich und von flexibler Dauer, dann besteht ein grundlegender Widerspruch. Er äußert sich darin, dass das Geschenk seiner selbst, das ein Mensch dem anderen macht, irgendwann zurückgewiesen werden kann. Vielfach wird dieses Geschenk im Laufe eines Lebens nicht nur einmal zurückgewiesen, sondern mehrfach. Auch das muss Auswirkungen auf die Seele haben und zu Verletzungen, Verhärtungen und Ähnlichem führen.

Unverbindlich praktizierte Sexualität bedeutet für die Frau, dass sie zu folgenden Konsequenzen bereit sein muss: als alleinerziehende Mutter zu leben, das möglicherweise gezeugte Kind wegzugeben, exzessive Verhütung zu betreiben, oder, falls die Verhütung nicht funktioniert haben sollte, das Kind abzutreiben, denn der Mann hat sich ja zu nichts verpflichtet. Für einen Mann bedeutet unverbindlich praktizierte Sexualität, dass er bereit sein muss, zu akzeptieren, dass sein möglicherweise gezeugtes Kind, für dessen Unterhalt er aufzukommen hat, nicht bei ihm lebt, weil die Frau sich entschieden hat, ihr Leben lieber ohne ihn zu verbringen. Auch sie hat sich ja zu nichts verpflichtet. Der Mann wird auch hinzunehmen müssen, dass die Frau sich möglicherweise ohne seine Zustimmung für die Tötung ihres gemeinsamen – vielleicht sogar in Liebe gezeugten – Kindes entscheidet. Für beide, Männer wie Frauen, bedeuten wechselnde Sexualpartner ein zunehmendes Risiko, an sexuell übertragbaren Krankheiten zu erkranken, einschließlich solcher, die das Leben bedrohen oder verkürzen.

Es ist anzunehmen, dass die meisten in der westlichen Welt lebenden Menschen, die sich heute für eine Ehe entscheiden, einigen Ballast solch vergangener Unverbindlichkeiten mit in ihre Ehe bringen. Dies schließt automatisch das Bewusstsein ein, dass man selbst oder der Ehepartner auch in Zukunft ähnlich unverbindlich handeln könnte. Auf diese Weise kann wechselseitiges Misstrauen von Anfang an Grundbestandteil der ehelichen Beziehung werden. Der Vergleich seiner selbst mit realen oder imaginären vergangenen oder zukünftigen Beziehungen des Partners oder der Partnerin steht immer als Versuchung im Raum, was insbesondere bei jungen Menschen mit zur übermäßigen Fixierung auf gutes Aussehen beitragen dürfte. Indem sie ihre positiven

Eigenschaften betonen, versichern sie sich und anderen, dass sie schön und daher liebenswert sind. Die Erfahrung, mit allen Stärken und Schwächen um seiner selbst willen geliebt zu sein, auch durch schwierige Lebensphasen hindurch, dürften heute immer weniger Menschen machen.

Ein weiteres Kennzeichen moderner Geschlechterverhältnisse ist die Manipulation des Körpers als Normalzustand. Sie dient der ständigen sexuellen Verfügbarkeit der Frau bei gleichzeitiger Kontrolle des Nachwuchses. Der Anspruch einer umfassenden Kontrolle ohne phasenweise sexuelle Enthaltsamkeit ist nur durch körperliche Manipulationen zu realisieren. Diese betreffen überwiegend Frauen, denn der Anspruch, selbstbestimmt entscheiden zu können, ob und wann ein Kind gezeugt wird, überträgt meistens der Frau die Hauptverantwortung für die funktionierende Verhütung, einschließlich aller damit verbundener gesundheitlicher und moralischer Implikationen. Die Frau muss sich fragen, ob sie zur Einnahme hormoneller Verhütungspräparate bereit ist, die nicht nur gesundheitsschädigende, sondern manchmal auch abtreibende Wirkung haben. Weitere Fragen stellen sich hinsichtlich einer möglichen Abtreibung oder künstlichen Befruchtung, weil entweder ein Kind unter keinen Umständen geboren werden soll oder unter allen Umständen zur Lebensplanung dazu gehört. Bei all diesen Fragen wird ihr Körper nicht nur zur Verfügungsmasse für Manipulationen verschiedenster Art, sie selbst gerät zudem in die zweifelhafte Rolle der Hauptkontrolleurin ihres Nachwuchses. Die Frau, deren Identität als potentielle Mutter ganz zentral auch die Weitergabe des Lebens beinhaltet, wird nun zur Hauptentscheiderin über Leben und Tod ihres Kindes oder sogar zur Produzentin ihres Kindes. Wenn die körperlichen Manipulationen nicht so verlaufen wie gewünscht und ein Kind gezeugt wird, trägt ebenfalls sie die Hauptlast der Verantwortung. Der Druck, der möglicherweise durch den Mann, ihr soziales Umfeld oder ihre Lebensumstände ausgeübt wird, lastet mehr auf ihr, als auf allen anderen Beteiligten. Zugleich macht es der Anspruch auf „perfekte" Geburtenkontrolle den beteiligten Männern leicht, sich der Verantwortung für ihr Kind zu entziehen. So sind Abtreibungen ein wirklicher Beziehungskiller zwischen Männern und Frauen geworden. Bei inzwischen etwa 50 Millionen Abtreibungen jährlich weltweit, dürften die meisten Menschen inzwischen auch persönlich davon betroffen sein, etwa durch eine eigene Abtreibung, durch Rat oder Drängen zur Abtreibung, durch die Unmöglichkeit jemanden von einer Abtreibung abzuhalten oder durch Ab-

treibungen im Familien- oder Freundeskreis. Viele Frauen empfinden nach einer Abtreibung Schuld oder Trauer. Manche sind oft noch Jahrzehnte später regelrecht traumatisiert. Meistens können oder dürfen sie nicht über ihre Gefühle sprechen, weil Abtreibung das gesellschaftliche Tabuthema schlechthin ist. Medien und Mainstreamgesellschaft sorgen dafür, dass das Dogma des ungeborenen Kindes als nicht-menschlich nicht infrage gestellt wird. Die Unterdrückung der Wahrheit der persönlichen Schuld kann aber nicht der Heilung dienen, sondern führt oft Jahre später noch zu psychischen Problemen und Störungen, auch innerhalb ihrer Beziehungen.[222]
Trotz mancher gegenteiliger Behauptungen – und dies ist ein weiteres eklatantes Kennzeichen moderner Geschlechter- und Familienverhältnisse – sind heutige Geschlechterbeziehungen noch immer durch ein massives Machtgefälle zwischen Mann und Frau geprägt: Von jungen Frauen wird erwartet, dass sie ihre fruchtbaren Jahre für Ausbildung und Karriere verwenden, weil die Wirtschaft nicht bereit ist, ihnen jenseits der 40 noch irgendeine Aussicht auf Karriere zuzubilligen. Daher bleiben viele kinderlos. Männer hingegen können sich mühelos ihrer Karriere widmen und die Vaterschaft auf später verschieben. Damit ihnen die Leistungsfähigkeit junger Frauen ohne Einschränkungen zur Verfügung steht, bieten manche Konzerne ihren jungen Mitarbeiterinnen inzwischen das „social egg freezing" an, also das Einfrieren ihrer Eizellen im jungen Alter zwecks späterer Verwendung zur künstlichen Befruchtung.[223]
Manche Familien versuchen, mit übermäßiger Kraftanstrengung Ausbildung, Arbeit, doppelte Karriere, Kinder und Familienarbeit zu vereinen, was aber nur in seltenen Fällen zur Zufriedenheit aller gelingt. Während die Politik über Frauenquoten diskutiert, Universitäten, öffentliche Verwaltungen und Kirchen die gendersensible Sprache einführen und Männer sich bemühen, ihren fairen Anteil an Hausarbeit und Kindererziehung zu absolvieren, ist die Massendegradierung von Frauen durch gewalttätige Pornografie und Prostitution in der Mitte der Familien angekommen: Wissenschaftliche Studien beschreiben, wie immer mehr junge Männer infolge ihres exzessiven Pornokonsums nicht mehr in der Lage sind, eine normale Sexualität zu praktizieren. Sie „benötigen" Pornofilme im Hintergrund, während sie mit ihrer Frau oder Freundin zusammen sind – und erstaunlicherweise stimmen viele Frauen dem zu.[224] Andere Frauen

---

[222] Vgl. Pouliquen, 2017
[223] Vgl. Lindner, 2018
[224] Vgl. Gobry, 2019

sind über den Konsum gewalttätiger Pornographie ihrer Partner zutiefst verstört.[225] Muss doch jede Frau damit rechnen, dass ihr Pornografie konsumierender Mann auch sie selbst, ihre Töchter oder andere weibliche Familienmitglieder auf ähnliche Weise ansehen und behandeln könnte. Kuby beschreibt die familiären Begleiterscheinungen der Pornografie folgendermaßen: *„Pornografie ist ein Ehe- und Familienkiller erster Ordnung. Der Pornokonsument entfernt sich emotional von seiner Partnerin, er wird unfähig zu lieben und seine Liebe mit Zärtlichkeit und tiefer Achtung auszudrücken; er konfrontiert die Partnerin mit perversen sexuellen Wünschen und verliert schließlich das Interesse an ihr und den Kindern, er lebt beständig im virtuellen Ehebruch, der früher oder später zum realen Ehebruch führt … und schließlich zur Scheidung.“*[226]
Prostitution beeinträchtigt das Verhältnis zwischen den Geschlechtern und innerhalb der Familien ebenso negativ. Kraus beschrieb es mit wenigen Worten so: *„Die Freier hassen die prostituierten Frauen, die Prostituierten verachten die Freier, die Ehefrauen verachten ihre Männer so wie oft auch die Prostituierten. Es verpestet menschliche Beziehungen. Ein Staat, der so ein System legalisiert, verbreitet Verachtung und Hass zwischen den Geschlechtern. Er zerstört Beziehungen und traumatisiert Frauen und Familien über Generationen hinweg.“*[227]
Man könnte sagen: Die allgemeine Verdinglichung des Menschen hat auch die Familien zutiefst erfasst und zerstört sie von innen heraus. Sie ist das Gegenteil von Liebe, familiärer Geborgenheit und wechselseitigem Respekt. Sie ist Versklavung unter dem Etikett der sexuellen Befreiung. Man könnte vermuten, dass zumindest ein Teil der in den letzten Jahren so stark zugenommenen weiblichen Homosexualität auf das oft so verworrene und verletzende Verhältnis zwischen den Geschlechtern zurückzuführen ist. Manche Frauen mögen beschlossen haben, sich ihm zu entziehen und ihr Glück bei anderen Frauen zu suchen.

---

[225] Vgl. Van Maren, 2019b
[226] Kuby G., 2020, S. 289
[227] Kraus I., 2019

3.3.2 Generationenantagonismen

> *„Dass jeder Mensch einen Vater und eine Mutter hat, ist bekannt; zunehmend unbekannter wird, dass jedes menschliche Wesen ein Recht auf seinen natürlichen Vater und seine natürliche Mutter hat. Sexualbeziehungen, in denen der Vater nicht Vater sein möchte oder die Mutter mit dem Vater, mit dem sie das Kind gezeugt hat, nichts zu schaffen haben will, sind – wenn nicht unmoralisch – so doch das Resultat einer menschlichen Tragödie."* (Bernhard Meuser)[228]

Auch die Beziehungen zwischen den Generationen sind auf vielfältige Weise beeinträchtigt. Viele Kinder leben nur noch zeitweise bei ihren biologischen Eltern. Nachdem sich die Eltern getrennt haben, wachsen sie bei nur einem Elternteil – meist der Mutter – auf oder pendeln zwischen väterlicher und mütterlicher Wohnung hin und her. Aus der Perspektive eines Kindes ist jede Trennung der Eltern eine massive Verlusterfahrung, die oft nicht nur mit Trauer, sondern auch mit Schuldgefühlen einhergeht, weil sich jedes Kind mitverantwortlich für die Trennung seiner Eltern fühlt. Sodann bedeutet die elterliche Trennung manchmal auch eine Trennung von den Geschwistern. Oft führt sie zum Verlust des Zuhauses. Das Kind wohnt fortan an zwei Orten und gehört nirgendwo ganz hin. Gehen Vater und/oder Mutter neue Beziehungen ein, muss sich das Kind mit den neuen und nicht selten wechselnden Sexualpartnern seiner Eltern und gegebenenfalls deren Kindern arrangieren. Die neuen Partner übernehmen eine Zeitlang Erziehungsaufgaben und verschwinden dann wieder aus ihrem Leben, manchmal nach nur kurzer Zeit.
Nicht wenige Familien sind durch die Abwesenheit der Väter beeinträchtigt. Es gibt ganze Schulklassen, in denen nur noch zwei oder drei Kinder mit ihrem leiblichen Vater zusammenwohnen. Solche Familienverhältnisse vermitteln Kindern die Botschaft, dass Männer unzuverlässig sind, keine Menschen, denen man bedingungslos vertrauen könnte. Kinder lernen Erwachsene nicht mehr als Garanten für Stabilität und Dauerhaftigkeit von Beziehungen und Lebensverhältnissen kennen. Vielen jungen Menschen mangelt es infolgedessen an positiven Rollenvorbildern. Sie haben nie erlebt, wie eine gute Familie zusammenlebt oder was es bedeutet, einen anwesenden Vater zu haben, der seinen väterlichen Pflichten auf gute Weise nachkommt. Solche Erfahrungen werden ihre eigenen zukünftigen Beziehungen höchstwahrscheinlich beein-

---

[228] Meuser, 2020, S. 324

flussen und es manchen jungen Menschen erschweren, gesunde Familienbeziehungen zu etablieren und die eigene Vater- oder Mutterrolle auf positive Weise zu füllen.

Die Auflösung der Familie geht auch mit der Entwicklung einher, alle möglichen Verbindungen als „Familie" zu bezeichnen und zugleich implizit oder explizit ein Recht Erwachsener auf ein Kind zu postulieren. Seit Einführung der „Homoehe" können Homosexuelle auch Kinder adoptieren. Da sie keine Kinder miteinander zeugen können, muss dafür ein Kind von seinem biologischen Elternteil getrennt werden, um für die Adoption zur Verfügung zu stehen. Bei Inanspruchnahme der Reproduktionsmedizin hat das Kind sowieso automatisch mehr als zwei Eltern. In beiden Fällen wird ein Mangel institutionalisiert, denn dem Kind wird ein gleich- oder gegengeschlechtliches Elternteil bewusst vorenthalten, das es als Rollenvorbild für seine Entwicklung dringend bräuchte.

Auch Abtreibung und die diversen Formen der Verdinglichung des Menschen stellen eine massive Beeinträchtigung des Generationenverhältnisses dar. Einem jungen Menschen ist oft bewusst, dass er hätte abgetrieben werden können, so wie vielleicht Geschwister vor oder nach ihm abgetrieben wurden. Wenn er künstlich erzeugt wurde, hat dies ebenfalls Einfluss auf seine Selbstwahrnehmung und Identität.[229] Kuby schreibt: *„Woher nehmen die so entstandenen Kinder noch ihre Identität, wenn sie um Abstammung und Familiengeschichte betrogen wurden? Wie kann sich ein heranwachsender Mensch irgendwo zugehörig fühlen, wenn er vom ersten Moment seiner Existenz an technisch produziert, gekauft und verkauft wurde?"*[230] Ein junger Mensch lernt also schon in seiner Familie, dass ein Mensch nur wertvoll ist, wenn er irgendeinen Wunsch, ein Bedürfnis oder vermeintliches Recht eines Erwachsenen erfüllt. Er erfährt, dass er als Mensch nicht um seiner selbst willen gewollt war, sondern nur zum Zweck der Erfüllung elterlicher Wünsche. Kommt er vielleicht irgendwann zur Überzeugung, dass die Eltern seinen eigenen Wünschen, Bedürfnissen oder „Rechten" im Wege stehen (etwa auf Unabhängigkeit, Selbstverwirklichung oder Erbschaft), dann bleibt er der elterlichen Logik verhaftet, wenn er sich etwa in Alter und Krankheit nicht um sie kümmern oder ihren Tod durch Suizidassistenz oder „Euthanasie" beschleunigen will. Warum sollte er selbst nicht töten dürfen, wenn seine Eltern dieses „Recht" ihm oder

---

[229] Vgl. z.B. Holson, 2011

[230] Kuby S. , 2018a, S. 112

seinen Geschwistern gegenüber postulieren oder sogar in Anspruch genommen haben? Warum sollte die zum unpassenden Zeitpunkt kommende Pflegebedürftigkeit der Eltern anders bewertet werden, als das zum unpassenden Zeitpunkt gezeugte Kind? Auch hier durchdringt die Verdinglichung des Menschen die persönlichsten Beziehungen. So wird deutlich, wie das vermeintliche „Recht" auf künstliche Befruchtung und Abtreibung mit anderen Formen der Gewalt und des Tötens in Verbindung steht: Die gleichen oder ähnliche Argumente, mit denen einem Menschen zu Beginn des Lebens das Lebensrecht abgesprochen wird, lassen sich auf spätere Lebensabschnitte und andere Menschen übertragen. Nicht nur in politischen Auseinandersetzungen, sondern implizit oder explizit auch innerhalb der Familien finden Gespräche darüber statt, welche Familienmitglieder wann und unter welchen Umständen und mit welcher Begründung getötet werden dürfen und wer berechtigt ist, die Entscheidung darüber zu treffen. Vertreten Familienmitglieder gegensätzliche Position, spitzen sich die innerfamiliären Konflikte zu. Wertschätzung, Liebe und familiäre Geborgenheit sind unter solchen Umständen schwer zu realisieren.

3.3.3 Drittes Zwischenfazit

Die Familien sind das Hauptschlachtfeld der gegenwärtigen Auseinandersetzungen um divergierende Menschenbilder und Weltanschauungen. Alle Begleiterscheinungen des menschenzentrierten Weltbildes und Denkens werfen ihre Schatten auch auf die ehelichen und familiären Beziehungen und beeinträchtigen sie. Nicht selten zerstören sie Beziehungen oder machen positive Beziehungen gänzlich unmöglich. Dies betrifft sowohl die Beziehungen zwischen Frau und Mann, als auch die Beziehungen zwischen den Generationen. Die gesellschaftlich sich ausbreitende Unverbindlichkeit in den Bereichen Sexualität, Ehe und Familie, die Bereitschaft zur gesundheitsschädigenden Manipulation des weiblichen Körpers (z.B. Geburtenkontrolle, künstliche Befruchtung), die Akzeptanz von Gewalt auch in den intimsten persönlichen Beziehungen (z.B. Pornografie, Abtreibung), die Bereitschaft zur Verdinglichung nicht nur fremder Menschen (z.B. Prostitution), sondern sogar des eigenen Nachwuchses (z.B. künstliche Befruchtung, Abtreibung) – all dies sind Haltungen, die einer Liebesbeziehung zwischen Frau und Mann und wertschätzenden familiären Beziehungen auf Dauer nicht dienlich sind – egal wie sehr sie rationalisiert und positiv umgedeutet werden. Denn Familie und Beziehung sind idealerweise von Uneigennützigkeit, Selbstlosigkeit, Friedfertigkeit bzw. einer gerechten Lösung von Interessenskonflikten aller Beteiligten geprägt, also vom Gegenteil dessen, was hier praktiziert oder zumindest für richtig erachtet wird. Viele Menschen, viele Familien versuchen beide Menschen- und Weltbilder miteinander zu vereinen, indem sie etwa nur Teile des menschenzentrierten Welt- und Menschenbildes in ihre Vorstellungen von einer guten Ehe und Familie integrieren und andere ablehnen oder indem sie eine Zeitlang ihre Vorstellung von sexueller Selbstbestimmung mit allen Konsequenzen ausleben, um sich später für eine verbindliche(re) und dauerhafte(re) Ehe und Familie zu entscheiden. Dies sind Gratwanderungen, denn jede Degradierung und Instrumentalisierung des Menschen öffnet den Weg zu einer den Menschen instrumentalisierenden Grundhaltung, welche die Tendenz hat, sich auf andere Lebensbereiche und zukünftige Beziehungen auszuweiten. Jede Degradierung und Instrumentalisierung verletzt und schädigt auch reale Menschen und hat wiederum Auswirkungen auf deren Beziehungen und Familien. Man könnte sogar sagen, jede Degradierung und Instrumentalisierung eines Menschen erhöht den gesellschaftlichen Grundwasserspiegel von Entwürdigung und Gewalt, dessen individuelle und gesamtgesellschaftliche Folgen sich dann oft anderswo bemerkbar machen.

3.4 Verfügungsmasse Kind

„Kinder sind der unaufgelöste Rest und der weggedrückte Teil im Ganzen von Sexualität." (Bernhard Meuser)[231]

Kinder gehören eindeutig zu den Hauptopfern eines Lebensstils, der das regellose Ausleben der Sexualität propagiert und bestrebt ist, die menschliche Natur neu zu erfinden. Kinder werden von ihren geschiedenen oder getrennten Eltern und innerhalb ihrer Patchworkfamilien hin- und her geschoben. Kinder werden in kaum noch vorstellbarer Zahl vorgeburtlich getötet: Allein in Deutschland finden jährlich etwa 100.000 offiziell registrierte Abtreibungen statt; in den USA sind es ungefähr 1 Million, weltweit knapp 50 Millionen. Die sterblichen Überreste der Kinder werden manchmal kommerziell oder für Forschungszwecke verbraucht. Kinder werden im Labor künstlich erzeugt und anschließend gehandelt. Sie werden durch Missbrauchstäter, Menschenhändler

---

231 Meuser, 2020, S. 339

und die Pornoindustrie systematisch sexuell ausgebeutet. All dies wurde bereits dargestellt und soll hier nur in Erinnerung gerufen werden.
Die folgenden Abschnitte handeln von weiteren Gefährdungen, denen speziell Kinder und Jugendliche ausgesetzt sind. Dazu gehört die Legitimierung ihres sexuellen Missbrauchs sowie einige familiäre und gesellschaftliche Rahmenbedingungen, die ihn fördern. Dazu gehört auch die gezielte Beeinflussung von Kindern und Jugendlichen, die darauf abzielt, alle Konstellationen des Zusammenlebens von Erwachsenen und Kindern als gleichwertig zu legitimieren, Kinder möglichst früh zur Ausübung ihrer Sexualität anzuleiten und sie bei der Entwicklung ihrer eigenen Identität zu verwirren. Diese Verwirrung nützt Erwachsenen mit unterschiedlichen Interessen, denen gemeinsam ist, dass sie nicht dem Wohl der Kinder und Jugendlichen dienen. Das Thema „Kinder als Hauptopfer“ ist damit dennoch nicht abschließend behandelt. Auch hier geht es lediglich darum, einige Schlaglichter auf die Verbindung zwischen der Neuerfindung des Menschen und der Misshandlung von Kindern zu werfen.

3.4.1 Die Legitimation „generationsübergreifender Sexualität“

> *„Für einige präpubertäre Kinder sind ihre sexuellen Kontakte mit (Jugendlichen oder) Erwachsenen eine positive Erfahrung, die sie trotz des Machtungleichgewichts sehr genießen.“* (Helmut Graupner)[232]

In den letzten Jahren wurde deutlich, dass der sexuelle Missbrauch von Kindern in den westlichen Gesellschaften ein ungeahntes Ausmaß angenommen hat. Immer mehr Fälle kamen ans Tageslicht: Sie betrafen Behörden, Bildungsinstitutionen, Kirchen, Familien, Sportvereine und andere gesellschaftliche Gruppen und Institutionen. Die *New York Times* berichtete im September 2019, dass im Jahr 2018 45 Millionen Bilder und Videos des sexuellen Missbrauchs von Kindern durch offizielle Stellen dokumentiert worden seien. Dies sei eine Steigerung um mehr als 100% gegenüber dem Vorjahr.[233] Sexueller Missbrauch von Kindern und Jugendlichen durch volljährige Täter kommt also, entgegen der vorherrschenden Meinung nicht nur innerhalb der katholischen Kirche vor, sondern überall in der Gesellschaft, ein großer Teil innerhalb

---

[232] Graupner, 1999, S. 33. Das Zitat im Original: *„For some prepuberal children their sexual contacts with (adolescents or) adults are a positive experience which they highly enjoy despite the imbalance in power.“*

[233] Vgl. Keller & Dance, 2019

von Familien oder familienähnlichen Lebensgemeinschaften.[234] Manchmal findet dieser Missbrauch „lediglich“ statt – was schlimm genug ist. Darüber hinaus haben jedoch diverse Gruppen und Institutionen eine nicht lange zurückliegende, unrühmliche Geschichte der Legitimation von Pädosexualität. Sie stellten sexuelle Handlungen zwischen Erwachsenen und Kindern als harmlos und unschädlich dar oder forderten sogar deren Entkriminalisierung. Manche Organisationen stellten auch ihre Infrastruktur und finanzielle Ressourcen zur Verfügung, um ergebnisoffen über Pädosexualität zu diskutieren.[235]
Es ist wichtig, diese Geschichte zu kennen, um zu verstehen, warum sexueller Missbrauch von Kindern und Jugendlichen bis vor kurzem kaum problematisiert wurde und auf welche Weise ihn die seit den 1960er und 1970er Jahren stattfindende sexuelle Revolution befördert hat. Wenn großes Unrecht geschieht und die Gruppe, Institution oder Gesellschaft, in der das Unrecht stattfindet, keine klaren Moralvorstellungen, Werte und Normen (mehr) hat, um das Unrecht als das, was es ist, zu erkennen und entsprechend zu bekämpfen, dann werden sich immer mehr Menschen daran beteiligen oder zumindest dazu schweigen. Sie werden ihre eigenen Handlungen rechtfertigen oder das Unrecht anderer legitimieren, herunterspielen, bagatellisieren oder einfach nicht mehr wahrnehmen. So wurde der sexuelle Missbrauch von Kindern und Jugendlichen lange Zeit auch sprachlich beschönigt, indem etwa von „generationsübergreifender Sexualität“, von Liebe, Freiwilligkeit, Selbstbestimmung und Ähnlichem die Rede war.
Vielen Menschen ist heute nicht mehr bewusst, dass in den 1970ern und 1980er Jahren eine politisch agierende Pädosexuellenbewegung an die Öffentlichkeit trat und weite Bereiche der westlichen Gesellschaften beeinflusste. Diese Pädosexuellenbewegung unterschied zwischen „gutem“, also „freiwilligem“ und „gewaltfreiem“ Sex mit Kindern und „bösem“ Kindesmissbrauch, der mit Zwang und Gewalt verbunden sei. In progressiven Kreisen wurden damals ganz offen politische Forderungen zur Legalisierung sexueller Beziehungen zwischen Erwachsenen und Kindern oder Jugendlichen formuliert. So hat etwa eine Gruppe bekannter Intellektueller, unter ihnen Simone de Beauvoir, Jean Paul Sartre, Louis Aragon, Roland Barthes, Gilles Deleuze, André Glucksmann, Bernard Kouchner, Jack Lang und Jean-François Lyotard, im Ja-

[234] Vgl. Heiliger, 1996; Wilson R. F., 2001; Neutze & Osterheider, 2015
[235] Einen kurzen Überblick gibt Roidl, 2010

nuar 1977 in der französischen Zeitschrift *Le Monde* ein Protestschreiben veröffentlicht. Es richtete sich gegen einen Gerichtsprozess, in dem drei Männer beschuldigt wurden, sexuelle Beziehungen mit Jugendlichen unter 15 Jahren gehabt und davon Bilder gemacht zu haben. Die Unterzeichner des Protestschreibens argumentierten, dass die Jugendlichen mit allem einverstanden gewesen und die entsprechenden Gesetze veraltet seien.[236]

Angesehene Wissenschaftler und Juristen plädierten jahrelang für die Entkriminalisierung pädosexueller Handlungen und veröffentlichten Fachaufsätze, in denen sie die Ansicht vertraten, dass sexuelle Kontakte mit Erwachsenen für Kinder und Jugendliche unschädlich seien, sofern diese freiwillig und ohne Zwang erfolgten.[237] Die Kinderladenbewegung setzte ihre sexualpädagogischen Konzepte in die Praxis um und verwischte so die Grenzen zwischen Kindern und Erwachsenen. Unzählige Medien druckten Beiträge, die Sex mit Kindern verharmlosten. Pädosexuellenvereine, wie der *Deutschen Studien- und Arbeitsgemeinschaft Pädophilie (DSAP)* oder der von der *AG Kindersexualität und Pädophilie* dominierten *AG Humane Sexualität*, wurde die Gemeinnützigkeit zuerkannt. Der *Deutsche Kinderschutzbund* und die *Humanistische Union* unterhielten Kontakte mit solchen Pädosexuellenvereinen und beteiligten sich an Diskussionsveranstaltungen zur Entkriminalisierung pädosexueller Aktivitäten.[238] Auch *Pro Familia* diskutierte das Für und Wider pädosexueller Handlungen und gab Befürwortern in ihren Zeitschriften Raum zur Darstellung ihrer Positionen. Zeitweise fungierten solche Befürworter sogar als Berater von *Pro Familia*.[239] *Die Grünen* fassten mehrere Beschlüsse zur Entkriminalisierung gewaltloser pädosexueller Handlungen. Politiker wie Daniel Cohn-Bendit oder Volker Beck distanzierten sich nachträglich von ihren eindeutig pädosexualitätsverharmlosenden Schriften, Aussagen und Forderungen.[240] Auch die *Jungdemokraten* führten eine Entkriminalisierungsdebatte.

Der sexuelle Missbrauch Minderjähriger und dessen Legitimierung wurde sogar mit Steuergeldern gefördert. Die Berliner Senatsverwaltung finanzierte in Zusammenarbeit mit Berliner und westdeutschen Jugendämtern über 30 Jahre

---

[236] Vgl. Le Monde, 1977; Jäger, 2019

[237] Vgl. z.B.; Sandfort, 1987; Brongersma, 1988; Psychologie heute, 1997; Graupner, 1999; Nentwig, 2019; Uittenbogaard, 2020; Wikipedia, 2020c

[238] Vgl. Göttinger Institut für Demokratieforschung, 2015

[239] Vgl. Peters, 2013; Karliczek, Schaffranke, & Schwenzer, 2016

[240] Vgl. Badenheuer, 2013a & b; Walter, Klechs, & Hensel, 2015; Wikipedia, 2020a;

hinweg Pflegestellen und Wohngemeinschaften, in denen Kinder und Jugendliche gezielt bei zum Teil vorbestraften pädosexuellen Männern untergebracht wurden. Dafür hauptverantwortlich war der an der Universität Hannover lehrende Psychologe, Sozialpädagoge und Sexualwissenschaftler Professor Helmut Kentler, zugleich Berater der Senatsverwaltung und Abteilungsleiter des dem Berliner Senat direkt unterstellten *Pädagogischen Zentrums*. Unzähligen Fachleuten der Senatsverwaltung, der Jugendämter sowie diverser Bildungsinstitutionen war dies bekannt, nicht wenige akzeptierten das Vorgehen.[241] Im Rahmen einer 1981 erfolgten Anhörung der *FDP Bundestagsfraktion* zu einer möglichen Abschaffung des (homosexuelle Handlungen betreffenden) § 175 Strafgesetzbuches berichtete Kentler sogar über diese Unterbringung bei vorbestraften Päderasten. Die bei der Anhörung anwesenden FDP-Politiker hatten an dem von Kentler als „Experiment" bezeichneten institutionalisierten sexuellen Missbrauch[242] dieser Jugendlichen nichts auszusetzen. Im Jahr 1988 erstellte Kentler schließlich im Auftrag des Berliner Senats für Jugend und Familie ein Gutachten zum Thema *„Homosexuelle als Betreuungs- und Erziehungspersonen unter besonderer Berücksichtigung des Pflegekindschaftsverhältnisses"*, in dem er sich wiederum auf sein ‚Experiment' bezog. Er kam darin zum Schluss, dass homosexuelle Erwachsene als Betreuungs- und Erziehungspersonen genauso gut geeignet seien, wie Heterosexuelle. Auch seine Auftraggeber in der senatorischen Behörde hatten nichts an seinem „Experiment" auszusetzen. Das Gutachten mit der Beschreibung des staatlich finanzieren und geförderten sexuellen Missbrauchs wurde Grundlage von behördlichen Veröffentlichungen und wissenschaftlichen Studien, die zu den gleichen Schlüssen kamen. Es wurde schließlich in einem Buch beim Rowohlt Verlag[243] veröffentlicht, das mehrfach aufgelegt wurde.[244] Kentler setzte sich nicht nur für die Legalisierung von Sex zwischen Erwachsenen und Kindern ein, sondern war auch jahrelang als Jugendbildungsreferent in der evangelischen Jugendarbeit aktiv, hielt Vorträge in *Evangelischen Akademien* und auf evangelischen Kirchentagen und publizierte in evangelischen Kirchenzeitungen. Er war ein gefragter Experte und Gutachter in Gerichtsprozessen und bis zu seinem Tod im

---

[241] Vgl. Baader et al., 2020

[242] Baader et al. bezeichnen es als *„Kindeswohlgefährdung in öffentlicher Verantwortung"* (Baader et al., 2020, S. 47)

[243] Kentler, 1989

[244] Vgl. Göttinger Institut für Demokratieforschung, 2016

Jahr 2008 im Beirat der *Humanistischen Union.*[245] In einem Nachruf zu seinem Tod bezeichnete ihn die Tageszeitung *taz* als *„verdienstvolle(n) Streiter für eine erlaubende Sexualmoral.“*[246]

Auch die Schwulenbewegung hat sich nicht immer von der Pädosexuellenbewegung distanziert. Die Anfänge beider Bewegungen waren in den 1970er Jahren organisatorisch und publizistisch eng miteinander verwoben. Ab dem Ende der 1970er Jahre forderte schließlich auch die Schwulenbewegung die strafrechtliche Freigabe der Pädosexualität. Ihre Forderung war Teil ihrer Agenda zur Entdiskriminierung von Homosexuellen und anderen sexuellen Minderheiten. Pädosexuelle wurden als Teil einer diskriminierten Minderheit angesehen, die es zu befreien galt. Zudem lehnte es die Schwulenbewegung ab, eine Altersgrenze für einvernehmlichen Sex zwischen Homosexuellen zu definieren. Erst ab Mitte der 1980er Jahre begann eine Neuausrichtung der Schwulenbewegung und damit die langsame Trennung von der Pädosexuellenenbewegung. Es war klar geworden, dass die Allianz mit den Pädosexuellengruppen die Durchsetzung der rechtlichen Gleichstellung von Homo- und Heterosexualität behindern würde. Von feministischer Seite waren diese Allianzen zuvor schon zum Teil heftig kritisiert worden. Pädosexuellengruppen waren dennoch weiterhin auch innerhalb der Homosexuellenbewegung aktiv.[247] Als etwa die *International Lesbian and Gay Association (ILGA)* 1994 Beraterstatus bei den Vereinten Nationen beantragte, wurde die *ILGA* von den Vereinten Nationen unter Druck gesetzt, pädosexuelle Gruppen auszuschließen, die unter ihrem Dach arbeiteten. *ILGA* erfüllte die Anforderungen und trennte sich von den Gruppen, wurde dafür aber vom deutschen *Bundesverband Homosexualität (BVH)* und vom *Verein für sexuelle Gleichberechtigung (VSG)* kritisiert.[248] Die bis 1991 mit finanzieller Unterstützung der Berliner Senatsverwaltung durch den Verein *Mann-O-Meter e. V.* herausgegebene sogenannte *„Adressenliste zur schwulen, lesbischen & pädophilen Emanzipation“* listete diverse Pädosexuellenorganisationen. In Städten wie Berlin, Bremen, Frankfurt, Nürnberg oder

[245] Vgl. Kuby G., 2013, S. 312f; Emma, 2016; Nentwig, 2019

[246] TAZ, 2008

[247] Vgl. Neef, Hensel & Pausch, 2014; Göttinger Institut für Demokratieforschung, 2014, S. 5ff; Karliczek, Schaffranke, & Schwenzer, 2016, S. 14f; Mascher, 2020. Auch in anderen Ländern gab es immer wieder Allianzen zwischen Homosexuellen- und Pädosexuellenbewegungen, vgl. z.B. Sandfort, 1987; Baldwin, 2001-2002; Hughes, 2007, S. 668ff

[248] Vgl. Baldwin, 2001-2002, S. 272f; Mascher, 2020

Tübingen stellten Homosexuellenvereine oder Aids-Hilfen den Pädosexuellengruppen teilweise bis 1997 ihre Räumlichkeiten zur Verfügung.[249]
Wenn die katholische Kirche in der medialen Öffentlichkeit heute, anders als die genannten pädosexualitätsverharmlosenden Politiker, Wissenschaftler, sozialen Bewegungen, Behörden und Organisationen, bevorzugt mit sexuellem Missbrauch in Verbindung gebracht wird, so ist die Kritik, dass es sexuellen Missbrauch auch innerhalb der Kirche gibt und dieser oft vertuscht oder nicht konsequent genug geahndet wurde, vollkommen berechtigt. Im Unterschied zu den oben genannten Politikern, Wissenschaftlern, sozialen Bewegungen, Behörden und Organisationen hat die kirchliche Lehre jedoch sexuellen Missbrauch von Kindern und Jugendlichen niemals legitimiert oder legitimieren wollen, sondern immer als schwere Sünde dargestellt. Einzelne Geistliche oder andere Kirchenmitglieder, die sexuelle Beziehungen mit Kindern oder Jugendlichen rechtfertigten,[250] stehen damit immer im eklatanten Widerspruch zur offiziellen Lehre der Kirche.
Die Folgen das sexuellen Missbrauchs in Kindheit oder Jugend können traumatisch sein: Neben den körperlichen Verletzungen, die erheblich sein können, reichen sie von Scham- und Schuldgefühlen, geringem Selbstwertgefühl, Gefühlen von Hilflosigkeit, Angst, Ärger oder Hoffnungslosigkeit, von Depressionen, Aggressionen, Paranoia und Dissoziationsstörungen, zu selbstschädigendem Verhalten, Verhaltensauffälligkeiten, Schulproblemen, Beziehungsproblemen, Essstörungen, Suchtverhalten und Suizidgedanken. Die meisten Betroffenen können nicht oder erst viel später in ihrem Leben über ihre Erlebnisse sprechen. Die Missbrauchserfahrungen haben oft erhebliche Konsequenzen für ihr weiteres Leben. Sie beeinflussen ihre Beziehungen, Geschlechtsidentität und Familien. Missbrauchsopfer sind stärker gefährdet, als Erwachsene wiederholt zum Opfer sexueller Übergriffe zu werden, als Menschen ohne Missbrauchserfahrung.[251] Wurden die sexuellen Übergriffe in Bildern oder Filmen festgehalten, so dass sie im Internet abrufbar sind, potenzieren sich die negativen Konsequenzen für die Betroffenen, denn der sexuelle Missbrauch und das damit verbundene Trauma gehören nicht nur der Vergangenheit an, sondern werden durch die immer noch verfügbaren Bilder dauernd vergegenwärtigt: Jederzeit können Familienmitglieder, Freunde, Bekannte oder Arbeitskollegen

[249] Vgl. Göttinger Institut für Demokratieforschung, 2016, S. 123ff
[250] Vgl. z.B. Schwibach, 2011
[251] Vgl. Romano & De Luca, 2001; Valente, 2005; Filipas & Ullman, 2006; Hornor, 2010

auf sie stoßen. Betroffenen ist dann in der Regel schmerzlich bewusst, dass offensichtlich noch immer viele Menschen ihre Degradierung, Vergewaltigung und Misshandlung „genießen“.[252]

3.4.2 Die bunte Welt der Patchwork- und Regenbogenfamilien

> *„Die Zusammensetzung einer Patchworkfamilie kann vielseitig sein. Bereits wenn ein Elternteil ein Kind hat und mit einem neuen Partner eine Lebensgemeinschaft eingeht, handelt es sich um eine kleine Variante. Bringen beide Elternteile Kinder mit in die neue Lebensgemeinschaft, wird es bunter – und meist im Zusammenleben auch etwas turbulenter. Dann müssen sich nicht nur die neuen Partner und das Kind, sondern auch die Kinder untereinander zusammenfinden und arrangieren, da sich innerhalb der Familie nun auch die Geschwisterreihe ändert.“* (Nicole Ulrich)[253]

> *„Tausende Kinder wachsen derzeit in Deutschland in Regenbogenfamilien auf, in denen mindestens ein Elternteil sich als lesbisch, schwul, bi- oder trans*sexuell versteht, bzw. intersexuell ist. Kinder werden z.B. in gleichgeschlechtlichen Partnerschaften geboren, sie stammen aus früheren heterosexuellen Beziehungen eines Elternteils oder sie finden als Adoptiv- oder Pflegekinder ein Zuhause.“*
> (Lesben- und Schwulenverband Deutschland)[254]

> *„Patchworkfamilien führen ein Leben zwischen Hoffnung und Verzweiflung. Ein Spagat, der Eltern und Kindern alles abverlangt.“*
> (Katrin Hörnlein & Jeannette Otto)[255]

Immer mehr Kinder leben nicht mehr bei ihren beiden biologischen Eltern, sondern bei einem alleinerziehenden Elternteil (meistens der Mutter), in „Patchworkfamilien“ (früher Stieffamilien genannt) oder immer häufiger auch in sogenannten „Regenbogenfamilien“, also bei Menschen, die miteinander keine Kinder zeugen können, weil sie sich selbst als einer sexuellen Minderheit zugehörig definieren. Einige Probleme der in Patchworkfamilien lebenden Kinder und Jugendlichen (Verlusterfahrungen, Schuldgefühle aufgrund der Trennung der Eltern, Verlust des Zuhauses, häufige Abwesenheit der Väter, wechselnde, Erziehungsverantwortung übernehmende Erwachsene, abnehmendes

---

[252] Vgl. Martin J., 2015; Gewirtz-Meydan et al., 2018
[253] Ulrich, 2020
[254] LSVD, 2020a
[255] Hörnlein & Otto, 2018

Vertrauen in die Zuverlässigkeit und Stabilität von Beziehungen, fehlende positive Rollenvorbilder) wurden in Abschnitt 3.3.2 bereits erwähnt. Es existieren jedoch weitere Gefährdungen für Kinder in Patchwork- und Regenbogenfamilien.

Im Bewusstsein der Öffentlichkeit wenig präsent ist das Problem, dass die Wahrscheinlichkeit des sexuellen Missbrauchs, insbesondere von Mädchen, deutlich steigt, wenn sie nicht mit ihren beiden miteinander verheirateten, biologischen Eltern zusammenleben. Wilson[256] hat über 70 Studien zusammengetragen, die zu diesem Ergebnis kommen. Danach steigt die Wahrscheinlichkeit, dass Mädchen Opfer sexuellen Missbrauchs werden, schon durch die Scheidung der Eltern, also durch die Abwesenheit eines biologischen Elternteils im gemeinsamen Haushalt. Mädchen, die allein mit ihrer biologischen Mutter, allein mit ihrem biologischen Vater, allein mit Mutter und Stiefvater oder mit Mutter und wechselnden Lebensgefährten der Mutter leben, sind, im Vergleich zu Mädchen, die mit ihren beiden biologischen Eltern zusammenleben, einem erhöhten Risiko des sexuellen Missbrauchs ausgesetzt. Dieses kann vom biologischen Vater, vom Stiefvater, vom Lebensgefährten der Mutter oder von Fremden ausgehen. Auch die kürzlich veröffentlichte *Mikado-Studie* der Universität Regensburg stellt fest, *„dass nicht-biologische Familienmitglieder eher Täter werden als biologische Familienmitglieder.“*[257] Das bedeutet nicht, dass die genannten Männer automatisch Täter wären, sondern dass die betreffenden Mädchen aus unterschiedlichen Gründen stärker gefährdet sind, Opfer eines sexuellen Übergriffs durch nicht-biologische Familienmitglieder zu werden.

Der sexuelle Missbrauch von Jungen steht meistens nicht so sehr im Fokus der Öffentlichkeit. Doch auch hier kommen diverse Studien zum Ergebnis, dass Jungen stärker gefährdet sind, Opfer eines sexuellen Missbrauchs zu werden, wenn mindestens ein biologisches Elternteil nicht mit ihnen zusammenlebt.[258] Eine gewisse Rolle - bei Mädchen wie bei Jungen - spielt dabei die Inzesthemmung biologischer Eltern, also eine zusätzlich zu überwindende psychologische Hürde, die sie zögern lässt, sich an ihren eigenen Kindern sexuell zu vergreifen, die nicht-verwandte Erwachsene nicht zu bewältigen haben.

---

[256] Vgl. Wilson R. F., 2001

[257] Neutze & Osterheider, 2015, S. 6

[258] Vgl. Holmes & Slap, 1998, S. 1857

Kinder aus Scheidungsfamilien sind zudem stärker gefährdet, in Armut aufzuwachsen, als Kinder aus intakten Ehen. Die wachsende Kinderarmut in Deutschland ist zu einem erheblichen Teil darauf zurückzuführen, dass die Kinder bei ihren alleinerziehenden Müttern aufwachsen, die nur ein geringes Einkommen haben.[259] Verhaltensauffälligkeiten, schlechtere schulische Leistungen und als Erwachsene ein geringeres Einkommen und die erhöhte Wahrscheinlichkeit, selbst in Scheidung zu leben, sind weitere Gefährdungen für Kinder aus Scheidungsfamilien. Unter Wissenschaftlern ist umstritten, ob diese negativen Konsequenzen aus der Scheidung selbst resultieren oder eine Folge der mit der Scheidung oft verbundenen ökonomischen Probleme sind; unbestritten ist aber die Tatsache, dass Scheidungskinder gegenüber Kindern aus intakten Ehen im Nachteil sind.[260] Auch die Gefahr, zu Klienten des staatlichen Hilfesystems zu werden, ist für Scheidungskinder und Kinder aus Patchworkfamilien viel größer, als für Kinder, die in intakten Familien aufwachsen. Das *Institut für Demographie, Allgemeinwohl und Familie* schreibt: *„Im Vergleich zu Kernfamilien erhalten Alleinerziehende und Patchworkeltern wesentlich häufiger amtliche Erziehungshilfen. Das betrifft vor allem die besonders aufwendigen, „familienersetzenden Maßnahmen“: Mehr als zwei Drittel der Kinder, die in Heime eingewiesen werden, haben Eltern, die sich getrennt haben. An die Stelle zerbrochener Kernfamilien tritt dann „Vater Staat“, der zwar mit Steuermitteln für Unterkunft und Unterhalt sorgen, aber die Elternliebe nicht ersetzen kann. Und diese Liebe braucht ein Ordnungsgefüge, das eben nicht beliebig ist. Anders lassen sich die häufigen Erziehungsprobleme von Alleinerziehenden und Patchworkeltern nicht verstehen. Denn diese lieben ihre Kinder sicher nicht weniger als Kernfamilieneltern; das Problem liegt also in den Rahmenbedingungen. Es hat auch etwas mit Geldmangel zu tun, besonders im Fall der Alleinerziehenden: Zwei Hände können eben nicht dasselbe erwirtschaften wie vier Hände.“*[261]

Seit Einführung der „Ehe für alle“ wird auch in Deutschland die Forderung nach weitergehenden rechtlichen Regelungen lauter. Dies schließt in der Regel Forderungen nach Anerkennung sogenannter „Mehrelternfamilien“, nach Zu-

---

[259] Vgl. z.B. Hohnerlein, 2020

[260] Vgl. z.B. Wilson R. F., 2001, S. 253; Amato, 2005; Haimi & Lerner, 2016

[261] Institut für Demographie, Allgemeinwohl und Familie, 2014

gang zu allen reproduktiven Technologien, inklusive Eizellspende und Leihmutterschaft ein.[262] Argumentiert wird mit Gleichberechtigung, also mit vermeintlichen Rechten von Erwachsenen, während Rechte und Schutz der Kinder kaum thematisiert werden. Regenbogenfamilien seien, so ihre Befürworter, für Kinder ebenso gut geeignete Familien, wie die klassische Familie von Mann, Frau und Kind(ern). Zwei Beispiele aus den USA zeigen, dass diese Forderungen keine rein theoretischen Überlegungen sind, sondern es sich um bereits praktizierte Realität handelt: Ein kalifornisches Gericht gestattete drei Männern, *gemeinsam* als „Väter" auf der Geburtsurkunde „ihres" Kindes gelistet zu werden. Diese drei Männer bezeichnen inzwischen zwei Kinder als ihre „eigenen" Kinder. Beide wurden durch „gespendete" Embryonen mithilfe von Leihmutterschaft erzeugt.[263] Eine Stadt im US-Bundestaat Massachusetts veränderte ihre Lebenspartnerschaftsverordnung und räumte damit polyamourösen Gruppen die gleichen Rechte ein, die Ehepartner in der Ehe haben, etwa das Recht als „Familie" Leistungen der Krankenversicherung in Anspruch zu nehmen.[264]

Tatsächlich gibt es zahlreiche Studien mit wissenschaftlichem Anspruch, die hinsichtlich der in ihnen aufwachsenden Kinder keine Unterschiede zwischen Regenbogenfamilien und klassischen Familien feststellen.[265] Zugleich existieren wissenschaftliche Studien, die auf deutliche Nachteile für die Kinder aus Regenbogenfamilien im Vergleich zu Kindern aus Familien mit verheirateten heterosexuellen Eltern verweisen.[266] Kinder aus Regenbogenfamilien hätten etwa häufiger Depressionen, Suizidgedanken oder Suchtprobleme, fühlten sich hinsichtlich ihrer sexuellen Identität unsicherer, litten häufiger unter sexuell übertragbaren Krankheiten, seien öfter Opfer eines sexuellen Übergriffs, kämen häufiger mit dem Gesetz in Konflikt, zeigten einen geringeren Bildungsstand, usw.[267] Regnerus kritisiert, dass viele Studien, die keine Unterschiede zwischen beiden Familienformen feststellten, methodische Mängel aufwiesen, etwa auf zu kleinen, nicht-repräsentativen Stichproben beruhten. Manchmal

---

262 Vgl. z.B. LSVD, 2020a

263 Vgl. MailOnline, 2020

264 Vgl. Barry, 2020

265 Vgl. z.B. Tasker, 2005; Wainright & Patterson, 2006; Rosenfeld, 2010; Rupp, 2011; Manning, Fettro, & Lamidi, 2014

266 Vgl. z.B. Javaid, 1993; Sarantakos, 1996; Cameron & Cameron, 1996; Cameron & Harris, 2003; Sirota, 2009; Regnerus, 2012

267 Einen Überblick über eine Reihe von Studien gibt Cameron, 2012.

seien Studienteilnehmer gezielt innerhalb von Organisationen ausgewählt worden, deren Ziel die Vertretung schwuler und lesbischer Interessen sei.[268] Die in Deutschland oft angeführte sogenannte *Bamberger Studie*, mit der im Auftrag des *Bundesministeriums der Justiz* die Lebenssituation von Kindern in Regenbogenfamilien untersucht wurde, basiert zum Beispiel ganz überwiegend auf Befragungen von „Regenbogeneltern" (bei denen es sich überwiegend um lesbische Frauen handelte) und der bei ihnen lebenden Kinder.[269] Es ist kaum zu erwarten, dass Menschen an einer solchen Befragung teilnehmen würden, um ihre eigene Familiensituation negativ darzustellen. Auch Kinder neigen grundsätzlich dazu, ihre Familien gegenüber Fremden positiv darzustellen.

Bei der Frage, ob Regenbogenfamilien geeignete Orte für die kindliche Entwicklung sind bzw. ob Kinder in ihnen keine Nachteile im Vergleich zu klassischen Familien erwachsen, sind weitere Punkte bedenkenswert. Sie kommen in der öffentlichen Diskussion leider kaum zur Sprache.

Da Homosexuelle keine Kinder miteinander zeugen können, sind Kinder aus Regenbogenfamilien immer Kinder, in deren Familien mindestens ein biologisches Elternteil abwesend ist, manchmal auch beide. Ihre Situation ist damit von Anfang an mit der Situation von Kindern aus geschiedenen Ehen, aus Pflege- oder Adoptivfamilien oder mit den Kindern alleinerziehender Elternteile vergleichbar. Es ist bekannt, dass die Trennung von der Mutter oder vom Vater beim Kind in den meisten Fällen Leid hervorruft. In Regenbogenfamilien wird dieses Leid bewusst in Kauf genommen, um vermeintliche Rechte von Erwachsenen durchzusetzen. Hinzu kommt, dass solche Kinder den gleichen Gefährdungen ausgesetzt sein dürften, wie sie bereits für Scheidungskinder beschrieben wurden.

Eine dieser Gefährdungen, speziell für Mädchen, ist die erhöhte Wahrscheinlichkeit des sexuellen Missbrauchs durch ein nicht-biologisches Familienmitglied oder durch Fremde. Wenn für *alle* Kinder die Wahrscheinlichkeit steigt, Opfer eines sexuellen Missbrauchs zu werden, sobald sie nicht mehr mit ihren beiden biologischen Eltern zusammenleben, lässt sich schlussfolgern, dass dies logischerweise auch für die in Regenbogenfamilien lebenden Kinder zutreffen muss, da ihnen mindestens ein (oder sogar beide) biologische Elternteile vorenthalten werden.

---

[268] Vgl. Regnerus, 2012, S. 753

[269] Vgl. Rupp, 2009; Staatsinstitut für Familienforschung an der Universität Bamberg, 2009

Kinder in Regenbogenfamilien werden zudem wesentlich häufiger mithilfe künstlicher Befruchtung erzeugt, als Kinder aus klassischen Familien. Diese Kinder sind allein aufgrund der Laborzeugung einem höheren Krankheits- und Behinderungsrisiko ausgesetzt, als natürlich gezeugte Kinder (vgl. Abschnitt 3.1.2). Wenn eine Leihmutter involviert war, erfolgt direkt nach der Geburt eine Trennung von der biologischen Mutter. Manchmal wird das Kind, infolge des Rechtsstreits, wem das Kind „gehört", zeitweise in Pflegefamilien oder Waisenhäusern untergebracht. Es erfolgen also Beziehungsabbrüche zu engen Bezugspersonen ganz früh im Leben des betreffenden Kindes (vgl. Abschnitt 3.2.3). Auch diese sind – da sind sich Entwicklungspsychologen und Pädagogen einig – nicht im Interesse und zum Wohl des Kindes. Sie können schwere Traumata und Schäden bei Kindern auslösen.
Die künstliche Befruchtung selbst und die Umstände der Zeugung führen bei den betroffenen Kindern zudem nicht selten zu erheblichen persönlichen und familiären Problemen. Der Verein *Spenderkinder* lässt hierzu junge Männer und Frauen, die mithilfe einer Samenspende erzeugt wurden, auf seiner Webseite zu Wort kommen. Fast alle „Spenderkinder" thematisieren ihre Identitätskrise, als sie erfuhren, mithilfe einer Samenspende gezeugt worden zu sein, ihr oft jahrelanges Bemühen, den leiblichen Vater und Halbgeschwister zu finden und ihre Enttäuschung darüber, dass ihre Eltern ihnen die Wahrheit ihrer Entstehung vorenthielten, obgleich sie immer das Gefühl gehabt hatten, mit ihnen stimme irgendetwas nicht.[270] Sie fühlten sich verletzt angesichts eines

---

[270] Ein junger Mann schreibt: *„Ich weiß nicht, ob jemals jemand der nicht in einer ähnlichen Situation ist, nachvollziehen wird können, was es eigentlich bedeutet, schlagartig einen Teil seiner Identität zu verlieren und das obwohl man es eigentlich schon immer irgendwo geahnt hat."* (Spenderkinder, 2020a)
Oder eine junge Frau: *„Die Vorstellung, ich habe hier ein unlösbares Problem, eine Ungewissheit, die ich niemals bewältigen werden kann, 50 Prozent von mir, die ich niemals kennen lernen werde und damit unweigerlich nicht wirklich weiß, wer ich bin, weil ich keinem Mann in die Augen schauen und seine Wesenszüge kennenlernen darf,* (macht) *mich fast wahnsinnig und ich gebe mein Bestes, das Thema wieder ins Abseits zu schieben. Die Vorstellung, meine Identität nicht zu 100 Prozent zu wissen und beim Blick in den Spiegel nur einen Teil meines Wesens rekonstruieren zu können, ist einfach nur furchtbar. Ich fühle mich haltlos, nicht verwurzelt. Wenn ich den umfangreichen Stammbaum meines Freundes sehe, diese vielen Verästelungen und diese vielen Menschen und Generationen, die alle zusammen eine große Familie bilden und jeder weiß, zu wem er gehört und von wem er abstammt, überkommt mich eine unendliche Traurigkeit. Über meinem Namen stehen nur Fragezeichen."* (Spenderkinder, 2020b)

biologischen Vaters, der keinerlei Interesse an ihnen zu haben schien.[271] Sie fürchteten sich vor der Ablehnung ihres vertrauten sozialen Umfelds, wenn die Wahrheit ihrer Erzeugung bekannt würde.[272] Manche fühlten sich auch durch die Art der Zeugung degradiert[273] oder machen sich Gedanken darüber, versehentlich eine inzestuöse Beziehung einzugehen.[274] Die meisten sahen ihre Grundrechte missachtet und beklagten, dass kommerzielle Interessen der

---

[271] Eine Frau beschreibt es so: *„Wir alle haben einen genetischen Vater und müssen in dem Wissen leben, dass dieser uns höchstwahrscheinlich ablehnt. Die Voraussetzungen bei unserer Zeugung wurden nämlich genau so geschaffen, dass der genetische Vater jemand ist, der nicht nach uns fragen oder an uns denken wird. (...) Die Tatsache, dass es Nicht-Spenderkinder gibt, die ohne ihren leiblichen Vater aufwachsen müssen, ist traurig genug. Sie relativiert aber m. E. in keiner Weise, dass Kinder mit dem Vorsatz gezeugt werden, ihren genetischen Elternteil nie kennenzulernen bzw. auf jemanden zu treffen, der mit hoher Wahrscheinlichkeit eine persönliche Beziehung ablehnen wird. Warum sollte man einem Kind das antun?“* (Spenderkinder, 2020c)

[272] Eine junge Frau fasst es so zusammen: *„Bis auf eine Handvoll Menschen in meinem Umfeld kennt niemand die wahre Person hinter meinem Namen. Hatte ich in der Vergangenheit doch so sehr Angst, dass die Wahrheit mein Umfeld verändern könnte. Ich auf Ablehnung stoße, von Freunden und Bekannten als unnatürlich und abartig empfunden werde. Wie eine unbekannte Spezies. Und sie mich fortan mit anderen Augen sehen werden.“* (Spenderkinder, 2020b)

[273] Dieselbe junge Frau meint dazu: *“Wenn ich an meine Entstehung denke, habe ich grundsätzlich gemischte Gefühle. Manchmal fühle ich mich unnatürlich, fast schon abartig und widerlich. Mir gehen Gedanken durch den Kopf, dass ich fast schon im Reagenzglas entstanden bin. Ein zusammengebrauter Mensch. Ein Produkt der Wissenschaft, aber keins der Liebe zweier Menschen. Diese Gedanken werden natürlich noch dadurch verstärkt, wenn ich den Überweisungsschein für die künstliche Befruchtung sehe, den mir meine Mutter auf Wunsch ausgehändigt hat und auf dem dieser Schnäppchenpreis von rund 120 DM steht. Ich fühle mich wie „gekauft“. Von meiner Mutter weiß ich, dass der Spender nach dem Abbild meines Vaters ausgesucht wurde. Gleiche Größe, gleiche Haarfarbe, gleiche Augenfarbe. Überdurchschnittlich intelligent und sportlich soll er gewesen sein. Heraus kam ein Kind, das wie aus einem Katalog nach bestimmten Kriterien zusammengebaut wurde. Man fühlt sich unecht, irgendwie nicht richtig lebendig. Ohne Identität. Und irgendwie auch beschmutzt.”* (Spenderkinder, 2020b)

[274] Eine Frau, die herausfindet, dass ein junger Mann, in den sie sich verliebt hat, ebenfalls künstlich erzeugt wurde, schreibt: *„Ich zumindest lebe in einem Ballungsgebiet für Samenbanken und wer weiß, ob nicht ein Spender von einer Bank zur nächsten hüpft und schließlich doch 100 statt nur 10 oder 20 Kinder entstehen. Wissen tut dies niemand und verhindern kann das bisher auch keiner. Oft frage ich mich, was geschehen wäre, wenn ich diesen Mann geheiratet hätte und er wäre mein Halbbruder: Ich hätte ein Kind gebären können, das schwer behindert ist, weil bei mir und meinem Halbbruder eine rezessive Erbkrankheit in reiner und damit schlimmster Form weitervererbt würde. Dies empfände ich, abgesehen von einer gesetzlichen Strafe wegen Inzest, auch als eine persönliche Strafe.“* (Spenderkinder, 2020d)

Ärzte und Samenspender und die Wünsche der Eltern ihren eigenen Wünschen und Bedürfnissen übergeordnet würden.[275]
All die hier angeführten negativen Begleiterscheinungen und Folgen einer künstlichen Befruchtung lasten natürlich nicht nur auf Kindern, die in Regenbogenfamilien aufwachsen, sondern auf allen Kinder, gleich welcher Familienkonstellation, die auf diese Weise erzeugt wurden. Alle hier zitierten jungen Menschen lebten in einer heterosexuellen Familienkonstellation oder bei ihrer alleinerziehenden Mutter. Wenn jedoch politische Forderungen nach Zugang zu reproduktionsmedizinischen Maßnahmen erhoben werden, wie das die LGBT-Bewegungen überall auf der Welt im Zuge einer angeblichen Gleichberechtigung tun,[276] dann ist von Gleichberechtigung zwischen Erwachsenen und Kindern nicht die Rede – im Gegenteil, auch hier werden die Rechte und Interessen der Kinder ganz bewusst einem selbstgewählten Lebensstil Erwachsener geopfert. Ein Beispiel: Die NGO *Men Having Babies* hilft homosexuellen Männern international bei der Realisierung ihres Kinderwunsches durch Leihmutterschaft und künstliche Befruchtung, inklusive finanzieller Unterstützung. In ihren *„Rahmenbedingungen für die Prinzipien ethischer Leihmutterschaft für zukünftige Eltern“*[277] werden die ethischen Standards definiert, denen sich diese NGO verpflichtet weiß. Die Interessen und Rechte der künstlich erzeugten Kinder werden überhaupt nicht erwähnt – existieren also faktisch nicht. So würde man im Normalfall ein Produkt behandeln, das käuflich zu erwerben ist, nicht aber einen Menschen.

---

[275] Eine junge Frau kommentiert das so: *„Wie ist das wohl für das Kind? Das Kind wird zum Objekt degradiert, dessen Hauptzweck die Erfüllung des elterlichen Familienwunsches um jeden Preis ist, und nicht als Subjekt mit eigenen Bedürfnissen wahrgenommen. Meine Eltern dachten, wenn sie nur ein Kind haben könnten, dann würde ihr Wunsch in Erfüllung gehen und sie könnten ihren Traum einer harmonischen Familie leben. Zig Jahre später und aus einiger Entfernung kann ich sagen, dass es weder harmonisch wurde, noch dass die Bezeichnung „Familie“ zutrifft. Wir sind ein loses Konstrukt aus Einzeldarstellern, deren einziges Bindeglied eine Lüge war/ist. Eine Lüge, an der meine Eltern heute noch vehement festhalten. (…) Ich finde Samenspenden ethisch zweifelhaft, weil daraus Leben entsteht und Keimzellen keine Verfügungsmasse sind, die man beziehungslos verkaufen kann. Und in meinen Augen ist das ein Handel, keine „Spende“. Man kann kein Kind „spenden“. Auch nicht die Hälfte. Schließlich gehe ich auch nicht zu meiner kinderlosen Freundin und spende ihr eines meiner Kinder, weil ich ausreichend viele habe und sie keines.“* (Spenderkinder, 2020c)

[276] Vgl. z.B. LSVD, 2020a

[277] Men Having Babies, 2016

Die Tatsache, dass ein großer Teil des menschlichen Lernens durch Imitation erfolgt, sollte im Zusammenhang mit Regenbogenfamilien ebenfalls nicht übersehen werden. Oft findet die Imitation unbewusst statt. Es gibt Anhaltspunkte dafür, dass Imitation bereits vor der Geburt beginnt[278] und ein Leben lang andauert. Kinder beobachten ihr Umfeld und ahmen nach, was andere Menschen tun. Für Eltern und Pädagogen ist dies ein allgemein bekanntes Phänomen. Daher achten sie meistens darauf, den Kindern selbst ein gutes Vorbild zu sein und die Kontakte ihrer Kinder zu Menschen, die sie als ungeeignete Vorbilder ansehen, zu kontrollieren. Auch Geschlechterrollen und Beziehungen innerhalb der Familie werden unter anderem durch bewusste oder unbewusste Nachahmungsprozesse erlernt. Geht man von der Annahme aus, dass Männer und Frauen nicht identisch und somit beliebig austauschbar sind, sondern eine jeweils eigene Identität als Mann oder Frau, als Mutter oder Vater haben, die sich im besten Fall gegenseitig ergänzt, dann kann es nicht dasselbe sein, wenn Kinder bei Vater und Mutter oder bei zwei Männern oder zwei Frauen aufwachsen. Fehlen Vater oder Mutter, so fehlen dem Kind erwachsene innerfamiliäre Vorbilder, an denen sie sich bei der Entwicklung ihrer eigenen Identität als zukünftiger Mann oder zukünftige Frau, als zukünftiger Vater oder zukünftige Mutter, als zukünftiger Ehemann oder zukünftige Ehefrau und einer Reihe anderer Familienrollen orientieren können. Natürlich hat es immer Kinder gegeben, die ohne Vater oder Mutter aufgewachsen sind. Jedoch hat dies in der Regel niemand als Ideal für die kindliche Entwicklung angesehen, sondern allenfalls als ein den Umständen (z.B. Krankheit, Krieg, Tod, Scheidung) geschuldeter Zustand.

Schließlich gibt es eine Reihe wissenschaftlicher Studien, die darauf hinweisen, dass der Anteil pädosexuell veranlagter und handelnder Männer unter homosexuellen Männern wesentlich größer ist, als unter heterosexuellen Männern.[279] Gemeint ist damit *nicht*, dass Homosexuelle grundsätzlich eine Neigung zur Pädosexualität hätten, sondern dass der Anteil der Erwachsenen, der

---

[278] Beispielsweise haben Forscher das Schreien von Babys deutsch- bzw. französischsprechender Mütter miteinander verglichen, also zweier Sprachen mit sehr unterschiedlicher Sprachmelodie. Sie fanden heraus, dass die Schreimelodie neugeborener Kinder der Sprachmelodie ihrer Mütter ähnelt, deutsche Babys also anders schreien, als französische Babys. (Vgl. Mampe et al., 2009)

[279] Vgl. z.B. Cameron, 1985; Cameron et al., 1986; Abel et al., 1987; Erickson, Walbek, & Seely, 1988; Freund & Watson, 1992; Blanchard et al., 2000; Cameron, 2003. Weitere Studien zitieren Holmes & Slap, 1998; Baldwin, 2001-2002 und das Family Research Institute

sexuelle Beziehungen mit Minderjährigen sucht, unter ihnen größer ist, als unter Heterosexuellen. Holmes & Slap haben eine Literaturübersicht vorgelegt, für die sie 166 wissenschaftliche Studien (mit Peer-Review) zum sexuellen Missbrauch von Jungen auswerteten. Studien mit hohen Stichproben weisen zwischen 53% und 94% männliche Täter aus. 13 Studien geben an, dass zwischen 37% und 70% der Opfer über wiederholte, zwangsweise, anale Penetration berichteten.[280] Setzt man diese Zahlen in Beziehung zur Prävalenz von etwa 2-5% homosexuellen Männer in der Bevölkerung, so wird deutlich, dass ihr Anteil unter den Tätern wesentlich höher sein muss, als unter heterosexuellen Männern.

Sicherlich finden sich auch einzelne Studien, die das Gegenteil belegen wollen, also zum Schluss kommen, dass die Täter sexuellen Missbrauchs von Minderjährigen gleichermaßen unter Homo- und Heterosexuellen zu finden seien.[281] Inzwischen dürfte es schwer sein, wissenschaftliche Studien mit einer solchen Fragestellung in akademischen Zeitschriften überhaupt noch zu publizieren. Die LGBT-Bewegung gibt sich alle Mühe, jegliche Diskussion darüber als homophob zu diskreditieren und rechtlich sanktionieren zu lassen. Leider hat sie selbst nicht unerheblich zur Wahrnehmung beigetragen, dass Homosexuelle und Pädosexuelle manchmal wenig Berührungsängste miteinander haben. Baldwin[282] listet in einer Literaturübersicht nicht nur zahlreiche wissenschaftliche Studien, die zu diesem Ergebnis kamen, sondern auch diverse akademische Zeitschriften, in denen Homosexuelle sexuelle Beziehungen mit Jungen wohlwollend diskutierten, zahlreiche amerikanische und internationale Schwulen- und andere Organisationen, in denen Homosexuelle und Pädosexuelle zusammenarbeiteten, unzählige schwule Zeitschriften, Buchläden, Webseiten und Konferenzen, die pädosexuelles Material verbreiteten sowie diverse Statements von Homosexuellenvertretern, die gegen die von ihnen geforderte Distanzierung zu pädosexuellen Gruppen oder Materialien Einspruch erhoben. Die Vermischung von Schwulenbewegung und Pädosexuellenbewegung in Deutschland wurde bereits in Abschnitt 3.4.1 dargestellt. Auch in den Niederlanden hat es diese ganz offen praktizierte Vermischung homosexueller und

(http://www.familyresearchinst.org/).

280 Vgl. Holmes & Slap, 1998, S. 1857

281 Vgl. z.B. Jenny, Roesler, & Poyer, 1994

282 Vgl. Baldwin, 2001-2002

pädosexueller Interessen gegeben.[283] Es steht jedem frei, die in den Abschnitten 3.4.1 und 3.4.2 zitierte Literatur und die in ihr aufgeführten Quellen zu überprüfen. (Weitere Zusammenhänge folgen in Abschnitt 3.4.3). Wenn es aber stimmt, dass der Anteil pädosexuell handelnder Täter unter Homosexuellen höher ist, als unter Heterosexuellen, dann wäre es zumindest grob fahrlässig, Angehörigen dieser Gruppe von Staats wegen, elterliche Rechte für nicht-biologische oder künstlich erzeugte Kinder zu übertragen oder Regenbogenfamilien sogar mit klassischen Familien gleichzustellen.
Sieht man sich die Vielzahl der möglichen Benachteiligungen und Gefährdungen für Kinder in Regenbogenfamilien einmal nicht nur einzeln, sondern in ihrer Fülle an, dann wird deutlich, dass die Vulnerabilität dieser Kinder enorm ist. Manchmal wird argumentiert, dass Kinder in heterosexuellen Konstellationen oft ebenfalls keine optimalen Bedingungen vorfänden. Das ist richtig, jedoch sollten sich unsere Vorstellungen vom Kindeswohl an der Familienform orientieren, die für Kinder optimal ist (in diesem Fall ihr Aufwachsen in einer stabilen Familie mit Vater, Mutter und Geschwistern), nicht an potentiell problematischen heterosexuellen Familienkonstellationen (etwa bei Alleinerziehenden, Stiefeltern, in Pflege- oder Patchworkfamilien). Die Adoption durch gleichgeschlechtliche Paare und die Forderung nach Zugang zur Reproduktionsmedizin für Homosexuelle nimmt die erhöhte kindliche Vulnerabilität bewusst in Kauf. Sie setzt die Kinder vermeidbaren Nachteilen und Gefahren aus, weil ihre Bedürfnisse und Rechte scheinbar nicht von Belang sind.

3.4.3 Sexuelle Vielfalt für alle Altersgruppen

> *„Toleranz ist eine Tugend, doch was die Sexualpädagogik Schulkindern zumutet, um ihren Horizont über das traditionelle Familienbild hinaus zu erweitern, nimmt bizarre Züge an."* (Christian Weber)[284]

Kinder sind heute schon im Kleinkindalter einer verwirrenden und oft grenzüberschreitenden Flut von sexualisierenden Medien und pädagogischen Interventionen ausgesetzt, deren Ziele die Dekonstruktion der klassischen Familie und die möglichst frühe Vermittlung sexuellen Wissens und sexueller Erfah-

---

[283] Vgl. Sandfort, 1987; Baldwin, 2001-2002, S. 277f; Hughes, 2007, S. 668; Uittenbogaard, 2020

[284] Weber, 2014

rungen unter dem Deckmantel der Antidiskriminierung sexueller Minderheiten sind. Diese Ziele werden von der *Weltgesundheitsorganisation* und *Europäischen Union* nachdrücklich befördert.[285] Alle deutschen Bundesländer haben Verfügungen, Leitlinien, Lehr- oder Aktionspläne verabschiedet, nach denen Kindern und Jugendlichen nicht lediglich Toleranz gegenüber gleichgeschlechtlichen Liebes- und Lebensweisen, sondern deren die Akzeptanz vermittelt werden soll. Selbstbefriedigung, sexuelles Erleben, das Genießen von Lustgefühlen am eigenen Körper und sexuelle Verhaltensweisen sollen in Kita und Schule nicht nur besprochen, sondern auch praktisch geübt werden.[286] Das *Bundesministerium für Familie, Frauen, Senioren und Jugend* finanziert den Verein *Queere Bildung e.V.*, der nach eigenen Angaben *„für die Akzeptanzförderung von lesbischen, schwulen, bisexuelle trans*, inter* und queeren Personen und Lebensentwürfen, insbesondere in Schule und Jugendarbeit“*[287] eintritt. Es handelt sich um einen Dachverband verschiedener Vereine, Projekte und Initiativen der Bildungs- und Aufklärungsarbeit im Bereich sexueller und geschlechtlicher Vielfalt. Die lokalen Vereine und Initiativen sind in Jugendorganisationen und Sportvereinen aktiv, beraten Kinderheime und besuchen Kitas und Schulen, um Lern- oder Unterrichtseinheiten mit den Kindern und Jugendlichen durchführen, gerne in Abwesenheit der Lehrer. Das von ihnen benutzte pädagogische Material spiegelt die *Sexualpädagogik der Vielfalt* wider, einen sexualpädagogischen Ansatz, der einerseits auf *Gender Mainstreaming* basiert, einer Theorie mit vielen Facetten, die unter anderem die Annahme enthält, dass keine wesenhafte Unterschiede zwischen Männer und Frauen existieren und das Geschlecht nicht angeboren, sondern lediglich sozial konstruiert, also jederzeit veränderbar sei.[288] Andererseits basiert die *Sexualpädagogik der Vielfalt* auf der *emanzipatorischen Sexualpädagogik* des bereits (im Zusammenhang mit der Finanzierung und Legitimation sexuellen Missbrauchs durch den Berliner Senat in Abschnitt 3.4.1) erwähnten Helmut Kentler. Kentlers Sexualpädagogik wurde von seinem Schüler Uwe Sielert weiterentwickelt und wird seither durch diverse sexualpädagogische Institute und

---

285 Vgl. z.B. WHO-Regionalbüro für Europa und BZgA, 2011

286 Für einen Überblick über die rechtlichen Rahmenbedingungen in den verschiedenen Bundesländern vgl. Elternaktion, 2020a

287 Queere Bildung, 2020

288 Vgl. z.B. Vonholdt, 2010; Kuby G., 2013, S. 77ff; Kraus J. , 2017

weitere Vertreter dieser Schule gelehrt.[289] Einige Grundannahmen der *Sexualpädagogik der Vielfalt* sind, dass die Sexualität des Menschen bereits mit der Geburt beginne und Kinder jeglichen Alters darin gefördert werden sollten, eine selbstbestimmte und lustbetonte sexuelle Praxis zu entwickeln. Kinder und Jugendliche könnten sich besser gegen ungewollte sexuelle Übergriffe wehren, wenn sie möglichst frühzeitig sexuelles Erfahrungswissen sammeln und sich ihrer eigenen sexuellen Vorlieben bewusst seien. Sielert, emeritierter Professor der Universität Kiel, ist unter anderem durch ein Kinderbuch (für Kinder ab 5 Jahre) in die Kritik geraten, das mit pornografischen Bildern und Texten arbeitet, die Kinder zu Selbstbefriedigung und zu Sex mit anderen Kindern anregt und das Erwachsenen empfiehlt, Sex in Gegenwart ihrer Kinder zu praktizieren, diese erotisch zu berühren und sich selbst von ihnen sexuell berühren zu lassen.[290] Diese pädosexuellen Handlungen der Eltern sollen das sexuelle Interesse der Kinder wecken. In einem Vortrag, den er am 21.02.2005 in Hamburg auf der Fachtagung *„Kuscheln, Fühlen, Doktorspiele... – Frühkindliche Sexualerziehung in der Kita"* hielt, bezog er sich noch immer explizit auf Kentler.[291] Sexualität sei eine *„Lebensenergie"*, die von Anfang an zum Säugling bzw. Kind gehöre, für die Entwicklung des Kindes prägend und mit *„viel Anschauen, Nachmachen, Nachfühlen, Erkunden verbunden"* sei. Er kritisierte, dass die Prävention sexuellen Missbrauchs mancherorts *„Sexualprävention"* sei. Kindern werde eine *„kraftvolle Quelle der Selbstmächtigkeit, die Mut machende und Identität stärkende sexuelle Lebensenergie vorenthalten, die unbedingt nötig ist, um ungebetene Grenzüberschreitungen abzuwehren."*[292] Kritiker weisen darauf hin, dass der von Professor Sielert vertretene sexualpädagogische Ansatz in den behördlichen Verfügungen und Leitlinien dominiere und andere sexualwissenschaftliche Schulen bei politischen Entscheidungsträgern kein Gehör fänden.[293] Spieker spricht von einem *„Meinungskartell"*, das die derzeitige Debatte über Sexualpädagogik beherrsche. Es bestehe aus der *Bundeszentrale für gesundheitliche Aufklärung*, *Pro Familia*, der *Gesellschaft*

---

[289] Einen kurzen Überblick gibt Elternaktion, 2020b; ausführlichere Beschreibungen finden sich z.B. in Kuby G., 2013, S. 293ff und Kuby G., 2020, S. 182ff und 205ff

[290] Vgl. Herrath & Sielert, 1991. Eine Leseprobe und einige Bilder finden sich bei Oberheide, 2014

[291] Vgl. Sielert, 2005, S. 3

[292] Ebd., S. 4

[293] Vgl. Oberheide, 2014

für Sexualpädagogik in Kiel, dem *Institut für Sexualpädagogik* in Dortmund und dem Sexualpädagogischen Studiengang an der *Hochschule Merseburg*.[294] Schaut man sich die pädagogischen Materialien der im Verein *Queere Bildung* organisierten Projekte und Organisationen an, die im Auftrag des Bundesfamilienministeriums Lehrer und Erzieher bei der fächerübergreifenden Vermittlung von sexueller Vielfalt unterstützen, so wird deutlich, dass Kindern schon in Kita und Grundschule ein Familienbild mit nicht-biologischen Eltern und die Akzeptanz von künstlicher Kindererzeugung und Mehrelternschaft vermittelt werden soll. So sollen Bremer Kleinkinder beispielsweise bereits über Ehescheidung und homosexuelle Beziehungen aufgeklärt werden und lernen, wie glücklich man als Scheidungskind nach der Trennung von der Mutter beim Vater und dessen homosexuellem Partner lebt. Das im *Medienkoffer für Kindertageseinrichtungen der Senatorin für Soziales, Kinder, Jugend und Frauen der Freien Hansestadt Bremen* empfohlene Buch für Kinder ab 2 Jahre beschreibt es folgendermaßen:

> *„Ein Achtjähriger erzählt von der Trennung seiner Eltern und dem schwulen Alltag seines Vaters. Diese Geschichte beginnt mit einer Scheidung. Es könnte aussehen, als nehme die Geschichte einen tragischen Verlauf. Doch bald stellt der Sohn fest, dass Papa nun mit einem Freund anstatt mit Mama wohnt. Der Vater erklärt seinem Sohn, dass sie alles zusammen machen wie ein heterosexuelles Paar: sie arbeiten, essen, schlafen, rasieren sich und streiten manchmal zusammen und vertragen sich dann auch wieder. Sein schwuler Freund werde sich gleich lieb um ihn kümmern wie Papa. Dazu gehört, dass er ihm die Marmeladenbrote streicht, ins Stadion geht, in den Zoo usw. Mama erklärt, dass Schwulsein nur eine andere Art des Liebens ist und die Liebe ist die schönste Art glücklich zu sein. Papa, sein Freund und der Sohn sind nun allesamt glücklich.“*[295]

Bremer Grundschulkinder erhalten im ebenfalls von der Senatorischen Behörde geförderten *Medienkoffer für Grundschulen des Rat & Tat Zentrums für*

---

[294] Vgl. Spieker, 2015a

[295] Willhoite, M. (1994) Papas Freund, Magnus-Medien-Verlags-GmbH. Beschrieben in: Die Senatorin für Soziales, Kinder, Jugend und Frauen, Freie Hansestadt Bremen & Rat & Tat, 2020

queeres Leben in Bremen eine „kindgerechte“ Einführung in künstliche Befruchtung, Mehrelternfamilien, Polyamorie und nicht-biologische, sich als Familie fühlende Lebensgemeinschaften. Die Beschreibung eines entsprechenden Kinderbuchs für Kinder ab 6 Jahre liest sich so:

> *„In diesem ungewöhnlichen Familienbuch wird zunächst erklärt, dass es keine Definition für die Zusammensetzung einer Familie gibt: Die beteiligten Personen müssen sich nicht ähnlich sehen, nicht verwandt sein oder noch nicht mal nur aus Menschen bestehen (Haustiere) – wichtig ist, dass sie sich als Familie fühlen. Ein Großteil des Buches beschäftigt sich mit der Frage, wie Babys entstehen: Eizelle und Samenzelle vermischen sich (nicht alle Männer haben Samenzellen und nicht alle Frauen haben Eizellen) und selbst wie die Vermischung stattfindet kann unterschiedlich sein: durch künstliche Befruchtung im Labor, bei Sexualität etc. Die Personen, deren Eizellen sich vermischen, müssen auch nicht automatisch die Eltern werden. Verschiedene Elternkonstellationen, die sich um die Babys kümmern, sind möglich: Zwei Frauen, Zwei Männer, einzelne Erwachsene, Mann und Frau, mehrere Erwachsene. Eltern werden die Erwachsenen, mit denen ein Kind aufwächst, so handelt eine Doppelseite des Buches vom Thema Adoption.“*[296]

Für alle Altersgruppen von der Kita bis zum Gymnasium bieten schließlich *Pro Familia* mit ihren Beratungsstellen in unzähligen Städten sowie zahllose LGBT-Organisationen in 16 Bundesländern Erzieherinnen und Lehrern Unterstützung zum gesamten Themenrepertoire von Familie und Sexualität an, einschließlich Abtreibung, Pornografie, Prostitution, sexuelle Orientierung, Transsexualität, Intersexualität, und ähnliches.[297] Allerdings mit einer Ausnahme: Klassische Familien mit Vater, Mutter und Kindern kommen in diesen Bildungsveranstaltungen so gut wie nicht vor. Stattdessen lernen Schüler spätestens ab der Sekundarstufe 1 Begriffe wie *„Dildo“*, *„Lecktuch“*, *„erogene Zo-*

---

[296] Summanen, E & Arpainen, J. (2015): Das Familienbuch, alibri. Beschrieben in: Rat & Tat. Zentrum für queeres Leben, 2020

[297] Die *Elternaktion* hat auf ihrer Webseite unzählige LGBT-Organisationen, nach Bundesländern geordnet, verlinkt, so dass man sich leicht einen Überblick verschaffen kann. Vgl. Elternaktion, 2020a

nen", „Coming Out", „blasen" oder *„Analverkehr"* richtig zu verstehen und gebrauchen[298] oder Homosexualität fächerübergreifend zu bedenken,[299] indem sie etwa im Geografieunterricht *„die westlich-christlich geprägten bipolaren Geschlechterkonstruktion"* anhand der *„Frage nach dem dritten Geschlecht"*[300] zu hinterfragen lernen oder im Lateinunterricht Catull-Gedichte übersetzen[301] – zumindest, wenn sie im Land Brandenburg wohnen. In Berlin ist beispielsweise der Verein *Jungschwuppen*[302] in der schulischen Sexualaufklärung tätig, die Jugendorganisation des Vereins *Mann-O-Meter e.V.* (vgl. auch Abschnitt 3.4.1), der seinen Lesern eine Info-Datenbank zur Verfügung stellt, in der sie unter anderem ausgefallene Prostitutionsangebote und Sexparties – etwa den *„FickstutenMarkt – Sexparty für Männer mit animalischen Trieben"*[303] – kennenlernen können.

Inzwischen regt sich bundesweit Widerstand, etwa durch das Aktionsbündnis *Demo für alle* oder die schon erwähnte *Elternaktion.* Zahlreiche Journalisten und Wissenschaftler haben kritische Beiträge verfasst.[304] Gabriele Kuby hat schon vor knapp 10 Jahren eine schonungslose Analyse der sexuellen Revolution veröffentlicht, in der sie die hinter ihr stehenden nationalen und internationalen Institutionen, ihre Protagonisten, Interessen, Strategien und Ziele beschrieb. Ein sehr lesenswertes Kapitel handelt auch von der Sexualerziehung in Schule und Kindergarten.[305] Ein kürzlich erschienener Artikel in der amerikanischen Zeitschrift *First Things* beschreibt die massive wirtschaftliche Macht hinter der LGBT-Bewegung.[306]

Kommen wir noch einmal zurück auf das der *Sexualpädagogik der Vielfalt* zugrunde liegende pädagogische Konzept. Eines seiner Grundannahmen ist ja, dass die Sexualität des Menschen bereits mit der Geburt beginne und sich Kinder und Jugendliche besser gegen ungewollte sexuelle Übergriffe wehren könnten, wenn sie möglichst frühzeitig sexuelles Erfahrungswissen gesammelt

---

[298] Zentrum für Lehrerbildung der Universität Potsdam & LesBiSchwules Aktionsbündnis Land Brandenburg e.V., 2008, S. 20 & 22

[299] Ebd. S. 51ff

[300] Ebd. S. 68

[301] Ebd. S. 80f

[302] Vgl. Jungschwuppen. Schwule Jugend im Mann-O-Meter, 2020

[303] Vgl. Mann-O-Meter. Berlins schwuler Checkpoint, 2020

[304] Für einen Überblick vgl. Demo für alle, 2020b; Elternaktion, 2020c

[305] Kuby G., 2013, S. 293-367

[306] Vgl. Bilek, 2020

hätten und sich ihrer eigenen sexuellen Vorlieben bewusst seien. Dann sei eine selbstbestimmte sexuelle Praxis möglich. Der österreichische Jurist Helmut Graupner, unter anderem im Jahr 2007 Sachverständiger im *Rechtsausschuss des Deutschen Bundestages* zum Thema *„Schutzalter für die Darstellung in pornografischen Schriften“*[307] und im Jahr 2009 Sachverständiger im selben Rechtsausschuss zum Thema *„Vielfalt der Lebensweisen anerkennen und rechtliche Gleichbehandlung homosexueller Paare sicherstellen“*[308], gehört zu den Akademikern, die nicht nur jahrelang für die Rechte sexueller Minderheiten gekämpft haben und dafür hohe staatliche Ehrungen erhielten[309], sondern auch „generationsübergreifende Sexualität“, also den sexuellen Missbrauch Minderjähriger, in den einschlägigen Zeitschriften wenn nicht beworben, so doch äußerst wohlwollend diskutiert haben. Er war beispielsweise der Ansicht, dass etwa ein Drittel bis die Hälfte der sexuellen Beziehungen zwischen 12- oder 13-Jährigen und Erwachsenen durch wechselseitige Zuneigung oder wahre Liebe geprägt seien. Diese Beziehungen ähnelten oft normalen homo- oder heterosexuellen Beziehungen, lediglich das Gesetz mache sie zum Objekt kriminalistischer Ermittlungen.[310] Eine besonders vorurteilsfreie Sexualerziehung, welche die sexuelle Selbstbestimmung fördere, könne die Angst und Unsicherheit der Kinder in solchen Situationen reduzieren und die Fähigkeit zur Selbstbestimmung steigern. Für einige präpubertäre Kinder seien sexuelle Kontakte mit (Heranwachsenden) oder Erwachsenen positive Erfahrungen, die sie trotz des hohen Machtgefälles außerordentlich genössen. Dies sei besonders bei Jungen der Fall.[311] Liegt bei solchen Aussagen nicht die Annahme nahe, die *Sexualpädagogik der Vielfalt* solle Kinder für den Sex mit erwachsenen Pädosexuellen und männliche Jugendliche für den Sex mit volljährigen

---

[307] Vgl. Deutscher Bundestag, 2007

[308] Vgl. Deutscher Bundestag, 2009

[309] Vgl. Wikipedia, 2020d

[310] Vgl. Graupner, 1999, S. 33. Der Wortlaut im Original: *“... about one-third to one-half of the relations of 12- or 13-year-olds to adults are motivated by mutual affection, to even real love. These relationships often resemble normal partnerships of homo- or heterosexual nature and it is only the law which makes them an object of forensic investigation.”*

[311] Vgl. Graupner, 1999, S. 33. Das vollständige englische Zitat lautet: *„In especially openminded sex education, furthering sexual self-determination can reduce the fear and uncertainty of children in such situations and increase the ability to self-determination. For some prepuberal children their sexual contacts with (adolescents or) adults are a positive experience which they highly enjoy despite the imbalance in power. This -- as shown above -- particularly is true for boys.“*

Homosexuellen vorbereiten? Demnach könnte man einen großen Teil der staatlich verordneten Sexualpädagogik in Kitas und Schulen auch als das bezeichnen, was sich Pädosexuelle immer gewünscht haben: die systematische Gefügigmachung von Kindern und Jugendlichen zur willigen sexuellen Ausbeutung durch Erwachsene. Mag sein, dass die Motivation mancher Angehöriger sexueller Minderheiten im Zusammenhang mit der Durchführung der genannten Bildungsangebote eine andere ist und sie sich lediglich mehr gesellschaftliche Toleranz wünschen. Dies ist sogar sehr wahrscheinlich. Dennoch lassen sie sich durch diese äußerst kinderfeindliche und pädosexuelle Agenda zumindest instrumentalisieren.

3.4.4 Der neue Hype: Genderdysphorien und LGBT-Rechte

> *„Derzeit scheinen wir eine signifikante psychische Epidemie zu erleben, die sich darin zeigt, dass Kinder und Jugendliche zu der Überzeugung kommen, dass sie dem anderen Geschlecht angehören, und in einigen Fällen drastische Maßnahmen ergreifen, um ihren Körper zu verändern."* (Lisa Marchiano)[312]

> *„Utopien des totalen Selbstentwurfs setzen sich zunehmend durch. Man ist nicht nur seines Glückes Schmied, sondern auch seines Körpers Schneider."*
> (Hanna-Barbara Gerl-Falkowitz)[313]

Das Thema Genderdysphorie, also das Gefühl, sich im falschen Körper zu fühlen, wurde im Zusammenhang mit den gesundheitlichen Folgen einer Geschlechtsumwandlung schon einmal thematisiert (vgl. Abschnitt 3.1.5). Inzwischen sind speziell Kinder hiervon auf vielfältige Weise betroffen: War die Zahl der Betroffenen bisher äußerst gering (unter 1% der Bevölkerung) und haben sich die meisten im Verlauf ihrer Entwicklung mit ihrem biologischen Geschlecht ausgesöhnt, so ist die Zahl der Kinder und Jugendlichen, die sich im falschen Körper fühlen, in den letzten Jahren sprunghaft angestiegen, insbesondere unter Mädchen und jungen Frauen. Berichtet wird von plötzlich einsetzenden Genderdysphorien, die teilweise ganze Gruppen von Mädchen erfassen.[314] Dabei dürften die Bildungsangebote der sexuellen Vielfalt, die auf die komplette Dekonstruktion von Geschlechter- und Familienbildern abzielen,

---

[312] Marchiano, 2017a, S. 345
[313] Gerl-Falkovitz, 2020a
[314] Vgl. Korte et al., 2008; Rayner, 2018; Kay, 2019; Rehder, 2019d; Van Maren, 2020a

die mediale Dauerpräsenz des Themas[315] und die Beeinflussung durch soziale Medien und Peergroups eine nicht unerhebliche Rolle spielen.[316] Diese Dekonstruktionsbemühungen treffen auf junge, leicht beeinflussbare Menschen, die sich in ihrer Identitätsfindungsphase finden, die immer mit Unsicherheiten und Schwierigkeiten verbunden ist. Haben sich die meisten früher mit zunehmendem Alter aus dem Wunsch, dem anderen Geschlecht anzugehören, herausentwickelt, so werden sie heute nicht selten aktiv darin bestärkt und damit letztlich in einer verwirrten Identität fixiert. Statt sie behutsam darin zu unterstützen, ihr vorgegebenes biologisches Geschlecht anzunehmen oder zumindest abzuwarten, ob sich das Problem von selbst löst, raten Gleichstellungsbeauftragte, LGBT-Organisationen und nicht wenige Psychotherapeuten zur Akzeptanz und Affirmation des momentan präferierten nicht-biologischen Geschlechts.[317] In einigen westlichen Ländern werden pubertätsblockierende Hormone an immer jüngere Kinder verabreicht, was den Weg in die Transidentität vorzeichnet und die Aussöhnung mit dem eigenen biologischen Geschlecht eher unwahrscheinlich macht. Geschlechtsverändernde Operationen werden bei immer jüngeren Menschen durchgeführt.[318] Betrifft dies Kinder oder Jugendliche die ihre Genderdysphorie eigentlich irgendwann überwunden hätten (was, wie schon gesagt, bei den meisten der Fall ist), so hat dies enorme Konsequenzen für ihr weiteres Leben: Sie werden in eine Minderheitensituation hineinsozialisiert und müssen durch die Hormonbehandlung und operative Eingriffe (z.B. Entfernung von Brüsten, Gebärmutter und Eierstöcken bzw. von Hoden und Teilen des Penis, plus anschließende Neugestaltung der primären Geschlechtsmerkmale) erhebliche gesundheitliche Einschränkungen und Unfruchtbarkeit in Kauf nehmen. Es mehren sich Stimmen von Betroffenen, die klagen, dass niemand sie gehindert habe, falsche Entscheidungen zu treffen, meist aus Angst vor Repressalien durch Transgenderaktivisten.[319] Eltern, die dem Affirmationsansatz[320] (also die unkritische Bestätigung

---

[315] Vgl. Garcia, 2019; Van Maren, 2020b

[316] Vgl. Marchiano, 2017a & b; Kay, 2019; Littman, 2018; Littman, 2019

[317] Vgl. z.B Salkind et al., 2019; Bodkin, 2019

[318] Vgl. z.B. Korte et al., 2008; Whitehall, 2016; Hruz, Mayer & McHugh, 2017; Marchiano, 2017a; Bannerman, 2019; Heneghan, 2019

[319] Vgl. z.B. O'Neil, 2017; Mainwaring, 2019; Shupe, 2020a; Shupe, 2020b, der weitere Berichte auf seiner Webseite verlinkt.

[320] Vgl. Hidalgo et al., 2013

der Genderdysphorie) kritisieren, haben sich zusammengeschlossen, um gegen die *„Experimente"* mit ihren Kindern zu protestieren.[321] Auch immer mehr Wissenschaftler kritisieren die Praxis, Minderjährigen und jungen Erwachsenen hormonelle Behandlung und operative Eingriffe auf der Basis kaum existierender Forschung zu ermöglichen, oft ohne den Versuch, zuvor individuelle Ursachen zu klären oder alternative Wege aufzuzeigen.[322] Anfang Dezember 2020 hat der *Londoner High Court* zumindest entschieden, dass Kinder unter 16 nicht in der Lage sind, die Konsequenzen einer Geschlechtsumwandlung zu überblicken. Daher müssen Ärzte in Großbritannien vor einer solchen Behandlung fortan eine gerichtliche Erlaubnis einholen. Geklagt hatte eine junge Frau, die nach oberflächlicher Untersuchung in der größten einschlägigen Klinik des Landes zur Hormonbehandlung und Masektomie zugelassen wurde und dies anschließend bereut hatte.[323]

Kinder stehen zudem immer wieder im Zentrum gerichtlicher Auseinandersetzungen zwischen Erwachsenen, die sich darüber streiten, ob ein Kind geschlechtsverändernden Maßnahmen unterzogen werden darf. Ein Elternteil verteidigt das Recht auf körperliche Unversehrtheit des Kindes, während das andere Elternteil beim Kind unbedingt geschlechtsverändernde Maßnahmen durchführen lassen will.[324] Eltern führen mit Schulen gerichtliche Auseinandersetzungen darüber, ob ihrem Kind von Seiten der Schule ohne elterliche Zustimmung erlaubt werden darf, sich eine gegengeschlechtliche Identität zuzulegen.[325] Ob ein Mensch, der sich als transsexuell definiert, gegengeschlechtliche Toiletten oder Umkleideräume nutzen darf oder ob Unisextoiletten oder -umkleideräume in Schulen und anderen öffentlichen Einrichtungen sinnvoll sind, sind weitere öffentliche Diskussionsthemen. Scheint Letzteres auf den ersten Blick eher nebensächlich, so warnen Opponenten vor steigenden sexuellen Übergriffen auf Mädchen und Frauen, wenn Männer Transsexuellenrechte ausnutzen, indem sie sich als Frauen deklarieren, um auf diese Weise Zugang zu Räumen zu erhalten, die für Frauen reserviert sind.[326]

---

321 Vgl. Rapid-Onset Gender Dysphoria (ROGD), 2020

322 Vgl. z.B. Whitehall, 2016; Hruz, Mayer & McHugh, 2017; McCartney, 2018; Byng et al., 2018, Kay, 2019; Heneghan, 2019; Rehder, 2019d

323 Vgl. Gordon, 2020

324 Vgl. z.B. Laurence L., 2020; Jacob, 2020

325 Vgl. Bürger, 2020a

326 Vgl. z.B. Baklinski, 2014; Johnson, 2016; Tucker, 2016; LaBarbera, 2017; Van Maren, 2018; Van Maren, 2019d; Van Maren, 2020c

Inzwischen wurden mehrere Kinder „von Männern geboren" – wie die Presse verkündete.[327] In Wirklichkeit handelte es sich bei den angeblichen „Vätern" um Frauen, die ihre Hormonbehandlung kurzfristig unterbrachen, um ein Kind zu zeugen oder durch Samenspende und künstliche Befruchtung erzeugen zu lassen. Nach der Geburt des Kindes nahmen sie die Hormonbehandlung wieder auf, um als transsexuelle „Männer" zu leben. Berühmt geworden ist etwa Freddy McCornell, der (oder die) sich, bisher noch erfolglos, durch mehrere Instanzen geklagt hat, um ihre Vaterschaft auf der Geburtsurkunde des Kindes offiziell anerkennen zu lassen, nachdem ihr zuvor der legale Status als Mann zuerkannt worden war.[328] Bei all dem medialen Hype um Männer, die nun angeblich Kinder austragen können, werden die Interessen der Kinder nie oder nur am Rande erwähnt. Auch hier werden sie zur Verfügungsmasse von Genderexperimenten.

3.4.5 Viertes Zwischenfazit

Betrachtet man die Begleiterscheinungen der Neuerfindung des Menschen speziell aus der Perspektive der Kinder und Jugendlichen, so wird deutlich, dass sie fast nie in den Blick genommen werden. Das Schicksal der Kinder wird nicht thematisiert. Ihre berechtigten Interessen bleiben fast durchgehend den egoistischen und manchmal menschenverachtenden Interessen Erwachsener untergeordnet. Die mit vielen Schwierigkeiten kämpfenden Familien, problembehaftete Patchwork- und Regenbogenfamilien, vorgeburtliche Tötung, Laborzeugung, Embryonenforschung, Handel mit Gewebe, Körperteilen, Embryonen oder Neugeborenen, Kinderpornografie, sexuelle Ausbeutung durch Gleichaltrige und Erwachsene, die systematische Sexualisierung ab dem Kindesalter und die gezielte Behinderung einer normalen Identitätsentwicklung durch die fächerübergreifende Infragestellung des biologischen Geschlechts, der Familie und normaler Sexualität im Schulunterricht – all dies sind keine Kleinigkeiten. Wenn Gewalt und psychische Probleme unter jungen Menschen zunehmen, wenn schon Schulkinder kinderpornografische Bilder miteinander teilen ohne sich irgendeines Unrechts bewusst zu sein oder Mädchen plötzlich in großer Zahl nicht mehr sicher sind, welchem Geschlecht sie angehören, so

---

[327] Vgl. z.B. Hildebrandt, 2008; Frankfurter Rundschau, 2013; Zwerenz, 2017

[328] Vgl. Scully, 2019; Johnston, 2019; Wood, 2019; Laws, 2020

ist dies nicht überraschend. Diese Kinder und Jugendlichen spiegeln eine irrationale, gewalttätige, sexualisierte Gesellschaft wider. Sie sind zugleich ihre primären Opfer.

Deutlich wird auch, dass es eine personale und institutionelle Kontinuität der Legitimierung des sexuellen Missbrauchs von Kindern und Jugendlichen gibt. Dieselben Akteure oder deren Schüler, dieselben Parteien, Organisationen und sozialen Bewegungen, die früher in wissenschaftlichen Veröffentlichungen, politischen Publikationen, auf Tagungen oder in Bildungsveranstaltungen pädosexuelle Handlungen gerechtfertigt, verharmlost oder zumindest toleriert haben (vgl. Abschnitt 3.4.1), kämpfen heute für LGBT-Rechte und die systematische Indoktrination von Kindern und Jugendlichen durch die Sexualpädagogik der Vielfalt. Helmut Graupner, der wissenschaftlich über die angeblich von Liebe geprägten sexuellen Beziehungen zwischen 12- oder 13-Jährigen und Erwachsenen publizierte, wurde einige Jahre später Sachverständiger für den Deutschen Bundestag zu den Themen *„Schutzalter für die Darstellungen in pornografischen Schriften"* oder *„Vielfalt der Lebensweisen anerkennen …"*. Der Helmut Kentler-Schüler Uwe Sielert hat ungeachtet seiner Veröffentlichungen, die erotische Handlungen zwischen Eltern und Kindern befürworten, mit seiner sexualpädagogischen Schule die deutschen Bildungseinrichtungen geprägt. Das *Bundesministerium für Familie, Frauen, Senioren und Jugend* finanziert heute die für seine Sexualpädagogik in Kitas, Schulen, Jugendorganisationen und Sportvereinen werbenden Vereine. Der Berliner Verein *Mann-o-Meter,* der einst mit finanzieller Unterstützung der Berliner Senatsverwaltung die *„Adressenliste zur schwulen, lesbischen & pädophilen Emanzipation"* publizierte, darf heute die sexuelle Aufklärungsarbeit an staatlichen Schulen fortsetzen, ebenso wie *Pro Familia* und viele andere Organisationen, die vor noch nicht allzu langer Zeit ergebnisoffen über Pädosexualität diskutierten. Dies sind lediglich einige wenige Schlaglichter personaler oder institutioneller Kontinuität; die hier nicht erwähnten sind nicht weniger eindrücklich. Deutlich vernehmbare öffentliche Entschuldigungen und Distanzierungen von den eigenen pädophilieverharmlosenden Positionen in der Vergangenheit sind kaum zu vernehmen. Man tut eher so, als sei man schon immer gegen pädosexuelle Handlungen gewesen.

Auch die alten Rationalisierungsstrategien der Pädosexuellen sind leicht mit den heutigen Rationalisierungsstrategien der frühkindlichen Sexualerziehung kompatibel, sie ergänzen sich sozusagen. Unterschied die ab den 70er Jahren offen auftretende Pädosexuellenbewegung zwischen „gutem“, also freiwilligem und „liebevollem“ Sex mit Kindern und „bösem“, also unfreiwilligem und gewalttätigem Sex mit Kindern, so ist man sich heute zwar offiziell einig, dass das Machtgefälle zwischen Kindern und Erwachsenen eine Freiwilligkeit des Kindes ausschließt. Stattdessen konstruiert die Sexualpädagogik der Vielfalt ein Bedürfnis des Menschen nach Sexualität ab der Geburt, was folgerichtig eine Anleitung der Kinder zu erotischen und sexuellen Handlungen miteinander impliziert. Dies solle ihnen helfen, ihre sexuellen Vorlieben zu entdecken, um sich selbstbestimmt für bestimmte sexuelle Handlungen zu entscheiden, die ihnen Vergnügen bereiten und gegen solche zu wehren, die ihren Vorlieben widersprechen. Die Kinder werden also gezielt vom Kleinkindalter an zum sexuellen Experimentieren und zur sexuellen Grenzüberschreitung angeleitet, was wiederum – nach den Worten der Pädosexualitätsverharmloser aller Zeiten[329] – die beste Voraussetzung dafür ist, dass Kinder den Sex mit erwachsenen Pädosexuellen positiv wahrnehmen. Hier schließt sich der Kreis.

3.5 Grund- und Menschenrechte? Nicht (mehr) für alle!

> *„Wenn aber vollends das Göttliche überhaupt geleugnet und ausgerottet wird, der radikale Positivismus oder Materialismus herrscht, dann entsteht in der Tiefe des Menschen eine böse Leere. Sie wird zwar vom Zwang der Macht, vom Getöse des Fortschritts, vom Schein des Wohlstands überdeckt, aber sie ist da, macht den Menschen zu innerst wehrlos, und die Gewalt des Staates kann zugreifen.“* (Romano Guardini)[330]

Viele Denker haben davor gewarnt, dass die Befreiung des Menschen von allen Zwängen in den totalitären Staat führt, weil Freiheit ohne Verantwortung nur auf Kosten der Schwachen realisiert werden kann, deren elementare Rechte

---

[329] *“... about one-third to one-half of the relations of 12- or 13-year-olds to adults are motivated by mutual affection, to even real love. These relationships often resemble normal partnerships of homo- or heterosexual nature and it is only the law which makes them an object of forensic investigation. (...) In especially openminded sex education, furthering sexual self-determination can reduce the fear and uncertainty of children in such situations and increase the ability to self-determination. For some prepuberal children their sexual contacts with (adolescents or) adults are a positive experience which they highly enjoy despite the imbalance in power. This -- as shown above -- particularly is true for boys.“* (Graupner, 1999, S. 33)

[330] Guardini, 2018, S. 41f

dieser Freiheit zum Opfer fallen. Der Staatsrechtler Ernst-Wolfgang Böckenförde machte darauf aufmerksam, dass ein freiheitlicher, säkularisierter Staat von Voraussetzungen lebt, die er selbst nicht schaffen kann. Dazu gehören allgemein geteilte, dauerhaft gültige Werte, die das Wohl des Individuums und der Gemeinschaft gleichermaßen im Blick haben. Dies schließt die Bereitschaft ein, auch unliebsame gesellschaftliche Gruppen und schwache Menschen zu schützen. Wenn nämlich die Mehrheit oder eine durchsetzungsstarke Minderheit der Gesellschaft elementare Rechte solcher unliebsamen Menschen abschafft, führt sie zugleich auch demokratische Grundsätze (z.B. den Schutz der absoluten und unveräußerlichen Würde des Menschen, das Recht auf Leben oder die Gleichheit aller vor dem Gesetz) ad absurdum.
In ihrem Buch *Die globale sexuelle Revolution*[331] analysierte Gabriele Kuby bereits vor Jahren deren Ideologien, Strategien, Methoden, Ziele und Netzwerke. Sie beschrieb die Protagonisten dieser Revolution in Gesellschaft, Wirtschaft, Wissenschaft, nationaler und internationaler Politik, insbesondere innerhalb der Vereinten Nationen und der Europäischen Union und wies auf die mit ihr verbundenen massiven Angriffe gegen die Grundfreiheiten hin.[332] Seither sind diese Angriffe so offensichtlich und zahlreich geworden, dass sie kaum noch umfassend zu beschreiben sind. Die folgenden Beispiele sollen verdeutlichen, wie sehr bestimmte Grund- und Menschenrechte inzwischen in Frage gestellt werden, wenn sie unerwünschte Menschen betreffen oder Menschen, die unliebsame Meinungen in Bezug auf Ehe, Familie und Sexualität öffentlich vertreten.

---

331 Vgl. Kuby G., 2013; auch Kuby G., 2018

332 Vgl. Kuby G., 2013, S. 380ff

3.5.1 Menschenwürde, Recht auf Leben und körperliche Unversehrtheit

> *„Wenn das Recht auf das Leben nicht als erstes und fundamentales Recht mit größter Entschiedenheit als Bedingung für alle anderen Rechte der Person verteidigt wird, bleibt auch das berechtigte, wiederholte Hinweisen auf die Menschenrechte – auf das Recht auf Gesundheit, Wohnung, Arbeit, Gründung einer Familie, Kultur usw. – trügerisch und illusorisch.“* (Johannes Paul II.)[333]

Das freie und regellose Ausleben der Sexualität setzt Empfängnisverhütung *und* Abtreibung voraus, weil der individualistische und hedonistische Lebensstil derjenigen, die umfassende sexuelle Freiheit propagieren, einem Leben mit Kindern diametral entgegensteht. Außerdem wäre die Gesellschaft nicht in der Lage, den unzähligen gezeugten Kindern, für die niemand die Verantwortung übernehmen will, eine Familie, Erziehung und Bildung zukommen zu lassen. Allein durch Verhütung wäre das Problem nicht in den Griff zu bekommen. Alle Methoden weisen mehr oder weniger hohe Fehlerquoten auf, während eine einmal entfesselte, regellos gelebte Sexualität nach immer mehr verlangt, also nicht bereit ist, sich in Schranken weisen zu lassen. Das wird heute etwa am Beispiel der Pornografie- und Sexsucht so vieler Menschen deutlich. Die Legalisierung der Abtreibung seit Anfang der 1970er Jahre in vielen Ländern der Welt ist also Grundvoraussetzung eines sexualisierten Lebensstils. Sie spricht Millionen von Menschen jährlich das Recht auf Leben ab, ohne das alle anderen demokratischen Rechte irrelevant werden. Meuser bringt es kurz und prägnant auf den Punkt: *„Für freie Liebe muss man Kinder töten.“*[334]

Kinder gehören zu den schwächsten Gesellschaftsmitgliedern, die ein demokratischer Rechtsstaat eigentlich zu schützen hätte. Westliche Demokratien gestatten neben der vorgeburtlichen Tötung auch ihre künstliche Erzeugung und zum Teil ihren Handel, entweder lebend, nach Austragung durch eine Leihmutter oder tot, indem Körperteile und Zellen für Forschungszwecke oder zu kommerziellen Zwecken genutzt werden. Westliche Staaten gestatten, dass Kinder mithilfe von Präimplementations- und Pränataldiagnostik auf ihre genetischen Eigenschaften gescreent und abgetrieben werden können, wenn sie unerwünschte Eigenschaften, z.B. eine Behinderung, aufweisen. Nicht alle genannten Praktiken sind schon überall gleichermaßen legal, aber der Kampf um

---

[333] Christifideles Laici, 38

[334] Meuser, 2020, S. 338

Legalisierung ist in allen westlichen Demokratien virulent. Spieker spricht in diesem Zusammenhang von einer eugenischen Gesellschaft, die eine gespaltene Gesellschaft sei: *„In ihr gibt es die Produzenten und die Produzierten. Letztere sind von ersteren erzeugt, gewollt oder ausgewählt. Diese Spaltung gefährdet die für einen demokratischen Rechtsstaat zentrale Gleichheit der Menschen, die im naturwüchsigen Ursprung aller, der Gesunden und Kranken, der Leistungsstarken und Leistungsschwachen, der Klugen und der weniger Klugen gründet.“*[335] Mit anderen Worten: Es handelt sich hier nicht nur um einen Angriff auf das Lebensrecht der Kinder, sondern auch um die Missachtung eines zentralen Grundprinzips des Rechtsstaates, nämlich des Prinzips der Gleichheit aller vor dem Gesetz, welches sich aus dem Schutz der Menschenwürde ableitet.

Wenn progressive Journalisten, Politiker, Akademiker oder Künstler „Frauen mit Migrationshintergrund“ verbal gerne besonderen Respekt zollen, so trifft dies kaum auf die Millionen ausländischer „Sexarbeiterinnen“ und Pornodarstellerinnen zu, die im deutschen Rechtsstaat im Rahmen bestehender Gesetze sexuell degradiert und ausgebeutet werden dürfen. Ihre Würde, ihre Bewegungsfreiheit und ihr Recht auf körperliche Unversehrtheit dürfen ganz legal missachtet werden, weil die Strafverfolgung der Kunden („Sexkäufer“) eines legalen und sozialversicherungspflichtigen Dienstleistungsangebotes kaum möglich ist. Westliche Demokratien stehen hilflos vor einem Tsunami der Kinderpornografie (und damit auch des sexuellen Missbrauchs von Kindern), der zwar nicht legal, aber kaum noch mit rechtsstaatlichen Mitteln zu bekämpfen ist. Die Strafverfolgung hat mehr oder weniger kapituliert bzw. konzentriert sich auf wenige spektakuläre Fälle.[336]

---

335 Spieker, 2012, S. 268

336 Vgl. Keller & Dance, 2019

3.5.2 Redefreiheit und Wissenschaftsfreiheit

„Der freie Austausch von Informationen und Ideen, das Lebenselixier einer liberalen Gesellschaft, wird von Tag zu Tag enger. Während wir dies von der radikalen Rechten zu erwarten gewohnt sind, breitet sich in unserer Kultur auch die Zensur immer weiter aus: eine Intoleranz gegenüber gegensätzlichen Ansichten, ein Trend zu öffentlicher Beschämung und Ächtung und die Tendenz, komplexe politische Fragen in einer blendenden moralischen Gewissheit aufzulösen. (...) Redakteure werden entlassen, weil sie umstrittene Beiträge verfasst haben; Bücher werden wegen angeblicher Unechtheit zurückgezogen; Journalisten dürfen nicht über bestimmte Themen schreiben; gegen Professoren wird ermittelt, weil sie Literaturwerke im Unterricht zitiert haben; ein Forscher wird entlassen, weil er eine von Fachkollegen begutachtete akademische Studie in Umlauf gebracht hat (...). Unabhängig von den Argumenten, die sich um jeden einzelnen Vorfall ranken, wurden die Grenzen dessen, was ohne die Androhung von Repressalien gesagt werden kann, immer enger gezogen. (...) Diese erstickende Atmosphäre wird letztlich den wichtigsten Anliegen unserer Zeit schaden. Die Einschränkung der Debatte, sei es durch eine repressive Regierung oder eine intolerante Gesellschaft, schadet immer denen, denen es an Macht mangelt, und macht alle weniger fähig zur demokratischen Beteiligung. Der Weg, schlechte Ideen zu besiegen, ist durch Entlarven, Argumentieren und Überzeugen, nicht durch den Versuch, sie zum Schweigen zu bringen oder wegzuwünschen.“ (Aus einem offenen Brief bekannter Intellektueller)[337]

Das Recht auf freie Meinungsäußerung, also die Redefreiheit, steht in der westlichen Welt also zunehmend unter Beschuss. Seit dem Siegeszug der politischen Korrektheit in weiten Teilen der Öffentlichkeit und der Verabschiedung von Gesetzen gegen sogenannte „Hassrede“ in verschiedenen Ländern der westlichen Welt, greifen immer mehr Zensurmaßnahmen um sich. Sie richten sich oft gegen Äußerungen, die noch vor wenigen Jahren Teil des Mainstreams waren oder manchmal lediglich naturwissenschaftliche Fakten darstellen. Dabei existiert keine allgemein verbindliche Definition dessen, was „Hassrede“ eigentlich genau ausmacht. Dass bei *Facebook, Twitter* & Co gelöscht und deaktiviert wird, ist bekannt, immer häufiger aber greifen auch Vertreter des Staates und der Wissenschaft zu Zensur- und Einschüchterungsmaßnahmen. Im Folgenden einige Beispiele aus verschiedenen westlichen Ländern.
Die französische Organisation *Alliance Vita* ließ in den Pariser Metrostationen Plakate aufhängen, auf denen sie für Respekt vor Vaterschaft und Mutterschaft warb. Dies erzürnte die Pariser Bürgermeisterin Anne Hidalgo so sehr, dass sie

---

[337] Veröffentlicht am 7. Juli 2020 in Ackerman et al., 2020

die mit der Werbung beauftragte Firma aufforderte, die Plakate sofort abzuhängen – was diese auch tat.[338]

Die Madrider Stadtverwaltung hinderte einen Bus daran, durch die Stadt zu fahren. Er trug die Aufschrift: *„Jungen haben einen Penis, Mädchen eine Vulva. Lass Dich nicht täuschen!"* Die Aufschrift des Busses richtete sich gegen Plakate im öffentlichen Raum mit der Aufschrift *"Es gibt Mädchen mit Penis und Buben mit Vulva."* Die Staatsanwaltschaft Madrid nahm Ermittlungen gegen die Betreiber des zuerst genannten Busses auf, wegen eines möglichen Hassdeliktes.[339]

In Großbritannien wurden Bürger von der Polizei befragt, weil sie sich kritisch zum Gender-Thema geäußert bzw. geschrieben hatten, das Geschlecht eines Menschen könne auch Jahre nach dessen Tod noch durch DNA-Analyse festgestellt werden[340] – was der Wahrheit entspricht!

Bereits im Jahr 2018 hatten in Großbritannien über 100 Akademiker, von denen die meisten an britischen Universitäten arbeiteten, einen offenen Brief unterzeichnet, in dem sie sich gegen ein Gesetzesvorhaben wandten und ihre Besorgnis zum Ausdruck brachten, dass eine angemessene akademische Analyse und Diskussion des Themas „Transgender" an den Universitäten unterdrückt werde. Wissenschaftler, die sich mit dem Thema befassten, werde mit Campus-Protesten, Forderungen nach Entlassung in der Presse, Drohungen und dem Versuch, ihre Forschung und Publikation zu zensieren, begegnet. Diese Angriffe hätten den Rahmen einer normalen kritischen Rezeption in der Wissenschaft weit überschritten. Viele Universitäten hätten Verbindungen zu Transorganisationen, welche die Universitätspolitik bestimmten und allumfassende Definitionen von „Transphobie" benutzten, die jedes vernünftige Gesetz überschritten und einer wissenschaftlichen Analyse nicht standhielten. Ihr Effekt sei die Bedrohung der Wissenschaftsfreiheit und die Erleichterung von Zensur.[341]

Gegen niederländische Evangelikale wurden staatsanwaltschaftliche Ermittlungen eingeleitet, weil sie Geistliche und Politiker baten, eine Erklärung zu unterschreiben. Ihr Vergehen: *„Die Erklärung spricht sich für ein konservatives*

---

[338] Vgl. Pech, 2020. Die Slogans auf den Plakaten lauteten: *"la société progressera à condition de respecter la paternité"* bzw. *"la société progressera à condition de respecter la maternité"*

[339] Vgl. Blech, 2017

[340] Vgl. Kirkup, 2019

[341] Vgl. The Guardian, 2018

biblisch-christliches Konzept von Ehe, Sexualität und Geschlechtlichkeit aus und bestreitet, dass Gott die Ehe als gleichgeschlechtliche, polygame oder polyamouröse Beziehung erdacht habe. Homo-, Bi- und Transsexualität gelten den Unterzeichnern als sündig."[342]

Die finnische christdemokratische Politikerin Päivi Räsänen wurde wegen eines Posts in den sozialen Medien, in dem sie sich kritisch zur Teilnahme ihrer lutherischen Kirche an der lokalen Pride-Parade äußerte, wegen eines 16 Jahre alten kirchlichen Schreibens und eines Radiointerviews über religiöse Fragen zum Objekt polizeilicher Ermittlungen. Als die Polizei keine Straftat fand, ordnete die Generalstaatsanwaltschaft die Wiederaufnahme der Ermittlungen an und erklärte in einer der größten finnischen Tageszeitungen, dass Bücher wie Hitlers *Mein Kampf*, der Koran oder die Bibel zwar gelesen und zitiert werden, aber nicht geglaubt werden dürften.[343]

Mount Holyoke College, ein Frauen-College im US-Bundesstaat Massachusetts, wies seine Professoren an, den Begriff „women“ (also Frauen) nicht mehr zu benutzen, sondern stattdessen von „students“ zu sprechen.[344] Eine andere amerikanische Universität, die *Indiana University of Pennsylvania*, suspendierte einen Studenten für 2 ½ Wochen von einem Seminar, weil er darauf beharrt hatte, dass es nur zwei Geschlechter gibt.[345]

Der kanadische Psychologie-Professor Jordon Peterson kritisierte auf seinem YouTube-Kanal ein staatliches Gesetzesvorhaben (Bill C-16), das die Begriffe „gender identity“ und „gender expression“ zu einem Menschenrecht und „Hassrede“ zu einer Straftat machen wollte. Er begründete seine Weigerung, gender-neutrale Pronomen zu verwenden und äußerte die Befürchtung, dies werde zukünftig als „Hassrede“ eingestuft. *Google* deaktivierte daraufhin seinen Account aufgrund einer „Verletzung der Dienstregeln.“[346] Das Gesetz wurde verabschiedet und trat in Kraft. Lindsay Shepherd, wissenschaftliche Mitarbeiterin der kanadischen *Wilfrid Laurier University* zeigte ihren Studenten im Seminar eine Fernsehsendung, in der Peterson mit vier weiteren geladenen Gästen, die jeweils unterschiedliche Positionen vertraten, kontrovers

---

[342] Wakonigg, 2019

[343] Vgl. ADF International, 2020a; Coleman, 2020; The Brendan O'Neill Show, 2020 mit weiteren Beispielen, wie private Meinungsäußerungen strafrechtlich verfolgt wurden.

[344] Vgl. Parke, 2018a

[345] Vgl. Parke, 2018b

[346] Vgl. Kuby G., 2017

über den Gebrauch von Sprache, Pronomen und das Recht auf freie Rede diskutierte. Nach einer anonymen Anzeige musste sie sich in einer Anhörung ihres Fachbereichs rechtfertigen, weil sie ihren Studenten nicht nur die die Gendersprache befürwortenden Positionen, sondern auch Petersons kritische Sichtweise zugemutet hatte. Die anwesenden Professoren warfen ihr vor, das Gesetz gebrochen zu haben und ein toxisches Klima an der Universität zu schaffen. Sie habe Gewalt gegenüber transsexuellen Studenten ausgeübt, indem sie durch das Zeigen der Fernsehsendung deren Identität und Pronomengebrauch in Frage gestellt habe. Ironischerweise hatte an der Fernsehsendung auch eine Transfrau teilgenommen, die Petersons Sichtweise weitgehend teilte. Shepherd hingegen gab an, Petersons Position nicht zu teilen, aber die Studenten zu kritischer Auseinandersetzung mit unterschiedlichen Sichtweisen anregen zu wollen. Ihre Kündigung von Seiten der Universität stand am Ende der Anhörung als Möglichkeit im Raum.[347] Um keine Missverständnisse aufkommen zu lassen: Weder Peterson, noch Shepherd haben den Gebrauch von Gewalt in irgendeiner Weise gerechtfertigt. Shepherd wollte lediglich mit ihren Studenten ein kontroverses Thema diskutieren und Peterson vertrat die Ansicht, ein demokratischer Staat dürfe seinen Bürgern nicht vorschreiben, wie sie zu sprechen und welche Pronomen sie zu gebrauchen hätten. Seine Weigerung, Menschen immer so anzusprechen, wie diese es sich wünschen oder wie Gendertheoretiker es für richtig erachten, wird ihm als „Gewalt" ausgelegt.

Doch auch in Deutschland häufen sich die Fälle von Wissenschaftlern und anderen Personen des öffentlichen Lebens, die am Sprechen gehindert werden, während Staat und Universitätsleitungen große Mühe haben oder nicht gewillt sind, ihr Recht auf Redefreiheit durchzusetzen:

Bereits im Jahr 2009 unterzeichneten mehr als 370 Wissenschaftler, Politiker und andere Persönlichkeiten des öffentlichen Lebens die sogenannte *„Marburger Erklärung"*. Sie trug den Titel: *„Für Freiheit und Selbstbestimmung – gegen totalitäre Bestrebungen der Lesben- und Schwulenverbände"* und richtete sich gegen Bestrebungen der Lesben- und Schwulenverbände, gemeinsam mit *Bündnis 90/Die Grünen*, die Rede-, Wissenschafts- und Therapiefreiheit zu beschränken. Anlass waren ein Kongress in Graz und eine Großveranstaltung in Bremen, die nur unter massivem Polizeiaufgebot stattfinden konnten sowie die

---

347 Hopper, 2017 zeigt die Fernsehsendung und die Tonaufnahme der Anhörung von Lindsay Shepherd.

Bemühung der Lesben- und Schwulenverbände, einen weiteren Kongress in Marburg zu verhindern bzw. ein Redeverbot für von den Verbänden willkürlich als „homophob" bezeichnete Sprecher durchzusetzen. Diese Forderungen wurden von Volker Beck, Mitglied der Bundestagsfraktion von *Bündnis 90/Die Grünen* unterstützt, der bereits andernorts erfolgreich gegen die Durchführung von Seminaren interveniert hatte.[348] Ernst-Wolfgang Böckenförde, ehemaliger Richter des Bundesverfassungsgerichts, sagte zur Marburger Erklärung: *„Ob die in der Erklärung der Initiative vertretenen Thesen und Behauptungen zutreffen, kann ich selbst nicht beurteilen. Es ist aber in einer freiheitlichen Ordnung, die Meinungs- und Wissenschaftsfreiheit gewährleistet, unerträglich, eine öffentliche Auseinandersetzung darüber zu behindern und einige Personen mit einem Redeverbot belegen zu wollen."*[349] Eine Mitunterzeichnerin der *Marburger Erklärung*, die Kölner Philosophie-Professorin Edith Düsing, wurde einige Monate später von einer lauten, durch das Lesben- und Schwulenreferat der *Universität Köln* organisierten Störaktion daran gehindert, ihren Vortrag über Schiller zu beginnen. Die Störer hatten zuvor die Universitätsleitung aufgefordert, Düsing an der Universität kein Forum zu geben. Sie warfen ihr diskriminierende Äußerungen vor, die aber nie belegt wurden. Ein Sprecher der Universitätsleitung verkündete, er stehe auf der Seite der Schwulen und Lesben und werde keine diskriminierenden Äußerungen dulden. Düsing veröffentlichte anschließend eine Erklärung, in der es unter anderem heißt: *„Ich wende mich dagegen, dass meine Vorlesung über Schiller dazu missbraucht wird, die Wissenschaft der Philosophie für homosexuellen-politische Zwecke zu instrumentalisieren. Keinesfalls werde ich akzeptieren, wenn mich jemand dazu zwingen will, persönliche Meinungsäußerungen zu bestimmten Themen und Fragen abzugeben oder mich etwa nötigen wollte, mich gewissen inhaltlich vorgegebenen Meinungen oder Thesen anzuschließen. Weder dafür noch für ein Gespräch zum persönlichen Meinungsaustausch kann jemand Zwang ausüben wollen, der sich in irgendeiner Form rechtfertigen ließe. Denn noch leben wir in einem Land, in dem das Recht verbrieft ist, seine Meinung frei*

---

[348] Vgl. Coordes, 2009

[349] Der Wortlaut der Erklärung und das Zitat von Böckenförde finden sich in: Initiative „Für Freiheit und Selbstbestimmung", 2009.

zu äußern, es aber noch kein Gesetz gibt, wonach persönliche Meinungsäußerungen oder Gespräche darüber erzwungen werden können. Dies lasse ich für Sie gelten, nehme ich aber analog ebenso für mich in Anspruch."[350]

Inzwischen müssen Tagungsorte geheim gehalten werden, damit manche Veranstaltungen überhaupt stattfinden können – etwa die Tagungsorte der Symposien des Aktionsbündnisses *Demo für alle* zu Themen, die sich mit Familie, Ehe oder mit der Aufnahme von Kinderrechten ins Grundgesetz befassten. Sie wurden den Teilnehmern erst kurz vor Beginn der Veranstaltung mitgeteilt, um zu vermeiden, dass Druck auf Vermieter der Räumlichkeiten ausgeübt würde oder Referenten und Teilnehmer am Kommen gehindert würden.[351] Die LGBT-Presse bezeichnet sie als „homo- und transfeindlich" bzw. als „Fundamentalisten" und spricht von „vermeintlicher Religionsfreiheit" in Bezug auf Menschen, die nicht gezwungen werden wollen, an Abtreibungen mitzuwirken.[352]

Doch zurück zu den Universitäten: Der *Deutsche Hochschulverband* veröffentlichte am 4. April 2017 eine Resolution *„Zur Streit- und Debattenkultur an Universitäten."*[353] Darin heißt es, dass der Verband mit wachsender Sorge beobachte, wie in der freien Welt die Debatten- und Streitkultur an den Universitäten erodiere. Verantwortlich dafür sei ein Meinungsklima der Political Correctness, welches zunehmend ausgrenzend und latent aggressiv instrumentalisiert werde, verbunden mit der Attitüde, aus einer moralisch unangreifbaren Position heraus zu argumentieren. *„In der Annahme einer engen Verbindung von Sprache, Denken und Handeln propagieren meinungsstarke Gruppierungen Sprachreglementierungen, mit denen der Gebrauch bestimmter Worte und Redewendungen geächtet und „Political Correctness" als Vehikel für die Durchsetzung politischer Interessen genutzt werden soll."*[354] Alarmierende Anzeichen seien Proteste, die Wissenschaftler daran hindern wollten, an Universitäten aufzutreten und ihre wissenschaftlichen Thesen vorzutragen, weil sie der selbst definierten politischen Korrektheit zuwiderliefen und deshalb nicht mehr ertragen werden könnten. Die Resolution appelliert an alle Wissen-

[350] Der Wortlaut der Erklärung und das Zitat von Düsing finden sich in: Heinz, 2009a. Zu den Vorgängen in Köln siehe auch Heinz, 2009b

[351] Vgl. Breckner, 2018; Demo für alle, 2019b; Demo für alle, 2020a

[352] Vgl. z.B. Blech, 2019

[353] Vgl. Deutscher Hochschulverband, 2017

[354] Deutscher Hochschulverband, 2017, S. 1

schaftlerinnen und Wissenschaftler, sich für eine offene und lebendige Debatten- und Streitkultur einzusetzen und an den Staat und die Universitätsleitungen, sich schützend vor Wissenschaftler und Wissenschaftlerinnen zu stellen. Kurz darauf erschien ein Sammelband, in dem Wissenschaftler aller Fachrichtungen und politischer Ausrichtungen exemplarisch zahlreiche konkrete Fälle der Be- bzw. Verhinderung unliebsamer Wissenschaftler, Vorträge und Veranstaltungen an deutschen Universitäten beschrieben. In diesem Sammelband wurden immer die Darstellungen der jeweiligen Gegner mitberücksichtigt, sofern diese bereit waren, sich zu äußern.[355] Das Buch verdeutlicht das Ausmaß des Problems. Die Methoden zur Ver- und Behinderung unliebsamer Wissenschaftler, Vorträge und Veranstaltungen beinhalteten Blockaden, Niederschreien, Rufmordkampagnen, Gewaltandrohung und Brandstiftung. Wo, wenn nicht an den Hochschulen, sollen freies Denken und freie Rede praktiziert und eine rationale Debattenkultur eingeübt werden?
Wie weit sich bestimmte wissenschaftliche Disziplinen inzwischen auch inhaltlich von Rationalität und Wissenschaftlichkeit entfernt haben, zeigt das in den Jahren 2017-2018 durchgeführte Experiment dreier amerikanischer Wissenschaftler. Die drei schrieben Aufsätze, deren Forschungsthemen und -methoden frei erfunden und zum Teil absurd waren. Diese reichten sie bei renommierten wissenschaftlichen Zeitschriften im Bereich der Genderforschung und angrenzender Disziplinen (Geisteswissenschaften, Soziologie, Psychologie und Pädagogik) ein. Innerhalb kürzester Zeit waren 7 Aufsätze in meist hochrangigen peer-reviewten Zeitschriften akzeptiert und publiziert worden, darunter ein Aufsatz, der ein Kapitel aus Hitlers *Mein Kampf* verfremdete und mit Gender-Sprache und wissenschaftlichen Zitaten schmückte[356]; außerdem ein Aufsatz über Hundeparks als Orte systematischer Vergewaltigungskultur. Die Hundeparks wurden aus der Perspektive schwarzer, feministischer Kriminologie analysiert, um Einsichten in die Gewalt und Bigotterie von Männern zu gewinnen.[357] Letzterer Aufsatz wurde aus Anlass des 25-jährigen Bestehens der Zeitschrift als einer der 12 besten Beiträge ausgezeichnet. Nach etwa einem

---

[355] Vgl. Hopf, 2019. Zwei Jahre später gründeten deutsche Wissenschaftler aller Fachrichtungen das „Netzwerk Wissenschaftsfreiheit" dessen Ziel es ist, *„die Voraussetzungen freiheitlicher Forschung und Lehre an den Hochschulen zu verteidigen und zu stärken"*. (https://www.netzwerk-wissenschaftsfreiheit.de/ueber-uns/manifest/).

[356] Vgl. Gonzales & Jones, 2018

[357] Vgl. Wilson H. , 2018

Jahr mussten die drei Wissenschaftler ihr Projekt abbrechen, obgleich sich weitere 7 Aufsätze im Review-Prozess befanden. Das *Wall Street Journal* war ihnen auf die Schliche gekommen, während die Editoren der renommierten wissenschaftlichen Zeitschriften voll des Lobes für ihre großartige Forschung waren. Die drei, sich selbst als links-orientiert bezeichnenden Wissenschaftler begründeten ihr Experiment mit der Feststellung, dass *„grievance studies"*, also die politisch-korrekte Befassung mit der Identität von Minderheiten einen enormen Einfluss auf Universitäten, Medien, Kultur und Institutionen gewonnen habe und gegenüber formaler wissenschaftlicher Kritik immun geworden sei. Sie kritisierten, dass diese *„grievance studies"* berechtigte Bürgerrechtsanliegen pervertiert hätten. Seriöse Wissenschaftler, benachteiligte Minderheiten und alle, die sich ernsthaft für sie einsetzen, sollten sich fragen, ob die *„grievance studies"* wirklich für sie sprächen.[358] Entschuldigungen der Herausgeber der betroffenen Zeitschriften, angesichts der nachgewiesenen Inkompetenz ihrer Reviewer, waren nicht zu finden.

Staat und Universitätsleitungen, an die sich viele bedrängte Wissenschaftler hilfesuchend wenden, sind jedoch nicht ganz unschuldig am Niedergang des freien Diskurses an den Universitäten und anderswo. Viele öffentliche Verwaltungen haben ihren Mitarbeitern Handreichungen zukommen lassen, in denen diesen nahegelegt wird, wie sie zu sprechen, zu schreiben und so letztlich auch zu denken haben. Die Stadtverwaltung Hannover hat beispielsweise im Jahr 2019 eine neue *„Empfehlung für eine geschlechtergerechte Verwaltungssprache"* herausgegeben, die für sämtlichen Schriftverkehr der Verwaltung verbindlich ist und schrittweise in Emails, Präsentationen, Broschüren, Presseartikeln, Drucksachen, Hausmitteilungen, Flyern, Briefen, Formularen und Rechtstexten umgesetzt werden sollte. Eine dazugehörige Broschüre listet die zu verwendenden Begriffe. Die *„Empfehlung"* erläutert: *„Die wichtigste Grundregel ist, überall da, wo es möglich ist, geschlechtsumfassende Formulierungen zu verwenden. Erst in zweiter Linie, wenn eine solche Formulierung nicht möglich ist, wird das sicherlich auffälligste Mittel – der „Genderstar" – eingesetzt. Das Sternchen* zwischen der maskulinen und femininen Endung soll in der Schriftsprache als Darstellungsmittel aller sozialen Geschlechter und Geschlechtsidentitäten dienen und hebt gezielt den Geschlechterdualismus auf.*

[358] Vgl. Lindsay, Boghossian & Pluckrose, 2018a & b

Beim Vorlesen wird der Gender Star durch eine kurze Atempause gekennzeichnet. Er ersetzt das bisher verwendete Binnen-I."[359] Mit anderen Worten, Angestellten des öffentlichen Dienstes wird hier nahegelegt, an ein Menschenbild zu glauben, in dem nicht zwei, sondern viele Geschlechter existieren. Sie werden zugleich verpflichtet, dieses Menschenbild im behördlichen Schriftverkehr nach außen hin zu vermitteln und damit die Öffentlichkeit entsprechend zu beeinflussen – eine vielleicht subtile Einschränkung der Redefreiheit, aber dennoch eine Einschränkung. Was wird geschehen, wenn sich Angestellte aus Gewissensgründen weigern, die behördliche Verwaltungssprache zu benutzen, etwa weil sie sie für unwahr halten oder weil sie ihrem eigenen Menschenbild widerspricht?

Auch Universitätsleitungen haben Sprachregeln veröffentlicht, die in der Regel zwar nicht verpflichtend sind, aber doch mehr oder weniger starken Druck auf Wissenschaftler, Verwaltungsangestellte und Studenten ausüben, das dahinterstehende Menschenbild, nach dem mehr als zwei Geschlechter existieren, die man beliebig wechseln könne, zu akzeptieren und ihre Sprache entsprechend anzupassen. Die *Universität Bielefeld* etwa lässt über ihre Pressesprecherin verlauten: „*Mit der Verwendung des Gendersternchens trägt die Universität Bielefeld zu einer Gleichberechtigung und Sichtbarkeit aller Geschlechtsidentitäten bei.*"[360] Die *Universität Köln* hat einen umfassenden Sprachleitfaden herausgegeben, der sehr differenziert darlegt, welche Formulierungen gut und welche schlecht sind und sogar auf das Geschlecht von Algorithmen eingeht. Der Prorektor der Universität erläutert im Vorwort: „*Er enthält Erläuterungen und Hilfestellungen für eine wertschätzende und respektvolle Ansprache aller Geschlechter.*"[361] Die von der *Landesrektor_innenkonferenz und der Landeskonferenz der Frauenbeauftragten an den Hochschulen im Land Bremen* herausgegebene *Orientierungshilfe für eine gendergerechte Sprache an den Hochschulen im Land Bremen* erklärt im Vorwort: „*Sprache ist eine der wichtigsten menschlichen Kommunikationsformen. Sie ist jedoch kein neutrales Werkzeug, sondern drückt immer auch gesellschaftliche Norm- und Wertvorstellungen aus, prägt Wahrnehmungen und schafft Realitäten. (...) Mit der vorliegenden Orientierungshilfe wenden wir uns an alle Mitglieder und Angehörigen der Hochschulen im Land Bremen mit dem Ziel, dass über geschlechtergerechte*

---

359 Landeshauptstadt Hannover, 2019

360 Vgl. Universität Bielefeld, 2020

361 Die Gleichstellungsbeauftragte der Universität zu Köln, 2020, S. 4

Sprache und Formulierungen alle Geschlechter an den Hochschulen adressiert werden.“[362]

Universitätsleitungen ist sicherlich bewusst, dass es zu den Fragen, ob zwei oder mehr Geschlechter existieren, wie die Diskriminierung von Minderheiten erfolgreich bekämpft werden kann, und aller damit verbundener, auch linguistischer Detailfragen sehr unterschiedliche wissenschaftliche Positionen gibt. Statt Neutralität zu zeigen und einen offenen Diskurs zwischen den Lagern zu fördern, haben sie sich offiziell und einseitig auf die Seite der dekonstruktivistischen Gendertheorien geschlagen und damit alle anderen Positionen als minderwertig delegitimiert. Wer die universitären Sprachvorgaben und das dahinterstehende Menschenbild ablehnt, macht sich automatisch der Diskriminierung von Minderheiten verdächtig. So können sich Hochschulgruppen und externe Organisationen, die Wissenschaftler bekämpfen und ihre Redefreiheit einschränken wollen, in ihrer vermeintlichen moralischen Überlegenheit auf höchste universitäre und staatliche Stellen berufen. Die Frage, ob es einer Universität, die auf Freiheit von Lehre und Forschung verpflichtet ist, zukommt, das Sprechen und Schreiben und damit auch das Denken ihrer Mitglieder zu reglementieren, wird selten gestellt.

In nordamerikanischen und britischen Universitäten ist die offizielle Einschränkung der Redefreiheit bereits weiter fortgeschritten. Dort muss grundsätzlich auf alle Rücksicht genommen werden, die sich von irgendeiner Aussage verletzt oder beleidigt fühlen könnten. Die Universität soll ein *„safe space“* sein, in dem Studenten geschützt sein sollen und sich alle wohlfühlen. Wenn etwa ein kontroverses historisches oder literarisches Zitat vorgelesen werden soll, wird vorher eine *„trigger warning“* ausgesprochen, die Studenten warnt.[363] Eine britische Studentin formulierte es so: *„Die Meinungen dieser Redner sind nicht kontrovers – sie sind gewalttätig.“*[364] Solche „Gewalt“ ist aus dieser Perspektive nicht zu tolerieren und mit Gegenargumenten zu konfrontieren, sondern abzulehnen und gegebenenfalls mit Gegengewalt zu bekämpfen.

---

[362] Landesrektor_innenkonferenz & Landeskonferenz der Frauenbeauftragten an den Hochschulen im Land Bremen, 2014

[363] Vgl. z.B. Buchsteiner, 2016

[364] Lucy Delaney, Oxford University Student's Union, zitiert nach Buchsteiner, 2016.

3.5.3 Berufsfreiheit und Gewissensfreiheit

> *„Der Deutsche Bundestag hat ein Verbot sogenannter Konversionstherapien beschlossen. Entscheidet jetzt das Parlament, worunter Menschen leiden dürfen?"* (Stefan Rehder)[365]

Auch das Recht auf freie Berufsausübung und die Gewissensfreiheit werden immer mehr in Frage gestellt. Durch sozialen Druck und/oder durch Gesetze, sollen Menschen gezwungen werden, innerhalb des von ihnen ausgeübten Berufs etwas zu tun, was sie nicht mit ihrem Gewissen vereinbaren können. Manchmal werden Gesetze verabschiedet, die berufliche Tätigkeiten unterbinden, die bisher legal waren.

Ein bekanntes Beispiel ist der ehemalige Gynäkologie Chefarzt eines Dannenberger Krankenhauses, Thomas Börner, der ankündigte, in seiner Abteilung keine Abtreibungen durchführen zu wollen, außer bei Vergewaltigung und Lebensgefahr der Mutter. Er begründete dies mit seinem Gewissen. Der Klinikdirektor begrüßte die Entscheidung. Innerhalb kürzester Zeit hagelte es Kritik von Seiten der Medien, der Politik und von Verbänden wie *Pro Familia*. Die niedersächsische Gesundheitsministerin Cornelia Rundt (SPD) drohte dem Krankenhaus Finanzmittel zu kürzen, wenn die Abtreibungen nicht weiter angeboten würden. Der schwedische Träger des Krankenhauses stellte sich gegen den Chefarzt und veranlasste dessen Weggang. Der Klinikdirektor erhielt sogar eine fristlose Kündigung, die ein Arbeitsgericht später für unwirksam erklärte. Karsten Scholz, Geschäftsführer für die Bereiche Recht und Öffentlichkeit der *Ärztekammer Niedersachsen*, kritisierte die Gesundheitsministerin: Allgemeine Fördermittel dürften nicht vom Vorhalten eines rechtswidrigen Behandlungsangebots abhängig gemacht oder zu einem Qualitätsindikator der Krankenhausplanung für das gesamte Gebiet der Frauenheilkunde und Geburtshilfe erhoben werden. Ein Pressesprecher des niedersächsischen *Gesundheitsministeriums* widersprach: Da die Länder für die investive Krankenhausfinanzierung zuständig seien, seien sie auch berechtigt, eigene Qualitätskriterien zu definieren. Das Vorhalten von Abtreibungen sei ein solches Qualitätskriterium. Einen ähnlichen Fall hatte es bereits im Jahr zuvor in einer nahegelegenen Klinik gegeben.[366] Paul Cullen, Vorsitzender des Vereins *Ärzte für das Leben*, bemerkte: *„Beide Fälle zeigen eine gefährliche Tendenz der Politik, die*

---

[365] Rehder, 2020c

[366] Vgl. gesundheit adhoc, 2017; Idea, 2017

Gewissensfreiheit der Ärzte durch die Hintertür auszuhöhlen, denn wenn ein Krankenhaus oder eine Krankenhausgruppe durch solche Umgehungsmaßnahmen gezwungen werden kann, an Maßnahmen teilzunehmen, die sie aus moralischen Gründen zutiefst ablehnen, bleibt von dem viel gepriesenen ethischen Handlungsspielraum nicht viel übrig."[367]

Man könnte auch sagen, hier wurde eine rechtswidrige Handlung (die Abtreibung), die in Deutschland jedoch unter bestimmten Voraussetzungen nicht strafrechtlich verfolgt wird, zu einem Qualitätskriterium gynäkologischer Fachabteilungen und damit indirekt zu einem Pflichtangebot. Es handelt sich dabei um eine multiple Missachtung von Grundrechten durch die niedersächsische Regierung und den Krankenhausträger: des Grundrechts auf Leben der ungeborenen Kinder, der Gewissensfreiheit von Krankenhausangestellten und der Berufsfreiheit von Ärzten, die sich der Bewahrung des Lebens verpflichtet wissen. Wie der fast 2500 Jahre alte hippokratische Eid[368] verdeutlicht, gehört die Bewahrung menschlichen Lebens schließlich zum ureigensten Ethos dieses Berufsstandes.

In Schweden ist es für Hebammen nicht mehr möglich, ihren Beruf auszuüben, ohne an Abtreibungen mitzuwirken, wie die Fälle von Ellinor Grimmark und Linda Steen verdeutlichen. Beide Hebammen, hatten sich an mehreren Kliniken beworben, wurden aber abgelehnt, als sie deutlich machten, dass sie sich aus Gewissensgründen nicht an Abtreibungen beteiligen könnten. Obgleich auch in Schweden ein Recht auf Gewissensfreiheit existiert, urteilten alle Gerichte gegen sie. Der *Europäische Gerichtshof für Menschenrechte* lehnte es ab, sich mit den Fällen zu befassen.[369]

In Frankreich schaffte ein im Juli 2001 verabschiedetes Gesetz die Gewissensklausel für Ärzte ab und verpflichtete sie, abtreibungswilligen Frauen die Namen von Ärzten zu nennen, die bereit sind, Abtreibungen vorzunehmen.[370] Für manche ist dies Beihilfe zu einer Handlung, die sie nicht mit ihrem Gewissen vereinbaren können.

---

[367] Zit. nach Health & Care Management, 2017

[368] Vgl. Schott, 2006

[369] Vgl. ADF International, 2016; ADF International, 2017; ADF International, 2020b

[370] Vgl. Pouliquen, 2017, S. 2

Ein Gericht in der kanadischen Provinz Ontario urteilte, dass alle Ärzte moralisch verpflichtet seien, Abtreibungen, Euthanasie-Tötungen und Transgender-Operationen durchzuführen bzw. sie an Ärzte zu vermitteln, die diese „Dienste“ anbieten.[371]

Ein Berliner Apotheker weigerte sich aus Gewissensgründen und mit Verweis auf Artikel 4 GG, die „Pille danach“ zu verkaufen. Er warb außerdem für einen „verantwortungsvollen“ Umgang mit Verhütungsmitteln, indem er Kondompackungen Zettel mit entsprechenden Botschaften beilegte. Dafür wurde seine Apotheke jahrelang Ziel von Stein- und Farbbeutelattacken; es gab linke Protestdemonstrationen gegen ihn. Die *Apothekerkammer Berlin* ging schließlich berufsrechtlich gegen ihn vor und legte ihm zur Last, die ordnungsgemäße Arzneimittelversorgung der Bevölkerung nicht gewährt und damit der Gesundheit einzelner Menschen und des gesamten Volkes nicht gedient zu haben. Im November 2019 urteilte das *Berliner Berufungsgericht*, dass wissenschaftliche oder religiöse Ansichten oder Handlungen nicht Gegenstand eines berufsgerichtlichen Verfahrens sein könnten, Kunden also seine Informationszettel hinnehmen müssten. Auch vom Vorwurf, die Arzneimittelversorgung der Bevölkerung zu gefährden, wurde er freigesprochen, weil es in Berlin in nächster Nähe andere Apotheken gebe, welche die Abtreibungspille verkaufen. Hätte er seine Apotheke auf dem Land betrieben, wäre das Gericht möglicherweise zu einem anderen Schluss gekommen. Die *Apothekerkammer* legte Berufung ein.[372] Ein französischer Apotheker hatte weniger Glück. In einem ähnlichen Fall weigerten sich die Gerichte die Disziplinarmaßnahmen seines Berufsverbandes gegen ihn überhaupt zu verhandeln. Er verkaufte seine Apotheke.[373]

In mehreren Ländern wurden katholische Organisationen gezwungen, sich aus der Adoptions- und Pflegekindervermittlung zurückzuziehen, weil sie es mit ihren religiösen Überzeugungen und ihrem Gewissen nicht vereinbaren konnten, Kinder an gleichgeschlechtliche Paare zu vermitteln.[374]

Ein polnischer Drucker wurde vom Obersten Gerichtshof Polens verurteilt, weil er kein Banner für ein LGBT-Unternehmen drucken, also keine Werbung

---

371 Vgl. Smith, 2019b

372 Vgl. Lau, 2020; ADF International, 2020c

373 Vgl. Hautebert, 2018; Observatory on Intolerance and Discrimination against Christians in Europe, 2019, S. 16

374 Vgl. BBC News, 2012; BBC News, 2014; USCCB, 2020

für die Schwulenbewegung machen wollte. Dieses Urteil wurde später korrigiert.[375]
Im US- Bundesstaat New York wurde ein Ehepaar zu umgerechnet 11.000 € Strafe verurteilt, weil sie ihre Farm nicht für die Feier einer lesbischen Hochzeit vermieten wollten.[376]
Ein im US-Bundesstaat Colorado lebender Bäcker sollte gerichtlich gezwungen werden, Werbung für die gleichgeschlechtliche Ehe zu machen. Er war bereit, einem homosexuellen Paar eine fertige Hochzeitstorte zu verkaufen, wollte aber keine individuelle Torte mit ihrem Slogan anfertigen, der seinen Überzeugungen widersprach. Ein bundesstaatliches Gericht verurteilte ihn, seine Familie und seine Belegschaft zu Umerziehungskursen, woraufhin der Bäcker das Geschäft mit den handgestalteten Hochzeitstorten einstellte und erhebliche Verdienstausfälle in Kauf nahm. Der *US Supreme Court*, das höchste amerikanische Gericht, entschied schließlich, dass der Staat die Überzeugungen des Bäckers zu Ehe und Familie zu respektieren habe.[377]
Ein städtisches Gesetz in Phoenix im US-Bundestaat Arizona bedrohte zwei Jungunternehmerinnen mit bis zu 6 Monaten Haft bzw. 2.500 $ Strafe, weil sie ihre künstlerischen Fähigkeiten (sie fertigten handgemalte Hochzeitseinladungen an) nicht für Werbung für die gleichgeschlechtliche Ehe zur Verfügung stellen wollten. Der oberste Gerichtshof des Bundesstaates entschied schließlich, dass das Strafrecht nicht dazu diene, Menschen zu Meinungsäußerungen zu zwingen, die ihren grundlegenden Überzeugungen widersprechen.[378]
Ein von der Öffentlichkeit kaum wahrgenommener Eingriff sowohl in die Berufsfreiheit von Ärzten und Therapeuten (als auch in das Erziehungsrecht von Eltern und die Redefreiheit allgemein) ist das am 7. Mai 2020 vom Deutschen Bundestag verabschiedete Gesetz zum Verbot sogenannter Konversionstherapien.[379] Es droht mit empfindlichen Strafen (bis zu einem Jahr Haft bzw. bis zu 30.000 € Bußgeld), wenn jemand zielgerichtet auf die sexuelle Orientierung oder die selbstempfundene geschlechtliche Identität eines Betroffenen Einfluss zu nehmen versucht. Das Verbot gilt nicht nur für Ärzte und Therapeuten, sondern auch für Personen, die nicht berufsmäßig handeln, einschließlich Eltern-,

---

[375] Vgl. Observatory on Intolerance and Discrimination against Christians in Europe, 2019, S. 16f

[376] Vgl. Krockenberger, 2017

[377] Vgl. Freiburger, 2018; Thonhauser, 2018

[378] Vgl. Alliance Defending Freedom, 2019

[379] Vgl. Deutscher Bundestag, 2020

Erziehungs- und Fürsorgeberechtigte, sofern letztere ihre Fürsorge- oder Erziehungspflicht gröblich verletzen. Dem Gesetz liegt die Annahme zugrunde, dass die sexuelle Orientierung eines Menschen nicht dauerhaft verändert werden könne und allein der Veränderungsversuch schwere Schäden hervorrufe: *„Das spezifische Unrecht sog. Konversionstherapien liegt vor allem in der Beeinträchtigung der sexuellen und geschlechtlichen Selbstbestimmung und der Gesundheit der Betroffenen, meistens durch psychische Einwirkungen."*[380] Vor Konversionstherapien geschützt werden sollen Minderjährige und solche Volljährige, denen ein „Willensmangel" attestiert wird. Auch Angebot, Werbung und Vermittlung von Konversionstherapien sind verboten, selbst wenn dies nichtöffentlich geschieht. Ausdrücklich *nicht* unter das Gesetz fallen Hormonbehandlungen und operative medizinische Eingriffe, die darauf gerichtet sind, die selbstempfundene geschlechtliche Identität einer Person zum Ausdruck zu bringen. Der deutsche Gesetzgeber folgt damit ähnlichen Gesetzen in anderen Teilen der Welt, z.B. im US-Bundestaat Virginia.[381]

Hier soll nichts über die inhaltliche Qualität solcher Therapien gesagt werden. Normalerweise sind für solche Beurteilungen die entsprechenden Fachgesellschaften zuständig, nicht der Gesetzgeber. Hier sollen lediglich der Gesetzestext und seine Begründung analysiert werden, denn es stellt sich die Frage, welches hohe Gut eine solche faktische Grundrechtseinschränkung rechtfertigen könnte?

Gesetzestext wie seine Begründung machen in weiten Teilen einen unausgegorenen, wenn nicht absurden Eindruck. Schon die Grundannahme des Gesetzes, dass eine sexuelle Orientierung oder selbstempfundene geschlechtliche Identität *niemals* dauerhaft veränderbar sei, ist realitätsfern: Es existieren sogar Gruppen von ehemaligen Transgendern, die sich politisch dafür einsetzen, dass Betroffene unterstützt werden, ihr biologisches Geschlecht anzunehmen, statt in ihrer Genderdysphorie bestärkt zu werden. Sie bezeugen, dass ihnen dies zu einem wesentlich besseren Leben verholfen habe, als das Leben als Transsexuelle, das sie zuvor jahrelang geführt hatten. Im Jahr 2019 hörte sogar der *US Supreme Court* eine solche Gruppe an.[382] Nicht wenige Wissenschaftler weisen darauf hin, dass das Gefühl, dem falschen Geschlecht anzugehören, gerade bei Kindern in der Regel einer Aussöhnung mit dem eigenen biologischen

---

[380] Bundesministerium für Gesundheit, 2020

[381] Vgl. Bürger, 2020b

[382] Vgl. Supreme Court of the United States, 2019; Mainwaring, 2019

Geschlecht weiche und dass Affirmation nicht immer der beste Ansatz sei.[383] Sogar Gendertheoretiker, auf die sich LGBT-Lobbygruppen in der Regel stützen, meinen, dass es Menschen mit „fluider sexueller Identität" gebe. Der Begriff „sexual fluidity" führte im Mai 2020 bei Google zu knapp 4,5 Millionen Treffern, viele davon waren Fachaufsätze, die sich mit dem Thema befassen. Selbst in einer im Auftrag des *Bundesministeriums der Justiz* 2009 erstellten Studie über die Lebenssituation von Kindern in Regenbogenfamilien[384] wird deutlich, dass viele in Regenbogenfamilien lebende Kinder aus früheren heterosexuellen Ehen oder Beziehungen stammen – es muss bei diesen Menschen also irgendwann ein Wechsel der sexuellen Orientierung stattgefunden haben.
Im Gesetz bleibt zudem unklar, was genau unter „Konversionstherapie", „Willensmangel" oder „nichtöffentlicher Werbung" zu verstehen ist. Das Unrecht, das den Opfern geschieht, soll allein schon durch „psychische Einwirkung" zustande kommen. Um unter das Verbot zu fallen, muss der Täter kein Arzt oder Therapeut sein, was also sind eine solche „Therapie" und „psychische Einwirkung"? Ein sich wiederholender eskalierender Streit zwischen Eltern und Jugendlichen, bei dem unbedachte Worte fallen? Was ist „nicht-öffentliche Werbung"? Der eindringliche, wiederholt geäußerte Rat eines Verwandten an eine Jugendliche, Alternativen zur gewünschten Hormonbehandlung ernsthaft in Erwägung zu ziehen? Was unter „Konversionstherapie" zu verstehen sei, hänge von den Gesamtumständen und vom Einzelfall ab, heißt es in der Gesetzesbegründung. Wer also definiert diese Gesamtumstände und Einzelfälle? In der Gesetzesbegründung ist immerhin der Begriff „Willensmangel" erklärt, der bei Erwachsenen zum Tragen kommen könne und Grundlage für empfindliche Strafen ist: *„Die Willensfreiheit des Behandelten in Bedeutung und Tragweite der Behandlung kann fehlen, wenn die Einwilligung zu einer Konversionsbehandlung auf einem Willensmangel beruht."*[385] Wer kann so etwas verstehen?
Das deutsche Gesetz zum Verbot von Konversionstherapien dient nicht dem Schutz junger Menschen, sondern der Einschüchterung. Der Schutz der soge-

---

383 Einen Überblick über solche Studien gibt Dirks, 2020; weitere Studien wurden in Abschnitt 3.4.5 zitiert.
384 Vgl. Rupp, 2009
385 Deutscher Bundestag, 2020, S. 17

nannten „geschlechtlichen und sexuellen Selbstbestimmung“ wird in der Gesetzesbegründung mit Verweis auf Artikel 1 und 2 GG[386] quasi zum Grundrecht erhoben. Diese umfassende „Selbstbestimmung“ wird Menschen jeglichen Alters, also auch kleinen Kindern zugesprochen. Eltern, Therapeuten und allen anderen Menschen, die etwas mit Kindern und Jugendlichen zu tun haben, werden empfindliche Strafen angedroht, wenn sie diese „Selbstbestimmung“ verletzen, indem sie „psychisch“ auf Kinder und Jugendliche einwirken, während massive physische Eingriffe, wie Hormonbehandlungen oder geschlechtsverändernde Operationen, durch dasselbe Gesetz geschützt sind. Es ist zu befürchten, dass sich Psychologen, Therapeuten oder Ärzte fortan gezwungen sehen, kindliche und jugendliche Genderdysphorien zu bestätigen. Vermutlich wird es zu einem massiven Zuwachs verwirrter junger Menschen kommen, die zum frühestmöglichen Zeitpunkt massive medizinische Eingriffe fordern, während die damit befassten Fachleute aufgrund der drohenden strafrechtlichen Verfolgung Angst haben werden, sie ihnen vorzuenthalten. Erwachsene, die mit ihrer sexuellen Ausrichtung oder ihrem sexuellen Empfinden unglücklich sind, werden Schwierigkeiten haben, einen Therapeuten zu finden, der ihnen hilft, etwas daran zu verändern, denn auch dieser wird strafrechtliche Konsequenzen fürchten. Nicht auszuschließen ist außerdem, dass sich Fälle häufen werden, bei denen sich das Jugendamt mit Anzeigen von Kindern und Jugendlichen zu befassen hat, die mit ihren Eltern unzufrieden sind, weil diese eine andere Einstellung zur Sexualität vertreten, als sie selbst. Hier sei noch einmal auf die amerikanische Elternvereinigung hingewiesen, die sich hilflos einem Phänomen gegenübersieht, das sie als „Experiment“ an ihren Kindern bezeichnet, nämlich die Hormonbehandlung und operative Geschlechtsumwandlung in immer jüngerem Alter, nachdem ihre Kinder plötzlich und in Gruppen zur Ansicht kamen, dem anderen Geschlecht anzugehören.[387]

Um zu einer adäquaten Einschätzung der Bedeutung dieses Gesetzes zu kommen, kann es hilfreich sein, einige neuere Beiträge in den wissenschaftlichen Fachzeitschriften zum Thema Berufs- und Gewissensfreiheit zur Kenntnis zu nehmen. Ein Anfang 2019 in einem renommierten wissenschaftlichen Bioethikjournal erschienener Fachaufsatz plädiert beispielsweise dafür, Kindern

[386] Vgl. Deutscher Bundestag, 2020, S. 10

[387] Vgl. Rapid-Onset Gender Dysphoria (ROGD), 2020

ohne Zustimmung der Eltern oder Sorgeberechtigten Pubertätsblocker zu verschreiben, notfalls durch staatliche Zwangsmaßnahmen.[388] Kurz darauf erschien in einem anderen wissenschaftlichen Journal ein weiterer solcher Beitrag. Darin werden Wege diskutiert, wie geschlechtsverändernde Eingriffe bei Teenagern gegen elterliche Wünsche durchgesetzt werden können.[389] Die beiden Beiträge sollten zusammen mit den immer zahlreicher werdenden Plädoyers von Wissenschaftlern und Bioethikern gesehen werden, die Gewissensfreiheit von Ärzten, Apothekern und anderem medizinischen Personal vollständig abzuschaffen.[390] Das renommierte *New England Journal of Medicine* etwa hat im Jahr 2017 einen Aufsatz veröffentlicht, der konstatiert, dass persönliche Moralvorstellungen in einem professionellen Kontext sekundär seien und bei der Behandlung allein der Wunsch der Patienten zum Tragen kommen müsse. Ärzte, Pfleger, Apotheker und andere medizinische Angestellte hätten sich zwischen einem anderen Bereich des Gesundheitswesens, der ihren Überzeugungen besser entspreche oder der Aufgabe ihres Berufs zu entscheiden.[391] Man könnte das Problem auch wie folgt beschreiben: Wenn Ärzten und medizinischem Personal das Recht abgesprochen wird, Maßnahmen zu verweigern, die ihrem Gewissen widersprechen und ein ganzer Berufsstand gezwungen werden soll „Behandlungen“ durchzuführen, die das Leben von Menschen beenden (Abtreibung, Euthanasie) oder ihre Gesundheit massiv beeinträchtigen (Pubertätsblocker für Kinder), dann hat dies nicht nur für sie Folgen: Schwache Menschen – in diesem Fall ungeborene Kinder, genderdysphorische Kinder und Jugendliche, alte und kranke Menschen und Menschen mit psychischen Beeinträchtigungen – werden keinerlei Schutz mehr genießen. Stattdessen werden sie ihren eigenen unweisen Entscheidungen ebenso widerspruchslos ausgeliefert sein, wie den Interessen und Zugriffen aller, die sie lieber tot sehen oder zu Objekten sozialpolitischer oder medizinischer Experimente machen wollen. Kinder und Jugendliche sind noch gefährdeter, wenn zugleich das Erziehungsrecht der Eltern ausgehöhlt wird.

Nachdem ein kalifornisches Gericht ein katholisches Krankenhaus im Jahr 2019 dazu *verpflichtet* hatte, Gebärmutterentfernungen bei völlig gesunden Frauen vorzunehmen, fragte der amerikanische Journalist Wesley Smith, ob

---

[388] Vgl. Priest, 2019

[389] Vgl. Dubin et al., 2019

[390] Vgl. z.B. Card, 2007; Stahl & Emanuel, 2017; Rhodes, 2019, S. 496ff; Schuklenk, 2019

[391] Vgl. Stahl & Emanuel, 2017, S. 1382ff. Zur Kritik vgl. auch Smith, 2019c

unsere Kultur noch in der Lage sei, extrem individualistischen Wünschen dauerhaft Grenzen zu setzen? Er fragte, ob wir überhaupt noch fähig seien, extrem gestörte subjektive interne mentale Zustände, objektiv schädliche Folgen oder die radikale Zerstörung traditioneller ethischer Werte wahrzunehmen, um irgendwann „nicht weiter!" zu rufen?[392] Bioethiker hätten bereits dafür plädiert, die Gliedmaßen von Menschen zu amputieren, die unter einer Störung der Körperintegrität und -identität (BIID oder Body Integrity Identity Disorder)[393] leiden, weil sie sich, nach eigenen Angaben, dann besser fühlten.[394] Ebenso habe eine wissenschaftliche Fachzeitschrift den Beitrag einer Autorin veröffentlicht, die der Ansicht ist, dass Ärzte verpflichtet seien, auch solche Operationen durchzuführen, die das Äußere eines Menschen bewusst verunstalten, z.B. indem sie ihnen Hörner implantieren, Nase und Ohren abschneiden oder Frauen gezielt hässlicher machen. Andere hätten dafür plädiert, Menschen, die sich selbst verletzen, beim Zufügen ihrer Verletzungen zu helfen, um Infektionen zu reduzieren. Würden Ärzte nur noch als medizinische Technokraten und Erfüllungsgehilfen für Patientenwünsche aller Art angesehen, so seien sie früher oder später dazu gezwungen, entgegen ihren eigenen moralischen Überzeugungen geschlechtsverändernde Operationen durchzuführen bzw. alles zu tun, was ein Patient als situativ richtig ansehe. Das ärztliche Grundprinzip, keinen Schaden anzurichten, werde so ins Gegenteil verkehrt.[395]

3.5.4 Elternrechte

> *"Wir müssen Wege finden, um der Exklusivität und Vormachtstellung ‚biologischer' Eltern im Leben von Kindern entgegenzuwirken."* (Sophie Lewis)[396]

Das deutsche Grundgesetz stellt Ehe und Familie in Artikel 6 unter den besonderen Schutz des Staates und bezeichnet die Kindererziehung als das natürliche Recht der Eltern und die ihnen obliegende Pflicht. Ähnlich beschreiben es andere Verfassungen der westlichen Welt. In Artikel 16 der *Allgemeinen Erklärung der Menschenrechte* von 1948 wird die Familie als die natürliche Grund-

---

[392] Vgl. Smith, 2019b

[393] Vgl. Blom, Hennekam, & Denys, 2012

[394] Vgl. z.B. Müller, 2009, die diverse Aufsätze zitiert.

[395] Vgl. Smith, 2017; Smith, 2019b

[396] Lewis, S. zit. nach Hermsmeier, 2019

einheit der Gesellschaft bezeichnet. Dies bedeutet, dass den Eltern das natürliche Recht der Erziehung ihrer Kinder zukommt; erst wenn diese versagen und die Kinder verwahrlosen, darf und muss der Staat zum Schutz der Kinder aktiv werden. Grundgesetz und Menschenrechtserklärung basieren auf der naturrechtlichen Annahme, dass Ehe und Familie vom Staat lediglich vorgefunden, nicht aber (neu) konzipiert oder geschaffen werden.

Bis vor nicht allzu langer Zeit war es allgemeiner Konsens, dass Kinder nicht oder nur eingeschränkt in der Lage sind, die Folgen ihrer Handlungen abzuschätzen und die mit bestimmten Rollen einhergehenden Pflichten zu erfüllen. Daher werden ihnen bestimmte Rechte (etwa das Wahlrecht oder das Recht, Verträge abzuschließen) erst mit Eintritt der Volljährigkeit gewährt. Unstrittig war lange Zeit auch, dass Kinder und Jugendliche erst lernen müssen, nach und nach für sich und andere Verantwortung zu übernehmen und für diesen Lernprozess die Unterstützung ihrer Eltern, ihrer Familie und anderer Menschen benötigen. Es war klar, dass die wohlwollende elterliche Autorität Kinder, Jugendliche und damit indirekt auch andere Menschen vor den Konsequenzen ihrer unüberlegten und manchmal auch gefährlichen Handlungen schützt.

All dies wird heute ernsthaft in Frage gestellt. Die Eingriffe des Staates in das natürliche Erziehungsrecht der Eltern nehmen immer mehr zu, ebenso die Forderungen nach weitgehender Entrechtung der Eltern. Kinder sollen gegen den Willen der Eltern weitreichende Entscheidungen treffen können, die ihr eigenes Leben und das Leben anderer Menschen massiv beeinflussen. In Wirklichkeit treffen natürlich nicht Kinder oder Jugendliche autonom ihre Entscheidungen, sondern Außenstehenden (z.B. Ärzten, Lehrern oder Mitarbeitern von Beratungsstellen) wird die Entscheidungsbefugnis zugesprochen, die den Eltern zuvor aberkannt wurde. Zwei Beispiele wurden bereits im vorausgehenden Abschnitt 3.5.3. genannt, die Forderung und mancherorts bereits existierende Praxis, geschlechtsverändernde Eingriffe bei Kindern und Jugendlichen gegen den Willen der Eltern staatlich durchzusetzen[397] und Gesetze (wie das kürzlich in Kraft getretene deutsche Gesetz zum Verbot von Konversionstherapien), die Eltern mit empfindlichen Strafen bedrohen, wenn sie gegen die nicht näher definierte lebenslange geschlechtliche und sexuelle Selbstbestimmung ihrer Kinder verstoßen. So kann nun etwa eine 17-jährige Studentin

---

[397] Vgl. Priest, 2019; Dubin et al., 2019; Van Maren, 2020d; Van Maren, 2020e; Freiburger, 2020

zwar geschlechtsverändernde Eingriffe ohne elterliche Zustimmung vornehmen lassen, aber ein Zimmer nur mit Unterschrift ihrer Eltern anmieten. Mädchen ab 14 Jahren können in Deutschland ein Kind ohne Wissen und Zustimmung ihrer Eltern abtreiben lassen, sofern ihr Frauenarzt zustimmt. Ihnen wird damit gestattet, die Tötung eines Menschen in Auftrag zu geben, während sie für den Abschluss eines Handyvertrags noch die Unterschrift ihrer Eltern benötigen.

Bei der Wehrdienstverweigerung sind Verweise auf Gewissensgründe und religiöse Überzeugungen heute weitgehend anerkannt. Wenn Eltern solche religiösen Überzeugungen und Gewissensgründe hingegen in Verbindung mit ihrem Erziehungsrecht geltend machen und ihre Kinder nicht an Sexualkundeunterricht oder sexualisierter Sexualaufklärung teilnehmen lassen wollen, von denen sie glauben, dass sie ihrem Kind schaden, dann trifft sie manchmal die volle Härte des Gesetzes. Ämter und Justiz versuchen den elterlichen Willen mit allen ihnen zur Verfügung stehenden Mitteln zu brechen.

So wurden etwa deutsche Baptistinnen in Erzwingungshaft genommen, weil sie ihre Kinder nicht an einem Theaterstück der schulischen Sexualaufklärung mit dem Titel *„Mein Körper gehört mir"* teilnehmen lassen wollten und die verhängten Bußgelder nicht bezahlten.[398] Einem Familienvater widerfuhr das gleiche Schicksaal, seine Ehefrau wurde ebenfalls von Haft bedroht.[399] Der 10-jährige Sohn einer anderen baptistischen Familie wurde sogar trotz offensichtlicher Magen-Darm-Erkrankung von Mitarbeitern des Ordnungsamtes zuhause abgeholt und zwangsweise in die Schule gebracht. Auch er sollte am Sexualkundeunterricht teilzunehmen, den seine Eltern ablehnten. Als der Vater versuchte, mit der Schulleiterin zu sprechen, erteilte diese ihm Hausverbot und rief die Polizei. Diese wies ihn darauf hin, dass er wegen Hausfriedensbruchs festgenommen würde, sollte er weiterhin versuchen, seinen kranken Sohn mit nachhause zu nehmen. Gerichte bestätigten dieses Vorgehen.[400] Auch in Wales wurde der zuvor freiwillige Sexualkundeunterricht verpflichtend. Eltern haben nun nicht mehr die Möglichkeit, ihre Kinder davon abzumelden – auch wenn sie die dort gelehrten LGBT-Inhalte als schädlich für ihre Kinder ansehen.[401]

---

[398] Vgl. Die Tagespost, 2010; Reckinger, 2010

[399] Vgl. Oberlandesgericht Hamm, 2013; Dudek, 2014

[400] Vgl. Epoch Times, 2017

[401] Vgl. Observatory on Intolerance and Discrimination against Christians in Europe, 2020; Benson, 2020

In den USA und in Kanada ist ein (auch gerichtlicher Streit) zwischen Eltern und Schulen bzw. Schulbehörden darüber entbrannt, ob Lehrer Schülern gegen den Willen ihrer Eltern gestatten dürfen, in der Schule eine gegengeschlechtliche Identität anzunehmen, indem sie gegengeschlechtliche Vornamen, Kleidung und Pronomen gebrauchen. Mehrere örtliche Schulbehörden haben nicht nur Informationsmaterial für Lehrer bereitgestellt, das erklärt, wie sie Kinder in der Annahme einer gegengeschlechtlichen Identität unterstützen sollen, sondern diese auch angewiesen, eine solche Praxis vor den jeweiligen Eltern geheim zu halten.[402]

All diesen und vielen anderen ähnlichen Fällen ist gemeinsam, dass Politik, Verwaltung und Gerichte in Zusammenarbeit mit Schulen und anderen Bildungseinrichtungen über das Erziehungsrecht der Eltern hinweg entscheiden, bei gleichzeitiger Delegitimierung oder sogar Kriminalisierung kritischer Fachleute, die den Eltern beistehen wollen. Hier geht es nicht um einen die biologischen oder medizinischen Fakten vermittelnden altersangemessenen Biologieunterricht, den nur wenige Menschen in Frage stellen würden, sondern um Inhalte, die den Kindern umstrittene Werte im sensiblen Bereich der Sexualität vermitteln und damit das existierende Menschen- und Familienbild vieler Familien grundlegend torpedieren.

Obgleich Kinder schon heute dieselben Grundrechte wie alle anderen Menschen genießen, wird in Deutschland die Aufnahme von Kinderrechten ins Grundgesetz diskutiert. Was zunächst als Gesetzesvorhaben zum Schutz von Kindern erscheint, könnte sich, so warnten Kritiker, gegensätzlich auswirken. Schon heute sind die Jugendämter verpflichtet, tätig zu werden, wenn sie Kenntnis erhalten, dass Kinder von ihren Eltern vernachlässigt oder misshandelt werden. Geschieht dies nicht, so hat dies in der Regel Ursachen, gegen die Polizei und Sozialarbeiter nur wenig ausrichten können: Die prekäre ökonomische und soziale Situation nicht weniger Familien, insbesondere vieler Alleinerziehender, und die Dysfunktionalität mancher Familien und familienähnlicher Lebensgemeinschaften nehmen immer mehr zu, was bei gleichzeitiger Überlastung der Jugendämter und Delegation ihrer Aufgaben an freie Träger, die ihren Verpflichtungen nicht immer angemessen nachkommen (können), zu einem inadäquaten Schutz der Kinder führt. Ein zusätzliches Gesetz wird an solchen Ursachen nichts ändern. Kritiker des Gesetzesvorhabens warnen davor, dass eigene Kinderrechte dazu benutzt werden könnten, um die

---

402 Vgl. Laurence D., 2017a & b; Bürger, 2020a

elterlichen Rechte auch gut funktionierender Familien gegenüber dem Staat noch weiter auszuhöhlen, dem Staat also umfassende Zugriffsrechte auf Minderjährige zu gewähren. Nicht die Eltern entschieden dann, was gut für ihre Kinder sei, sondern der Staat.[403] Solche Warnungen sind auch in Verbindung mit einem Ende 2019 veröffentlichten Leitfaden internationaler LGBT-Lobbygruppen zu sehen, der die rechtliche Situation Transsexueller im internationalen Recht und in verschiedenen europäischen Ländern beschreibt und politische Ziele formuliert. Zu diesen Zielen gehören die Abschaffung eines Mindestalters für die rechtliche Änderung des Geschlechts, die vollständige rechtliche Anerkennung einer selbst definierten geschlechtlichen Identität, die Abschaffung der medizinischen Untersuchung oder Diagnose einer Genderdysphorie und die Einleitung staatlicher Maßnahmen, sollten Eltern die freie Identitätsentwicklung einer jungen Trans-Person behindern. Die heute noch erforderliche elterliche Zustimmung zur rechtlichen Geschlechtsänderung bei Minderjährigen ist aus Sicht der Autoren des Leitfadens restriktiv und problematisch. Das Prinzip des Kindesinteresses *(„best interest of the child“)* soll vom Staat bzw. von öffentlichen Institutionen gewährleitet werden; Eltern und Familie werden in diesem Leitfaden nicht genannt. Man kann hier also davon ausgehen, dass allein der Staat bestimmen soll, was im Interesse eines Kindes liegt.[404]

In der Diskussion um spezielle Kinderrechte geht es zudem ganz offensichtlich nicht um die wirklich elementaren Rechte der Kinder, etwa ihr Recht auf Leben oder ihr Recht auf Achtung ihrer Menschenwürde, denn sonst müssten auch Themen wie ihre vorgeburtliche Tötung, ihre Laborzeugung oder die diversen bereits angesprochenen Praktiken mitdiskutiert werden, die Kinder zur Verfügungsmasse von Erwachsenen machen.

---

[403] Vgl. Liminski, 2019; Demo für alle, 2019d

[404] Vgl. Iglyo, Dentons & Thomson Reuters Foundation, 2019, S. 12-17; Demo für alle, 2019c

3.5.5 Ehe und Familie

„Jeder Mensch hat das Recht eine Familie zu gründen. Tausende Kinder wachsen derzeit in Deutschland in Regenbogenfamilien auf, in denen mindestens ein Elternteil sich als lesbisch, schwul, bisexuell, trans- oder intergeschlechtlich versteht. (...) Regenbogenfamilien entstehen auf vielfältige Weise: Kinder werden in gleichgeschlechtlichen Ehen geboren, sind Wunschkinder mehrerer Personen, stammen aus früheren heterosexuellen Beziehungen eines Elternteils oder finden als Adoptiv- oder Pflegekinder ein Zuhause. Eine moderne Familienpolitik muss alle unterstützen, die mit Kindern leben und für sie sorgen."
(Lesben- und Schwulenverband Deutschland)[405]

Die langsame Auflösung des besonderen rechtlichen Schutzes und der Vorrangstellung der zweigeschlechtlichen Ehe und natürlichen Familie gegenüber anderen Lebensformen ist ebenfalls eine Folge der Neuerfindung des Menschen im Bereich der Sexualität. Einige wichtige gesellschaftliche und rechtliche Etappen in diesem Prozess waren: die Erfindung der Anti-Baby-Pille; die Legalisierung der Abtreibung; die künstliche Erzeugung des Menschen im Labor; Reformen des Scheidungs-, Unterhalts-, Kindschafts- und Sorgerechts; die drastische Erhöhung der Scheidungsrate; die Vervielfältigung der gesellschaftlich akzeptierten Formen des Zusammenlebens (uneheliches Zusammenleben von Mann und Frau, Alleinerziehende, Patchworkfamilien); die Schaffung eingetragener Lebenspartnerschaften und ihre Angleichung an die rechtlichen Vorschriften der Ehe (z.B. in den Bereichen Güterrecht, Unterhaltsrecht, Steuerrecht, Stiefkindadoption, Hinterbliebenenversorgung); die Etablierung unzähliger Gender-Lehrstühle an den Universitäten; die Implementierung von Gender & Diversity-Aktionsplänen in der öffentlichen Verwaltung; die Verpflichtung der Schulen auf die Sexualität der Vielfalt, einschließlich der fächerübergreifenden Infragestellung der „Zwangsheterosexualität"; der Ausbau von Krippen und Kindertagesstätten zu Ganztagsbetreuungseinrichtungen; eine veränderte Familienpolitik, die vom Modell der lebenslangen Ehe, zum Konzept der seriellen Monogamie überging, um schließlich gezielt „Regenbogenfamilien" zu fördern; die Einführung der „Ehe für alle"; die rechtliche Anerkennung eines dritten Geschlechts und schließlich das gesetzliche Verbot von Konversionsbehandlungen, welches Elternrechte einschränkt und Eltern mit empfindlichen Strafen bedroht.[406]

---

[405] LSVD, 2020c

[406] Vgl. Münch, 2014; Spieker, 2011b; Spieker, 2015b

Wie fern die dem deutschen Grundgesetz und anderen westlichen Verfassungen zugrundeliegende Vorstellung, bei der Ehe handle es sich um eine lebenslange Beziehung zwischen Mann und Frau und bei der Familie um die Lebensgemeinschaft zwischen biologischen Eltern und ihren Kind(ern) dem Denken wichtiger Entscheidungsträger der westlichen Welt bereits geworden ist, zeigen zwei Urteile des *Europäischen Gerichtshofs für Menschenrechte (EGMR)* aus den Jahren 2015 und 2017. In der Rechtssache Paradiso und Campanelli gegen Italien ging es um Folgendes:[407] Einem schon etwas älteren Ehepaar (45 und 55 Jahre alt) gelang es nicht, ein eigenes Kind zu zeugen oder ein Kind zu adoptieren. Daher reisten sie nach Russland und kauften in einer Klinik für 45.000 € ein „Kinderwunschpaket mit Erfolgsgarantie." Die Klinik versprach, mithilfe des Spermas des Auftraggebers und der Eizelle einer anonymen Frau ein Kind zu erzeugen und es durch eine gemietete Leihmutter austragen zu lassen. Das Kind wurde geboren und seinen Auftraggebern übergeben. Eine russische Behörde stellte eine Urkunde aus, welche die beiden als biologische Eltern ausgab. Allerdings schöpften die italienischen Behörden Verdacht – Leihmutterschaft und Personenstandsbetrug, also die Vorspiegelung falscher Tatsachen über die Identität einer Person, sind in Italien verboten. Untersuchungen ergaben, dass das Kind weder von der angeblichen „Mutter", noch vom angeblichen „Vater" abstammte. Zu seiner Erzeugung war nicht nur die Eizelle einer anonymen Frau, sondern auch das Sperma eines anonymen Mannes benutzt worden. Die italienischen Behörden behandelten das Kind deshalb als Vollwaise und gaben es in eine Pflegefamilie, denn seine Käufer hatten grob gegen italienisches Recht verstoßen und galten daher als unzuverlässig. Im Prozess vor dem EGMR ging es nun darum, ob die von einem italienischen Gericht verfügte Entfernung des Kindes aus der Obhut seiner „Eltern" das Grundrecht auf Achtung des Familienlebens der „Eltern" und des Kindes verletzt habe und daher menschenrechtswidrig sei. Dieser Beschwerde des Käuferehepaares (der sogenannten „Eltern") wurde in einer Kammerentscheidung des EGMR stattgegeben. Zwar verblieb das Kind in der Pflegefamilie, weil es dort bereits drei Jahre lang gelebt hatte, aber der italienische Staat wurde zu einer Schadensersatzzahlung an die Käufereltern verurteilt. Die Richter stellten fest, dass den „Eltern" zwar die gesetzliche Vertretungsbefugnis für das Kind fehlte, dem Kind aber dennoch Unrecht geschehen sei, weil der Verbleib bei seinen „Wunscheltern" seinem Wohl dienlich gewesen wäre.

---

[407] Vgl. Cornides, 2017

Man könnte den Fall auch so beschreiben: Ein Ehepaar fuhr ins Ausland, um dort ein Kind zu kaufen und es mit gefälschten Papieren nach Hause zu bringen. Obgleich sie damit nicht nur gegen italienisches Recht verstoßen, sondern im Grunde auch Menschenhandel betrieben hatten, sprach ihnen der EGMR die Vertretungsbefugnis für das nicht mit ihnen verwandte Kind zu, ohne zuvor zu klären, wie diese Vertretungsbefugnis auf sie übergegangen war. Das Gericht war der Ansicht, dass es im Interesse des Kindes gewesen wäre, bei seinen Käufern zu leben.
Das Urteil wurde vom italienischen Staat angefochten und es kam zu einer zweiten Verhandlung in der Großen Kammer des EGMR. Diese kam zum Schluss, dass der italienische Staat das Recht auf Achtung des Familienlebens zwar nicht verletzt habe, die Sache aber eine Ermessensfrage sei, denn die Materie sei in den verschiedenen Staaten unterschiedlich geregelt.
Cornides wies darauf hin, dass es bereits mehrere ähnliche Entscheidungen des EGMR gegeben habe. Bei diesen hätten unter anderem ein alleinstehender Mann bzw. zwei Männer ihr „Recht" geltend gemacht, sich mithilfe ausländischer Leihmütter Kinder zu verschaffen. Er zählte, dass von den insgesamt 23 mit dem hier dargestellten Fall befassten Richtern des EGMR 11 der Auffassung gewesen seien, dass man ein Kind, welches man für viel Geld im Ausland gekauft habe, auch behalten dürfe. Diese Richter hielten *„die Kommerzialisierung des weiblichen Körpers und den Handel mit Kindern entweder für etwas, das ein Gesetzgeber nach freiem Ermessen regeln darf, oder sogar für ein Grundrecht."*[408] Man könnte darüber hinaus auf das kommerzialisierte Familienbild dieser Richter hinweisen: Menschen kaufen sich im Ausland ein Kind, wie sie sich im Inland ein Haus, ein Auto oder einen Hund gekauft hätten und bezeichnen das dann entstehende Beziehungsgefüge als ihre „Familie". Dabei ist ein Kind sogar kostengünstiger zu erwerben, als ein Haus und so manches Auto.
Henze[409] warnt eindrücklich vor der Wiederkehr des Rechtspositivismus in Europa. Der Rechtspositivismus ist eine Rechtstheorie, die von der Grundannahme ausgeht, dass Recht und Gesetz allein das ist, was ein Gesetzgeber beschließt und durchsetzt und was dann als Recht im gesellschaftlichen Leben wirksam wird. Die Quelle des Rechts ist nach dieser Auffassung allein der Gesetzgeber, also der Staat. Dieses so gesetzte Recht benötigt keine andere Legi-

---

[408] Cornides, 2017
[409] Vgl. Henze, 2017

timation durch ein „höheres“ Recht, etwa die Vernunft, die Natur des Menschen oder göttliches Recht. Was der Staat nach dem allgemein akzeptierten Gesetzgebungsverfahren beschließt, ist Recht und Gesetz. Im rechtspositivistischen Denken existiert kein „ungerechtes Gesetz“, weil der Bezug zu einer dem Staat vorausgehenden Vorstellung von Recht und Gerechtigkeit fehlt. Ein Blick auf den Nationalsozialismus und das Sowjetsystem zeigt die Gefährlichkeit dieser Rechtstheorie. Beide Diktaturen stützten sich auf Gesetze, die auf formal korrektem Wege verabschiedet wurden. Eine Instanz, die beispielsweise die nationalsozialistischen Rassengesetze auf ihre Gerechtigkeit und Gültigkeit geprüft hätte, gab es nicht und kann es nach rechtspositivistischer Auffassung auch nicht geben.

Vor diesem historischen Hintergrund wurden 1949 mit dem deutschen Grundgesetz Grundrechte in die Verfassung geschrieben, an die künftig jede Gesetzgebung, vollziehende Gewalt und Rechtsprechung gebunden ist. Der Gottesbezug in der Präambel verweist auf ein höheres Recht, aus dem die Grundrechte abgeleitet sind. Bei den deutschen Grundrechten handelt es sich nicht lediglich um allgemeine Werte oder Staatsziele, sondern um einklagbares Recht. Sie definieren die Grenzen, an die selbst Bevölkerungsmehrheiten gebunden sind. Die wichtigste Aufgabe des Bundesverfassungsgerichts besteht darin, die Einhaltung der Grundrechte und Staatsverpflichtungen durch Urteilssprüche mit unmittelbar rechtlicher Wirkung zu sichern. Der Staat hat nach Artikel 6 des Grundgesetzes die Pflicht, Ehe und Familie zu schützen, aber kein Recht, zu bestimmen oder zu verändern, was sie ihrem Wesen nach sind, denn Ehe und Familie werden vom Staat lediglich vorgefunden, nicht (neu) konzipiert oder geschaffen. Die gegenteilige Auffassung, der Staat könnte durch Gesetzesbeschlüsse beliebig definieren, was Ehe und Familie sind, wäre rechtspositivistisch. Ehe und Familie sind ihrem Wesen nach mit jener Unangreifbarkeit ausgestattet, die das Grundgesetz den Grundrechten bescheinigt. Dabei ist klar, dass das Grundgesetz unter Ehe die Verbindung zwischen einem Mann und einer Frau versteht, die zusammen mit ihren Kindern eine Familie bilden. Als das Grundgesetz verabschiedet wurde, dachte in Bezug auf Artikel 6 niemand an gleichgeschlechtliche Beziehungen. Das Verständnis von Ehe als einer Beziehung zwischen einem Mann und einer Frau war bis vor kurzem nicht nur in Deutschland, sondern überall in der westlichen Welt absolut unhinterfragt. Selbst die Schwulenbewegung hat zunächst nur die Abschaffung von Strafgesetzen gegen praktizierte Homosexualität und mehr gesellschaftliche Toleranz

gefordert; die Ehe als solche galt vielen als „spießig“ und wurde nicht als adäquate Lebensform für Homosexuelle und andere sexuelle Minderheiten angesehen. Als das Bundesverfassungsgericht am 17. Juli 2002 eine Klage gegen das Lebenspartnerschaftsgesetz ablehnte, begründete es dies damit, dass die eingetragenen Partnerschaften *nicht* gegen Artikel 6 des Grundgesetzes verstießen, weil sie sich an Personen richteten, die miteinander keine Ehe eingehen können.[410] Der Beschluss der „Homo-Ehe“ im Jahr 2017 ist also ein Ausdruck rechtspositivistischen Denkens. Der Gesetzgeber hat etwas als gleich erklärt, was nicht gleich ist und dabei das Wesen der Ehe grundlegend neu definiert. Auf diese Weise wurde eine Gemeinschaft, die keine Ehe ist, unter den besonderen Schutzauftrag der Verfassung gestellt, der nur der Ehe gilt. Damit geschah, was das Grundgesetz selbst eigentlich kategorisch ausschließt: *„eine Änderung der Verfassung in ihren Fundamenten, ein Eingriff in einen Bereich, der selbst für verfassungsändernde Mehrheiten tabu ist.“*[411]
Befürworter der „Ehe für alle“ argumentieren, dass eine kleine Minderheit von Homosexuellen nicht das Rechtsinstitut der Ehe gefährden könne. Es gehe vor allem darum, die Toleranz in der Gesellschaft zu fördern und Diskriminierung abzubauen. Zudem gebe es auch in gleichgeschlechtlichen Beziehungen Liebe, Verantwortungsbereitschaft, Zuverlässigkeit, Treue und Beständigkeit. Solche moralischen Grundsätze könnten in gleichgeschlechtlichen Partnerschaften ebenso gelebt werden, wie in einer gemischtgeschlechtlichen Ehe.
Dem wäre zu entgegnen, dass ein mit speziellem staatlichem Schutz ausgestattetes Rechtsinstitut, wie das der Ehe, niemals durch das Maß des moralischen Verhaltens ihrer Inhaber definiert werden kann. Ehe und Familie als solche sind also auch dann als Institutionen schützenswert, wenn manche ihre Inhaber unmoralisch handeln. Letztlich lässt sich der besondere staatliche Schutz von Ehe und Familie im Grundgesetz nur durch den Verweis auf ein höheres, vor dem Staat existierendes, überstaatliches Recht begründen. Inhaltlich zu ergänzen wäre, dass aus einer Ehe in der Regel Kinder hervorgehen, die mehrheitlich zu kompetenten Staatsbürgern erzogen werden und so für Erhalt und Stabilität von Staat und Gesellschaft von morgen beitragen. Gleichgeschlechtliche Beziehungen können keinen solchen reproduktiven Beitrag leisten. Es gibt also keinen Grund, warum der Staat sie besonders fördern oder sogar der Ehe gleichstellen sollte. Gesellschaftliche Toleranz in Bezug auf Menschen, die

---

[410] Vgl. dazu auch Deutscher Bundestag, wissenschaftliche Dienste, 2017
[411] Henze, 2017

sich für andere Lebensformen entscheiden, kann auf vielfache Weise gefördert werden. Warum die faktische Zerstörung einer Institution, die vor dem Staat existiert bzw. die Abschaffung eines Grundrechts langfristig zu mehr Toleranz gegenüber den Gruppen führen sollte, die diese Zerstörung betrieben haben, ist nicht unmittelbar einleuchtend. Wenn sich die Auswirkungen der Zerstörung von Ehe und Familie in Zukunft noch stärker manifestieren werden, könnte dies wie ein Bumerang auf diejenigen zurückwirken, die ihre Zerstörung betrieben haben.

Der Verweis auf hohe moralische Grundsätze als alleiniges Kriterium dessen, was eine „Ehe" ausmacht, leistet nicht nur jenem Rechtspositivismus Vorschub, vor dem Henze warnte, sondern ist sogar überaus gefährlich. Dies wird sofort deutlich, wenn man sich andere Beziehungsbegründungen ansieht: Vertreter der Polyamorie geben ebenfalls an, dass bestimmte Tugenden und moralische Grundsätze auch in polyamourösen Beziehungen verwirklicht werden können.[412] Nicht wenige muslimische Migranten sind vermutlich der Ansicht, dass in den in ihrem Heimatland geschlossenen Ehen eines Mannes mit mehreren Frauen die oben genannten Werte gelebt werden. In wissenschaftlichen Fachzeitschriften ist nachzulesen, dass Pädosexuelle sich selbst nicht als Kinderschänder sehen, sondern ihre langjährigen sexuellen Beziehungen mit Minderjährigen als liebevoll und verantwortungsbewusst beschreiben. Soll der Staat also all diese Beziehungen als „Ehen" definieren? Klar ist, dass es bei alleinigem Verweis auf moralische Grundsätze kein logisches Argument gibt, mit dem dies abzulehnen wäre. Wenn aber potentiell alles unter den besonderen staatlichen Schutz fällt, dann ist dieser staatliche Schutz faktisch aufgehoben.

Mit der „Ehe für alle" ist das Ziel der geforderten Gleichberechtigung und Antidiskriminierung noch lange nicht erreicht.[413] Weitere auf CSD-Umzügen vertretene Forderungen sind etwa *„die gleichberechtigte Anerkennung aller Beziehungs- und Familienformen, in denen zwei oder mehr Menschen verantwortungsvoll miteinander leben, die rechtliche Anerkennung von Regenbogenfamilien mit mehr als zwei Elternteilen (Kleeblattfamilien), die umfassende Gleichstellung von Regenbogenfamilien im Familien-, Sozial-, Sorge-, Adoptions- und Abstammungsrecht."*[414] Die Partei *Die Linke* formuliert: *„Die Privilegierung der*

---

[412] Vgl. Polyamorie, 2020

[413] Vgl. etwa die Forderungen des deutschen Lesben- und Schwulenverbandes (LSVD, 2020a).

[414] CSD Weimar, 2020

Ehe vor anderen Familienformen (Regenbogenfamilien, homosexuelle Partnerschaften, Alleinstehende etc.) muss beendet und durch evidente Kriterien des Kindeswohls ersetzt werden.“[415] An anderer Stelle ist von dieser Partei zu lesen: *„Wir wollen (...) das volle Adoptionsrecht für Alle. Reproduktionsmedizin muss auch nichtverheirateten und lesbischen Frauen zur Verfügung stehen. (...) Wir setzen uns dafür ein, dass auch (bis zu) vier Personen Eltern für ein Kind sein können, also in Co-Elternschaft das gemeinsame Sorgerecht innehaben.“*[416] Die *Freien Demokraten* hingegen *„fordern einen offenen Umgang mit den Möglichkeiten der modernen Reproduktionsmedizin. Allen Menschen muss unabhängig vom Familienstand der Zugang zu reproduktionsmedizinischen Angeboten gegeben werden. (...) Eizellspenden und nichtkommerzielle Leihmutterschaft sind in vielen Staaten der EU bereits legal und sollten auch in Deutschland unter Auflagen erlaubt werden.“*[417] Der *Deutsche Ethikrat* hat im Jahr 2014 unter Verweis auf Eigenverantwortlichkeit und sexuelle Selbstbestimmung sogar empfohlen, einvernehmliche Inzesthandlungen zwischen volljährigen Geschwistern zu legalisieren. Wenn die Geschwister nicht zusammenwohnen, soll der Inzest nach Ansicht der Mehrheit der Mitglieder des Ethikrates auch legal sein, wenn einer der beiden Partner lediglich 14 Jahre alt ist.[418]
Würden all diese Forderungen umgesetzt, so wäre das Rechtsinstitut der Ehe weder an das Geschlecht, noch an eine bestimmte Anzahl von Personen geknüpft. Eine „Familie“ würde ein gewaltiges Spektrum von Beziehungskonstellationen umfassen, nämlich miteinander verwandte, biologisch voneinander abstammende Personen, außerdem Alleinstehende oder beliebig zusammengesetzte Gruppen, die Kinder künstlich zeugen und von einer Leihmutter austragen lassen sowie inzestuöse Geschwisterbeziehungen aus denen Kindern hervorgehen. Auch alle Mischformen dieser drei genannten Beziehungskonstellationen wären Familien, die unter dem besonderen Schutz des deutschen Staates zu stellen wären. So wird das Prinzip *„Wo Kinder sind, da ist Familie“*[419] des ehemaligen Bundespräsidenten Horst Köhler seiner logischen Konsequenz zugeführt.

---

[415] Zit. nach Deutsche Vereinigung von Familien nach Samenspende, 2017
[416] Zit. nach DI-Netz e.V. Familiengründung mit Samenspenden, 2017
[417] Freie Demokraten, 2020
[418] Vgl. Deutscher Ethikrat, 2014, S. 72ff
[419] Köhler, zit. nach Bundespräsidialamt, 2006

Die Wochenzeitschrift *Die Zeit* stellte im Jahr 2019 überaus wohlwollend eine Reihe neuerer Veröffentlichungen vor, in denen es um die Abschaffung von Ehe und Familie ging. Der Fachbegriff zur Abschaffung der Familie lautet „family abolition", auf Deutsch: Familienabolition. Der Begriff „abolition" wurde in den USA ursprünglich für politische Forderungen zur Abschaffung der Sklaverei benutzt. Hier zwei Auszüge aus dem Zeit-Artikel: *„Lewis skizziert in ihrem Buch eine Welt, in der die bis dato neokolonial-ausbeutende Praxis der Leihelternschaft obsolet würde, weil wir alle Leiheltern würden; eine Welt, in der Kinder niemandem mehr gehörten und sich deshalb auch keine Gebärmütter mehr geliehen werden müssten. Lewis stellt sich vor, wie es wäre, wenn wir Familien nicht mehr bräuchten, weil die Gesellschaft ausreichend Fürsorge und Nähe spendete, sie schreibt von "Polymutterschaften" und "Schwangerschaftskommunismus." Und ihre Hauptforderung lautet: "Wir müssen Wege finden, um der Exklusivität und Vormachtstellung 'biologischer' Eltern im Leben von Kindern entgegenzuwirken."*[420] In einem anderen von der *Zeit* vorgestellten Buch heißt es: *„Wenn Kinder von großen demokratischen und antiautoritären Institutionen aufgezogen werden, Essen nicht mehr in Kleinküchen, sondern öffentlichen Kantinen zubereitet wird, Alte und Kranke nicht länger von sogenannten Angehörigen gepflegt werden und die Reinigung der Wohnungen nicht mehr privat organisiert wird (...) dann ist die Familie gänzlich überflüssig."*[421]

3.5.6 Fünftes Zwischenfazit

Es dürfte deutlich geworden sein, dass das Projekt der umfassenden sexuellen Freiheit und Neuerfindung des Menschen elementare Grund- und Menschenrechte bedroht und für manche Menschen bereits obsolet gemacht hat. Bedroht sind vor allem die Menschenwürde, das Recht auf Leben sowie Ehe und Familie. Da dies nicht von allen widerspruchslos hingenommen wird, folgen Angriffe auf die Redefreiheit, die Gewissensfreiheit, Wissenschaftsfreiheit, Berufsfreiheit und auf die Elternrechte sowie auf weitere mit diesen Rechten verbundene Grundrechte. Kinder und Jugendliche gehören fast überall entweder zu den Opfern der Grundrechtsaberkennung oder sind der Anlass dafür, dass anderen Menschen Grundrechte streitig gemacht werden. Dabei tritt ein Paradox klar zutage: Viele Befürworter einer grenzenlosen sexuellen Freiheit und

[420] Hermsmeier, 2019
[421] Adamczak, zit. nach Hermsmeier, 2019

neuer Lebens- und Familienformen nehmen für sich Freiheits- und Selbstbestimmungsrechte in Anspruch, die sie nicht für andere gelten lassen. Wo überaus positiv von Freiheit, Selbstbestimmung und Vielfalt die Rede ist, ist oft nicht die Freiheit der Andersdenkenden, die Selbstbestimmung der Unterdrückten und Verdinglichten oder die Vielfalt *aller* Menschen gemeint, also auch derer, die dem Projekt der eigenen grenzenlosen Freiheit hinderlich sind. Das Projekt der Neuerfindung des Menschen ist noch nicht an sein Ende gekommen. Manche seiner Befürworter werden ihre Ziele erst erreicht sehen, wenn die Familie in ihrem klassischen Sinn nicht mehr existiert, wenn ihnen selbst grenzenlose Selbstbestimmung gewährt wird, die Rechte anderer ihren eigenen nachgeordnet sind und jegliche Kritik an ihrem Lebensstil, Menschen- oder Weltbild verstummt ist.

3.6 Einige Denkfehler

> *„Die Unmenschlichkeit, jene Fähigkeit, das Wesentliche der Zivilisation zu zerstören, kommt schleichend daher. Sie stellt sich nicht vor uns hin und sagt: „Gestatten, mein Name ist Barbarei. Fürchtet Euch. Schaut Euch das Ausmaß an Brutalität an, das ich mitbringe.“ (Guy Coq)*[422]

Die Zivilisation der westlichen Welt hat Risse bekommen. Als gottzentrierte Menschen- und Weltbilder noch weitestgehend unhinterfragt waren, existierten Ideale, die das Zerstörerische im Menschen in Schach halten und ihm helfen sollten, gut zu sein. Dazu gehörten auch die Regeln und Grenzpfosten menschlicher Sexualität. Die meisten Menschen haben zumindest diese Ideale als solche geschätzt, selbst wenn sie sie gelegentlich missachtet haben. Denn allen war klar, dass Sexualität nicht nur Ausdruck von Liebe und Lust ist, sondern auch gewaltiges Zerstörungspotential birgt, sofern sie nicht in die richtigen Bahnen gelenkt wird. Heute sind diese Ideale menschlicher Liebe weitgehend verschwunden oder werden mehrheitlich als so unerreichbar angesehen, dass sie faktisch nicht mehr existieren. Wir sprechen noch immer von Grund- und Menschenrechten, zugleich wird mit schön klingenden Begriffen wie Freiheit, Selbstbestimmung, Verantwortung, Vielfalt oder Gleichberechtigung degradiert, misshandelt, verdinglicht, vergewaltigt und getötet. Heute versuchen staatliche Stellen, Gerichte, Medien, renommierte Universitäten, Konzerne

---

[422] Guy Coq, zit. nach Sarah & Diat, 2019, S. 217

und internationale Institutionen die Menschen zu nötigen, diese Selbstdegradierung zu akzeptieren und sich an ihr zu beteiligen. Mit viel medialem Aufwand wurden Monstrositäten in einen sprachlichen Zuckerguss gehüllt und politisch legitimiert.
Nicht alle sind Hauptprotagonisten dieser Entwicklung. Die meisten Menschen passen sich lediglich dem Zeitgeist an, schwimmen mit im gesellschaftlichen Strom der Veränderung, lauschen den wohlklingenden Parolen von Buntheit, Partizipation, Chancengleichheit oder Antidiskriminierung und merken kaum, wie sie schließlich das Gegenteil dessen glauben, wovon sie nur wenige Jahre zuvor noch felsenfest überzeugt waren. Verloren gehen dabei nicht nur Moral und Selbstkontrolle, sondern auch die Fähigkeit zu rationaler Analyse.
Im Folgenden ist eine Auswahl typischer Denkfehler dargestellt, die in Verbindung mit den Themen Ehe, Familie und Sexualität häufig festzustellen sind. Manche dieser Denkfehler sind relativ neu und werden von interessierten Kreisen bewusst gefördert, andere gab es schon immer. Viele Denkfehler existieren in Kombination mit anderen. Hier sollen sie einmal getrennt betrachtet werden, um sie deutlicher herauszustellen.

1. Die Fragmentierung: Im Denken vieler heutiger Menschen scheint nichts mehr miteinander verbunden zu sein. Alles wird als vereinzelt und voneinander getrennt wahrgenommen. Nichts steht mehr miteinander in Beziehung. Sexualität wird von der Liebe, von der Ehe und von der Weitergabe des Lebens abgekoppelt, die Kindererzeugung von der sexuellen Begegnung und mehr und mehr auch von der Verschiedenheit der Geschlechter. Künstlich erzeugte Kinder werden von ihren biologischen Eltern getrennt. Parallel dazu entwickelte sich eine völlige Beliebigkeit der Sexualmoral, so dass inzwischen nur noch einige wenige allgemeine Grundsätze existieren, etwa dass alles moralisch wertvoll sei, was Erwachsene einvernehmlich miteinander tun oder dass sexuelle Vielfalt moralisch höher zu bewerten sei, als das frühere gesellschaftlich weitgehend geteilte Ideal einer liebevollen Beziehung zwischen Mann und Frau.
Viele Menschen können keinerlei Verbindungen mehr erkennen zwischen weitverbreiteten Handlungsmustern und ihren langfristigen Konsequenzen, also den von ihnen ausgelösten oder beförderten gesellschaftlichen Entwicklungen. Sie nehmen zwar vielleicht wahr, dass Familien und Kinder leiden, dass das Verhältnis zwischen den Geschlechtern angespannt, dass sexuelle Gewalt verbreitet ist und bestimmte Erkrankungen zunehmen, bringen dies aber

in keinerlei Zusammenhang mit ihren eigenen Grundüberzeugungen im Bereich der Sexualität. Offensichtliche Gewalt gegen Kinder wird zwar angeprangert, zugleich aber werden verborgene Formen von Gewalt, Degradierung und Misshandlung von Kindern (z.B. durch Abtreibung, künstliche Befruchtung, Frühsexualisierung, dysfunktionale oder nicht existente Familien) einfach übersehen. Ähnliche blinde Flecken existieren auch in Bezug auf Frauen (z.B. in den Bereichen Prostitution, Pornografie, Leihmutterschaft oder der massiven Zunahme von Geschlechtsidentitätsstörungen bei jungen Frauen) und in vielen anderen Bereichen der Gesellschaft.

Das Denken vieler Menschen ist zudem von Geschichtsvergessenheit geprägt. Die Gegenwart wird von der Vergangenheit entkoppelt, weil uns die Vergangenheit scheinbar nichts mehr zu lehren hat. Eine oft unbewusste und unhinterfragte Grundannahme lautet, dass unser Denken heute fortschrittlicher sei, als das Denken früherer Generationen und wir daher freier, selbständiger, zufriedener seien. Die Vergangenheit wird oft allein aus der Perspektive der Unterdrückung in den Blick genommen, sozusagen als Negativfolie zur fortschrittlichen Gegenwart, nicht als Erfahrungsschatz der Menschheit, dessen Gutes bewahrt werden sollte. Oft wird übersehen, dass es auch heute nicht wenig Unfreiheit, Unselbständigkeit und Unzufriedenheit gibt. Menschen denken zugleich kaum an die Zukunft, also an die kurz- und langfristigen Begleiterscheinungen und Konsequenzen unseres menschenzentrierten und sexualisierten Lebensstils. Viele haben zwar Angst vor Klimawandel, Pandemie und verschiedenen anderen gesellschaftlichen Entwicklungen, aber die Sorge über die fortschreitende, umfassende Neuerfindung des Menschen ist kaum spürbar.

Ein solch fragmentiertes Denken ist schon aus grundsätzlichen Überlegungen fragwürdig. In Welt und Kosmos zeigen sich eine ungeheure Ordnung und Aufeinander-Bezogenheit, vom Kleinsten bis zum Größten. Alles ist miteinander verbunden, alles folgt bestimmten, erforschbaren Gesetzen. Kein Naturwissenschaftler wird das bestreiten. Sollte der Mensch als einziges Wesen der Erde von dieser Ordnung und Verbundenheit ausgenommen sein? Sollte sein Körper, sollte seine Geschlechtlichkeit ein unbedeutender Zufall sein, der rein gar nichts über seinen adäquaten Gebrauch aussagt? Sollte in der Natur des Menschen keinerlei vorgegebene Ordnung, Beziehung und Gesetzmäßigkeit angelegt sein, die es zu entdecken und respektieren gilt? Sollte alles nur reine Freiheit sein, allein dem subjektiven Willen des Individuums unterworfen? Es ist

nicht logisch, dies zu glauben, wenn man sich einmal staunend mit der fast unbegreiflichen Ordnung der Welt befasst hat, die von einer unfassbaren Intelligenz, Aufeinander-Bezogenheit und Schönheit spricht.
Ebenso widersprüchlich ist der Glaube an eine mit unzähligen Naturgesetzen und zugleich völliger Moralfreiheit ausgestatteten Welt. Wie lässt sich die umfassende Ordnung und Gesetzmäßigkeit der Welt auf der einen Seite mit einer völligen Beliebigkeit und Regellosigkeit der Moral auf der anderen Seite stimmig in Verbindung bringen? Woraus kann eine solche Regelfreiheit vernünftigerweise abgeleitet werden? Jahrtausendelang hat die Menschheit nicht nur die Naturgesetze erforscht, sondern zugleich nach moralischen Prinzipien gesucht, die zu einem guten Leben verhelfen. Es war nicht immer leicht, vollkommene Einigkeit über diese ethischen Grundprinzipien zu erzielen oder ihnen ausreichend Geltung zu verschaffen, aber ihre Existenz als solche stellte niemand in Frage. Erst im 20. und 21. Jahrhundert kamen Menschen auf den Gedanken, dass zwar physikalische Gesetze existieren, moralische jedoch irrelevant seien. Die Mühe der Philosophen, Denker, Weisen und Religiösen aller Zeiten war also vollkommen sinnlos. Es zeugt nicht von großer Vernunft, dies zu glauben, eher von Überheblichkeit gegenüber früheren Generationen.

2. Ethische Prinzipienlosigkeit und Utilitarismus: Die Ablehnung allgemein verbindlicher ethischer Prinzipien führt jedoch nicht dazu, dass Handlungen und Entscheidungen nun frei von Werten und Moral wären. Sie führt lediglich zu Subjektivismus und/oder Irrationalität im Bereich der Moral. Entscheidungen sind dann oft utilitaristisch geprägt, also von Nützlichkeitsdenken, situativem Pragmatismus, Hedonismus, Egoismus und Geschichtsvergessenheit bestimmt. Wer Erkenntnisse und Erfahrungen vergangener Generationen als irrelevant erachtet und ein fragmentiertes Denken pflegt, der mag ritualisierte Gedenkveranstaltungen organisieren (z.B. zu Ehren der Ermordeten des Nationalsozialismus), aber zugleich nicht merken, dass gegenwärtige gesellschaftliche Realitäten in einem merkwürdigen Widerspruch dazu stehen (etwa die Abtreibungspraxis behinderter Kinder oder die Legalisierung der „Euthanasie“ in so vielen westlichen Ländern). Wer dem Nützlichkeitsdenken verhaftet ist, wird leicht die ihm zum Opfer fallenden Minderheiten und schwachen Menschen übersehen. Wer den eigenen Hedonismus nicht zügelt, wird zur Relativierung seiner Folgen neigen. So hat eine Werteverschiebung stattgefunden: Als ethisch wertvoll wird nicht mehr das angesehen, was für *alle* Menschen,

Individuen wie Gesellschaft, gut ist, was *allen* Menschen zu allen Zeiten zu einem guten Leben verhilft, sondern das, was Mehrheiten oder durchsetzungsstarke Minderheiten als solches willkürlich definieren, oft auf Kosten schwacher Menschen und Gruppen.

3. Die Privatisierung ist eng mit Utilitarismus und Fragmentierung verbunden. Sie trennt nicht nur Handlungen von ihren Konsequenzen, sondern koppelt sie zusätzlich von persönlicher Verantwortung ab. Handlungen, die niemals als reine Privatsache angesehen wurden, werden nun dazu erklärt. Bestimmte Formen des Tötens (z.B. Abtreibung, allgemein oder im Rahmen künstlicher Befruchtung, Suizidbeihilfe und „Euthanasie") wurden privatisiert, Sex ebenso, mit Ausnahme einiger gewalttätiger Formen, wie Vergewaltigung oder Kindesmissbrauch. Die Beteiligten wollen sich von niemandem vorschreiben lassen, ob sie mithilfe eines Arztes töten. Die Gesellschaft habe da angeblich nichts mitzureden. Ebenso wird gesagt, es gehe niemanden etwas an, was Menschen im eigenen Schlafzimmer, im Bordell oder anderswo tun.
Ist dies wahr? Hat privater Sex keine Auswirkungen auf andere Menschen und die Gesellschaft? Schon die oberflächlichste rationale Betrachtung widerlegt solche Positionen. Wer einen polyamourösen oder promiskuitiven Lebensstil pflegt, ist stärker gefährdet, an sexuell übertragbaren Krankheiten zu erkranken, im Vergleich zu Menschen, die monogam leben. Diese Krankheiten sind ansteckend, schädigen die Gesundheit und belasten die Krankenversicherungen. Die materiellen und immateriellen Kosten dieses sexuellen Lebensstils tragen somit nicht nur die beteiligten Menschen, sondern zugleich viele andere mit ihnen. Wer unverbindlichen Sex sucht und nicht bereit ist, für ein Kind zu sorgen, verlagert die Konsequenzen seiner Handlungen auf das Kind, das entweder getötet oder in unklaren Verhältnissen, zumindest nicht bei beiden Eltern aufwachsen wird. Wer Triebbefriedigung bei Prostituierten sucht, degradiert sie, reduziert Menschen zur Ware, fügt ihnen in vielen Fällen körperlichen und seelischen Schaden zu. Fakt ist: Es ist unmöglich, die eigene Sexualität auszuleben, ohne damit Einfluss auf das Leben anderer Menschen zu nehmen, positiv wie negativ. Rationale Analysen über sozialverträgliche und sozialunverträgliche Formen der menschlichen Sexualität wären daher durchaus angebracht, ist doch der oberste Glaubenssatz der sexuellen Vielfalt, alle Formen der Sexualität seien gleich wertvoll, offensichtlich nicht ganz richtig.

4. Die Gleichsetzung des Ungleichen, also die undifferenzierte Gleichsetzung ungleicher Handlungen ist ein weiterer typischer Denkfehler und ebenfalls Ausdruck von Fragmentierung. In der enthusiastischen Feier sexueller Vielfalt findet sie ihren prominenten Ausdruck. Diese Gleichsetzung lebt von der Grundannahme, dass möglichst viele unterschiedliche Ausdrucksformen der Sexualität für Mensch und Gesellschaft besser seien, als das weithin geteilte Ideal einer liebevollen, treuen und für Kinder offenen lebenslangen Gemeinschaft von Mann und Frau.

Eine solche Gleichsetzung ist nicht nur irrational, sie degradiert auch die menschliche Sehnsucht aller Zeiten, wie sie unter anderem in Kunst und Literatur ihren Ausdruck findet. Die dem Menschen eingeschriebene Sehnsucht nach Liebe, Gemeinschaft und Überschreitung des eigenen Ichs wird hier mit animalischer Triebbefriedigung auf die gleiche Stufe gestellt. Ein einziges Beispiel soll genügen: Sind die einsamen sexuellen Handlungen eines fremdgesteuerten Pornosüchtigen tatsächlich genauso wertvoll, wie die liebevolle körperliche Vereinigung zweier Menschen, die sich in völliger Freiheit lebenslange Liebe, Treue und Verantwortungsübernahme versprochen haben?

Meuser vertritt folgende These: *„Mit einigen Gründen wage ich die Vermutung, dass mehr oder weniger alle unethischen Handlungen im Bereich der Sexualität und Liebe eine einzige Quelle haben: Sie sind Kollateralschäden von Fragmentierung. Menschen sind immer auf das Ganze des Guten hin ausgerichtet. Wo das Ganze des Guten nicht mehr angestrebt wird (oder aus außermoralischen Umständen nicht angestrebt werden kann) oder wo es nur zum Teil und gegen die Natur realisiert werden kann, kommt eine gefährliche Unwucht ins Spiel, an der niemand Gefallen finden kann.“*[423]

Einige wesentliche Elemente des Guten im Bereich der Liebe und Sexualität sind: Freiwilligkeit, Selbstlosigkeit, Hingabe, Treue, Dauerhaftigkeit, Fruchtbarkeit. Masturbation ist fragmentierte Sexualität, weil ihr das Gegenüber fehlt – sie macht einsam und in vielen Fällen auch pornosüchtig. Uneheliche Sexualität ist fragmentierte Sexualität, weil ihr die Dauerhaftigkeit der Beziehung und somit die Treue fehlt. Homosexuelle Sexualität ist fragmentierte Sexualität, weil die Komplementarität der Geschlechter fehlt, die körperliche Vereinigung einem dafür nicht ausgelegten Körper aufgezwungen werden muss und die Weitergabe des Lebens ausgeschlossen ist. Die Laborzeugung eines

---

[423] Meuser, 2020, S. 228f

Kindes durch Samenspende spricht nicht nur von fragmentierter Fruchtbarkeit, sondern auch von fragmentierter Liebe, denn um ein Kind so zu zeugen, müssen andere Kinder getötet werden; zugleich wird dem geborenen Kind bewusst der Vater vorenthalten.

5. Die Verabsolutierung einzelner oder weniger Werte oder Eigenschaften findet sich häufig in Auseinandersetzungen um das Thema Sexualität. In der Regel ist sie mit der Simplifizierung komplexer Zusammenhänge verbunden, also mit der Strategie, Wesentliches nicht zu erwähnen oder zu berücksichtigen.

Beliebt ist die Verabsolutierung etwa von Freiheit oder Selbstbestimmung. Gewiss sind dies hohe Werte, jedoch war es Menschen in der Vergangenheit klarer als heute, dass Freiheit nur in Kombination mit Verantwortung existieren kann und dass wahre Freiheit, die freie Entscheidung für das Gute ist, nicht für Chaos und Zerstörung. Jeder noch so hohe Wert muss also durch einen oder mehrere andere Werte ausbalanciert werden, um nicht in eine gefährliche Schieflage zu geraten.

Die Verabsolutierung einzelner Merkmale oder Eigenschaften findet sich auch im Bereich der Identität. Manche Menschen neigen dazu, ihre sexuelle Orientierung oder Genderidentität als einzig existierendes persönliches Identitätsmerkmal darzustellen, vermutlich um dessen Wichtigkeit und Unveränderlichkeit zu betonen. Doch setzt sich die menschliche Identität in der Regel aus unzähligen anderen Facetten zusammen. Wer wir sind, wird durch Familie, Wohnort, Beziehungen, Ausbildung, berufliche Tätigkeiten, Einkommen, weltanschauliche Überzeugungen, persönliche Interessen, also durch zahllose soziale Rollen im privaten und öffentlichen Bereich bestimmt. Die (Selbst-)Reduzierung eines Menschen auf die eigene geschlechtliche Identität ist somit eine enorme (Selbst-)Begrenzung des menschlichen Potentials.

Manchmal kommt es vor, dass Menschen von anderen Menschen gedanklich auf ein einzelnes, scheinbar zentrales Merkmal reduziert werden, etwa auf ihre Behinderung. Alles, was der betreffende Mensch mit Behinderung tut, wird dann unter dem Brennglas der Behinderung wahrgenommen, die es irgendwie zu bearbeiten gilt, während seine menschlichen Bedürfnisse, Interessen und Fähigkeiten völlig aus dem Blick geraten. Man kann dies auch als (unbewusste) Strategie der Reduzierung von Lebenschancen bezeichnen. Wenn dunkelhäutige Menschen von solchen gedanklichen Reduzierungen betroffen sind, ihre ethnische Herkunft also als Ursache all ihrer Lebensäußerungen angesehen wird, bezeichnen wir dies in der Regel als Rassismus. Wenn nun manche Angehörige sexueller Minderheiten eine solche Selbstreduzierung der eigenen Identität von sich aus betreiben, sollte zumindest niemand verpflichtet werden, sie dabei zu unterstützen.

6. Das (un-)normal Menschliche: Ein weiterer Denkfehler besteht in der Annahme, dass alles Menschliche, also alles Existierende, zugleich normal und damit wünschenswert sei, es eine Norm im Bereich der Sexualität und Geschlechtlichkeit deshalb letztlich nicht geben kann. Dagegen spricht: Es existieren unzählige menschliche Eigenschaften, die von der weitaus überwiegenden Zahl der Menschen geteilt werden, während eine kleine Minderheit anders ist. Beispiele wären etwa Intelligenz und Körpergröße. Etwa 2/3 der Menschen desselben Jahrgangs erreichen bei einem Test einen Intelligenzquotienten zwischen 85 und 115, etwa 95% liegen zwischen 70 und 130. Die übrigen 5% verteilen sich in etwa gleichmäßig auf Menschen, die eine sehr hohen IQ (größer als 130) und einen sehr niedrigen IQ (kleiner als 70) aufweisen. Mit der Körpergröße verhält es sich ebenso. Die meisten Menschen desselben Kulturkreises liegen in einem mittleren Größenbereich, darüber hinaus gibt es einige wenige sehr kleine und sehr große Menschen. All dies gehört natürlich zum Menschsein und ändert nichts daran, dass Menschen aller IQs und Körpergrößen zahlreiche positive Eigenschaften haben. Dennoch ist ein sehr niedriger IQ, also eine intellektuelle Beeinträchtigung, mit objektiven Nachteilen für die betreffenden Menschen verbunden, die keiner bestreiten wird, ebenso eine starke Kleinwüchsigkeit. Die intellektuelle Beeinträchtigung ist im Vergleich zu den intellektuellen Fähigkeiten der übrigen Bevölkerung nicht „normal", ebenso wenig, wie ein sehr hoher IQ „normal" ist. Man sollte solche Unterschiede und die damit individuell verbundenen Konsequenzen erst einmal wertfrei als gegeben zur Kenntnis nehmen.
Im Bereich des Geschlechts und der Sexualität werden die meisten Menschen mit eindeutig weiblichen oder eindeutig männlichen primären Geschlechtsmerkmalen geboren, zusätzlich gibt es einige wenige Menschen, die (z.B. aufgrund von Hormonschwankungen oder genetischen Veränderungen) mit den Merkmalen beider Geschlechter zur Welt kommen. Nach Beendigung der Pubertät (während der die geschlechtliche Identität noch etwas fluider ist) fühlen sich die meisten Menschen sexuell von Erwachsenen des jeweils anderen Geschlechts angezogen. Zusätzlich gibt es einen geringen Prozentsatz von Men-

schen, die gleichgeschlechtlich oder bisexuell empfinden, sich einen gegengeschlechtlichen Körper wünschen, deren sexuelles Interesse nicht auf Erwachsene gerichtet ist oder die andere schwer zu verändernde geschlechtliche oder sexuelle Eigenarten aufweisen, für die sie in der Regel nicht verantwortlich sind. Warum dies so ist, wurde nicht abschließend geklärt, vermutlich spielt hier eine *„komplexe Mischung aus biologischen, psychologischen und sozialen Faktoren“*[424] eine Rolle – meint zumindest der deutsche Lesben- und Schwulenverband.
Man könnte sagen, die Natur, auch die menschliche Natur, ist nicht perfekt. Es gibt Fehler oder Abweichungen von der allgemeinen Norm in allen Bereichen des menschlichen Lebens, die mit objektiven Nachteilen für die betroffenen Menschen verbunden sein können, in diesem Fall etwa dem Nachteil, dass homosexuell empfindende Menschen kein Leben weitergeben, also nicht auf natürliche Weise Eltern werden können, auch wenn manche sich das sehr wünschen. Oder dem Nachteil, erst massive gesundheitsschädigende hormonelle und chirurgische Eingriffe über sich ergehen lassen zu müssen, um das subjektive Körpergefühl mit dem eigenen äußeren Erscheinungsbild in Einklang bringen zu können. Es ist nicht rational oder hilfreich, solche objektiv existierenden und von nicht wenigen Betroffenen selbst als Nachteil empfundenen Differenzen als „normal“ und wünschenswert anzusehen oder gar zu fordern, dass diese Sichtweise allgemein akzeptiert werde.

7. Gesellschaftliche Abwertung: Ein Problem wurde allerdings lange übersehen und findet auch heute in manchen Kreisen noch zu wenig Beachtung. Es erklärt, weshalb die gerade beschriebene gesellschaftliche Auseinandersetzung um „Normalität“ überhaupt stattfindet. In Wirklichkeit geht es nämlich nicht um „Normalität“, sondern um mangelnde Wertschätzung oder gar gesellschaftliche Abwertung, also die Herabwürdigung oder Benachteiligung sexuell anders als die Mehrheitsgesellschaft empfindender oder handelnder *Menschen.*
Die meisten Angehörigen sexueller Minderheiten haben sich ihren Körper oder ihr sexuelles Empfinden nicht ausgesucht. Sie versuchen lediglich, möglichst gut damit zu leben. Da heterosexuelles Empfinden, Ehe und Familie bis vor kurzem fast immer und überall gesellschaftlich angesehen waren, wurden

---

[424] LSVD, 2020b

nicht nur davon abweichende sexuelle *Verhaltensweisen* kritisiert, sondern zugleich die *Menschen* mit den entsprechenden Empfindungen und Verhaltensweisen abgelehnt, und zwar in der Regel kollektiv und systematisch. Diese Abwertung nahm und nimmt mal offenere, mal subtilere Züge an und prägt die Persönlichkeit betroffener Menschen. Anders ausgedrückt, viele Angehörige sexueller Minderheiten haben zutiefst verletzende Erfahrungen gemacht. Dabei sind seelische Wunden entstanden, die erst einmal heilen müssen.

Leider gehören solche Wunden zum allgemeinen Erfahrungsschatz *aller* Menschen, die von gesellschaftlichen Abwertungsprozessen betroffen sind, aufgrund persönlicher Eigenschaften oder Verhaltensweisen, die aus der Perspektive der Mehrheitsgesellschaft negativ beurteilt werden (z.B. Obdachlosigkeit, Armut, Behinderung, psychische Beeinträchtigung, Hautfarbe, kulturelle oder religiöse Unangepasstheit oder eben sexuelles Verhalten).[425] Es ist sehr empfehlenswert, sich die Erfahrungen und subjektiven Perspektiven solcher Menschen einmal in aller Ruhe und Offenheit anzuhören, beispielsweise im privaten Rahmen einer Freundschaft.

Bezogen auf die Kirche bemerkt Meuser: *„Die Kirche darf nicht vergessen: Es gibt eine Schuldgeschichte, und sie hat einiges aufzuarbeiten in Hinsicht auf die Diskriminierung und Ausgrenzung homosexueller Menschen, die immer nur unter dem Aspekt sexueller Sünde in den Blick kamen; sie sind aber (wie übrigens jeder Christ) vor, nach und während der Sünde erst einmal Gottes geliebte Kinder. Homosexuelle (...) müssen in der Kirche gut leben können; sie haben ein Recht darauf, Wertschätzung zu erfahren (...).“*[426] Man könnte ergänzen: Wenn sie keine Christen sein sollten, sind sie (wie übrigens alle Menschen) immer Gottes geliebte Geschöpfe, geschaffen nach seinem Ebenbild, vor, während und nach dem Unrecht, das sie vielleicht begehen. Christen, die dies vergessen, machen sich an ihnen schuldig.

8. Die Nichtdifferenzierung zwischen Menschen und ihrem Denken bzw. Handeln ist ein weiterer weit verbreiteter Denkfehler, denn ein Mensch ist wesentlich mehr, als sein Denken oder Handeln. Wo eine solche Differenzierung existiert, wird es möglich, einem Menschen wertschätzend zu begegnen und zugleich Kritik an seinem Denken und/oder Verhalten zu äußern. Oft wird behauptet, eine solche Differenzierung sei in Bezug auf sexuelle Handlungen

---

[425] Vgl. Wolfensberger, 2013, S. 21-44

[426] Meuser, 2020, S. 167

unmöglich, weil der konkrete Mensch nicht von seinen Überzeugungen und Handlungen zu trennen sei. Diese These ist leicht zu widerlegen: Fast jede Mutter nimmt diese Differenzierung beinahe intuitiv vor. Sie tadelt oder korrigiert ihr Kind, wenn sie sein Verhalten missbilligt und liebt es weiterhin. Ihre Kritik hebt ihre Liebe nicht auf. Kein guter Lehrer oder Professor wird seine Schüler oder Studenten als schlechte Menschen ansehen, nur weil sie Fehler machen oder nicht seiner Meinung sind. Sensibel für die subjektive Erfahrung oder das Denken eines anderen zu sein, erfordert nicht, dass wir uns seine Weltanschauung zu eigen machen.
Unsere Gesellschaft jedoch scheint sich von der Möglichkeit einer den Menschen wertschätzenden Kritik bzw. einer sachlichen, gesellschaftlichen Auseinandersetzung um den richtigen Umgang mit Sexualität immer weiter zu entfernen, sei es, weil – wie bereits dargestellt – auf Seiten der Kritiker nicht zwischen Menschen und ihrem Denken bzw. Handeln unterschieden wird, sei es, weil nicht wenige radikale LGBT-Vertreter und ihre Unterstützer jegliche kritische Anmerkung sogleich auf ihre Person und ihr Menschsein beziehen *wollen*, um sich letztlich gegen jegliche Kritik an ihren Lebensstilen zu immunisieren.

9. Die Mitleidsfalle: Im gegenwärtigen gesellschaftlichen Klima ist die Versuchung groß, alles nur noch aus der Perspektive der jeweiligen Minderheit zu sehen, um damit die jahrelange gesellschaftliche Diskriminierung zu kompensieren und jede weitere potentielle Verletzung zu vermeiden. Im Grunde ist dies jedoch kein wertschätzender, reifer und verantwortungsvoller Umgang mit einem Menschen. In solchem Mitleid drückt sich eher Gleichgültigkeit oder sogar eine subtilere Form der Abwertung aus, aufgrund etwa der impliziten Annahme, dass „solche" Menschen unfähig zu rationaler Auseinandersetzung oder nicht lern- und entwicklungsfähig seien. Wer einen Menschen wertschätzt und zugleich der Ansicht ist, dass sein Handeln negative Folgen hat, wird ihn nicht sehenden Auges ins Verderben rennen lassen, sondern Wege suchen, ins Gespräch zu kommen. Wer will, dass sich eine Gesellschaft zum Guten entwickelt, wird nicht jede Position absegnen, nur weil sie von einer diskriminierten Minderheit vorgetragen wird. Jede gute zwischenmenschliche Beziehung lebt von der respektvollen Austragung von Differenzen; für das Funktionieren einer Demokratie ist sie unerlässlich.

10. Nette Menschen und gute Gefühle: Ein weiterer Denkfehler besteht in der Annahme, dass sympathische Menschen, deren Anwesenheit oder Äußerungen in uns positive Gefühle hervorrufen, kein großes Unrecht begehen oder unterstützen werden, dass etwa die eigenen Freunde, Kollegen, Verwandten oder politischen Freunde nicht an solchem Unrecht beteiligt oder hochangesehene, gewählt sprechende Persönlichkeiten nicht für Chaos und Tod verantwortlich sein können. Kaum jemand protestiert beispielsweise über die in gewählt akademischer Sprache verfassten und in peer-reviewten Journals abgedruckten Aufrufe zum Töten, während einige grölende und unsympathische Neonazis oder Trump-Anhänger von den meisten Menschen sofort als Bedrohung wahrgenommen werden. Wir nehmen also unbewusst an, dass die Aussagen und Handlungen eines freundlichen, sympathischen und gesellschaftlich angesehenen Menschen schon irgendwie in Ordnung sein werden und versäumen eine rationale Analyse seines Denkens und Handelns.

11. Die Opferfalle und der wahre Kern: Manche Gruppen stilisieren sich selbst gerne zu Opfern. Dazu gehören Frauen, die ein „Menschenrecht auf Abtreibung“ oder „reproduktive Gesundheit“ fordern oder Homosexuelle, die das „Recht auf ein Kind“ beanspruchen. Weil sie den „Opfern“ nicht weitere Wunden zufügen oder politisch nicht auf der Seite derjenigen stehen wollen, die Opfergruppen diskriminieren, sind viele Menschen bereit, auf ihre Forderungen oder Wünsche einzugehen.
Schauen wir uns das erste Beispiel daher einmal an. Sofern keine Vergewaltigung, sexuelle Nötigung oder Ähnliches vorlag und die Frau im Besitz ihrer intellektuellen Fähigkeiten war, hat sie sich, zusammen mit dem Mann, aktiv an der Zeugung ihres Kindes beteiligt. Sie hätte sich auch gegen den Sex entscheiden können. Unwissenheit über die mögliche Konsequenz einer Schwangerschaft wird man heute kaum einer Frau unterstellen können. Nun ist es leider wahr, dass nicht wenige Männer die Folgen ihrer sexuellen Prinzipienlosigkeit tatsächlich gerne an die Frau delegieren und diese damit in eine Notlage bringen. Daher sind Frauen selten allein- oder hauptverantwortlich für die eigene Notlage und die folgende Tötung ihres Kindes. Der Vater und andere tragen größere oder kleinere Mitverantwortung. Die folgende Liste hat keinen Anspruch auf Vollständigkeit, sondern soll lediglich die Komplexität der Verantwortlichkeiten aufzeigen. Als Mitverantwortliche zu nennen wären neben dem Vater etwa ...

- diejenigen, die freien Sex systematisch propagiert und gesellschaftsfähig gemacht haben. Freier Sex setzt Abtreibung voraus, da niemand gewillt und/oder in der Lage ist, für alle gezeugten Kinder zu sorgen.
- diejenigen, die Abtreibung ideologisch begründen, propagieren und entsprechende Gesetze geschaffen haben,
- diejenigen, die für die Organisation und Finanzierung des vorgeburtlichen Tötens verantwortlich sind, die notwendige Infrastruktur geschaffen haben und funktionsfähig erhalten,
- diejenigen, die Abtreibungen durchführen, organisatorisch unterstützen und finanziell davon profitieren,
- diejenigen, die auf schwangere Frauen Druck ausüben, sie mit falschen Argumenten irreführen oder zur Abtreibung raten,
- diejenigen, die Abtreibung eigentlich ablehnen, aber schweigen, weil sie Auseinandersetzungen scheuen oder Nachteile befürchten, wenn sie sich positionieren,
- diejenigen, die „aktiv wegsehen", also nicht wissen wollen, wie und in welchem Umfang in unserer Gesellschaft getötet wird.

Deutlich wird hier: Die Opferperspektive hat einen wahren Kern. Frauen sind tatsächlich häufig *eines* der Opfer ihrer Schwangerschaft und im Tötungsprozess ihres Kindes. Die allgemeine mediale und gesellschaftliche Propaganda in Bezug auf freien Sex und Abtreibung hat sie vielleicht verwirrt. Manche erhielten während ihrer Schwangerschaft zu wenig Unterstützung oder konnten dem Druck ihres Umfeldes nicht standhalten. Anschließend leiden viele Frauen unter den körperlichen und seelischen Folgen der Abtreibung.

Trotz allem sind Frauen niemals *alleinige* Opfer. Immer wird auch ein Kind getötet. Immer ist also das Kind das Hauptopfer. Es als solches einfach zu ignorieren ist geschickte Propaganda, die auf die gezielte Aufhebung des grundlegendsten Menschenrechts überhaupt abzielt: das Recht auf Leben. Es ist also durchaus angebracht, Frauen während ihrer Schwangerschaft und auch nach einer Abtreibung zu unterstützen, ohne aber zu übersehen, dass hier die Interessen mehrerer Menschen und Interessensgruppen aufeinandertreffen, von denen das Kind das schwächste ist.

12. Die Rechteinflation: In den aktuellen Diskussionen über Ehe, Familie und Sexualität ist viel von „Rechten" die Rede. So gab es in den vergangenen Jahren eine Inflation von Rechten, die in Wirklichkeit keine sind. Dazu gehören das eben erwähnte angebliche „Menschenrecht auf Abtreibung", das „Recht auf

Sex" oder das „Recht auf ein (eigenes) Kind" oder eine „eigene Familie". All diese vermeintlichen Rechte basieren auf der impliziten Grundannahme, dass der Mensch über andere Menschen verfügen darf, wie ihm beliebt.
Das „Menschenrecht auf Abtreibung" ist in Wirklichkeit ein Menschenrecht auf Töten. Das „Recht auf Sex" ist das Recht auf Verfügungsgewalt über Menschen und ihren Körper – man könnte es auch als Recht auf Menschennutzung oder Menschenkauf bezeichnen. Denn das vermeintliche Recht auf Sex spricht anderen Menschen implizit die Freiwilligkeit ab: Wie könnte es durchgesetzt werden, wenn niemand freiwillig zur Verfügung steht? Das „Recht auf ein (eigenes) Kind" oder eine „eigene Familie" impliziert die Rechte auf Kinderproduktion (Laborzeugung), auf Töten (Mehrlingsreduktion), auf Menschenhandel (Kauf des künstlich erzeugten Kindes durch zahlkräftige Kunden), auf Frauenkauf (Leihmutterschaft), auf Vorenthaltung der biologischen Eltern (das Kind darf nicht bei seiner biologischen Mutter und/oder seinem biologischen Vater aufwachsen) und auf Verschleierung der Abstammung (von Kindern, die niemals erfahren, wer ihre biologischen Eltern sind).
All diese vermeintlichen Rechte verletzen zwei übergeordnete ethische Grundprinzipien, die Grundlage jeder humanen Gesellschaft sind und deren Abschaffung unweigerlich in die Barbarei führt: Erstens, das Recht *aller* Menschen auf Leben und zweitens, das Recht *aller* Menschen, nicht ausschließlich als Mittel zum Zweck gebraucht zu werden, also das Instrumentalisierungsverbot des Menschen. Wenn verschiedene Interessensgruppen aufeinander treffen, sollte eine Gesellschaft, die sich den Menschenrechten verpflichtet weiß, zwischen Grund- und Menschrechten auf der einen und bloßen Wünschen auf der anderen Seite differenzieren. Sie sollte übergeordnete und nachgeordnete Rechte unterscheiden und anschließend eine Güterabwägung vornehmen. Dass dies im Denken vieler Menschen und einschlägiger Interessensgruppen nicht mehr vorkommt, zeigen etwa Forderungen des deutschen *Lesben- und Schwulenverbandes* oder der *Freien Demokraten* nach freiem Zugang zu allen reproduktionsmedizinischen Maßnahmen oder nach Legalisierung der Leihmutterschaft.[427] Offensichtlich unterbleiben hier Abwägungen zwischen den Rechten von Kindern und Frauen einerseits und dem vermeintlichen Recht homosexueller oder aus anderen Gründen kinderloser Paare auf ein Kind andererseits. Die „Rechte" auf Kinderproduktion, Töten, Menschenhandel und Frauenkauf werden somit fast unbemerkt den Grundrechten von Kindern und Frauen

[427] Vgl. LSVD, 2020a; Freie Demokraten, 2017

übergeordnet. Man könnte dies auch als Indiz für die fortschreitende (Re-)Barbarisierung unserer Gesellschaft und unseres Denkens werten.

13. Die Sündenbockstrategie ist so alt wie die Menschheit. Um eine rationale Auseinandersetzung mit dem Thema zu vermeiden, werden Menschen, die scheinbar aus der Zeit gefallene Vorstellungen von Ehe, Familie und Sexualität vertreten, einfach mit simplen Schlagwörtern diffamiert. Das Spektrum der Begrifflichkeiten reicht von „frauenfeindlich", „homophob" oder „transphob" über „erzkonservativ", „(familien-)fundamentalistisch" hin zu „rechtskonservativ", „rechtsnational" und „neonazistisch". Der Mechanismus ist einfach. Niemand möchte sich anschließend mehr mit der scheinbar menschenverachtenden Ideologie der so Bezeichneten befassen.
Doch auch umgekehrt funktioniert die Sündenbockstrategie. Wenn etwa lautstarke Interessensvertreter für Schwulen- und Transrechte ihre politischen Forderungen kundtun, so neigen manche dazu, Homo- und Transsexuelle generell für alle Absurditäten und Verirrungen im Bereich der Sexualität verantwortlich zu machen, obgleich niemand weiß, ob die politisch inaktiven und schweigsamen Vertreter solcher vermeintlich homogenen Gruppen die Forderungen der Lauten und politisch Aktiven teilen. Gerne wird von geneigten Kreisen, die sich über sexuelle Minderheiten empören, vergessen, wie sehr die Mehrheit der heterosexuellen Durchschnittsbürger für die sexuelle Revolution und ihre Folgen mit- oder sogar hauptverantwortlich ist.

14. Akzeptanz versus Toleranz: Menschen, die – aus welchen Gründen auch immer – von vorherrschenden gesellschaftlichen Normen und Lebensentwürfen abweichen, sollten in einer freien Gesellschaft Toleranz erfahren, also vor Benachteiligung und Diskriminierung geschützt sein, zumindest solange sie nicht grundlegende Rechte anderer Menschen verletzen. Ein heute weit verbreiteter Denkfehler verwechselt diese Toleranz mit Akzeptanz. Toleranz bedeutet, den Anderen in seiner Freiheit so leben zu lassen, wie er will, ohne diesen Lebensentwurf notwendigerweise richtig zu finden oder zu teilen. Akzeptanz bedeutet die Wertschätzung dieses Lebensentwurfs.
Manchmal wird etwa die Forderung nach einer allgemeinen Akzeptanz sexueller Vielfalt laut. Implizit wird dabei unterstellt, dass alle sexuellen Ausdrucksformen gleich wertvoll seien. Gefordert wird also nicht Toleranz gegenüber Menschen, deren sexuelle Lebensstile man nicht teilt, sondern eine Wertent-

scheidung *für* Vielfalt, also *für* diese Lebensstile. Gefordert wird, dass Menschen ihr Denken ändern und Handlungen positiv bewerten, die ihren Überzeugungen widersprechen.
Kann jemand, der die menschliche Freiheit achtet, tatsächlich die Wertschätzung bestimmter Lebensstile *fordern?* Kann ein demokratischer Staat *Akzeptanz* für bestimmte Lebensstile von seinen Staatsbürgern *einfordern,* ohne auf lange Sicht totalitär zu werden? So ist zu befürchten, dass Akzeptanzforderungen gesellschaftliche Diskriminierung nicht bekämpfen, sondern lediglich verlagern werden, nämlich hin zu diejenigen, die nicht bereit sind, ihr Denken zu korrigieren und an staatliche Vorgaben (z.B. des Bundesfamilienministeriums oder der öffentlichen Schulen) anzupassen. So wurde moderne Antidiskriminierungsgesetzgebung, die eigentlich dem Schutz *aller* Minderheiten dienen sollte, längst zum Druckmittel einiger weniger politisch bevorzugten Minderheiten und zu einem Instrument der politischen Durchsetzung ihrer einseitigen Interessen.

15. Die Schieflage zwischen Minderheit und Mehrheit: Bei alledem schwingt immer die Frage des Verhältnisses zwischen gesellschaftlicher Mehrheit und gesellschaftlichen Minderheiten mit. Anders formuliert: Was dürfen Minderheiten von der Mehrheitsgesellschaft gerechterweise erwarten? Was dürfen sie fordern und wo sind legitime Grenzen ihrer Forderungen? Theoretisch denkbar ist hier ein sehr weites Spektrum möglicher Antworten. Das eine Extrem lautet: Die Minderheit hat sich vollständig der gesellschaftlichen Mehrheit anzupassen, so sehr, dass sie sich nicht mehr wahrnehmbar von ihr unterscheidet. Jede Abweichung wird mit empfindlichen Sanktionen belegt. Das andere Extrem lautet: Die Mehrheit sorgt dafür, dass die Minderheit ihre Lebensweise ungehindert leben kann und nimmt dafür sogar erhebliche Einschränkungen und Rechtsverzichte in Kauf. Das erste Extrem wäre eine weltanschauliche Diktatur, beispielsweise ein islamistisches Regime, das Andersgläubige tötet oder mit empfindlichen Steuern und anderen Nachteilen belegt. Das zweite Extrem wäre eine Oligarchie, etwa die Herrschaft einer kleinen Gruppe Reicher, die in der Bevölkerung angesehen ist, weil sie es mit einer Mischung aus Propaganda und subtilem Zwang verstanden hat, die Mehrheit zur Akzeptanz und Finanzierung ihres eigenen dekadenten Lebensstils zu bewegen.
Wenn in den westlichen Ländern in der Vergangenheit über die Benachteiligung von Minderheiten nachgedacht wurde, lag der Fokus meist in der Mitte

dieser beiden Extreme. Forderungen klassischer Bürgerrechtsbewegungen bezogen sich auf gesellschaftliche Teilhabe, auf gleiche Chancen und Rechte, etwa für Schwarze in den USA oder für Frauen in verschiedenen Ländern der Erde. Auch zeitgenössische Bewegungen (z.B. die Bewegung behinderter Menschen und ihrer Unterstützer um „Inklusion“) zielen auf gesellschaftliche Teilhabe durch Abbau gesellschaftlicher Ausgrenzung und Benachteiligung. Ziel all dieser Bewegungen war immer eine Gesellschaft, in der möglichst viele Menschen möglichst gleichberechtigt zusammen und miteinander leben können. Es ging den benachteiligten Gruppen und Minderheiten nicht darum, der gesellschaftlichen Mehrheit Rechte abzuerkennen; sie wollten lediglich an diesen Rechten teilhaben. Es ging nicht um die Schaffung einer grundlegend neuen Rechtsordnung, weil die existierende abzulehnen gewesen wäre, sondern um gleiche Rechte innerhalb einer als prinzipiell gut angesehenen Rechtsordnung.

Demgegenüber hat die radikale LGBT-Bewegung eine gefährliche Schieflage, Einseitigkeit und Extremlastigkeit erreicht: Ihre Vertreter berufen sich nach wie vor auf Chancengleichheit und Teilhabe, was bis zu einem gewissen Zeitpunkt sicherlich berechtigt war – etwa bei der Abschaffung der Strafrechtsbestimmungen bezüglich Homosexualität. Zugleich fordern sie völlig neue Rechte auf Kosten der Mehrheitsgesellschaft, während viele Menschen noch immer gutmütig glauben, es gehe lediglich um Antidiskriminierung. Einige unserer Grundrechte werden nach und nach umdefiniert oder verwässert und damit langfristig abgeschafft, etwa in den Bereichen Ehe, Familie, Lebensschutz, Meinungsfreiheit und Berufsfreiheit (vgl. die Abschnitte 3.4 und 3.5). Aus der eingetragenen Partnerschaft wurde die „Ehe für alle“ und aus der „Ehe für alle“ soll laut dem deutschen Lesben- und Schwulenverband die Mehreltern-Regenbogenfamilie, bestehend aus 4 Erwachsenen und mithilfe von Eizellspende, Embryonenspende und Leihmutterschaft erzeugten Kindern werden, deren „Eltern“ beliebig festlegen können sollen, wer rechtlich als Elternteil gilt.[428] Eine solche 4-Personen-„Ehe“ mit Kinderproduktion hat mit dem ursprünglichen Ehe- und Familienbegriff des deutschen Grundgesetzes nichts mehr zu tun. So soll nach und nach eine neue Rechtsordnung geschaffen und die Gesellschaft umgebaut werden, zuallererst zulasten der Kinder, schließlich aber zulasten aller. Die Gesetzesänderungen im Bereich von Ehe und Familie werden andere Interessensgruppen auf den Plan rufen, die aus Gleichberech-

[428] Vgl. LSVD, 2020a

tigungsgründen noch weitergehende Forderungen erheben, etwa polyamouröse Gruppen oder polygame Muslime. Damit einher geht die Beschneidung grundlegender Elternrechte aufgrund angeblicher Antidiskriminierungsbemühungen, etwa wenn Kinder in öffentlichen Bildungseinrichtungen gegen den elterlichen Willen zur *Akzeptanz* sexueller Vielfalt erzogen werden oder wenn die Kriminalisierung von Eltern im Raum steht, die ihr Kind von hormonellen und chirurgischen geschlechtsverändernden Maßnahmen abhalten wollen. Es wäre höchste Zeit für eine öffentliche Grundsatzdiskussion über legitime bzw. illegitime politische Forderungen gesellschaftlicher Minderheiten, anders formuliert, über die Demokratieförderlichkeit bzw. Grundgesetzkompatibilität ihrer politischen Interessen.

16. Entdecken versus Schaffen: Ein letzter Denkfehler ist vermutlich der grundlegendste im Bereich der Sexualität, nämlich die Vorstellung, der Mensch könne seine menschliche Natur und Identität nicht lediglich entdecken und tiefer verstehen lernen, sondern sein Geschlecht, seinen Körper und damit seine Identität frei aus beliebig vielen Optionen wählen und völlig nach eigenen Wünschen verändern und gestalten. Das nächste Kapitel befasst sich deshalb mit einer zeitgenössischen Philosophie bzw. Religion, die genau diese Position vertritt. Sie denkt alle bisher beschriebenen Entwicklungen konsequent weiter. Damit kann sie zu größerer Klarheit verhelfen, wohin das gesellschaftliche Projekt der Neuerfindung des Menschen letztlich führen mag.

4 Transhumanismus oder die Selbsterlösung der Menschheit

„Wozu? Was ist das Ziel? Cui bono? Wohin geht die Reise? Warum wollen die Mächtigen und Reichen einen neuen Menschen schaffen, der nicht mehr sicher ist, ob er Mann oder Frau ist?“ (Gabriele Kuby)[429]

„My Body, My Choice: Gesetze und Verordnungen werden sich auf somatische Rechte stützen. Substanzen, die wir einnehmen – zur Steigerung kognitiver Fähigkeiten, Freizeitdrogen, Steroide, Nanotech – werden sowohl zu einem Recht als auch zur Verpflichtung. Handlungen wie Abtreibung, Sterbehilfe, freiwillige Amputationen, Geschlechtsumwandlung, Leihmutterschaft, körperverändernde Eingriffe, eingetragene Partnerschaften zwischen Erwachsenen jeglicher Anzahl und Sexualpraktiken, die in wechselseitigem Einvernehmen stattfinden, wären gesetzlich geschützt. Die eigene genetische Beschaffenheit, neurologische Zusammensetzung, prosthetische Verbesserung und andere kybernetische Modifikationen werden nur durch die Technologie und das eigene Ermessen eingeschränkt sein. Der Transhumanismus kann sich nicht ohne eine rechtliche Struktur entwickeln, die es dem Einzelnen erlaubt, seinen eigenen Körper zu kontrollieren. Wenn die körperliche Freiheit so geschützt und geheiligt wird, wie die Redefreiheit, wird sich der Transhumanismus frei entwickeln können.“
(Kyle Munkittrick)[430]

Der Versuch der Neuerfindung des Menschen in den Bereichen Ehe, Familie und Sexualität ist für manche seiner Befürworter und Verfechter Teil eines noch größeren Projektes, das darauf abzielt, den gesamten als defizitär angesehenen Menschen zu erneuern und zu perfektionieren. Dabei geht es um die *„technische Selbstüberwindung und Selbst-Verbesserung des Menschen“*[431] – ja eigentlich der gesamten Menschheit. Dieses Projekt wird unter den Sammelbegriffen „Transhumanismus“, „Posthumanismus“, manchmal auch „Postgenderismus“ diskutiert. Es gibt verschiedene Facetten dieser Denkströmungen, gemeinsam ist ihnen das Ziel, mithilfe medizinischer, technischer oder wissenschaftlicher Methoden (z.B. pharmazeutischen Produkten, medizinischen Eingriffen, technischen Implantaten mit Gehirn-Computer-Schnittstel-

[429] Kuby G., 2016
[430] Munkittrick, 2011a
[431] Sorgner, 2016, S. 13

len, Gentechnik, künstlicher Intelligenz, Kybernetik, molekularer Nanotechnologie, Kryonik) den menschlichen Körper so zu manipulieren, dass der Mensch seine Intelligenz, seine Lebenszeit und sein Wohlbefinden erhöht, sich selbst perfektioniert, sein Menschsein überwindet, auf eine höhere evolutionäre Stufe gelangt, Unsterblichkeit erreicht oder durch die Verschmelzung mit Computern zu einem dem normalen Menschen überlegenen Mischwesen aus Mensch und Maschine wird.

Dies klingt nach Science Fiction oder einer verrückten Religion. Cullen spricht sogar von einer *„voll ausgewachsene(n) Religion mit eigener Ethik, eigenen Erlösungsvorstellungen und eigener Eschatologie“*[432] und Rehder warnt mit Recht, dass sich die Gefährlichkeit einer Idee nicht daran bemisst, *„wie realistisch sie ist, sondern allein danach, wie weit ihre Anhänger für deren Verwirklichung zu gehen bereit sind.“*[433] Man könnte ergänzen, wie einflussreich und mächtig ihre Anhänger sind, um ihren Ideen Taten folgen zu lassen. Tatsächlich arbeiten nicht wenige Transhumanisten in führenden Positionen renommierter Universitäten oder in Spitzenpositionen finanzstarker Unternehmen und Forschungslabore.[434] Da die Schaffung ihres neuen Menschen selbst mit den Relikten christlicher Vorstellungen von Ehe, Familie und Sexualität nicht zu realisieren ist, bemühen sie sich auch hier intensiv um die Umwertung aller Werte.

4.1 Der Anfang: Das Undenkbare wieder denkbar machen

> *„So ist es zwar richtig, dass jede radikale Eugenik-Politik für viele Jahre politisch und psychologisch unmöglich sein wird, doch wird es für die Unesco wichtig sein, dafür zu sorgen, dass das eugenische Problem mit größter Sorgfalt geprüft und die Öffentlichkeit über die wichtigen Fragen informiert wird, so dass vieles, was jetzt undenkbar ist, wenigstens denkbar wird.“* (Julian Huxley, 1. Generaldirektor der UNESCO, 1946)[435]

Als Begründer der modernen transhumanistischen Bewegung wird im Allgemeinen der Evolutionsbiologe und Eugeniker Julian Huxley (1887-1975) angesehen. Er veröffentlichte 1950 einen Aufsatz, in dem er es als des Menschen

[432] Cullen, 2020, S. 25

[433] Rehder, zit. nach Cullen, 2020, S. 25

[434] Zur Verbindung zwischen den IT-Unternehmen *Google* und *Microsoft* und dem Transhumanismus vgl. z.B. Jansen, 2014

[435] Huxley, 1946, S. 21

Schicksal, Pflicht und Privileg bezeichnete, den Fortschritt des kosmischen Evolutionsprozesses in seiner eigenen Person fortzusetzen. Die Elemente seiner evolutionären Ideologie zielten sowohl auf die Verbesserung des einzelnen Menschen, der Gemeinschaft wie der Menschheit insgesamt.[436] Einige Jahre später benutzte er den Begriff „Transhumanismus", um seinen „neuen Glauben" zu beschreiben, dass sich der Mensch an der Schwelle einer neuen Form der Existenz befinde und dazu bestimmt sei, die zukünftige Evolution des Menschen zu bewirken.[437] Diese Idee war an sich nicht ganz neu, denn bereits im Jahr 1921 hatte der *Zweite Internationale Eugenik-Kongress* ein Logo mit der Aufschrift verwendet: *„Eugenics is the self direction of human evolution."*[438] Huxley war nicht nur von 1946-1948 der erste Generaldirektor der *UNESCO*, sondern auch ein überaus aktiver Mensch. So war er Mitglied in diversen Eugenikgesellschaften und nationalen sowie internationalen politischen Institutionen und verstand es, seinen angeblich wissenschaftlichen „evolutionsbiologischen Welthumanismus" nicht nur der wissenschaftlichen Fachwelt, sondern einer breiten Öffentlichkeit zu vermitteln. Er führte zahlreiche renommierte Wissenschaftler unterschiedlicher Fachrichtungen zusammen, um eugenische Technologien für seine Ideologie nutzbar zu machen. Huxley war von der kulturellen Unterlegenheit der Schwarzen überzeugt und vertrat öffentlich die Ansicht, dass eine Familie, die er als „geistig defizitär" (mentally defective) bezeichnete, niemals hätte geboren werden sollen. Er setzte sich für die kontrollierte Fortpflanzung der Angehörigen der professionellen Mittelschicht mit angeblich höherwertigen Genen ein, bei gleichzeitiger Vermeidung geistiger Defizite durch Geburtenkontrolle und Sterilisation. Geistig Defizitäre sollten zudem ausgesondert und segregiert werden, um einen Holocaust der Unfitten zu vermeiden. Er plädierte für Massenüberwachung, restriktive Immigrationskontrollen zur Abwehr rassisch Minderwertiger, für Geburtenkontrolle, Abtreibung, die Entkriminalisierung der Homosexualität, für weltweite Bevölkerungskontrolle sowie Samenbanken und eugenische Befruchtungen durch bevorzugte Spender. Zugleich war er ein entschiedener Gegner des Nationalsozialismus und immer bemüht, seine Ideen von der Rassenhygiene der National-

---

[436] Vgl. Huxley, 1950, S. 12ff

[437] Vgl. Huxley, 1957

[438] Vgl. Wunder, 2020. Das Zitat auf Deutsch: *„Eugenik ist die Selbststeuerung der menschlichen Evolution."*

sozialisten abzugrenzen, indem er seine eigenen Positionen als wissenschaftlich, die der Nazis jedoch als pseudowissenschaftlich darstellte. Ab den 1930er Jahren tilgte er Begriff und Konzept der „Rasse" aus seinen eugenischen Thesen, änderte aber ansonsten inhaltlich nichts. Huxleys „evolutionäre Eugenik" hatte Brückenfunktion, um die alte Eugenik des 19. und frühen 20. Jahrhunderts in eine neue Eugenik der Nachkriegszeit und darüber hinaus zu überführen.[439]

Huxley war mit seinen Ansichten auf der Höhe des damaligen Zeitgeistes. Der Begriff „Eugenik" stammt ursprünglich von Francis Galton aus dem Jahr 1883. Galton befasste sich mit der Frage, was die rassischen Eigenschaften zukünftiger Generationen physisch oder psychisch verbessern oder beeinträchtigen könnte.[440] Nach einer Definition des amerikanischen Wissenschaftshistorikers Daniel Kevles aus dem Jahr 1995, ist Eugenik die *„Gesamtheit der Ideen und Aktivitäten, die darauf abzielen, die Qualität der menschlichen Rasse durch die Manipulation des biologischen Erbgutes zu verbessern."*[441] Dem Eugenik-Begriff liegt also die sozialdarwinistische Vorstellung von der genetischen Verbesserungswürdigkeit der Menschheit zugrunde. Sie war an die Befürchtung gekoppelt, dass sich Erbminderwertige schneller vermehren könnten, als Erbhochwertige und erstere daher eine Bedrohung für die Gesellschaft bzw. Menschheit darstellten. Die Fortpflanzung Erbhochwertiger sollte deshalb gefördert (positive Eugenik) und die Fortpflanzung Erbminderwertiger eingeschränkt oder verboten werden (negative Eugenik).

Diese Überzeugungen waren im späten 19. und frühen 20. Jahrhundert überall in der westlichen Welt verbreitet. Sie führten zu eugenischen Maßnahmen in weiten Teilen der westlichen Welt und in der Sowjetunion, etwa zu eugenischer Eheberatung, zu Ehebeschränkungen oder -verboten für Menschen mit Behinderungen oder psychischen Erkrankungen, zu Zwangssterilisationen und Zwangsabtreibungen. Behinderte, psychisch kranke, alkoholabhängige, arme und andere gesellschaftlich randständige Menschen wurden, unabhängig davon, ob ihr Zustand genetisch bedingt war oder nicht, immer mehr als ge-

---

[439] Vgl. Weindling, 2012

[440] Galton's Eugenik-Definition lautet: *„The study of agencies under social control that may improve or impair the racial qualities of future generations either physically or mentally"* (Zit. nach Wunder, 2020

[441] Zit. nach Wunder, 2020

sellschaftliche Bedrohung wahrgenommen und in isolierten Großanstalten unter oft menschenunwürdigen Verhältnissen von der Allgemeinheit segregiert. Diese Großanstalten und Eugenikgesetze (etwa die Zwangssterilisierung betreffend) bestanden in den westlichen Ländern zum Teil bis in die 1970er, 1980er oder 1990er Jahre hin unverändert fort.[442] Zu den weltweit bekanntesten Eugenikern des frühen 20sten Jahrhunderts zählten der britische Volkswirtschaftler John Maynard Keynes, der erste kommerzielle Betreiber des Telefons Alexander Graham Bell, der britische Premierminister Winston Churchill, der 26. Präsident der Vereinigten Staaten, Theodore Roosevelt und die amerikanische Frauenrechtlerin und Schriftstellerin Margret Sanger, Gründerin der *American Birth Control League*. Sie vertrat offen eugenisch-rassistische Ziele und wurde später in *International Planned Parenthood* umbenannt, deren deutscher Ableger *Pro Familia* wurde.

Viele Eugeniker blieben nicht bei Heiratsverboten, Zwangssterilisierungen und Segregation der angeblich genetisch Minderwertigen, sondern gingen noch einen Schritt weiter: Sie forderten offen die Tötung „erbminderwertiger" Menschen, entweder durch Zwangsabtreibung oder auf andere Weise. Der französische Arzt und Nobelpreisträger Alexis Carrel plädierte beispielsweise in seinem im Jahr 1935 erschienenen Hauptwerk „*Man the Unknown*" für die Vergasung von Kriminellen und Behinderten: *„Es bleibt das ungelöste Problem der immensen Zahl von Defizitären und Kriminellen. Sie stellen eine enorme Belastung für den Teil der Bevölkerung dar, der normal geblieben ist. Wie bereits erwähnt, werden heute gigantische Summen benötigt, um Gefängnisse und Irrenanstalten zu unterhalten und die Öffentlichkeit vor Gangstern und Irren zu schützen. Warum schützen wir diese nutzlosen und schädlichen Wesen? Die Anormalen verhindern die Entwicklung des Normalen. (...) Warum sollte die Gesellschaft die Kriminellen und Geisteskranken nicht auf wirtschaftlichere Weise entsorgen? (...) Kriminalität und Wahnsinn können nur durch eine bessere Kenntnis des Menschen, durch Eugenik, durch Veränderungen im Bildungswesen und in den sozialen Verhältnissen verhindert werden. Unterdessen muss wirksam gegen Kriminelle vorgegangen werden. Vielleicht sollten die Gefängnisse abgeschafft werden. Sie könnten durch kleinere und kostengünstigere Einrichtungen ersetzt werden. (...) Diejenigen, die gemordet, ausgeraubt und sich mit Maschinenpistolen oder Maschinengewehren bewaffnet haben, die Kinder entführt, die Armen ihrer Ersparnisse beraubt und die Öffentlichkeit in*

---

[442] Vgl. z.B. Blatt & Kaplan, 1974; Wolfensberger, 1975, S. 33ff; Wunder, 2020

wichtigen Angelegenheiten irregeführt haben, ***sollten in kleinen, mit geeigneten Gasen ausgestatteten Euthanasieeinrichtungen human und wirtschaftlich entsorgt werden****. Eine ähnliche Behandlung könnte mit Gewinn bei Geisteskranken, die sich krimineller Handlungen schuldig gemacht haben, angewandt werden.“*[443] (Hervorhebung durch die Autorin). Carrels Buch wurde in mehrere Sprachen übersetzt und ist in so hoher Auflage erschienen, dass es noch heute problemlos im Gebrauchtwarenbuchhandel erhältlich ist. Als deutsche Eugeniker und Rassenhygieniker zwischen 1933 und 1940 die Zwangssterilisierung von etwa 350.000 Menschen und zwischen 1933 und 1945 die Ermordung von etwa 200.000 behinderten und psychisch kranken Menschen veranlassten, setzten sie lediglich in die Tat um, was in den höchsten wissenschaftlichen und politischen Kreisen der westlichen Welt bereits seit Jahrzehnten diskutiert worden war. Auch heute ist noch zu wenig bekannt, dass Organisatoren, Ärzte und Pflegepersonal der deutschen Euthanasiemorde im Nationalsozialismus zum überwiegenden Teil keine überzeugten Nationalsozialisten oder Parteimitglieder waren, sondern Sozialreformer und engagierte Professionelle.[444]

Da die rassenhygienischen Maßnahmen der Nationalsozialisten international jedoch ein schlechtes Licht auf die Bemühungen der Eugeniker warfen, eine Menschheit mit höherwertigen Genen zu schaffen, wurden nach und nach Begriffe wie „race“ (Rasse) oder „eugenics“ (Eugenik) vermieden und durch

---

443 Das Zitat im Original: *„There remains the unsolved problem of the immense number of defectives and criminals. They are an enormous burden for the part of the population that has remained normal. As already pointed out, gigantic sums are now required to maintain prisons and insane asylums and protect the public against gangsters and lunatics. Why do we preserve these useless and harmful beings? The abnormal prevent the development of the normal. (…) Why should society not dispose of the criminals and the insane in a more economical manner? (…) Criminality and insanity can be prevented only by a better knowledge of man, by eugenics, by changes in education and in social conditions. Meanwhile, criminals have to be dealt with effectively. Perhaps prisons should be abolished. They could be replaced by smaller and less expensive institutions. (…) Those who have murdered, robbed while armed with automatic pistol or machine gun, kidnapped children, despoiled the poor of their savings, misled the public in important matters,* ***should be humanely and economicaly disposed of in small euthanasic institutions supplied with proper gases****. A similar treatment could be advantageously applied to the insane, guilty of criminal acts.”* (Carrel, 1935, S. 318f). Noch im Jahr 1998 erschien eine Würdigung des Lebenswerkes von Alexis Carrel in einer medizinischen Fachzeitschrift, die das Buch explizit würdigend erwähnte (vgl. Staudacher & Gabl, 1998).

444 Vgl. z.B. Aly, 2013, S. 54ff; Babel, 2015

wohlklingendere Begriffe wie „ethnic group" (ethnische Gruppe) „applied human genetics" (angewandte Humangenetik) oder „social biology" (Sozialbiologie) ersetzt und die Freiwilligkeit entsprechender Maßnahmen betont.
Im Jahr 1939 fand der siebte Internationale Genetikkongress in Edinburgh, mit den hochrangigsten Genetikern und Eugenikern der Welt statt, unter ihnen mehrere Nobelpreisträger. 23 von ihnen verfassten ein Dokument mit dem Titel *„Social Biology and Population Improvement"*, welches später als *„Eugenisches Manifest"* bekannt wurde. Darin wird die Frage gestellt, wie die genetische Verbesserung der Weltbevölkerung am besten bewerkstelligt werden könnte. Die Autoren des *Eugenischen Manifestes* hatten eine zukünftige Weltgesellschaft im Sinn, in der sich die Bevölkerung freiwillig einem genetischen Verbesserungsprogramm unterwerfen würde, das aus Geburtenkontrolle, Sterilisation, Abtreibung und künstlicher Befruchtung bestehen sollte, nachdem sich das richtige soziale Bewusstsein bezüglich der Produktion von Kindern („production of children") gesellschaftlich durchgesetzt hätte. Ihre eugenischen Ziele richteten sich nicht lediglich auf die Abwehr genetischer Entartung und Minderwertigkeit („genetic deterioration"), sondern zugleich auf die genetische Verbesserung der gesamten Menschheit und zwar in den Bereichen Gesundheit, Intelligenz und Sozialverhalten.[445] Julian Huxley, der Begründer des Transhumanismus, schrieb nach dem Grauen der nationalsozialistischen Massenmorde als Generaldirektor der *UNESCO* im Jahr 1946: *„Gegenwärtig ist es wahrscheinlich, dass die indirekte Wirkung der Zivilisation dysgenisch und nicht eugenisch ist; und auf jeden Fall scheint es wahrscheinlich dass das Eigengewicht der genetischen Dummheit, der körperlichen Schwäche, der geistigen Instabilität und Krankheitsanfälligkeit, die in der menschlichen Spezies bereits existiert, sich als eine zu große Belastung erweisen wird, als dass echte Fortschritte erzielt werden könnten. So ist es zwar richtig, dass jede radikale Eugenik-Politik für viele Jahre politisch und psychologisch unmöglich sein wird, doch wird es für die UNESCO wichtig sein, dafür zu sorgen, dass das eugenische Problem mit größter Sorgfalt geprüft und die Öffentlichkeit über die wichtigen Fragen informiert wird, so dass vieles, was jetzt undenkbar ist, wenigsten denkbar wird."*[446]

[445] Vgl. Crew et al., 1939
[446] Im englischen Original lautet das Zitat: *„At the moment, it is probable that the indirect effect of civilisation is dysgenic instead of eugenic; and in any case it seems likely that the dead weight*

Heutige Transhumanisten sprechen noch immer (oder schon wieder) ganz offen von Eugenik und Selektion, mit dem Ziel, nicht nur den individuellen Menschen, sondern die gesamte Menschheit zu verbessern, allerdings bevorzugen sie im Allgemeinen den Begriff des „genetischen Enhancements". Die zu Huxleys Zeiten zwischenzeitlich betonte Freiwilligkeit ist inzwischen der technischen Machbarkeit zum Opfer gefallen. Die beiden an der *Universität Oxford* lehrenden Philosophen Carl Shulman und Nick Bostrom diskutieren etwa die Frage, ob die systematische Selektion menschlicher Embryonen im Kontext der In-vitro-Fertilisation die kognitiven Fähigkeiten der Menschheit erhöhen könne.[447] Julian Salvescu, ebenfalls Philosophieprofessor in Oxford, konstatierte gar eine „moralische Verpflichtung", die genetisch „besten Kinder" zu selektieren.[448] Nick Bostrom ist zusammen mit David Pearce Begründer der *World Transhumanist Association*, die später in *Humanity+ (oder H+)* umbenannt wurde.[449]

Pearce benennt in seinen Schriften auch langfristige Ziele der transhumanistischen Eugenik: *„1) Leiden jeglicher Art wird biologisch unmöglich sein. Unsere Nachfahren werden ein Leben in genetisch vorprogrammiertem Glück leben, dessen ärgste "Tiefpunkte" oberhalb heutiger Gipfelerfahrungen liegen. In eintausend Jahren wird der erbliche "hedonische Sollwert" des regulären Wachdaseins angehoben sein, sodass sich das alltägliche Leben großartig anfühlt. 2) Unsere genetisch optimierten Nachfahren werden nicht altern und sterben, sondern praktisch unsterblich sein, abgesehen von Unfällen, was bedeutet, dass bestimmte Gehirne aus einer digitalen Sicherung wiederhergestellt werden müssen. 3) Posthumane werden von Natur aus klüger sein als wir, nicht einfach im engen, autistischen Sinne einer Intelligenz, wie sie von gegenwärtigen IQ-Tests*

---

of genetic stupidity, physical weakness, mental instability, and disease-proneness, which already exist in the human species, will prove too great a burden for real progress to be achieved. Thus even though it is quite true that any radical eugenic policy will be for many years politically and psychologically impossible, it will be important for Unesco to see that the eugenic problem is examined with the greatest care, and that the public mind is informed of the issues at stake so that much that now is unthinkable may at least become thinkable." (Huxley, 1946, S. 21)

[447] Vgl. Shulman & Bostrom, 2014

[448] Vgl. Savulescu, 2001

[449] Vgl. https://humanityplus.org/

gemessen wird, sondern in Form einer mehr empathischen Intelligenz. Um einen nicht-wissenschaftlichen Ausdruck zu gebrauchen: Unsere Nachfahren werden "weiser" sein als heutige Menschen.“[450]

Mit der Genome-Editing-Methode CRISPR/Cas9, deren Erfinderinnen Emmanuelle Charpentier und Jennifer Doudna im Oktober 2020 den Nobel-Preis erhielten, steht heute eine Technologie zur Verfügung, die in ihren Folgen weit über die reine Selektion von Menschen im Rahmen der In-vitro-Fertilisation hinausgehen wird. Indem einzelne DNA-Bausteine aus dem Genom ausgeschnitten, ausgetauscht oder neu eingesetzt werden können, ist es nun möglich geworden, die DNA von Pflanzen, Tieren und Menschen gezielt zu verändern. Haben sich einige Wissenschaftler bisher noch für eine weltweite Ächtung der Anwendung dieser Genscheren zu Eingriffen in die menschliche Keimbahn eingesetzt, dürfte sie mit der Verleihung des Nobel-Preises politisch kaum noch durchsetzbar sein.[451] Transhumanisten werden ihr eugenisches Menschenverbesserungsprojekt also mit aller Kraft weiterverfolgen und versuchen, zukünftige Generationen nach ihren Vorstellungen zu designen.

4.2 Weitere Schwerpunkte transhumanistischen Denkens

„We Can Now Engineer
The Human Race”
(MIT Technology Review, Mai 2015)[452]

Die eugenische Verbesserung der Menschheit steht am Anfang und im Zentrum der transhumanistischen Agenda. Zusätzlich existieren eine Reihe weiterer inhaltlicher Schwerpunkte dieser Bewegung, die hier kurz beschrieben werden sollen, weil sie – wie die Eugenik – mit anderen Bemühungen um die Neuerfindung des Menschen in den Bereichen Ehe, Familie und Sexualität verbunden sind. Häufig mischt sich der Transhumanismus mit weiteren Bewegungen oder philosophischen Schulen (z.B. der Tierrechtsbewegung, der LGBT-Bewegung, der Bioethik, dem Postgenderismus), die nur Teilaspekte der transhumanistischen Agenda aktiv verfolgen, aber in der Regel anderen Teilaspekten ebenfalls positiv gegenüberstehen. Da der Transhumanismus also eine Vielzahl der Bemühungen um die Neuerfindung der menschlichen Natur

---

[450] Pearce, 2008
[451] Vgl. Rehder, 2020b
[452] MIT Technology Review, 2015

unter sich vereint und sie in seinem Sinne weiterdenkt, ist er in gewisser Weise die Metatheorie der Weltverbesserung und Selbsterlösung der Menschheit im 21sten Jahrhundert.

4.2.1 Barmherzige Biologie, Tierrechte, Mischwesen und Personen- statt Menschenrechte

> *„Alle drei menschenfeindlichen Ideologien – die Tierrechtsideologie, die Bioethik der "Personalität" und der Transhumanismus – bedrohen die universelle Gleichheit der Menschen. Leider sind sie zu einem Zeitpunkt erschienen, an dem traditionelle kulturelle Normen bezüglich der Heiligkeit des menschlichen Lebens erheblich untergraben wurden. Und die Zukunft wird nicht darauf warten, dass wir unser moralisches Gleichgewicht wiedererlangen. Die Genforschung schreitet mit Riesengeschwindigkeit voran.“* (Wesley J. Smith)[453]

Das Verhältnis des Menschen zum Tier wird im Transhumanismus auf verschiedene Weise diskutiert: Manche Transhumanisten setzen sich für die „Hybridisierung des Menschen“, also für die Erzeugung von Mensch-Tier-Mischwesen ein. Moralisch seien diese Mischwesen unproblematisch, da ihnen keine Menschenwürde zuzusprechen sei, behauptet etwa der deutsche Transhumanist Lorenz Sorgner.[454] Technisch möglich ist inzwischen vieles und wird in den Forschungslaboren der Welt auch eifrig praktiziert,[455] zuletzt produzierten Wissenschaftler Mensch-Schwein-Hybride, von denen sie sich in ferner Zukunft Fortschritte bei der Organtransplantation erhoffen.[456] In Japan ist auch die Geburt solcher Mischwesen inzwischen gesetzlich erlaubt.[457]

Andere Transhumanisten weiten ihre eugenischen Bestrebungen auf die Tierwelt aus. Nach Pearce sollen nicht nur Menschen mithilfe der CRISPR-Technologie genetisch aufgerüstet werden. Er möchte auch alle fühlenden Tiere genetisch so verändert sehen, dass zukünftige Tierarten ohne bzw. mit vermindertem Schmerzempfinden leben können und Fleischfresser genetisch zu Nicht-Fleischfressern umprogrammiert werden.[458] Ziel ist eine post-darwinistische Biosphäre mit „barmherziger Biologie“ („compassionate biology“), in der

---

[453] Smith, 2002

[454] Vgl. Sorgner, 2016, S. 169ff

[455] Vgl. Deutscher Ethikrat, 2011; Cyranoski, 2019

[456] Vgl. Reardon, 2017

[457] Vgl. Fischer, 2019

[458] Pearce, 2020a

Schmerz und Leid nicht mehr existieren und Menschen das Bewusstsein haben, dass die Misshandlung und Tötung eines Schweins ein ebenso großes Unrecht darstellt, wie die Misshandlung und Tötung eines Kleinkindes.[459]
Hier wird eine direkte Verbindung zur Tierrechtsbewegung deutlich: Für Tierrechtler existiert kein Unterschied zwischen Tieren und Menschen: Sie definieren den Wert (tierischer und menschlicher) Lebewesen anhand qualitativer Kriterien, wie Schmerzempfinden oder Leidesfähigkeit. Ingrid Newkirk, Gründerin von *PETA USA*, drückte es so aus: *„A rat is a pig is a dog is a boy."*[460] Eine Höherbewertung des Menschen gegenüber dem Tier wird von Tierrechtlern als „Speziesismus" gegeißelt, der ebenso abzulehnen sei, wie Rassismus oder Sexismus. Ziele der Tierrechtsorganisationen sind die Gleichstellung von Mensch und Tier, die Abschaffung der Tiernutzung sowie die Verankerung individuell einklagbarer Rechte für Tiere in den Verfassungen. In mehreren Staaten ist letzteres bereits gelungen.[461]
Solchen transhumanistischen und tierrechtlichen Positionen liegt die Vorstellung zugrunde, dass dem Menschen nicht mehr allein aufgrund seiner Zugehörigkeit zur Menschheitsfamilie oder als Ebenbild Gottes Menschwürde und Lebensrecht zukomme, sondern er sich gemeinsam mit den Tieren auf einer abgestuften Skala der Wertigkeit befinde, je nachdem, welche *„moralisch relevante(n) Eigenschaften"*[462] er vorzuweisen habe. Die individuellen Rechte eines Menschen (oder Tieres) sollen an dessen „Personalität" gekoppelt werden. Der Transhumanist Kyle Munkittrick schreibt: ***„Der Rechtsdiskurs wird sich auf die Personalität verlagern, statt auf die gemeinsame Menschlichkeit.*** *(...) Mit Hilfe eines abgestuften Systems, das auf Merkmalen wie Empfindungsvermögen, Einfühlungsvermögen, Selbstbewusstsein, Werkzeuggebrauch, Problemlösung, sozialem Verhalten, Sprachgebrauch und abstraktem Denken beruht, werden Tieren (einschließlich Menschen) Rechte auf der Grundlage unterschiedlicher Grade der Persönlichkeit zuerkannt werden. (...)* ***Wenn afrikanische Graupapageien, Gorillas und Delfine die gleichen Rechte wie ein menschliches Kleinkind haben, wird es ein menschenfreundliches System von Rechten geben."***[463] (Hervorhebung durch die Autorin)

[459] Vgl. Pearce, 2020b; Hauskeller, 2017
[460] PETA, 2012. Das Zitat auf Deutsch: *„Eine Ratte ist ein Schwein ist ein Hund ist ein Junge."*
[461] Ein früher Warner vor solchen Entwicklungen war Smith, 2010
[462] Sorgner, 2016, S. 170
[463] Munkittrick, 2011a. Das Zitat im Original: *„Rights discourse will shift to personhood instead of common humanity. (...) Using a scaled system based on traits like sentience, empathy, self-*

Munkittricks Argumentation reiht sich nahtlos in die Sichtweise der seit den 1970er Jahren entwickelten bioethischen Personalitäts-Philosophie ein, nach der manche (kranke, behinderte, ungeborene oder neugeborene) Menschen aufgrund bestimmter Eigenschaften angeblich keine „Personen" seien, sondern sich in einem vorpersonalen, halbpersonalen oder nachpersonalen Zustand befänden. Auch Begriff und Konzept der „Lebensqualität" wurde immer häufiger in diesem Sinn verstanden, mit der Folge, dass die Tötung von Menschen, denen das Personsein oder die Lebensqualität abgesprochen wird, als gerechtfertigt dargestellt wurde[464] (vgl. auch Abschnitt 3.2.6). Die Vermutung liegt also nicht fern, dass diese akademischen Thesen und ihre systematische Verbreitung in den Mainstream-Medien Wegbereiter der gesellschaftlichen Akzeptanz und fortschreitenden Legalisierung der Abtreibung, des Infantizids, der Suizidbeihilfe, der Euthanasie und Ähnlichem waren und auch der fortschreitenden Akzeptanz der genetischen Manipulation des Menschen Vorschub leisten werden.[465]

Diese Absicht der Transhumanisten, moralisch die Grenzen eines „speziesistischen Denkens" zu überschreiten, den Personenbegriff auch nicht-menschlichen Wesen (Tieren, Pflanzen, Maschinen) zuzuschreiben und den moralischen Status eines Lebewesens an „moralisch relevante Eigenschaften" zu koppeln, führt auch zu einem veränderten Verhältnis von Mensch und Maschine: So könne beispielsweise, nach Sorgner, ein Roboter mit Superintelligenz – also einer Intelligenz, welche sich von der menschlichen Intelligenz kategorial unterscheide und mit erhöhter Autonomie einhergehe – Rechte erhalten. Wenn diese Superintelligenz bzw. Autonomie eine „moralisch relevante Eigenschaft" sei, dann müsse dem Roboter ein höherer moralischer Status zukommen, als dem Menschen, etwa der „Post-Personenstatus". Das Gleiche treffe auf Wesen mit einem „Metaselbstbewusstsein" oder „Nanoempfindungsfähigkeit" zu.

---

awareness, tool use, problem solving, social behaviors, language use, and abstract reasoning, animals (including humans) will be granted rights based on varying degrees of personhood. (...) When African grey parrots, gorillas, and dolphins have the same rights as a human toddler, a transhuman friendly rights system will be in place."

[464] Vgl. z.B. Fletcher, 1972; Duff & Campbell, 1973; Shaw, 1977; Singer, 1980; Tooley, 1988; Singer, 1994; Verhagen & Sauer, 2005; Park, 2009; Giubilini & Minerva, 2013; Park, 2017; Coyne, 2017. Zur Kritik vgl. Wolfensberger, 1994d; von Gersdorff, 2014; Smith, 2019a

[465] Zur Verbindung von Transhumanismus, Tierrechtsbewegung und bioethischer Personalitätsphilosophie vgl. auch Smith, 2002

Transhumanisten spekulieren darüber, wie das menschliche Bewusstsein irgendwann auf eine Festplatte geladen werde könne, so dass ein Cyborg entstehe, ein Übergangswesen hin zu einer neuen Art.[466] In der Transhumanistischen Deklaration der *World Transhumanist Association/H+* lautet der entsprechende Grundsatz: *„Wir treten für das Wohlergehen aller empfindsamen Wesen ein, einschließlich des Menschen, nichtmenschlicher Tiere und künftiger künstlicher Intellekte, veränderter Lebensformen oder anderer Intelligenzen, die der technologische und wissenschaftliche Fortschritt hervorbringen kann.“*[467] Dies klingt zunächst überaus human: Allen soll es irgendwann besser gehen. Allerdings ist bei dieser Definitionen mit zu bedenken, dass einigen Menschen die Empfindsamkeit, das Lebendigsein oder das Menschsein abgesprochen wird, denken wir etwa an die ungeborenen Kinder, die als „Schwangerschaftsgewebe“ oder „Zellhaufen“ bezeichnet oder mit „Leichnamen“[468] verglichen werden, an bewusstlose oder behinderte Menschen, die als „Vegetativa“[469] bezeichnet werden oder an solche kranken und behinderten Menschen, die sich angeblich im vor-, halb- oder nachpersonalen Zustand befinden. Sie gehören nicht mehr zu den „empfindsamen Wesen“, also den Menschen, nicht-menschlichen Tieren und künstlichen Intellekten, denen die transhumanistischen Segnungen zuteil werden sollen.

---

[466] Vgl. Sorgner, 2016, S. 170f

[467] humanity +, 2009. Das Zitat im Original: *„We advocate the well-being of all sentience, including humans, non-human animals, and any future artificial intellects, modified life forms, or other intelligences to which technological and scientific advance may give rise.“*

[468] Birnbacher schreibt etwa: *„Wie der Leichnam ein Symbol der Person zu Lebenszeiten ist, ist der frühe Embryo ein Symbol des Lebens.“* (Birnbacher, 1/2002)

[469] Vgl. Overdick-Gulden, 2005

4.2.3 Intelligenzexplosion, technologische Singularität und die Veränderung der menschlichen Natur

> *„Bis 2030 wird die "Nanobot"-Technologie (d.h. Nanoroboter) lebensfähig sein, und das Scannen des Gehirns wird deren herausragender Anwendungsbereich sein. Nanoroboter sind Roboter, die so groß wie menschliche Blutzellen oder sogar kleiner sind. Milliarden von ihnen könnten durch jede Gehirnkapillare wandern und jedes relevante Merkmal aus nächster Nähe scannen. Mit Hilfe der drahtlosen Hochgeschwindigkeitskommunikation würden die Nanoroboter untereinander und mit anderen Computern, welche die Datenbank für die Gehirnscans zusammenstellen, kommunizieren (mit anderen Worten, die Nanoroboter werden sich alle in einem drahtlosen lokalen Netzwerk befinden).“*
> (Ray Kurzweil, 2001)[470]

Ein weiterer früher Transhumanist war, neben dem bereits dargestellten Julian Huxley, der britische Mathematiker und Kryptologe Irving John Good (1916-2009). Er vertrat bereits im Jahr 1966 die Ansicht, dass das Überleben der Menschheit von der Konstruktion einer ultraintelligenten Maschine abhängig sei. Er ging davon aus, dass eine solche Maschine die intellektuellen Fähigkeiten des klügsten Menschen weit übertreffe und daher noch bessere bzw. intelligentere Maschinen designen könne, so dass es schließlich zu einer „Intelligenzexplosion“ käme, hinter der die Intelligenz des Menschen weit zurückbleibe. Diese ultraintelligente Maschine sei somit die letzte Erfindung der Menschheit, vorausgesetzt sie sei friedlich genug, um den Menschen wissen zu lassen, wie sie zu kontrollieren sei.[471] Seine Thesen wurden von anderen Transhumanisten zum Konzept der technologischen Singularität („technological singularity“) weiterentwickelt. Diese wird als der hypothetische Punkt angesehen, an dem das technologische Wachstum unkontrollierbar und irreversibel wird und zu unvorhersehbaren Konsequenzen für die Menschheit führen wird. Diskutiert wird, ob dieser Punkt plötzlich oder graduell eintreten wird.

---

[470] Kurzweil, 2001. Im Original: *„By 2030, “nanobot” (i.e., nano robot) technology will be viable, and brain scanning will be a prominent application. Nanobots are robots that are the size of human blood cells, or even smaller. Billions of them could travel through every brain capillary and scan every relevant feature from up close. Using high speed wireless communication, the nanobots would communicate with each other, and with other computers that are compiling the brain scan data base (in other words, the nanobots will all be on a wireless local area network).”*

[471] Vgl. Good, 1966, S. 31 & 33

Der Mathematiker Vernor Vinge sagte eine solche „Intelligenzexplosion“ bereits bis spätestens 2030 voraus.[472] Viele Transhumanisten wünschen sich die technologische Singularität. Sie gehen davon aus, dass der Evolutionsprozess zwangsläufig auf diesen Punkt hinlaufe und die dann entstandenen übermenschlichen Wesen anschließend zu einer besseren Welt beitragen würden, da sie dem Menschen überlegen seien.[473] Ray Kurzweil, amerikanischer Unternehmer und Pionier der KI-Forschung, Leiter der technischen Entwicklung bei *Google* und Gründer der transhumanistischen *Singularity University*[474] beschrieb die technologische Singularität so: *„Eine Analyse der Geschichte der Technologie zeigt, dass der technologische Wandel exponentiell verläuft, im Gegensatz zur ‚intuitiv linearen' Sichtweise des gesunden Menschenverstands. Wir werden also im 21. Jahrhundert nicht 100 Jahre Fortschritt erleben – es wird eher wie 20.000 Jahre Fortschritt sein (...) Innerhalb weniger Jahrzehnte wird die maschinelle Intelligenz die menschliche Intelligenz übertreffen, was zu Singularität führt – ein technologischer Wandel, der so schnell und tiefgreifend ist, dass er einen Bruch im Gefüge der menschlichen Geschichte darstellt. Zu den Implikationen gehört die Verschmelzung biologischer und nicht-biologischer Intelligenz, unsterblicher, softwarebasierter Menschen und ultrahoher Intelligenzniveaus, die sich mit Lichtgeschwindigkeit nach außen in das Universum ausdehnen.“*[475] Auf dem im Jahr 2013 in New York veranstalteten *Global Future 2045 Congress* diskutierten Kurzweil und andere transhumanistische Wissenschaftler und Unternehmer über ihre Zukunftsperspektiven für die Menschheit – man könnte sagen, ähnlich, wie der siebte Internationale Genetikkongress im Jahr 1939, aus dem das *Eugenische Manifest* hervorging. Allerdings stehen den heutigen menschheitsverbessernden Wissenschaftlern und Unternehmern weit überlegene technische Mittel zur Verfügung.

---

[472] Vgl. Vinge, 1993

[473] Vgl. Wikipedia, 2020

[474] Vgl. Singularity University, 2020

[475] Kurzweil, 2001. Im Original: *“An analysis of the history of technology shows that technological change is exponential, contrary to the common-sense “intuitive linear” view. So we won't experience 100 years of progress in the 21st century — it will be more like 20,000 years of progress (...) Within a few decades, machine intelligence will surpass human intelligence, leading to The Singularity — technological change so rapid and profound it represents a rupture in the fabric of human history. The implications include the merger of biological and nonbiological intelligence, immortal software-based humans, and ultra-high levels of intelligence that expand outward in the universe at the speed of light.”*

Der russische Kognitionswissenschaftler David Dubrovsky sprach auf diesem Kongress von der Notwendigkeit einer gezielten technischen Veränderung der menschlichen Natur zwecks Rettung der Menschheit: *„Die anhaltende Eskalation der ökologischen Krise und anderer globaler Probleme unserer Zivilisation sind der Weg zu einer anthropologischen Katastrophe. Um diese zu vermeiden, muss das Bewusstsein des Massenmenschen verändert werden. Und das ist gleichbedeutend mit einer Veränderung dessen, was als menschliche Natur bezeichnet wird. (...) Wir müssen entweder die biologische Natur des Menschen ändern, indem wir das Genom rekonstruieren, um die menschliche Psyche und die Lebensfunktionen zu verändern. Oder wir müssen den Weg der Übertragung des Geistes und der Persönlichkeit eines Individuums in ein nichtbiologisches kybernetisches System gehen, d.h. durch anthropo-technologische Transformationen, was der Weg des evolutionären Transhumanismus ist."*[476] Eine Auswahl der Vortragstitel der anderen Kongressteilnehmer veranschaulicht ihre transhumanistischen Ziele sowie die anvisierten Methoden ihrer Umsetzung, die sich mehr oder weniger alle im Rahmen der beiden von Dubrovsky genannten übergeordneten Strategien verorten lassen und der „Rettung der Menschheit" dienen sollen: *„Intelligente selbstgesteuerte Evolution lenkt die Metamorphose der Menschheit in eine unsterbliche planetarische Meta-Intelligenz"* (Peter H. Diamandis), *„Das zukünftige Leben unterstützt durch Roboter-Avatare"* (Hiroshi Ishiguro), *„Gewöhnlich ... Außergewöhnlich – Leben mit einem bionischen Arm"* (Nigel Ackland), *„Anthroide (menschenähnliche Roboter) für Telepräsenz, Mind Uploading und allgemeine Intelligenz"* (David Hanson & Ben Goertzel), *„Das Ziel der Technologie ist das Ende des Todes"* (Martine Rothblatt), *„Unsterblichkeit im Jahr 2045"* (Ray Kurzweil), *„Werkzeuge zur Analyse und Entwicklung des Gehirns"* (Ed Boyden) oder *„Wie das menschliche*

---

[476] Dubrovsky, 2013. Das Zitat im Original: *„The continual escalation in the ecological crisis and other global problems of our civilization are the path to an anthropological catastrophe. In order to avoid this, the consciousness of the mass person must be changed. And this is equivalent to a change in what is called human nature. (...) We must either change man's biological nature by reconstructing the genome, to change the human psyche and vital functions. Or take the path of transferring the mind and personality of an individual to a non-biological cybernetic system, i.e. by anthropo-technological transformations, which is the path of evolutionary transhumanism."*

Bewusstsein durch Quantenteleportation hochgeladen werden könnte“ (Stuart Hameroff & Roger Penrose).[477]

4.2.4 Postgenderismus, biologische Grundfreiheiten, freiwillige Amputationen und die künstliche Gebärmutter

> *„Heute (...) ermöglichen es die Bio-, Neuro- und Informationstechnologien, das Projekt der Befreiung vom Patriarchat und von den Zwängen des binären Geschlechts zu vollenden. Die Post-Gender-Technologien werden der statischen biologischen und sexuellen Selbstidentifikation ein Ende setzen und es den Individuen ermöglichen, selbst zu entscheiden, welche biologischen und psychologischen Geschlechtsmerkmale sie behalten oder ablehnen wollen.“*
> (George Dvorsky & James Hughes)[478]

Die Kritik an der natürlichen Familie und die Dekonstruktion der Geschlechterrollen haben im marxistischen und feministischen Denken eine lange Tradition. Das heutige transhumanistische und postgenderistische Denken geht jedoch weit darüber hinaus. Ziel ist nichts weniger, als die vollständige Abschaffung der Familie, die individuelle Neukonstruktion des eigenen biologischen *und* sozialen Geschlechts sowie die vollständige Trennung von Sexualität und Fortpflanzung mithilfe entsprechender Technologien. Postgenderismus ist also die Anwendung des transhumanistischen Denkens im Bereich von Gender. Dvorsky und Hughes fassen dieses Denken so zusammen: *„Postgenderisten argumentieren, dass das Geschlecht eine willkürliche und unnötige Einschränkung des menschlichen Potenzials darstellt, und sehen die Beseitigung der unfreiwilligen biologischen und psychologischen Vergeschlechtlichung der menschlichen Spezies durch die Anwendung von Neurotechnologie, Biotechnologie und Reproduktionstechnologien vor. Postgenderisten behaupten, dass dyadische Geschlechterrollen und sexuelle Dimorphismen im Allgemeinen zum Nachteil des Einzelnen und der Gesellschaft sind. Die assistierte Reproduktion*

---

[477] Vgl. Global Future 2045 International Congress, 2013. Die Titel im Original: *„Intelligent Self-directed Evolution Guides Mankind's Metamorphosis Into An Immortal Planetary Metaintelligence", "The Future Life Supported by Robotic Avatars", "Ordinary ... Extraordinary — Life With A Bionic Arm", "Anthroids (Humanlike Robots) for Telepresence, Mind Uploading and General Intelligence", "The Goal of Technology is the End of Death", "Immortality By 2045" "Tools for Analyzing and Engineering the Brain"* und *"How Human Consciousness Could Be Uploaded Via Quantum Teleportation".*

[478] Dvorsky & Hughes, 2008, S. 13

wird es Individuen jeden Geschlechts ermöglichen, sich in beliebigen Kombinationen mit oder ohne "Mütter" und "Väter" fortzupflanzen, und künstliche Gebärmütter werden biologische Gebärmütter für die Reproduktion unnötig machen. Eine größere biologische Fluidität und psychologische Androgynität wird es zukünftigen Personen ermöglichen, sowohl männliche als auch weibliche Aspekte der Persönlichkeit zu erforschen. Postgenderisten fordern nicht das Ende aller geschlechtsspezifischen Eigenschaften oder eine universelle Androgynität, sondern vielmehr, dass diese Eigenschaften zu einer Frage der Wahl werden.“[479]
Wie sollen diese Ziele erreicht werden? Nachfolgend einige zentrale Strategien und Forderungen verschiedener Postgenderisten und Transhumanisten. An vielen Stellen werden natürliche Schnittmengen zur LGBT-Bewegung, zu den alten und neuen Eugenikern und anderen Interessensgruppen deutlich.

Gehirnmanipulation zur Schaffung erwünschter sexueller Empfindungen und des neuen androgynen Menschentyps: Das sexuelle Empfinden soll psychopharmakologisch oder durch direkte Eingriffe ins Gehirn verändert werden. So könnten etwa erotisches Begehren, Verliebtheit und Vertrauen bereits heute durch Psychopharmaka stimuliert oder sexuelles Begehren unterdrückt werden. Das „gegenderte Gehirn“, also das geschlechtsspezifische Fühlen und Denken des Menschen soll ebenfalls psychopharmakologisch verändert und der Mensch zu einem eher androgynen Menschtyp weiterentwickelt werden.[480]

Virtueller Sex als „sichere“ Alternative oder Ergänzung zu realem Sex: Die Grenze zwischen realem und virtuellem Sex soll verschwinden. Dvorsky und Hughes beschreiben dies so: *„Elektronisch vermittelter Sex und Porno sind*

---

[479] Ebd., S. 2. Im Original: *„Postgenderists argue that gender is an arbitrary and unnecessary limitation on human potential, and foresee the elimination of involuntary biological and psychological gendering in the human species through the application of neurotechnology, biotechnology and reproductive technologies. Postgenderists contend that dyadic gender roles and sexual dimorphisms are generally to the detriment of individuals and society. Assisted reproduction will make it possible for individuals of any sex to reproduce in any combinations they choose, with or without "mothers" and "fathers," and artificial wombs will make biological wombs unnecessary for reproduction. Greater biological fluidity and psychological androgyny will allow future persons to explore both masculine and feminine aspects of personality. Postgenderists do not call for the end of all gender traits, or universal androgyny, but rather that those traits become a matter of choice.”*
[480] Vgl. Dvorsky & Hughes, 2008, S. 12

sicherer (keine Krankheiten oder Schwangerschaft), einfacher (langwieriges Umwerben und Vorspiel sind unnötig), bequemer (jederzeit verfügbar) und mit größerer Wahrscheinlichkeit genau das, was der Einzelne will. (...) Wenn wir unsere Gehirne mit nano-neuralen Netzwerken versehen haben (...), werden wir schließlich in der Lage sein, vollständig virtuelle Körperempfindungen zu erleben, so dass wir Sex mit Partnern in virtueller Realität oder mit Kombinationen aus virtueller Realität und materieller Realität haben können. (...) Die zunehmende Raffinesse der KI und der Robotik, menschliche Emotionen zu erkennen, menschliche Wünsche zu antizipieren und auf eine Weise zu reagieren, die eine menschliche Reaktion simuliert, wird auch die Virtualisierung von Sex beschleunigen.“[481]

Hormonelle und chirurgische Gestaltung des Geschlechts nach individuellen Wünschen: Hormonelle und chirurgische Geschlechtsveränderung soll nicht mehr nur als medizinische Leistung angeboten werden, um Menschen, die sich im falschen Körper fühlen, zu einem gegengeschlechtlichen Erscheinungsbild zu verhelfen oder um das Geschlecht von Menschen, die mit Geschlechtsmerkmalen beider Geschlechter geboren wurden, zu vereindeutigen, sondern als Technologie zur Gestaltung des Geschlechts nach individuellen Wünschen. Dabei sind diverse Zwischenformen von männlich bis weiblich ebenso denkbar, wie die Schaffung ganz neuer Sexualorgane mithilfe von Gewebezüchtung und nanoneuronalen Schnittstellen.[482]

Geschlechtsunabhängige Fortpflanzung: Körperliche Fähigkeiten, die an das jeweilige biologische Geschlecht geknüpft sind (etwa Befruchtung, Schwangerschaft, Stillen), sollen so transformiert werden, dass sie geschlechtsunabhängig werden.[483] Praktische Umsetzungsversuche dieses Ziels betreffen heute etwa Gebärmutter-Transplantationen für biologische Männer, um ihnen das Austragen eines Kindes zu ermöglichen[484] oder die Entwicklung einer künstlichen Gebärmutter.[485]

---

[481] Ebd., S. 11

[482] Ebd., S. 11

[483] Ebd., S. 10

[484] Vgl. Young, 2017; FOCUS online, 2017

[485] Vgl. Cullen, 2018

Lizensierte Elternschaft und Trennung von Sex und Reproduktion: Transhumanisten sprechen von „verantwortungsvoller Fortpflanzung", deren Forderungen zum Teil über das Spektrum der bereits heute angewandten und legalisierten Methoden (Verhütung, Abtreibung, genetisches Screening ungeborener Kinder, künstliche Befruchtung) in diesem Bereich hinausgehen und in der alte eugenische Ideen durchscheinen: *„Verantwortungsvolle Fortpflanzung bedeutet in erster Linie eine bessere Geburtenkontrolle für Männer und Frauen. Schwangerschaftsabbrüche werden für die seltenen zufälligen Schwangerschaften und/oder solche, die das Leben der Mutter bedrohen, reserviert sein. Diejenigen, die sich für die Fortpflanzung entscheiden, werden dies mit Hilfe von assistierten Reproduktionstechnologien (ARTs) tun, um sicherzustellen, dass die Schwangerschaft ganz bewusst herbeigeführt wird. Darüber hinaus werden genetische Modifikationen, Gesundheitsuntersuchungen und schließlich synthetische Gebärmütter die Geburt des Kindes mit den besten Möglichkeiten für ein gutes Leben ermöglichen. Die Lizensierung von Eltern kann Teil des Prozesses sein; eine Liberalisierung der Gesetze über Adoption und Leihmutterschaft wird es sicherlich sein. Wenn sich die weltweiten Geburtenraten bei den Reproduktionsraten stabilisieren, ARTs die bevorzugte Methode der Empfängnis sind und verantwortungsvolle Kindererziehung höher bewertet wird als biologische Elternschaft, werden wir uns als Transhumane fortpflanzen."*[486]
Manchen geht dies allerdings nicht weit genug. Da Schwangerschaft und Kindererziehung von vielen Feministinnen als der Dreh- und Angelpunkt patriarchaler Unterdrückung schlechthin angesehen werden, sollen die aktuellen Methoden der Trennung von Sexualität und Fortpflanzung nicht nur genutzt, sondern weiterentwickelt und vervollständigt werden. Ziel ist die Erzeugung und Austragung von Kindern mit ausschließlich technischen Mitteln. Die künstli-

---

[486] Munkittrick, 2011a. Das Zitat im Original: *„Responsible reproduction will involve, first and foremost, better birth control for men and women. Abortions will be reserved for the rare accidental pregnancy and/or those that threaten the life of the mother. Those who do choose to reproduce will do so via assisted reproductive technologies (ARTs) ensuring pregnancy is quite deliberate. Furthermore, genetic modification, health screening, and, eventually synthetic wombs will enable the child with the best possibility of a good life to be born. Parental licensing may be part of the process; a liberalization of adoption and surrogate pregnancy laws certainly will be. When global births stabilize at replacement rates, ARTs are the preferred method of conception, and responsible child rearing is more highly valued than biological parenthood, we will be procreating as transhumans."*

che Befruchtung ist ein erster Schritt in diese Richtung, hat aber aus feministischer Sicht den Nachteil, dass noch immer Frauen als Leihmütter zur Verfügung stehen müssen. Wissenschaftler arbeiten daher bereits an der Entwicklung einer künstlichen Gebärmutter, an Möglichkeiten des menschlichen Klonens, der Parthenogenese (eingeschlechtliche Fortpflanzung) und an gleichgeschlechtlicher Fortpflanzung: Fortschritte beim Kerntransfer von somatischen Zellen in befruchtete Eizellen und bei der Verwendung somatischer Zellen als falsche Spermien und Eizellen zur Erzeugung von Embryonen lassen Transhumanisten hoffen, dass homosexuelle Paare bald in der Lage sein werden, Keimplasma zu kombinieren, um biologische Kinder zu erzeugen, dass Einzelpersonen in der Lage sein werden, sich selbst zu klonen, und dass drei oder mehr Eltern in der Lage sein werden, Keimplasma beizutragen, um ein Kind zu erzeugen.[487]

Das neue Familienbild: All dies ist nur mit einem völlig neuen Familienbild möglich, das ebenfalls deutlich eugenische Züge trägt und die Nähe zu zentralen Forderungen der radikalen LGBT-Bewegung sichtbar macht. Transhumanisten plädieren hier nicht nur für „Family Abolition", also die Abschaffung der natürlichen Familie,[488] sondern für „neue Familienkonzepte", wie die künstliche Erzeugung eines Kindes mit drei biologischen Eltern, die künstliche Erzeugung von Kindern für lesbische Paare oder für Familien, die aus zwei Frauen und einem Mann mit biologischem Kind bestehen. Auch die Beziehung zwischen Eltern und Kind oder zwischen den das Kind erzeugenden Erwachsenen und dem Kind soll sich grundlegend verändern: Erziehung soll durch „genetisches Enhancement", also eine von den Eltern gesteuerte Modifikation der Gene des Kindes ergänzt werden. Die genetische Analyse des eigenen Nachwuchses sei sowohl für die Erziehung, als auch für die zukünftige Gesundheitsvorsorge von hohem Nutzen. Schließlich sollen „nicht-dualistische Einsichten" im Unterricht vermittelt werden, etwa bezüglich der Konzepte von Rechten, Würde, Familie, Ethik, Spiritualität und Sexualität.[489] Anders formuliert, das dem Transhumanismus zugrundeliegende materialistische Welt- und Menschenbild, seine Vorstellungen von Familie, Sexualität, Kindererzeugung und

[487] Vgl. Dvorsky & Hughes, 2008, S. 10
[488] Vgl. z.B. Lewis S. , 2019; Hermsmeier, 2019
[489] Vgl. Sorgner, 2016, S. 166ff und S. 174ff

Eugenik sollen auch Eingang in die Schulen und in andere Bildungs- und Kulturinstitutionen finden.

Somatische Rechte bzw. die Schaffung der rechtlichen Grundlagen zur Umsetzung transhumanistischer Ziele: Martine Rothblatt und andere warben schon früh für die Abschaffung des Geschlechtseintrags in allen staatlichen Dokumenten.[490] Andere Transhumanisten gehen noch sehr viel weiter und fordern „somatische Rechte" und „biologische Grundfreiheiten", also die totale Kontrolle über den eigenen Körper. Munkittrik schreibt: *„Der Transhumanismus kann sich nicht ohne eine rechtliche Struktur entwickeln, die es dem Einzelnen erlaubt, seinen eigenen Körper zu kontrollieren. Wenn die körperliche Freiheit so geschützt und geheiligt wird, wie die Redefreiheit, wird sich der Transhumanismus frei entwickeln können."* Um welche Rechte geht es hier? *„Substanzen, die wir einnehmen – zur Steigerung kognitiver Fähigkeiten, Freizeitdrogen, Steroide, Nanotech – werden sowohl zu einem Recht als auch zur Verpflichtung. Handlungen wie Abtreibung, Sterbehilfe, freiwillige Amputationen, Geschlechtsumwandlung, Leihmutterschaft, körperverändernde Eingriffe, eingetragene Partnerschaften zwischen Erwachsenen jeglicher Anzahl und Sexualpraktiken, die in wechselseitigem Einvernehmen stattfinden, wären gesetzlich geschützt. Die eigene genetische Beschaffenheit, neurologische Zusammensetzung, prosthetische Verbesserung und andere kybernetische Modifikationen werden nur durch die Technologie und das eigene Ermessen eingeschränkt sein."*[491] Munkittrik sagt voraus, dass die heutige Diskussion darüber, was wir mit unserem Körper tun dürfen, in Zukunft Forderungen weichen werden, die darauf abzielen, wählen zu dürfen, was für einen Körper wir haben wollen. Er ruft diejenigen zum gemeinsamen Kampf auf, die sich unter dem Motto „my body, my choice" für die grenzenlose individuelle Selbstbestimmung in Bezug auf den eigenen Körper aussprechen: *„Da die Politik des Körpers weiterhin Kontroversen hervorruft, ist es wichtig, dass diejenigen, die auf der Seite der freien Wahl und der Freiheit der körperlichen Selbstbestimmung stehen, erkennen, wo ihre Verbündeten sind. Transhumanisten und liberale Bioethiker, ja, aber auch Feministinnen, Befürworter von Eherechten für alle, Unterstützer von Sexarbeiterinnen, diejenigen, die den Drogenkrieg beenden wollen, Libertäre und die LGBT-Community. Diese Gruppen kommen immer mehr zu dem*

---

490 Vgl. Dvorsky & Hughes, 2008, S. 7

491 Beide Zitate aus Munkittrick, 2011a

Schluss, dass es wichtig ist, unsere biologischen Grundfreiheiten wertzuschätzen und unsere somatischen Rechte zu schützen.“[492]

4.3 Der neue Mensch

> *"Wie auch immer man es betrachtet, eine Philosophie, die den menschlichen Exzeptionalismus ablehnt und sich eugenische Werte zu eigen macht, würde – wie Huxley in "Schöne neue Welt" und CS Lewis in "Die Abschaffung des Menschen" warnten – zu einer Gesellschaft führen, die ihre Menschlichkeit verloren hätte. Natürlich, wenn das Ziel eines Menschen als "posthuman" erklärt wird, welches andere Ergebnis könnten wir dann erwarten?“* (Wesley J. Smith)[493]

Fassen wir noch einmal zusammen: Welches sind die Eckpunkte des transhumanistischen Welt- und Menschenbildes und in welcher Beziehung stehen sie zu unserem Thema der Neuerfindung des Menschen in den Bereichen Ehe, Familie und Sexualität? Die nachfolgende Zusammenfassung geht davon aus, dass es *den* Transhumanismus als einheitliche Ideologie nicht gibt, sondern er sich, wie alle großen Weltanschauungen, aus verschiedenen Strömungen zusammensetzt, deren Vertreter je eigene Schwerpunkte setzen. Dennoch weist das transhumanistische Denken eine bemerkenswerte innere Kohärenz auf, auch über die verschiedenen Strömungen hinweg. Es dekliniert die übergeordneten Grundannahmen über die Welt und den Menschen sehr logisch bis in untergeordnete Lebensbereiche hin durch und ist damit vielleicht der perfekteste Gegenentwurf zum christlichen Welt- und Menschenbild, der je erfunden wurde.

Die folgenden 15 Punkte decken nicht alle Facetten transhumanistischen Denkens ab – es fehlen etwa Themen wie Cyborgisierung (die Verbindung oder sogar physische Verschmelzung von Mensch und Maschine) oder Extropianismus (die Bannung des menschlichen Bewusstseins auf eine Festplatte). Zusammengefasst werden lediglich die für die Themen Ehe, Familie und Sexualität relevanten Aspekte.

---

[492] Munkittrik, 2011b. Im Original: *„As the politics of the body continue to generate controversy, it is important those on the side of choice and freedom of bodily-determination recognize where their allies are. Transhumanists and liberal bioethicists, yes, but also feminists, marriage rights proponents, sex worker advocates, those who would end the drug war, libertarians, and the LGBT community. These groups are fast coming to the conclusion that it is important we cherish our basic biological freedoms and protect our somatic rights.”*

[493] Smith, 2011

1. Konsequenter Naturalismus: Der Transhumanismus geht von einem naturalistischen Menschen- und Weltbild aus, das dem christlichen Menschen- und Weltbild diametral entgegensteht. Er lehnt den Glauben an die Existenz Gottes sowie eine immaterielle Seele des Menschen ab und versteht den Menschen konsequenterweise nicht als Ebenbild Gottes, sondern als Wesen, das sich lediglich graduell von anderen Wesen (Tieren, Robotern) unterscheidet. Der Mensch wird wahlweise als Biomasse, als chemischer Apparat[494] oder als Summe seiner Daten konzipiert, das menschliche Gehirn als hochkomplexer Computer und der menschliche Körper als Maschine, die es upzugraden gilt.

2. Evolution und Fortschrittsglaube: Welt und Mensch werden im Transhumanismus in ihrer physischen und biologischen Beschaffenheit nicht als fertig, sondern als in Entwicklung begriffen angesehen, und zwar in einer Entwicklung hin zum immer Höheren und Besseren. Da im transhumanistischen Weltbild kein Gott und Schöpfer existiert, erklärt sich der Mensch (bzw. bestimmte Wissenschaftler, Techniker und ihre Finanziers) selbst zum Schöpfer eines neuen und scheinbar besseren Menschen oder sogar eines übermenschlichen Mischwesens, bestehend aus genoptimiertem Menschen und Computer. Auch Tier- und Pflanzenwelt, ja sogar der Kosmos, sind Teil der transhumanistischen Bemühungen um Neuerschaffung der Welt und des Menschen, die eine höhere Stufe der Evolution einleiten soll.

3. Selbstüberwindung von Leid und Tod: Im Unterschied zum Christentum (vgl. Abschnitt 2.7) bietet der Transhumanismus keine wirkliche Erklärung für das existenzielle Leid des Menschen und der Schöpfung. Er will es lediglich mit allen ihm zur Verfügung stehenden Mitteln bekämpfen. So soll der eigene begrenzte Körper verbessert, neu geschaffen und schließlich sogar die Unsterblichkeit (das transhumanistische ewige Leben) mithilfe technischer Mittel realisiert werden. Auch die unter Schmerzen leidende Tierwelt, welche vom Prinzip des Fressens und Gefressenwerdens bestimmt wird, soll mit technischen Mitteln friedlich und leidfrei neu erschaffen werden.

4. Ethischer Relativismus und individueller Wille als leitende Prinzipien: Bei alledem können sich Transhumanisten bisher nicht auf einheitliche Ziele

---

[494] J. Craig Venter, der als Erster das menschliche Genom sequenzierte, schrieb: *„Heute bin ich der erste chemische Apparat, der seine eigene Sequenz betrachten kann“* (zit. nach Rehder, 2009)

oder Grenzen ihrer Bemühungen verständigen, d.h. sie haben keine übereinstimmende Vision davon, wie der perfekte neue Mensch oder die neue Welt aussehen soll bzw. welche moralischen Prinzipien oder Grenzen zu beachten sind. Transhumanistische Projekte werden daher lediglich durch die technische Machbarkeit und durch das individuelle Ermessen transhumanistischer Wissenschaftler und Techniker bzw. solcher Menschen begrenzt, die entsprechende Körper- und Weltveränderungsprojekte in Auftrag geben oder durchsetzen können. Anders ausgedrückt, die grenzenlose Freiheit des individuellen Willens wird zum übergeordneten Handlungsprinzip.

5. Ablehnung der kategorialen Sonderstellung des Menschen: Da sich alle Lebewesen im transhumanistischen Weltbild nur graduell und nicht kategorisch voneinander entscheiden, werben Transhumanisten folgerichtig für den Gebrauch des Würdebegriffs nicht allein in Bezug auf den Menschen, sondern auch in Bezug auf alle Lebewesen, die bestimmte (zu definierende) Eigenschaften aufweisen. Sie plädieren für einen Personenbegriff, der nicht-menschlichen Wesen (Tieren, Pflanzen, Robotern) zugeschrieben werden kann, während er bestimmten (etwa ungeborenen, behinderten, kranken) Menschen vorenthalten werden soll, wenn sie als im nichtpersonalen bzw. vor-, halb- oder nachpersonalen Zustand befindlich beschrieben werden.

6. Aufhebung des Instrumentalisierungsverbotes des Menschen: Da der Transhumanismus die Sonderstellung des Menschen innerhalb der Schöpfung ablehnt, lehnt er folgerichtig auch das aus der christlichen Ethik abgeleitete und in den westlichen Verfassungen (noch) verankerte Instrumentalisierungsverbot ab, also das Prinzip, welches besagt, dass der Mensch niemals ausschließlich als Mittel zum Zweck gebraucht werden darf. Statt allgemein und immer geltende Grundprinzipien oder Grundrechte in den Verfassungen festzuschreiben, werben Transhumanisten für diskursiv ausgehandelte Werte und Normen, die unter veränderten Voraussetzungen immer wieder revidiert werden können. Auch utilitaristische Überlegungen dürfen dabei eine Rolle spielen. De facto steht damit der Ausbeutung, Versklavung und Tötung von Menschen nichts mehr im Wege, solange sie nur irgendeinem nützlichen Zweck derjenigen dienen, die ausreichend Macht und Einfluss haben, um die Diskurshoheit über die jeweils gültigen Werte und Normen zu erlangen. Die Grund- und Menschenrechte sind damit aufgehoben oder nur noch einem exklusiven

Zirkel vorbehalten. Die Aufhebung des Instrumentalisierungsverbotes des Menschen ist ein Kennzeichen jedes Totalitarismus.

7. **Eine moderne Form der Eugenik** steht im Zentrum aller transhumanistischer Bestrebungen. Der Transhumanismus setzt voraus, dass der Mensch verbesserungsbedürftig ist und die derzeit verfügbaren Methoden (künstliche Befruchtung, Präimplementationsdiagnostik, Pränataldiagnostik, Abtreibung und die Genome-Editing-Methode CRISPR/Cas9) für das „genetische Enhancement" der Menschheit eingesetzt werden dürfen – manche Transhumanisten konstatieren hier sogar eine Verpflichtung zum Einsatz solcher Technologien. Ziel ist eine Menschheit mit verbesserten kognitiven und sozialen Fähigkeiten oder anderes ausgedrückt, die Erzeugung von Menschen, welche die größte Chance haben ein „gutes Leben" zu führen – was auch immer das sein mag. Die genetische Manipulation des Menschen, soll nicht nur der Vorbeugung von Erbkrankheiten dienen, sondern wird als Erweiterung traditioneller Erziehungsmaßnahmen beschrieben: So wie Eltern im Erziehungsprozess wichtige Entscheidungen für ihre Kinder treffen und wünschenswerte Eigenschaften fördern, so seien sie auch legitimiert, ihre Erbanlagen zu verändern. Die genetische Manipulation des menschlichen Erbgutes wird als „Enhancement-Technik" oder „Verbesserungs-Technik" bezeichnet, vergleichbar mit den „Verbesserungs-Techniken" Erziehung oder Impfung. Im Unterschied zur alten Eugenik des 19. und frühen 20. Jahrhunderts, das auch staatliche Zwangsmaßnahmen zur Umsetzung eugenischer Ziele benutzte, wird die transhumanistische Eugenik heute zunächst (noch) zur individuellen Privatangelegenheit erklärt: Primär sollen Eltern über die jeweilige genetische Ausstattung ihrer Kinder (oder der für sie erzeugten Kinder) entscheiden. (Zu Privatisierung vgl. auch Abschnitt 3.6, Punkt 3.) Jedoch dürften sich solche „Privatentscheidungen" erfahrungsgemäß schnell zum gesellschaftlichen Druck und schließlich zur gesellschaftlichen Norm entwickeln.

8. Das biologische Geschlecht als unzumutbare Einschränkung: Transhumanisten sehen das biologische Geschlecht als unzumutbare Einschränkung des Menschen an, welches seine Freiheit, sich selbst eine individuelle geschlechtliche Identität zu geben, begrenzt. Hormonelle und chirurgische Geschlechtsveränderung sollen als Technologien zur Gestaltung des Geschlechts nach individuellen Wünschen eingesetzt werden, wobei alle Zwischenformen im Spektrum von männlich bis weiblich ebenso akzeptabel seien, wie die

Schaffung neuartiger Geschlechtsorgane mit veränderten Funktionen. Körperliche Fähigkeiten, die mit dem jeweiligen biologischen Geschlecht verbunden sind (Befruchtung, Schwangerschaft, Stillen), sollen technisch so transformiert werden, dass sie geschlechtsunabhängig werden. Psychopharmaka und andere Technologien sollen eingesetzt werden, um erwünschte sexuelle Empfindungen hervorzurufen oder zu verstärken und unerwünschte zu reduzieren.

9. Pornografie und virtueller Sex als überlegene Variante: Sexualität wird im transhumanistischen Denken als rein körperliche Handlung konzipiert, die dem Einzelnen Vergnügen und Befriedigung verschaffen und die damit verbundenen „Nebenwirkungen" (Krankheit und Schwangerschaft) möglichst abschaffen oder zumindest reduzieren soll. So erklärt sich, warum Pornografie bzw. virtueller Sex als dem realen Vollzug überlegen angesehen wird: Sie sei passgenauer auf die Wünsche des Einzelnen zugeschnitten und zugleich sicherer.

10. Die Trennung von Sexualität und Reproduktion ist ein erklärtes Ziel des Transhumanismus: Die In-Vitro-Fertilisation ist ein erster Schritt in diese Richtung; die Weiterentwicklung von Technologien wie die künstliche Gebärmutter, menschliches Klonen oder Parthogenese lassen Transhumanisten hoffen, dass die menschliche Fortpflanzung nicht nur vom Geschlechtsakt getrennt werden könnte, sondern dass sich in Zukunft auch Menschen, die auf natürliche Weise keine Kinder zeugen können (etwa Alleinstehende, homosexuelle Paare oder eine Gruppe von mehr als zwei Menschen) ein Kind mit ihrer eigenen genetischen Ausstattung erzeugen lassen können.

11. Die Abschaffung der Ehe und natürlichen Familie folgt relativ logisch aus den vorangegangenen Punkten 8-10. Sie werden ersetzt durch eingetragene Partnerschaften oder andere Beziehungskonstellationen zwischen Erwachsenen jeglicher Anzahl. Alle Sexualpraktiken, die in wechselseitigem Einvernehmen stattfinden, werden als akzeptabel angesehen. Alle technisch möglichen Formen der Erzeugung von Kindern mit zwei oder mehr biologischen Eltern sollen im Rahmen „neuer Familienkonzepte" zur Verfügung stehen. Sie werden ergänzt durch eine genetische Analyse des im Produktionsprozess befindlichen Nachwuchses sowie eine von den Eltern gesteuerte Modifikation der

Gene der Kinder. Diskutiert wird auch eine Lizensierung der Eltern, um eine „verantwortungsvolle Elternschaft“ zu gewährleisten.

12. Das Kind als Produkt, Besitz und Mittel zum Zweck: Bei transhumanistischen Überlegungen, die sich auf Kinder beziehen, findet sich nie die Vorstellung, dass einem Kind Menschenwürde und Rechte zukommen, weil es ein Kind und somit ein Mensch ist. Kinder sind somit die ersten Opfer der Aufhebung des Instrumentalisierungsverbotes (vgl. Punkt 6) im transhumanistischen Welt- und Menschenbild. Das Kind ist primär ein Laborprodukt, künstlich erzeugt und genetisch modifiziert von Labortechnikern, im Auftrag von Erwachsenen und somit im Besitz seiner Erzeuger oder Käufer. Es dient dem Zweck, Menschen zu biologischem Nachwuchs zu verhelfen, die natürlicherweise keine Kinder (miteinander) zeugen können. Stellt sich heraus, dass seine genetische Ausstattung inadäquat ist, kann sein Leben beendet werden.

13. Transhumanistische Rechte: All dies erfordert einen rechtlichen Rahmen für das transhumanistische Menschheitsprojekt. So plädieren Transhumanisten etwa für die Abschaffung des Gottesbezugs in den Verfassungen, für die Einführung von Personen- und die Abschaffung der Menschenrechte, für „biologische Grundfreiheiten“ und „somatische Rechte“, wie das Recht auf freien Drogengebrauch, Abtreibung, Sterbehilfe, Leihmutterschaft, individuell gewünschte geschlechts- und körperverändernde Eingriffe, freiwillige Amputationen sowie die Schaffung eines rechtlichen Rahmens für alle freiwilligen sexuellen Beziehungskonstellationen zwischen zwei oder mehr Erwachsenen. Embryonenschutzgesetze oder andere Restriktionen im Bereich der Forschung, die das menschliche Klonen, die Erzeugung von Mensch-Tier-Mischwesen oder andere Eingriffe in die menschliche Keimbahn verbieten, werden als hinderlich angesehen.

14. Transhumanismus in Erziehung, Bildung und Kunst: Um ihre gesellschaftliche Akzeptanz zu erhöhen, müssen transhumanistische Ideen auch außerhalb wissenschaftlicher Zirkel und finanzkräftiger Unternehmen vermittelt werden. Verschiedene Ansätze kommen hier zum Tragen. Zum einen soll Eltern die Überzeugung vermittelt werden, dass eine genetische Analyse des eigenen Nachwuchses sowohl für die Erziehung des Kindes, als auch für dessen zukünftige Gesundheitsvorsorge von hohem Nutzen sei. Ziel ist die Ergänzung der elterlichen Erziehung durch „genetisches Enhancement“, also eine von den

Eltern gesteuerte Modifikation der Gene des Kindes. Zum anderen sollen transhumanistische Konzepte in Bezug etwa auf Rechte, Würde, Ethik, Spiritualität, Familie und Sexualität im Schulunterricht vermittelt werden. Im Bereich der akademischen Ausbildung und Forschung existieren zahlreiche Institutionen, die es aufstrebenden jungen Wissenschaftlern aller Disziplinen ermöglichen sollen, in transhumanistischen Projekten zu arbeiten und sich untereinander zu vernetzen. Im Bereich der Literatur werden Bücher veröffentlicht, bei denen unklar ist, ob sie transhumanistische Ideen als Science Fiction weiterentwickelt haben oder ob Science Fiction die Vorlage für transhumanistische Ideen war. Im Bereich der bildenden Kunst finden sich „Kunstwerke", die transhumanistisches Denken visualisieren, etwa der Körper eines Vogels mit dem aufgesetzten Kopf eines menschlichen Embryos im Kunstmuseum Bern[495] oder das Projekt einer Kunststudentin in Yale, die sich ein Jahr lang mit gespendetem Samen immer wieder selbst befruchtete und anschließend eine Abtreibung einleitete, um deutlich zu machen, dass Geschlechtsorgane andere Funktionen übernehmen können, als die ihnen zugeschriebenen und jeder Mensch das Recht habe, diese zu erforschen.[496]

15. Die Macht des Stärkeren – oder: Die Opfer der individuellen Freiheit werden nie thematisiert: In den transhumanistischen Veröffentlichungen kommt eine Gruppe nie vor: die realen oder potentiellen Opfer der transhumanistischen Menschheitsverbesserungsprojekte. Zwar wird manchmal kritisiert, dass die zukünftigen transhumanistischen Errungenschaften womöglich nicht allen Menschen zugänglich seien, auch über die Risiken mancher Technologien wird durchaus diskutiert; insgesamt herrscht jedoch ein großer Fortschrittsoptimismus vor und Transhumanisten sind bereit, auch große Risiken einzugehen. Rehder fasst dies so zusammen: *„Wo der Islamist bereit ist, sein eigenes Leben zu opfern, um die zu vernichten, denen er habhaft werden kann, ist der Transhumanist gewillt, die menschliche Spezies zu vernichten, um sein eigenes Leben auf eine vermeintlich höhere Stufe zu heben."*[497] Selbst wenn nicht gleich die gesamte Menschheit durch ein transhumanistisches Projekt bedroht ist, so wird an vielen Stellen deutlich, dass Transhumanisten beden-

[495] Vgl. 20 minuten, 2005
[496] Vgl. Shvarts, 2008
[497] Rehder, 2016

kenlos bereit sind, einzelne Menschen oder Gruppen zu opfern, um ihre transhumanistischen Utopien zu verwirklichen, etwa die Kinder, die zu genetischen Experimenten herangezogen werden sollen oder junge, identitätsverwirrte Menschen, die zu irreversiblen Körpermodifikationen ermutigt werden.

4.4 Die Faszination des transhumanistischen Menschenbildes

> *„Wir stehen vor einem großen Paradox, beobachten wir doch ein neues Heimweh nach dem verlorenen Paradies."* (Robert Kardinal Sarah)[498]

Christen und Menschen mit einem minimalen Restbestand an humanistischen Idealen müsste das transhumanistische und postgenderistische Welt- und Menschenbild eigentlich erschaudern lassen. Kardinal Sarah bemerkte dazu: *„Uns sollte schwindelig werden angesichts der Absurdität und Perversion unserer Erfindungen."*[499] Dennoch bleiben transhumanistische Themen öffentlich eher unter dem Radar, zumindest regt sich kaum Widerspruch. Wissenschaftler der renommiertesten Universitäten planen Menschenexperimente gegen die sich die Menschenversuche der Nazis wie das Spiel von Kleinkindern ausnehmen, können diese problemlos in angesehenen Zeitschriften und Verlagen publizieren oder erhalten dafür sogar den Nobel-Preis. Philosophen rufen in den Massenmedien in gewählt akademischer Sprache zum Töten von Menschen auf, die sie aufgrund ihrer Behinderungen oder Krankheiten ablehnen, während die Öffentlichkeit über Hate-Speech-Gesetze diskutiert, weil sich einzelne Angehörige der bevorzugten gesellschaftlichen Opfergruppen durch politisch inkorrekte Bezeichnungen diskriminiert fühlen. Transhumanisten arbeiten am größten eugenischen Menschenoptimierungsprojekt aller Zeiten und christliche Theologen und Verlage diskutieren die Thematik, als böte diese menschenfeindliche Eugenik nicht nur Risiken, sondern auch Chancen.[500] Was stimmt hier nicht?

Einige werden versucht sein, Transhumanisten als Verrückte oder irreale Spinner anzusehen und sie nicht ernst nehmen. Eine solche Haltung ist jedoch zutiefst unhistorisch, hat doch die Geschichte immer wieder gezeigt, dass die Fähigkeit, Macht über Menschenmassen zu erhalten, nichts damit zu tun hat,

---

[498] Sarah & Diat, 2019, S. 264

[499] Ebd., S. 197

[500] Vgl. z.B. Sorgner, 2016; Göcke & Meier-Hamidi, 2018; Jachertz, 2018; Sorgner, 2019. Eine wohltuende Ausnahme ist Niedermeier, 2021

ob die diese Macht legitimierende Utopie in irgendeiner Weise vernünftig ist. Gerade im letzten Jahrhundert wurden Millionen von Menschenleben den irrsinnigen nationalsozialistischen und kommunistischen Utopien geopfert, deren Menschen- und Weltbild keiner rationalen Analyse standhält. Ihnen standen Technologien zur Verfügung, die den heutigen Technologien, auch der Zerstörungskraft heutiger Technologien, weit unterlegen waren. Selbst wenn also diverse transhumanistische Projekte technisch nicht realisierbar sein sollten, so kann doch bereits der Versuch ihrer Realisierung katastrophalen Schaden anrichten. Johannes Hoff sagt dazu: *“Was uns bevorsteht in diesen technischen Entwicklungen ist nicht eine neue Form von Totalitarismus, sondern eine Form von Machtausübung, die beispiellos ist in der Geschichte, aber aus dem gleichen Grunde noch viel gefährlicher ist als die Totalitarismen, die wir bisher kennen gelernt haben.”*[501]

Andere mögen bezweifeln, dass Transhumanisten ausreichend gesellschaftlichen Einfluss haben, um ihre Projekte umzusetzen. Der Blick auf nur wenige Namen der transhumanistischen Selbsterlösungsreligion lässt diese Illusion schnell verblassen. Die folgenden Vertreter des Transhumanismus sollen stellvertretend für viele genügen.

Der schwedische Philosoph **Nick Bostrom** ist Professor der Universität Oxford, und Leiter des *Future of Humanity Institutes.* Dieses Institut hat allein im Jahr 2018 eine Spende von 13,3 Millionen £ vom *Open Philantrophy Project* erhalten, dessen Hauptfinanzier **Dustin Moskovitz**, ein Mitbegründer von *Facebook* and *Asana* ist.[502] Bostrom war 1998 Gründer der *World Transhumanist Association (H+).* Sein Bestseller *„Superintelligence: Paths, Dangers, Strategies“* (auf Deutsch: Superintelligenz. Szenarien einer kommenden Revolution) wurde unter anderem von **Bill Gates** empfohlen.[503]

Der kanadische Futurist, Wissenschaftsautor und Bioethiker **George P. Dvorsky** befasst sich nicht nur mit Postgenderismus, sondern auch mit Spekulationen über außerirdisches Leben sowie mit neuen Technologien, die zur Verbesserung des Menschen führen sollen. Er ist Buddhist, Tierrechtsaktivist und Umweltschützer sowie Vorstandsvorsitzender des *Institutes for Ethics and Emerging Technologies (IEET).* Im IEET arbeitet er als Leiter der Abteilung für

---

501 Hoff, zitiert nach Sorgner, 2019

502 Vgl. Future of Humanity Institute/University of Oxford, 2018; Open Philantropy, 2020

503 Gates‘ Empfehlung: *„I highly recommend this book“* findet sich auf der Titelseite der englischsprachigen Ausgabe (vgl. Bostrom, 2014)

die Rechte nichtmenschlicher Personen, eine Arbeitsgruppe, die sich für Menschen-äquivalente Rechte und den Schutz intelligenter Tiere einsetzt. Das IEET ist ein internationales Netzwerk transhumanistischer Denker und Aktivisten, die sich mit den politischen Auswirkungen des „Human Enhancement" und anderer Technologien befassen. Es unterstützt technologiefreudige Forschung durch Stipendien und Spenden und veröffentlicht die Zeitschriftenartikel und Buchkapitel seiner Stipendiaten auf der IEET-Webseite. Darüber hinaus organisiert und sponsert das IEET Konferenzen und Seminare in Nordamerika und Europa, um die Diskussion technologieprogressiver Ideen zu fördern.[504]

Ray Kurzweil, KI-Spezialist, Mitbegründer der transhumanistischen *Singularity University*, Autor mehrerer transhumanistischer Bücher und Berater des früheren US-Präsidenten Bill Clinton, wurde über die Jahre mit zahlreichen akademischen Preisen ausgezeichnet und ist heute Leiter der technischen Entwicklung bei *Google*. **Bill Gates** nannte ihn die beste Person, um die Zukunft der künstlichen Intelligenz vorherzusagen.[505]

Der Unternehmer **Elon Musk**, mehrfacher Milliardär und unter anderem (Mit-)Gründer von *Paypal*, *Tesla* und *Space X,* hat 2016 das Neurotechnologie-Unternehmen *Neuralink* gegründet, mit dem Ziel, ein invasives Gerät zur Kommunikation zwischen dem menschlichen Gehirn und Computern (ein Brain-Computer-Interface) zu entwickeln, das kurzfristig behinderten Menschen nutzen soll. Langfristig verfolgen Musk und seine Mitarbeiter Ziele wie die Entwicklung übermenschlicher Sehfähigkeit, die Kommunikation durch Telepathie, die Decodierung von im Gehirn entstehenden Bildern und Musik, die Wiederherstellung verlorengegangener Erinnerungen und positiver Gefühle, so dass diese, wann immer der Mensch es wünscht, zur Verfügung stehen, die Reduzierung menschlichen Leids sowie für die menschliche Spezies insgesamt eine Symbiose zwischen Mensch und künstlicher Intelligenz, d.h. die Erweiterung des Menschen durch künstliche Intelligenz, so dass das Gehirn sowohl von innen als auch von außen stimuliert wird.[506]

Martine Aliana Rothblatt ist eine amerikanische Anwältin, Autorin und Unternehmerin sowie Beraterin von *Humanity+*. Sie arbeitete im Bereich der Kommunikationssatellitentechnologie und in biotechnologischen Projekten,

---

[504] Vgl. Institute for Ethics and Emerging Technologies, 2020
[505] Vgl. Diamandis, 2015
[506] Vgl. Neuralink Progress Update, Summer 2020, ab Minute 1:03

unter anderem dem Humangenomprojekt. Sie ist Gründerin mehrerer Kommunikationssatellitenunternehmen (*Geostar, PanAmSat, WorldSpace, Sirius Satellite Radio*) und des Biotech-Unternehmens *United Therapeutics*. Sie erhielt mehrere akademische Auszeichnungen und gehört zu den höchstverdienenden Managern der biopharmazeutischen Industrie. Rothblatt lancierte die transhumanistische *Terasem-Bewegung*, deren Ziel technologische Unsterblichkeit durch Cyber-, Nano- und Biotechnologien ist.[507] Rothblatt unterzog sich selbst einer Geschlechtsumwandlung und ist Verfechterin von LGBT-Rechten. Sie hat unter anderem Bücher über die Gender-Thematik veröffentlicht und verbindet Transgender mit dem Transhumanismus. Der Titel eines ihrer Bücher lautet: *‚From Transgender to Transhuman: a Manifesto on the Freedom of Form'*.[508]

Das recht eindeutige Urteil von Johannes Hoff über den Transhumanismus und seine Vertreter lautet: *„Der Transhumanismus bündelt den ideologischen Überbau einer von Megakonzernen betriebenen ökonomischen Agenda, die die sozialen, politischen, und kulturellen Errungenschaften unserer Zivilisationen untergräbt."*[509]

Die transhumanistischen Unternehmen, Institute, Think-Tanks und Netzwerke sind in der Lage, eine große Anzahl junger Akademiker und Professionelle aller Fachrichtungen für ihre Projekte und Ziele zu gewinnen, unter ihnen junge Menschen, die mit ihrer Arbeit durchaus auch altruistische Motive verbinden, etwa die Heilung von Krankheiten oder die Verbesserung der Lebenssituation behinderter Menschen.[510] Lässt man die Förderung der eigenen Karriere durch finanzstarke Unternehmen einmal außer Acht, was also fasziniert sie so sehr am transhumanistischen Welt- und Menschenerlösungsprojekt?

Ein Blick auf transhumanistische Problemanalysen und die daraus abgeleiteten Lösungsansätze hilft, der Antwort auf die Spur zu kommen. David Dubrovsky brachte beides in einem Vortrag auf den Punkt: *"Die ständige Verschärfung der ökologischen Krise und anderer globaler Probleme zeigt, dass unsere Konsumgesellschaft in eine Sackgasse gerät. Viele Menschen sprechen und schreiben*

---

[507] Vgl. Terasem Movement Foundation, 2020

[508] Vgl. Rothblatt, 2011. Auf Deutsch etwa: *„Vom Transgender zum Transhumanen: ein Manifest über die Freiheit der Form"*

[509] Hoff, zitiert nach Sorgner, 2019

[510] Vgl. z.B. Neuralink Progress Update, Summer 2020

darüber. Aber es sind keine entschiedenen Aktionen zu erkennen. Um den gefährlichen Entwicklungsverlauf der Zivilisationen der Welt zu ändern, müssen wir das allgemeine Bewusstsein ändern. Dies ist gleichbedeutend mit einer Veränderung der menschlichen Natur. Das Konzept der menschlichen Natur drückt einen Komplex stabiler Eigenschaften des sozialen Individuums aus, die in allen Epochen und unter allen Völkern reproduziert werden, was zeigt, dass sie durch unsere biologische Natur bedingt sind. Die Hauptfrage ist, wie man die negativen Eigenschaften der menschlichen Natur verändern kann:

- *Zügelloser Konsum*
- *Aggression gegen Mitmenschen*
- *Übermäßig egoistische Bestrebungen*

Die Quelle unserer globalen Probleme liegt in diesen Dingen. Wir haben keine definitive Antwort. Es gibt wahrscheinlich nur zwei mögliche Optionen: Entweder müssen wir die biologische Natur des Menschen durch die Rekonstruktion des Genoms ändern, um die menschliche Psyche und die Vitalfunktionen zu verändern, oder wir müssen den Weg der Übertragung des Geistes und der Persönlichkeit eines Individuums in ein nichtbiologisches kybernetisches System gehen, d.h. durch anthropo-technologische Transformationen, was der Weg des evolutionären Transhumanismus ist."[511] Andere Transhumanisten beschrieben das grundlegende Problem so: *„Es gibt eine biologisch verwurzelte Tendenz zu Egoismus und Hierarchie in der menschlichen Natur, die Versuche egalitärer sozialer Reformen vereitelt hat. Wenn das linke Programm der Sozialreform erfolgreich sein soll, (...) müssen wir die neuen genetischen und neurologischen Wissenschaften einsetzen, um diejenigen Aspekte der menschlichen Natur zu*

---

[511] Dubrovsky, 2013. Im Original: *"The constant worsening of the ecological crisis and other global problems shows that our consumer society is approaching a dead end. Many people are talking and writing about this. But no decisive actions can be seen. In order to change the perilous trajectory of the development of the world's civilization, we must change mainstream consciousness. This is equivalent to changing human nature. The concept of human nature expresses a complex of stable qualities of the social individual, which are reproduced in all eras and among all peoples, which shows that they are conditioned by our biological nature. The main issue is how to change the negative qualities of human nature: unbridled consumerism, aggression towards one's fellow human beings, excessive egotistical strivings. The source of our global problems reside in these things. We do not have a definite answer. There are probably only two possible options: we must either change man's biological nature by reconstructing the genome, to change the human psyche and vital functions or take the path of transferring the mind and personality of an individual to a non-biological cybernetic system, i.e. by anthropo-technological transformations, which is the path of evolutionary transhumanism."*

identifizieren und zu verändern, die Konflikte und Konkurrenz verursachen.“[512] Die Problemanalysen weiterer Transhumanisten unterscheiden sich von diesen beiden Analysen nur im Detail, nie grundsätzlich. Das Gleiche trifft auf ihre Lösungsansätze zu: Sie zielen entweder stärker auf die genetische Verbesserung der Menschheit oder auf technologische Lösungen ab, manchmal auf eine Kombination von beidem.

Christlich formuliert, könnte man sagen, dass Transhumanisten zutiefst am Fall des Menschen und der Schöpfung leiden (vgl. Abschnitt 2.7), also an den Folgen der menschlichen Rebellion gegen Gott. Die Probleme der Welt und Menschheit verschärfen sich durch unsere Sündhaftigkeit (durch Maßlosigkeit, Aggression, Gewalt, Egoismus, Streit, Konkurrenz, etc.) immer mehr. Viele sehen darin inzwischen eine globale Bedrohung nicht nur der Menschheit, sondern auch ihrer natürlichen Lebensgrundlagen. Da Transhumanisten richtig erkennen, dass diese Sündhaftigkeit nicht nur durch ungerechte gesellschaftliche Strukturen und Machtverhältnisse verursacht wird, sondern primär in der Natur des Menschen selbst begründet liegt, leiten sie ihren Problemlösungsansatz durchaus logisch aus ihrem naturalistischen Menschen- und Weltbild ab, das keinen Gott oder Erlöser kennt. So bleibt nichts, als die Selbst-Verbesserung des Menschen und die Selbst-Erlösung von Leid und Tod. Die Erlösungsmethoden der Wahl können nur ebenfalls materialistische sein, in diesem Fall die selbst erschaffenen Technologien. Der Transhumanismus verspricht diesen von Wissenschaft und Technik faszinierten jungen Leuten, dass sie ihre existentielle Sehnsucht selbst erfüllen und ihre Probleme durch Wissenschaft und Technologie selbst lösen können und zwar sowohl kollektiv für die Menschheit, wie auch individuell, angepasst an die je eigenen Bedürfnisse und Präferenzen. Im Grunde zeigt sich hier die Ursehnsucht des Menschen nach unbegrenztem Glück. Zugleich wiederholt sich die Ursünde der Menschheit, sein zu wollen wie Gott, indem er sich und seine Technologien selbst zum Gott macht.

---

[512] Dvorsky & Hughes, 2008, S. 6. Im Original: *“there is a biologically rooted tendency towards selfishness and hierarchy in human nature which has defeated attempts at egalitarian social reform. If the Left program of social reform is to succeed, (...) we must employ the new genetic and neurological sciences to identify and modify the aspects of human nature that cause conflict and competition.”*

Kardinal Sarah drückt es so aus: *„Im 21. Jahrhundert nimmt der Totalitarismus eine subtilere und schädlichere Gestalt an. Er heißt Vergötterung der vollständigen und uneingeschränkten Freiheit, wie es sich am aggressivsten in der Gender-Ideologie und im Transhumanismus zeigt. (...) Die atheistischen Ideologien des 20. Jahrhunderts haben es geschafft, die Menschen von Gott zu trennen. Nun wollen neue Weltanschauungen seine Natur verändern und beherrschen. Der Mensch hat sich sein eigenes Paradies erträumt. (...) Der Mensch hat sich freiwillig von Gott distanziert und versucht nun, seinen Körper umzuformen. Werkzeuge dieser aktuellen Neuschöpfung sind die Wissenschaft und neue Technologien. Mensch und Natur müssen sich unter das drückende Joch der Forschung beugen. Man lockt uns mit einem simplen Versprechen: Der verbesserte Mensch wird unsterblich sein, sein Intellekt ohnegleichen, seine physischen Kräfte verzehnfacht. Die Genetik ist ein neuer Gott. Niemand weiß, auf welches Unglück wir uns zubewegen, doch wir rennen wie wahnsinnig weiter (...) wir werden diesen selbstzerstörerischen Wahn teuer bezahlen müssen. Der erweiterte Mensch wird als reduzierter Mensch enden. Dieser ungeheuerliche Weg führt zur Kommerzialisierung und Vermarktung des Menschen. Hinter der uneingeschränkten Emanzipation des Menschen verbirgt sich ein gezielter Aufstand gegen Gott. Wir wollen ihm beweisen, dass wir alles ohne Ihn bewerkstelligen können, indem wir die Mängel seiner Schöpfung beseitigen, also den perfekten Menschen schaffen. (...) Wissenschaftler, die den Transhumanismus fördern, versuchen, die zweifellos älteste Sehnsucht der Menschheit zu verwirklichen, welche der Teufel Adam und Eva hinterhältig eingeprägt hat. In der Bibel versichert die Schlange der Frau: „Sobald ihr davon esst, gehen euch die Augen auf; ihr werdet wie Gott und erkennt Gut und Böse“ (Gen 3,4-5). Das Vorhaben, die Natur des Menschen zu erweitern, ist also nichts Neues.“*[513]

Nun wäre es eigentlich eine zentrale Aufgabe aller christlichen Kirchen, eine Antwort auf die existentiellen Fragen junger Menschen zu geben, ihnen die christliche Lehren vom Fall des Menschen und der Schöpfung und der Erlösung durch Jesus Christus, von der Unvermeidbarkeit des Leidens in und an dieser Welt und die große Hoffnung auf das ewige Glück bei Gott und in der Gemeinschaft der Heiligen zumindest zu vermitteln. Leider wurde keine christliche Lehre in den letzten Jahrzehnten besser versteckt und systematischer *nicht* gelehrt, wie die Lehre von der Erbsünde und vom Fall der Menschheit, von der individuellen wie kollektiven Verstrickung in Sünde und Schuld.

---

[513] Sarah & Diat, 2019, S. 262ff

Heerscharen christlicher Theologen haben über Generationen hinweg mantrahaft wiederholt, dass es keine Erklärung für das menschliche Leid gebe, geschweige denn eine Erklärung für das globale Leid der Schöpfung. Wie sollen junge Menschen da nicht auf die Idee kommen, die Sache selbst in die Hand zu nehmen und die Erlösung anderswo zu suchen, als bei einem scheinbar so hartherzigen Gott, der uns all das sinnlose Leid Generation um Generation zumutet?

Sicherlich ist dies nicht die einzige Erklärung für die Faszination des Transhumanismus bei jungen Leuten. Die heutigen technologischen Möglichkeiten sind für viele Menschen als solche ungeheuer faszinierend, zudem steckt ganz tief in jedem von uns der Wille zur totalen Unabhängigkeit, zur Gestaltung des Lebens und der Welt nach eigenen Maßstäben, nach Ablehnung all dessen und derer, die unsere Freiheit, unseren Hedonismus und unsere Geltungssucht begrenzen. Ganz tief steckt in jedem von uns die Rebellion gegen Gott und seine unbegreifliche Liebe.

5 SUCHE ODER SELBSTZERSTÖRUNG

„Wir müssen die menschliche Natur wieder neu als Voraussetzung für die Entfaltung unserer Freiheit entdecken“ (Robert Kardinal Sarah)[514]

Um es gleich vorweg zu sagen: Dieses Kapitel wird keine politische Strategie entwickeln, um die Menschheit vor der zukünftigen Geißel des Transhumanismus zu bewahren oder Menschen gegen ihren Willen dazu zu nötigen, auf die große sexuelle „Freiheit“ zu verzichten. Denn dies würde das Pferd von hinten aufzäumen. Wer heute der allgemeinen sexuellen Dekadenz und Versklavung und den utopischen Verlockungen des Transhumanismus und verwandter Totalitarismen widerstehen will, benötigt zunächst ein realistisches und kohärentes Menschen- und Weltbild, das es ihm ermöglicht, *freiwillig* andere Wege zu gehen.

Die beiden in Kapitel 2 dargestellten Menschen- und Weltbilder stellten uns die beiden grundlegenden weltanschaulichen und existentiellen Optionen vor Augen: Suche und Entdeckung der wahren Identität des Menschen oder Erschaffung einer neuen Identität. In Kapitel 3 wurden einige Begleiterscheinung der gegenwärtigen Bemühungen um die Neuerschaffung der menschlichen Natur analysiert. In den einschlägigen kirchlichen Kreisen werden diese Begleiterscheinungen als „Lebenswirklichkeit“ des heutigen Menschen bezeichnet. Kapitel 4 stellte schließlich ein Menschen- und Weltbild vor, das Ernst macht mit der Neuerfindung der menschlichen Natur, indem es alle in Kapitel 3 beschriebenen Entwicklungen in den Bereichen Ehe, Familie und Sexualität stringent weiterdenkt und in eine übergeordnete Theorie der Neuerschaffung der Menschheit integriert. Diese Theorie soll derzeit mit enormem Aufwand praktisch realisiert werden, was, mit größter Wahrscheinlichkeit, in die individuelle wie kollektive Selbstzerstörung führt.

Alle, die sich noch nicht bewusst und eindeutig für die eine oder andere existentielle Option entschieden haben, die also weder eindeutig Suchende, noch eindeutig Erschaffende sind, weder überzeugte, gottzentriert denkende Christen, die keine Fragen mehr haben, noch gläubige Transhumanisten, noch Anhänger einer anderen Religion oder Weltanschauung, die ihrer Ansicht nach alle großen Fragen der Menschheit zufriedenstellend beantwortet und ihnen

514 Ebd., S. 191)

eine klare, schlüssig daraus abgeleitete ethische Grundorientierung für ihr Leben gibt, könnten sich nun einige unbequeme Fragen stellen. Einige seien hier beispielhaft genannt.

Beginnen wir bei den Menschen, die sich selbst als Christen beschreiben, aber die christlichen Grundüberzeugungen in den Bereichen Ehe, Familie und Sexualität als nicht mehr zeitgemäß bzw. den Menschen der heutigen Zeit nicht mehr vermittelbar ansehen. Eine offensichtliche Frage wäre, ob sie die Selbst- und Fremddegradierung des Menschen, wie sie in Kapitel 3 beschrieben wurde, tatsächlich mitverantworten wollen, indem sie schweigen oder ihr zustimmen? Wollen sie die fortschreitende Auflösung der Ehe, der Familie, des Geschlechts, die sexuelle Gewalt und die zunehmende Instrumentalisierung und Tötung von Kindern und anderen schwachen Menschen tatsächlich mittragen? Wie lässt sich diese Degradierung des Menschen mit den beiden göttlichen Hauptgeboten der Gottes- und Nächstenliebe vereinbaren? Sind sich alle, die sich intensiv um die Integration zeitgenössischer Vorstellungen von Ehe, Familie, Sexualität und Gender in die christliche Lehre und Verkündigung bemühen, bewusst, wie menschenfeindlich diese Vorstellungen in Wirklichkeit sind? Sind alle, die zur Lehre der christlichen Grundüberzeugungen – *auch* in den Bereichen Ehe, Familie und Sexualität – verpflichtet sind und dies seit Jahren unterlassen haben, tatsächlich der Ansicht, der Christenheit damit einen Dienst erwiesen zu haben?

Auch Homosexuelle und Transsexuelle könnten sich manche Fragen stellen. Etwa, ob Interessensgruppen wirklich für sie sprechen, die unter Verweis auf „Antidiskriminierung" und gesellschaftliche „Akzeptanz" Grundrechte aushöhlen und Kinder und Frauen zur Verfügungsmasse ihrer gesellschaftspolitischen Ziele machen? Vertreten Verbände und Parteien, die etwa ein „Recht" auf eigene Kinder, auf Leihmutterschaft, Eizellspende und Zugang zu allen reproduktionsmedizinischen Maßnahmen fordern, wirklich ihre Anliegen? Gehören die Abschaffung einiger Grund- und Menschenrechte und die Schaffung einer Gesellschaft, in der die Macht des Stärkeren herrscht, tatsächlich zu ihren eigenen erklärten Zielen? Weshalb wollen ausgerechnet sie, die als gesellschaftliche Minderheit unter mangelnder Toleranz und gesellschaftlicher Abwertung gelitten haben, nun schwächeren Menschen (etwa Kindern) Rechte aberkennen?

Menschen, die das christliche Welt- und Menschenbild ganz oder in Teilen ablehnen und in Richtung Neugestaltung ihrer menschlichen Natur und Identität

tendieren, könnten sich die Frage stellen, ob sie bereit sind, die damit verbundenen und alle weiteren, sich bereits abzeichnenden gesellschaftlichen Entwicklungen mitzutragen? Sind sie bereit, die Neuerfindung des Menschen konsequent bis zum logischen Ende – wie es etwa die Transhumanisten beschreiben – mitzugehen? Wenn nicht, welches Menschen- und Weltbild, welche logischen Argumente haben sie dem transhumanistischen Welt- und Menschenbild entgegen zu setzen? Eine noch grundsätzlichere Frage lautet: Sind ihre bisherigen Bemühungen um (Neu-)Konstruktion ihrer eigenen Natur und persönlichen Identität geeignet, ihre tiefste menschliche Sehnsucht zu erfüllen? Führt diese (Neu-)Konstruktion ins Glück?
Für Menschen, die sich für die Suche entschieden haben – nach Antworten auf diese und andere Grundfragen des Lebens – nach der Suche ihrer eigenen, wahren Identität, die es mehr und mehr zu entdecken gilt und gegen die willkürliche Konstruktion einer neuen Identität, für solche Menschen ist es hilfreich, einige grundsätzliche Punkte zu beachten, die ihre Suche vereinfachen können. Es handelt sich um allgemeine Grundsätze, die unabhängig vom weltanschaulichen Ausgangspunkt der Suche von Nutzen sein können. Diese werden im Folgenden dargestellt. Zuvor aber noch einige Bemerkungen zum Inhalt der Suche.

5.1 Vermeidung gedanklicher Selbstbegrenzung

Die Suche nach unserer wahren Identität beinhaltet die Suche nach unserer menschlichen Natur. Wir machen uns also auf die Suche nach uns selbst, dem Menschen aller Zeiten und zwar nicht nur auf die Suche des Menschen, wie er wirklich *ist*, sondern auch auf die Suche, wie er sein *kann* oder sein *soll*, also auf die Suche nach den rechten Beziehungen der Menschen miteinander und auf die Suche nach dem rechten Verhältnis zwischen dem Menschen und seiner natürlichen Umwelt. Schließlich beinhaltet diese Suche auch die Suche nach unserem Schöpfer, denn ohne ihn kann es letztlich keine menschliche Natur geben, ohne ihn gibt es lediglich biologische, physikalische, chemische, also materielle Zufälle. Diese Suche nach Gott beinhaltet die allgemeine Frage seiner Existenz, aber auch die Frage, wer er ist, was er von uns erwartet und in welcher Beziehung er zu uns steht.
Man kann sich dazu entschließen, die Frage nach Gott, dem Schöpfer, von vorne herein auszuklammern, etwa, weil sie unwissenschaftlich erscheint oder weil man befürchtet, Gott könne unangenehme Forderungen stellen, sollte sich

dann aber eingestehen, dass die offene Frage nach der Identität des Menschen – auch die nach der je eigenen persönlichen Identität – und der Beschaffenheit der Welt schon von vorne herein massiv eingegrenzt wurde, man also nur bestimmte Antworten zu akzeptieren bereit ist.

Der Transhumanismus ist ein Extrembeispiel solcher Selbstbegrenzung des Denkens, nicht nur, weil er die Frage nach Gott von vorne herein ausklammert, sondern auch, weil das transhumanistische Menschenbild selbst äußerst defizitär ist. Denn der Transhumanismus bleibt in seiner Beschreibung der menschlichen Natur bei den negativen Eigenschaften und den Defiziten des Menschen stecken: Bei unserem Egoismus, unserer Aggression, unserem Konsumstreben, unserer Tendenz zur Hierarchiebildung, unserer Hinfälligkeit. Transhumanisten übersehen, dass es noch eine andere Seite des Menschen gibt, nämlich die unseres Altruismus, unserer Hingabe, unserer Selbstlosigkeit. Diese positive Seite des Menschen ist nicht erst durch Technologie herstellbar, sondern existiert bereits vor ihr und immer. Transhumanisten versäumen, zu analysieren, woher die selbstlos handelnden Menschen aller Zeiten ihre Kraft und Weisheit beziehen und was ihren Altruismus fördert oder erleichtert. Sie denken nicht darüber nach, was es einem Menschen oder einer Gesellschaft ermöglicht oder erleichtert „gut" zu sein und begrenzen so ihr Bild vom Menschen und die daraus ableitbaren Handlungsoptionen. Allein die negativen Seiten des Menschen, insbesondere unser Egoismus und unser subjektiver Wille zur Macht, werden zu handlungsleitenden Prinzipien ihres Rekonstruktionsprojektes der Menschheit. Die dabei entstehenden menschlichen Opfer werden als Kollateralschäden verschwiegen. Mensch und Welt sind im transhumanistischen Welt- und Menschenbild lediglich Rohmaterial, das es zu bearbeiten, verändern und gestalten gilt. Auch dies ist eine ungeheure gedankliche Selbstbegrenzung. Alle großen Religionen und zahlreiche Philosophien vertreten die Grundannahme, dass der Mensch mehr ist, als lediglich Materie oder Rohmaterial, dass er etwa Geist und Seele besitzt. Die vom Transhumanismus vertretene naturalistische Position hingegen existiert in der Geschichte der Menschheit erst seit kurzer Zeit. Diese gedankliche Selbstbegrenzung schränkt auch alle weiteren aus transhumanistischer Perspektive stellbaren bzw. relevanten Fragen ein: Gestellt werden insbesondere solche der Machbarkeit, der Durchsetzbarkeit der eigenen Gestaltungsinteressen, auch die Frage nach dem Umgang mit divergierenden Zielen verschiedener Menschen und Interessensgruppen. Daher gibt es im transhumanistischen (Neu-)Gestaltungsprojekt der Welt und Menschheit auch keine ethischen Grundregeln. Wer sollte die Autorität besitzen, sie für alle Menschen verbindlich festzuschreiben? Wenn allein der menschliche Wille die Gestaltung der individuellen und/oder kollektiven Identität vorantreibt, dann stehen sich im besten Fall so viele individuelle Willensäußerungen gegenüber, wie es Menschen gibt und im schlimmsten Fall unzählige Interessensgruppen, deren mächtigste den anderen ihren Willen aufzuzwingen in der Lage sind.

Wer sich auf die Suche nach der menschlichen Natur und Identität macht, sollte solche und andere Selbstbegrenzungen des Denkens im Vorfeld also vermeiden, denn gedanklichen Grenzen wirken wie ein Filter oder ein Trichter: Sie reduzieren nicht nur mögliche Antworten, sondern auch alle nachfolgend stellbaren Fragen.

5.2 Übergeordnete Grundannahmen und nachgeordnete Ableitungen

Jede Religion, jede Weltanschauung und jede Gesellschaftstheorie operiert mit übergeordneten Grundannahmen und nachgeordneten Ableitungen oder Schlussfolgerungen, die sich aus diesen Grundannahmen ergeben. Einige Grundannahmen des christlichen Glaubens sind beispielsweise: Gott existiert. Er hat Welt und Menschen geschaffen. Er hat sich den Menschen offenbart. Er hat ihnen ethische Grundregeln für ein gutes Leben zur Verfügung gestellt. Er verzeiht dem reuigen Sünder die Schuld. Er liebt jeden Menschen und wartet auf die menschliche Antwort seiner Liebe. Ziel der Menschheits- und Weltgeschichte ist die Teilhabe des Menschen am göttlichen Leben in einer erneuerten Welt. Einige Ableitungen aus diesen übergeordneten Annahmen wären etwa die konkreten Umstände und Details der göttlichen Selbstoffenbarung, die Antwortmöglichkeiten des Menschen auf die göttliche Liebe, die lebenspraktische Anwendung der offenbarten ethischen Grundregeln, usw. Wesentliche Grundannahmen des Transhumanismus sind: Gott existiert nicht. Der Mensch ist ein defizitäres Zufallsprodukt der Evolution, das aber den Verlauf des Evolutionsprozesses lenken kann. Ziel der Welt- und Menschheitsgeschichte ist die Schaffung eines posthumanen Wesens mit übermenschlichen Fähigkeiten und stark verlängerter Lebensdauer. Einige Ableitungen aus diesen Grundannahmen wären die Notwendigkeit eines umfassenden Einsatzes technologischer Mittel zum Erreichen des Posthumanen, die Nichtexistenz vorgegebener oder allgemein konsensfähiger ethischer Prinzipien und die Benachteiligung solcher Menschen im menschengeleiteten Evolutionsprozess, die nicht in der Lage oder gewillt sind, Posthumane zu werden.

In vielen Weltanschauungen oder Gesellschaftstheorien werden Grundannahmen und Ableitungen nicht so explizit formuliert, wie dies eben geschehen ist. Implizit existieren sie jedoch immer. Es ist daher wichtig, sie sich bewusst zu machen. Viele Menschen thematisieren die impliziten übergeordneten Grundannahmen ihrer Weltanschauungen und Überzeugungen fast nie, sondern bewegen sich in ihrem Denken beinahe ausschließlich auf der Ebene der Ableitungen. Dies führt dazu, dass ihnen ihre eigenen Grundannahmen kaum bewusst sind, sie sich also nicht wirklich explizit für sie entschieden haben. Oft führt dies auch zu großen Inkohärenzen in ihrem Denken. Grundannahmen und Ableitungen widersprechen sich.

Antworten auf die Fragen nach der menschlichen Identität oder Natur sind untrennbar mit den Antworten auf die übergeordneten weltanschaulichen oder existentiellen Fragen verbunden. Das eine bedingt das andere. Die oben angeführten Grundoptionen Suche und Entdeckung der wahren Identität des Menschen versus Erschaffung einer neuen Identität lassen sich nicht mit jeder beliebigen Weltanschauung kombinieren. Transhumanisten können sich – sofern sie stringent denken – nicht wirklich auf die Suche nach der wahren Identität des Menschen machen, weil ihre übergeordneten Grundannahmen ja bereits davon ausgehen, dass der Mensch ein Zufallsprodukt der Evolution und das Ziel der Menschheitsgeschichte die technologische Schaffung eines Posthumanen sei. Christen hingegen können ihre menschliche Natur und Identität nicht beliebig neu erschaffen, weil sie ihnen in grundlegenden Zügen ja bereits von Gott vorgegeben ist. Sie können sich lediglich auf die Suche nach ihr machen oder lernen, sie tiefer zu verstehen. Natürlich existieren darüber hinaus viele weitere Weltanschauungen und Religionen, die die eine oder andere Grundoption (Suche versus Schaffen) präferieren.

Auch die Fragen nach dem rechten Umgang mit der Sexualität oder danach, was Ehe und Familie sind, können nur aus den weltanschaulichen Grundüberzeugungen sowie den beiden genannten Grundoptionen (Suche versus Schaffen) abgeleitet werden. Niemals lassen sie sich unabhängig von ihnen beantworten. Anders formuliert: Die implizite oder explizite Grundentscheidung für eine Weltanschauung und/oder die eine oder andere Grundoption (Suche versus Schaffen) führt zu den entsprechenden, logisch daraus abzuleitenden Antworten in *allen* Lebensbereichen des Menschen, so auch in den Bereichen Ehe, Familie und Sexualität. Allerdings ist vielen Menschen nicht bewusst, dass sie implizit schon eine weltanschauliche Grundentscheidung getroffen haben, wenn sie ihre Sexualität auf eine bestimmte Art und Weise leben oder bestimmte Vorstellungen von Ehe und Familie vertreten und andere ablehnen. Dass dies so ist, können viele Beispiele in Kapitel 3 veranschaulichen.

Nun wäre vielleicht einzuwenden, dass die meisten Menschen der westlichen Welt weder überzeugte Christen, noch überzeugte Transhumanisten sind, sondern irgendetwas dazwischen. Fakt ist dennoch, dass wir uns immer irgendwo zwischen den beiden Polen des Respekts für die menschliche Natur und die Schöpfung und der völligen Neuerfindung sowohl des Menschen als auch der Welt bewegen. Die meisten Menschen der westlichen Welt zehren von den Restbeständen des gottzentrierten Menschenbildes und der christlichen Moral, irgendwann aber werden diese Restbestände aufgebraucht sein und mit der Zeit wird niemand wird mehr verstehen, warum sie überhaupt von Relevanz sein sollten. Es war eine große Illusion der Aufklärung, zu glauben, man könne Gott entsorgen, zugleich aber seine Moral erhalten. Ohne Gott gibt es als Handlungsanweisung für das praktische Leben nur den Willen des Menschen und die jeweils individuelle oder kollektive Rechtfertigung dieses Willens, die, so ist zu befürchten, zunehmend irrationaler ausfallen wird.

Dem menschenzentriert denkenden und sich selbst neu erfindenden Menschen gehen aktuell allmählich die allgemein gültigen positiven Grundprinzipien und Grundwerte verloren und zwar unabhängig davon, ob sich Menschen beispielsweise als eher politisch linksorientiert und atheistisch oder als eher religiös und christlich beschreiben. All die jungen Leute etwa, die sich als „woke“[515] empfinden und mit viel gutem Willen die Diskriminierung von Schwarzen, sexuellen Minderheiten oder Frauen bekämpfen, übersehen, dass sich aus ihrem Weltbild weder stringent ableiten lässt, warum Menschen *nicht* diskriminiert werden sollen, noch warum bestimmte Gruppen vor Diskriminierung zu

---

[515] "Woke" (engl.): „erwacht“, „wach“. Gemeint ist das Bewusstsein für Ungerechtigkeiten, Ungleichheiten und die Unterdrückung gesellschaftlicher Minderheiten bzw. konkreter, die erwachte Sensibilität bezüglich Rassismus, Sexismus, Diskriminierung von Menschen, die sich der LBGT-Bewegung zugehörig empfinden und Umweltbelange.

schützen sind und andere nicht. Anders formuliert, wenn weder ein Gott existiert, der den Menschen ethische Grundprinzipien für ein gutes Leben an die Hand gibt, noch menschliche Übereinkunft über zentrale Werte möglich oder gar wünschenswert ist, angesichts der gefeierten Vielfalt der unterschiedlichsten Lebensstile, Kulturen und geschlechtlichen Identitäten, woraus leitet sich dann das „Woke"-Sein, also das Erwacht- oder Erleuchtet-Sein ab? Man kann doch nur erwachen oder erleuchtet werden, wenn es eine Wahrheit zu entdecken gibt! Wenn übergeordnete Grundprinzipien wie das Recht *jedes* Menschen auf Leben oder das Instrumentalisierungsverbot des Menschen nicht mehr uneingeschränkt gelten sollen, weil etwa Frauen ihre „reproduktiven Rechte" in Anspruch nehmen oder LGBT-Vertreter ihre „Familie" durch Reproduktionsmedizin und Leihmutterschaft vervollständigen wollen und dabei notwendigerweise Kinder gehandelt und getötet und Leihmütter versklavt werden, wie lässt sich dann stringent begründen, warum „black lives matter", wenn ein Polizist auf sie einprügelt, aber das Leben schwarzer ungeborener Kinder dann doch millionenfach zur Disposition steht? Wie lässt sich schlüssig begründen, warum Frauen allgemein vor Diskriminierung zu schützen sind, aber Leihmütter zugleich versklavt werden dürfen? Wie lässt sich logisch nachvollziehen, warum LGBT-Vertreter vor Diskriminierung zu bewahren sind, aber zugleich die Versklavung von Frauen und den Handel von Kindern in Auftrag geben dürfen?

Das Denken vieler in der westlichen Welt lebender Christen ist oft ebenso unlogisch, wie das der engagierten jungen Menschen. Es scheint, als wollten viele zumindest ein ganz klein wenig Anteil erhalten an den scheinbar so faszinierenden sexuellen „Freiheiten", ein ganz klein wenig Anteil am großen Projekt der Neuerfindung des Menschen und zwar nicht nur im praktischen Leben, wo jeder inzwischen sowieso völlig frei ist, zu tun und lassen, was er will, sondern auch und insbesondere in Bezug dessen Legitimierung. Gott und ihre Kirche sollen diesen Christen bescheinigen: Sex vor und außerhalb der Ehe ist nicht immer schlecht, Ehescheidung im Falle von Wiederverheiratung irgendwie akzeptabel, künstliche Befruchtung im Falle unverschuldeter Unfruchtbarkeit verständlich und legitim, praktizierte Homosexualität in Wirklichkeit ein Segen, weil sie positive Elemente enthält. Solche weit verbreiteten Haltungen widersprechen nicht nur den göttlichen Geboten und dem, was Christen bis vor kurzem immer und überall geglaubt haben, sondern auch elementaren Regeln der Vernunft. Wie soll außerehelicher Sex, also ein bisschen Liebe auf Probe, ein bisschen Unverbindlichkeit, ein bisschen Pornokonsum und Objektivierung anderer Menschen, ein bisschen Geschlechtskrankheit, ein bisschen potentielles Alleinerziehen oder Patchworkfamilienleben, ein bisschen wechselseitige Verletzung, wie soll all das in Summe zu etwas Gutem werden? Wo ist die Zauberfee, die all dies plötzlich in etwas verwandelt, das die tiefe Sehnsucht der Menschen erfüllen könnte? Welches übergeordnete positive menschliche Ideal ließe sich hierfür als Oberbegriff finden? Wie kann die künstliche Erzeugung eines Kindes, also die Degradierung eines Ebenbildes Gottes zum Laborprodukt, zur Verfügungsmasse von Forschern, Medizintechnikern und zahlungskräftigen Kunden, zum Rohstoff für eugenische Praktiken oder medizinischem Abfall, wie kann diese Degradierung in logischer und kohärenter Weise mit Gottes- und/oder Nächstenliebe in Verbindung gebracht werden? Welchem positiven Grundprinzip sollte diese Degradierung folgen? Wie soll der Segen über praktizierte Homosexualität, der notwendigerweise an den Segen über Promiskuität, Mehrelternfamilien, die Trennung von Kindern und ihren biologischen Eltern, künstliche Kinderproduktion und Leihmutterschaft gekoppelt ist, wie soll dieser Segen für die beteiligten Menschen und kindlichen Opfer nicht zum Unheil werden? Wie soll, um es allgemeiner zu formulieren, ein Menschenneuerfindungsprojekt in unendlich vielen individuellen Ausprägungen, das logisch und stringent zu Ende gedacht, in Chaos und Tod mündet, christlich sein?

5.3 Defragmentieren des eigenen Denkens

Die Forderung nach Adelung dieser „Lebenswirklichkeiten“ durch staatliche Gesetze oder die Kirchen ist nicht selten Ausdruck fragmentierten Denkens, artikuliert durch Menschen, die nicht in der Lage sind, die kurz- und langfristigen Konsequenzen gesellschaftlicher Entwicklungen und ihres persönlichen Denkens und Handelns zu analysieren und die Inkohärenzen ihres Weltbildes wahrzunehmen. Daher wäre einer der ersten Schritte derjenigen, die sich auf die Suche nach der menschlichen Natur und Identität machen wollen, zunächst das Bemühen um De-Fragmentierung ihres Denkens, also das Bemühen, sich offen, ehrlich und rational mit den gesellschaftlichen Realitäten und den Inkohärenzen im eigenen Denken auseinanderzusetzen, also die Dinge in ihrer Gesamtheit und Aufeinander-Bezogenheit sehen zu lernen.

Dazu gehört auch, zu fragen, welche übergeordneten ethischen Prinzipien allgemeine Gültigkeit haben und ob sie für *alle* Menschen gelten *sollen*. Wenn ich beispielsweise den allgemeinen Standpunkt vertrete, dass menschliches Leben wertvoll ist, dann würde sich logisch daraus ableiten, dass das Töten, Unterdrücken, Diskriminieren und Verzwecken von Menschen Unrecht darstellt. Wenn ich nun dennoch gerne Frauen ihre „reproduktiven Rechte" und Regenbogenfamilien ihr „Recht auf ein Kind" zugestehen möchte, muss ich, um die Kohärenz meiner Weltanschauung zu bewahren, meinen übergeordneten Wert umformulieren, etwa so: Das menschliche Leben bestimmter gesellschaftlicher Gruppen (z.B. Frauen, LGBT-Vertreter, Reiche) ist wertvoll; diese Gruppen dürfen nicht getötet, unterdrückt oder diskriminiert werden. Andere Gruppen (z.B. Kinder (geborene und ungeborene), arme Frauen, insbesondere solche aus nichtwestlichen Ländern) dürfen getötet und/oder instrumentalisiert, versklavt und ausgebeutet werden. Eine andere mögliche Formulierung könnte lauten: Das menschliche Leben ist nur dann wertvoll, wenn der betreffenden Mensch nicht meinen eigenen Interessen oder den Interessen meiner bevorzugten – noch zu definierenden – gesellschaftlichen Gruppen im Wege steht. Hier wird deutlich: Es ist nicht leicht, das zugrundeliegende Prinzip überhaupt stringent zu formulieren. Auf jeden Fall passen das übergeordnete Prinzip (menschliches Leben ist wertvoll) und die untergeordneten Forderungen (nach „reproduktiven Rechten" und dem „Recht auf Kind") nicht zusammen und die Auflösung dieser Inkohärenz kann dann nur darin bestehen, entweder den übergeordneten Wert aufzugeben bzw. zu modifizieren oder die untergeordneten Forderungen an den übergeordneten Wert anzupassen.

Man könnte damit beginnen, die eigene Weltanschauung oder Religion einem solchen Kohärenztest zu unterziehen, sich also ihre übergeordneten Grundannahmen und die daraus abgeleiteten ethischen Prinzipien und praktischen Handlungsanweisungen bewusst machen und prüfen, ob diese miteinander kompatibel und stimmig sind. Wer weltanschauliche Anregung benötigt, könnte einige der großen Religionen und Philosophien nach ihren übergeordneten Glaubensaussagen und ethischen Werten und den daraus abgeleiteten Handlungsanweisungen befragen und analysieren, ob sie in sich stimmig sind und dazu beitragen, dass sowohl einzelne Menschen, als auch Gesellschaften ein gutes Leben führen können. Da der christliche Glaube die westliche Welt mehr als jede andere Religion geprägt hat, wäre es schon aus Gründen der Kenntnis der eigenen kulturellen Herkunft sinnvoll, sich auf diese Weise einmal intensiver mit ihm zu befassen.

Christen könnten versuchen, tiefer in ihren Glauben einzudringen, um zu verstehen, wie übergeordnete Glaubenswahrheiten in den göttlichen Geboten und im christlichen Leben ihren Ausdruck finden. Die klassischen christlichen Lehren zu Ehe, Familie und Sexualität könnten einer rationalen Analyse unterzogen werden, indem sie auf ihre Stimmigkeit mit übergeordneten Glaubensinhalten geprüft werden. Eine rationale Analyse beinhaltet zunächst das *Verständnis* der Glaubensaussagen und der damit verbundenen ethischen Prinzipien und Lebenspraxis, *bevor* man die Entscheidung trifft, ob sie mit rationalen Argumenten zu widerlegen sind oder doch eher Zustimmung verdienen. Dies wäre eine Umkehrung der vielerorts vorherrschenden christlichen Praxis, die meist darin besteht, eine Veränderung christlicher Lehren und moralischer Grundprinzipien zu fordern, bevor sie überhaupt verstanden wurden oder Menschen in der Lage wären, sie angemessen darzustellen.

Es kann auch der Defragmentierung des eigenen Denkens dienlich sein, sich von Zeit zu Zeit aus der eigenen weltanschaulichen Gemeinschaft oder binnenkirchlichen Gruppierung herauszubewegen, um das eigene Denken mithilfe anderer Weltanschauungen oder kirchlicher Perspektiven einer Überprüfung zu unterziehen und die Sichtweisen anderer Menschen besser verstehen zu lernen. Dies ist im Grunde eine Selbstverständlichkeit, wenn man versucht, Antworten auf die großen Fragen des Lebens zu finden. Leider sind die Beziehungen vieler Menschen miteinander heute oft ebenso fragmentiert, wie ihr Denken: Freundschaftlichen Umgang und intellektuellen Austausch pflegen viele leider fast nur noch mit denen, die ebenso denken, wie sie selbst.

5.4 Die Frage nach der Wahrheit

Bei all dem stellt sich immer die Frage nach der Wahrheit. Es ist nicht gleichgültig, woran ein Mensch glaubt, denn Ideen haben Konsequenzen. Sie beeinflussen das eigene Leben und das Leben anderer, manche Ideen können ganze Gesellschaften ins Chaos stürzen. Andere tragen zur Humanisierung von Generationen bei. Wer behauptet, alle Weltanschauungen seien gleich gut und richtig, möge das Denken am besten gleich ganz aufgeben. Auch dies sollte in den Kapiteln 3 und 4 deutlich geworden sein. Hartl formuliert es so: *„Es gibt keinen Sinn, wenn alles gleich ist, wenn Gut und Böse, Wahr und Falsch austauschbar sind."*[516]

---

[516] Hartl, 2020

Allerdings ist einige Vorsicht angebracht. Man sollte sich beispielsweise nicht von Euphemismen und sprachlichen Kampfbegriffen blenden lassen oder eine Position ablehnen, weil sie in einer ungewöhnlichen oder gerade nicht mehr angesagten Sprache vorgetragen wurde. Positiv klingende Werte (etwa „Verantwortung", „Liebe", „Selbstbestimmung", „Freiheit", „Gleichberechtigung", „Antidiskriminierung", „Diversität", „Buntheit") und scheinbare Menschenrechte (etwa auf „reproduktive Gesundheit", auf „ein eigenes Kind", auf „Ausleben der eigenen Sexualität", auf „Familie") bemänteln heute nicht selten das absolute Gegenteil und werden gezielt als emotionale Waffen benutzt, um egoistische Partikularinteressen durchzusetzen, während Begriffe wie „Tugenden", „Moral", „Hingabe" oder „Gnade" so altbacken daher kommen, dass sich heute niemand mehr mit ihnen befassen möchte, obgleich sich hinter ihnen ein ganzes Universum an wissenswerten und lebensspendenden Informationen verbirgt.

Auch beim Studium von Religion und Weltanschauungen ist Vorsicht angebracht. Für weite Teile der akademischen Welt und des gesellschaftlichen Mainstreams hat das Denken der Menschheit – sieht man von den Philosophen der Antike ab – erst mit der Aufklärung begonnen. Es gibt vielerorts die stillschweigende Übereinkunft, 1500 Jahre europäischer Ideengeschichte mehr oder weniger zu unterschlagen, weil sie angeblich nichts Relevantes über den Menschen und die menschliche Natur auszusagen habe. Dieses klaffende Loch ist beispielsweise in vielen neueren Lehrbüchern und Standardwerken der Sozial- und Geisteswissenschaften festzustellen. So kommt es, dass insbesondere jüngere Menschen meinen, ungefähr zu wissen, was Christen glauben, dann aber zutiefst erstaunt sind, angesichts der Tiefe, Schönheit und weitreichenden Implikationen des christlichen Glaubens, allerdings erst, nachdem sie es geschafft haben, sich über all die Barrieren hinwegzusetzen, die sie davon abhielten, sich mit diesem Glauben einmal etwas näher zu befassen. Leider sind die Kirchen selbst nicht immer behilflich, wenn es darum geht, den christlichen Glauben entsprechend der Heiligen Schrift, der Tradition und der immer und überall geglaubten Lehre verständlich und umfassend darzustellen. Gerade in den Bereichen Ehe, Familie und Sexualität und Lebensschutz existieren hier, von vereinzelten Ausnahmen abgesehen, seit vielen Jahren flächendeckende Defizite. Zahllose Theologen und christliche Gruppen haben es geschafft, fast jedes göttliche Gebot in sein Gegenteil zu verkehren, um zum von ihnen gewünschten Ergebnis zu gelangen. Viele protestantische Gemeinschaften haben ganz kapituliert und ihre Lehre an den herrschenden gesellschaftlichen Mainstream angepasst. Meuser formuliert es in gewohnt prägnanter Weise so: *„Eine Kirche, die dem biblisch fundierten Masterplan Gottes keinen Flankenschutz mehr gewährt, dankt ethisch ab. Wenn die Liebe eine Gestalt hat, muss die Kirche diese Gestalt verkündigen und prophetisch gegen eine Zeit halten, in der diese Gestalt von vielen abgelehnt oder lächerlich gemacht wird. Auch wenn manche es für eine Überforderung halten, auch wenn ganze Zeitalter das Axiom nicht befolgen wollen oder vermeintlich nicht befolgen können, gilt immer noch: „Kirche, du sollst nicht lügen!“*[517]

Wer also wissen möchte, was Christen in den Bereichen Ehe, Familie und Sexualität wirklich zu glauben aufgegeben ist, sollte einige Grundlagentexte im Original lesen, etwa Humanae Vitae[518] von Paul VI., die Theologie des Leibes,[519] Familiaris Consortio[520] und Veritatis Splendor[521] von Johannes Paul II. und andere Klassiker früherer Zeiten. Es existieren auch einige christliche Gruppen, die es sich zur Aufgabe gemacht haben, die Inhalte dieser Schriften und ihre biblischen Grundlagen zu lehren. Aber wie bereits angemerkt: Man sollte diese Texte erst einmal verstehen, bevor man sie einer Wertung unterzieht.

Unabhängig vom religiösen oder weltanschaulichen Ausgangspunkt der Suche nach der menschlichen Natur und Identität ist noch ein anderes Prinzip wichtig: Man kann im akademischen Elfenbeinturm, in der theologischen Gehirnakrobatik oder in der individuellen Phantasie viele schön klingende und sich gut anfühlende Theorien entwickeln. Sie werden irrelevant, wenn sie nicht an der Realität verifiziert werden. Anders formuliert: Wenn man etwas als wahr erkannt hat, muss man diese Wahrheit leben, selbst wenn es nur eine ganz kleine Teilwahrheit ist. Nur so wird sich nämlich herausstellen, ob diese Wahrheit tatsächlich wahr ist – in diesem Fall wird man sie mit der Zeit tiefer verstehen – oder ob sie an irgendeinem Punkt zu modifizieren ist. Man kann sich Zeit lassen, bestimmte Dinge zu verstehen, aber irgendwann empfiehlt es sich, die eigenen Erkenntnisse ins persönliche Leben zu transferieren, sollen sie

---

517 Meuser, 2020, S. 334f

518 Vgl. Paul VI., 1968

519 Vgl. Johannes Paul II. (1979-1984).

520 Vgl. Johannes Paul II., 1981

521 Vgl. Johannes Paul II., 1993

nicht verloren gehen. Wer beispielsweise erkannt hat, dass die eigene „vagabundierende Sexualität“[522] Schaden anrichtet und somit mit den eigenen, offiziell vertretenen, übergeordneten Werten inkompatibel ist, sollte auf sie verzichten. Dieser Verzicht beinhaltet zu Beginn vielleicht noch nicht die Absicht, für alle Zeit außerhalb der Ehe sexuell enthaltsam zu leben, ist aber ein erster Schritt zu mehr Kohärenz im eigenen Denken und Handeln.

5.5 Persönliche Entscheidung

Mehr als alles andere benötigen wir heute die persönliche Entscheidung, das Wahre und Gute zu suchen, uns auf die lebenslange Suche zu machen nach dem, was immer und für alle Zeiten und für alle Menschen wahr und gut ist und diese Wahrheit in das persönliche Leben zu integrieren, auch über innere und äußere Widerstände hinweg. Das Projekt der Neuerfindung des Menschen ist – noch bevor es vollendet werden kann – ebenso gescheitert, wie das Projekt der totalen technischen Beherrschung der Welt. Beides führt zu Leid und Tod in unzähligen Varianten, zur (Selbst-)Zerstörung von Mensch und Schöpfung. Humanökologie und Umweltökologie sind keine Widersprüche, sondern ergänzen sich wechselseitig. Wer weiter mit Vollgas in Richtung Chaos und Tod rasen will, sollte dies nicht als unbedarfter Trittbrettfahrer tun, sondern wissen, wohin er aufgebrochen ist. Jeder Mensch steht heute vor der persönlichen Entscheidung, sich direkt oder indirekt, intellektuell oder real, wissend oder unwissend an Degradierung, Entwürdigung, Massenmord und Zerstörung der Welt zu beteiligen – oder eben nach besseren Wegen zu suchen, um der tiefen menschlichen Sehnsucht nach Freude und wirklichem Leben auf die Spur zu kommen.

Die Suche nach dem Wahren und Guten und deren Integration in das eigene Leben setzt jedoch Selbstkontrolle voraus, eine Eigenschaft, die heute eher weniger geschätzt wird, scheint sie doch der Spontanität, der Lebendigkeit, der Lebensfreude einen Riegel vorzuschieben. Doch gibt es ohne Selbstkontrolle keine wirkliche Freiheit, also keine Freiheit, das Gute, welches man erkannt hat, zu verwirklichen und zugleich auf das Schädliche zu verzichten. Wahre Freiheit ist immer die Freiheit zum Guten, auch die Freiheit zugunsten eines größeren Ziels oder Guts etwas *nicht* tun zu müssen oder sogar persönliches Leid zu ertragen. Freiheit, die sich darin erschöpft, zu tun und lassen, was sie

---

[522] Vgl. Meuser, 2020, S. 50

will, führt in die Versklavung – in die eigene Versklavung ebenso, wie in die Versklavung anderer Menschen. Wir können das heute überall beobachten: in den sich multiplizierenden Süchten aller Art, den Verstrickungen in ungute Beziehungen und Lebensweisen, im maßlosen Konsum und in vielem mehr. Hören wir noch einmal Meuser, wie er die unfreie Suche nach Sex als Götzendienst beschreibt: *„Die süchtige Suche nach Sex wird seit geraumer Zeit schon digital verstärkt. Smartphone-Apps (...) verwandeln die bewohnte Welt – für den, der sie so sehen möchte – in einen großen Kontakthof und ein weitläufiges Bordell. Entfremdete Menschen suchen entfremdete Menschen für den kurzen Moment scheinbarer Vereinigung mit dem Universum. Sie glauben, sie könnten damit dem Tod ein Schnippchen schlagen. Der Moment kommt und schenkt nichts als neue Vergiftungen der Unruhe. Die Jagd darf bei Todesstrafe nicht abgesetzt werden. Jeder andere weiß: Sie wäre nicht der Tod; sie wäre der Anfang von Leben. Pornografie verallgemeinert den Götzendienst noch einmal, multipliziert ihn millionenfach, nimmt den gefangen, der nicht wegschaut. Das Trugbild ist gnadenlos in seinen Anforderungen. Es verbietet den realen Anderen. Das Sinnliche – der leibhaftige Mensch, nach dem ich mich sehne – ist ein elektronischer Bluff. Das Du ist der Monitor, der Objekte der Begierde in grenzenloser Vielfalt anbietet. Es kommt zu keiner menschlichen Begegnung mehr. Pornografie ist ins Künstliche (...) verlagerte Prostitution, käufliche Fiktion von Liebe, scheinbar genussfertige Hingabe der Schönsten, Ausverkauf der unerreichbar Begehrenswerten an jedermann. Sie verwandelt die Räume des Alltags – bis hin zum Kinderzimmer – in heimliche Kultbezirke. Pornografie verstößt das suchende Subjekt aus der Gemeinschaft der Menschen, verbannt es in eine türenlose Einsamkeit, in der abgöttische Dienste stattfinden.“*[523] Auch die heutigen politischen Inszenierungen von Sexualität zeugen nicht von wahrer Freiheit. Sie haben ebenfalls götzendienerische Züge angenommen: *„Die paraliturgischen CSD-Prozessionen machen hinreichend klar, dass es hier nicht um sexuelle Lockerungsübungen geht, sondern um „Kult“, um andere Götter, denen zu opfern ist. Die Knie sind zu beugen, und zu bekennen ist das Ende der komplementären Zuordnung der Geschlechter, die Aufkündigung der Verantwortung für unsere Kinder und die Leugnung der leiblich-geistlichen Koordinaten des Menschseins (...) biologische Konstanten sollen aus dem menschlichen Design gelöscht, die uralte Bindung von Sex und Fruchtbarkeit an Gegengeschlechtlichkeit und Liebe soll abgelöst, die Dauerhaftigkeit und Exklusivität*

---

[523] Ebd., S. 321f

von Liebe soll ins Exotische verwiesen, dafür Promiskuität zum Normalfall erklärt werden; gelten soll ein Lustrecht für alle und ein Tötungsrecht von Kindern (...)."[524]

Der evangelische Pfarrer und Theologe Dietrich Bonhoeffer hat schon früh erkannt: *„Es zeigt sich – und es wird darin ein Grundgesetz der Geschichte deutlich – dass das Verlangen nach absoluter Freiheit des Menschen in die tiefste Knechtschaft führt. Der Herr der Maschine wird ihr Sklave, die Maschine wird der Feind des Menschen. Das Geschöpf wendet sich gegen seinen Schöpfer – seltsame Wiederholung des Sündenfalls. (...) Die neue Einheit ist die abendländische Gottlosigkeit. Sie ist selbst Religion, und zwar aus Feindschaft gegen Gott. Mit dem Verlust seiner durch die Gestalt Jesu Christi geschaffenen Einheit steht das Abendland vor dem Nichts. (...) Es ist das Nichts als Gott.*"[525]

Man kann sich also entscheiden, auf diese Art der Freiheit zu verzichten, um eine menschenfreundliche Art der Freiheit zu gewinnen. Man kann sich für diese menschenfreundliche Freiheit entscheiden, auch wenn die Gesellschaft in die entgegengesetzte Richtung unterwegs ist. Denn der Mensch ist wirklich frei. *„Wenn es einen »Personalausweis« für Christen gäbe, dann wäre dort sicherlich die Freiheit als ein unveränderliches Kennzeichen eingetragen*"[526] sagte Papst Franziskus einmal.

Christen wissen allerdings auch, dass die Entscheidung, das Wahre und Gute zu suchen und in das eigene Leben zu integrieren und auf diese Weise frei zu werden, nicht immer (sofort) gelingt und dass Inkohärenzen und Sünde Teil der menschlichen Natur sind, dass also Leid in der einen oder anderen Form unvermeidlich ist (vgl. Abschnitt 2.7). Das unterscheidet sie fundamental von allen Neuerfindern des Menschen, die dem Leiden mehr als allem anderen den Kampf angesagt haben und bereit sind, leidende und Leid verursachende Menschen zu töten und den eigenen Schmerz durch das gesamte Arsenal verfügbarer Mittel zu betäuben. Für Suchende empfiehlt es sich daher, einen gewissen Frieden mit dem Leiden zu schließen und es zum Beispiel als etwas sehen zu lernen, aus dem wir – meist nicht unmittelbar, sondern eher langfristig – Wesentliches lernen können.[527]

---

[524] Ebd., S. 98

[525] Bonhoeffer, zit. nach Langer, 2019

[526] Franziskus, 2013

[527] Vgl. Hartfiel, 2019

Was die eigenen Leid und Schmerz verursachenden Inkohärenzen, was das eigene Unrecht, die eigene Schuld betrifft: Es ist immer gut, sie sich ehrlich anzusehen. Nur so lässt sich etwas positiv verändern. Christen haben hier gegenüber Anhängern anderer Weltanschauungen und Religionen allerdings einen Vorteil: Sie wissen, dass Jesus Christus die Menschheit bereits erlöst hat, dass er *alle* Menschen erlöst hat, und wir seine Erlösung lediglich anzunehmen brauchen. Gott ermöglicht also allen einen Neustart, die ihn ehrlich darum bitten – jederzeit, unendlich oft. Denn Menschen sind für die Freude geschaffen. Ein weiteres Kennzeichen des christlichen Lebens ist deshalb eine tiefe innerliche Freude, die reines Geschenk ist, unabhängig von den jeweiligen, manchmal leidvollen äußeren Umständen. Die christliche Freude ist Zeichen unserer Teilhabe am Reich Gottes, die in diesem Leben bereits beginnt und im ewigen Leben bei Gott ihre Vollendung findet. Denn das Wahre und Gute, welches in die Freiheit und Freude führt, ist eine Person und hat einen Namen: Jesus Christus. Er *ist* die Wahrheit, er *ist* die Liebe, er *ist* das Leben.[528]

Man muss all das nicht sogleich glauben. Ich habe es selbst lange Zeit nicht geglaubt. Es gilt lediglich, sich auf die Suche nach der menschlichen Natur, nach der eigenen wahren Identität zu machen, nach der Suche dessen, was für alle Menschen aller Zeiten wahr und gut ist. Wo man diese Suche beginnt, ist nicht die entscheidende Frage, wichtig ist, dass man sie ehrlich, offen, rational und konsequent gegen sich selbst angeht. Mögen sich viele Menschen auf diese aufregende Suche machen. Auch solche Menschen, die scheinbar durch alle christlichen Raster fallen, denn auch sie sind für die göttliche Freude geschaffen.

---

[528] Vgl. Joh 14,6 und 1 Joh 8-16

LITERATURVERZEICHNIS

20 minuten (9. August 2005). *Echter Babykopf in Berner Museum.* Abgerufen am 16. November 2020 von https://www.20min.ch/story/echter-babykopf-in-berner-museum-890830751330

Abel, G. G., Becker, J. V., Mittelman, M., Cunningham-Rathner, J., Rouleau, J. L., & Murphey, W. D. (March 1987). Self-Reported Sex Crimes of Nonincarcerated Paraphiliacs. *Journal of Interpersonal Violence, 2*(1), S. 3-25.

Ackerman et al. (July 2020). A Letter on Justice and Open Debate. *Harper's Magazine*. Abgerufen am 9. Dezember 2020 von https://harpers.org/a-letter-on-justice-and-open-debate/

ADF International (10. January 2016). *Steen v. Landstinget i Jönköpings Län.* Abgerufen am 7. Mai 2020 von https://adfinternational.org/legal/steen-v-landstinget-i-jonkopings-lan/

ADF International (12. April 2017). *Grimmark v. Sweden.* Abgerufen am 7. Mai 2020 von https://adfinternational.org/legal/grimmark-v-jonkoping-county-council/

ADF International (25. März 2020a). *Finnische Parlamentsabgeordnete überwältigt von Unterstützungserklärungen aus aller Welt.* Abgerufen am 1. Mai 2020 von https://adfinternational.org/news/finnische-parlamentsabgeordnete-ueberwaeltigt-von-unterstuetzungserklaerungen-aus-aller-welt/?lang=de

ADF International (12. March 2020b). *European Court refuses to take up conscientious objection cases.* Abgerufen am 7. Mai 2020 von https://adfinternational.org/news/european-court-refuses-to-take-up-conscientious-objection-cases/

ADF International (24. January 2020c). *German Pharmacists Chamber appeals ruling that upholds freedom of conscience.* Abgerufen am 8. Mai 2020 von https://adfinternational.org/news/german-pharmacists-chamber-appeals-ruling-that-upholds-freedom-of-conscience/

Agarval, Y; Beatty, C; Ho, S et al. (3. September 2020). Development of humanized mouse and rat models with full-thickness human skin and autologous immune cells. *Sci Rep, 10*(14598). doi:10.1038/s41598-020-71548-z

Allen, V. (26. August 2019). *Health chiefs to review service that gives transgender children as young as 10 puberty-blocking drugs.* Abgerufen am 07.

März 2021 von https://www.dailymail.co.uk/news/article-7394049/Health-chiefs-review-service-gives-transgender-children-hormones.html

Alliance Defending Freedom (2019). *Arizona Supreme Court issues huge win for artistic freedom.* Abgerufen am 9. Mai 2020 von https://www.adflegal.org/press-release/arizona-supreme-court-issues-huge-win-artistic-freedom

Aly, G. (2013). *Die Belasteten. 'Euthanasie' 1939-1945. Eine Gesellschaftsgeschichte.* Frankfurt am Main: Fischer.

Amato, P. R. (2005). The Impact of Family Formation Change on the Cognitive, Social, and Emotional Well-Being of the Next Generation. *The Future of Children, 15*(2), S. 75-96. Abgerufen am 30. März 2020 von www.jstor.org/stable/3556564

Ärzte für das Leben e.V. (November 2017). *Impfstoffe und Abtreibung.* Abgerufen am 07. März 2021 von https://aerzte-fuer-das-leben.de/fachinformationen/schwangerschaftsabbruch-abtreibung/impfstoffe-und-abtreibung/

AWWF online (August 2018). *AWMF S2k Leitlinie Registernummer 059–006: Sexuell übertragbare Krankheiten (STI) – Beratung, Diagnostik und Therapie.* Abgerufen am 07. März 2021 von https://www.awmf.org/leitlinien/detail/ll/059-006.html

Baader, M. S., Oppermann, C., Schröder, J. & Schröer, W. (2020). *Ergebnisbericht "Helmut Kentlers Wirken in der Berliner Kinder- und Jugendhilfe".* Hildesheim: Universitätsverlag Hildesheim. doi:10.18442/129

Babel, A. (2015). *Kindermord im Krankenhaus. Warum Mediziner während des Nationalsozialismus in Rothenburgsort behinderte Menschen töteten.* Bremen: Edition Falkenberg.

Badenheuer, K. (1. Juni 2013a). „Offen und hemmungslos“. *Die Tagespost.*

Badenheuer, K. (19. September 2013b). "Eine unvorstellbare Geschichte". *Die Tagespost.*

Baklinski, P. (4. March 2014). *Sexual predator jailed after claiming to be ‘transgender’ to assault women in shelter.* Abgerufen am 24. April 2020 von https://www.lifesitenews.com/news/sexual-predator-jailed-after-claiming-to-be-transgender-in-order-to-assault

Baldwin, S. (2001-2002). Child Molestation and the Homosexual Movement. *Regent University Law Review, 14*(267), S. 267-282.

Bannerman, L. (8. April 2019). Calls to end transgender ‘experiment on children’. *The Times.* Abgerufen am 21. April 2020 von https://archive.fo/VnFU2

Barillas, M. M. (24. September 2019). *Thousands of deaths linked to drugs used as puberty blockers for gender-confused kids*. Abgerufen am 07. März 2021 von https://www.lifesitenews.com/news/thousands-of-deaths-linked-to-puberty-blockers-for-gender-confused-kids

Barry, E. (1. July 2020). A Massachusetts City Decides to Recognize Polyamorous Relationships. *The New York Times*. Abgerufen am 21. Dezember 2020 von https://www.nytimes.com/2020/07/01/us/somerville-polyamorous-domestic-partnership.html

BBC News (2. November 2012). *Catholic Care loses gay adoption fight*. Abgerufen am 8. Mai 2020 von https://www.bbc.com/news/uk-england-leeds-20184133

BBC News (5. December 2014). *Catholic Church cuts links with adoption service over same-sex ruling*. Abgerufen am 8. Mai 2020 von https://www.bbc.com/news/uk-northern-ireland-30341893

Beckmann, R. (26. Juli 2018). Auf Eis gelegt. *Die Tagespost*.

Benedikt XVI. (2009). *Die Liebe in der Wahrheit. Die Sozialenzyklika „Caritas in veritate"*. Freiburg, Basel, Wien: Herder.

Benedikt XVI. (2011). *Rede Papst Benedikts XVI. im Deutschen Bundestag am 22. September 2011*. Abgerufen am 07. März 2021 von https://www.bundestag.de/parlament/geschichte/gastredner/benedict/rede-250244

Benson, N. (29. January 2020). *Parents' dismay as they lose right to withdraw children from sex ed classes*. Abgerufen am 16. Mai 2020 von https://www.thecatholicuniverse.com/parents-dismay-as-they-lose-right-to-withdraw-children-from-sex-ed-classes-46581?utm_source=ADF+International+Alliance+Alert+Subscribers&utm_campaign=1516cd8ece-EMAIL_CAMPAIGN_2018_09_30_09_41_COPY_01&utm_medium=email&u

Bergmann, R. B. (2019). *Gott und die Erklärung der Welt. Christlicher Glaube oder atheistische Weltanschaung: Was ist vernünftiger?* Gießen: Brunnen Verlag.

Bilek, J. (21. January 2020). *The The Billionaires Behind the LGBT Movement*. Abgerufen am 6. April 2020 von https://www.firstthings.com/web-exclusives/2020/01/the-billionaires-behind-the-lgbt-movement

Birnbacher, D. (1/2002). Forschung an embryonalen Stammzellen – ethische Fragen. *Aufklärung und Kritik*, S. 5-17. Abgerufen am 26. März 2015 von http://www.gkpn.de/id172.htm

Blanchard, R., Barbaree, H. E., Bogaert, A. F., Dickey, R., Klassen, P., Kuban, M. E. & Zucker, K. J. (2000). Fraternal Birth Order and Sexual Orientation in Pedophiles. *Archives of Sexual Behavior, 29*(5), S. 463-478.

Blatt, B. & Kaplan, F. (1974). *Christmas in Purgatory. A Photographic Essay on Mental Retardation.* Syracuse, NY: Human Policy Press. Abgerufen am 2020. Oktober 19 von https://mn.gov/mnddc/parallels2/pdf/undated/Xmas-Purgatory.pdf

Blech, N. (1. März 2017). *Spanien: Widerstand gegen transfeindliche Bus-Tour.* Abgerufen am 1. Mai 2020 von https://www.queer.de/detail.php?article_id=28320

Blech, N. (23. Januar 2019). *"Demo für alle" will Symposium in München abhalten.* Abgerufen am 3. Mai 2020 von https://www.queer.de/detail.php?article_id=32811

Blom, R. M., Hennekam, R. C. & Denys, D. (2012). Body Integrity Identity Disorder. *PLOS ONE, 7*(4), S. e34702. doi:10.1371/journal.pone.0034702

BMFSFJ (2019a). *Chancen und Teilhabe für Familien.* Abgerufen am 07. März 2021 von https://www.bmfsfj.de/bmfsfj/themen/familie/chancen-und-teilhabe-fuer-familien

BMFSFJ (2019b). *Gleichgeschlechtliche Lebensweisen und geschlechtliche Vielfalt, Hintergrundmeldung, 10.01.2019.* Abgerufen am 07. März 2021 von https://www.bmfsfj.de/bmfsfj/themen/gleichstellung/gleichgeschlechtliche-lebensweisen-geschlechtsidentitaet/gleichgeschlechtliche-lebensweisen-und-ges

Bodkin, H. (17. July 2019). Encouraging children to 'socially transition' gender risks long-term harm, say NHS experts. *The Telegraph.* Abgerufen am 21. April 2020 von https://www.telegraph.co.uk/news/2019/07/17/encouraging-children-socially-transition-gender-risks-long-term/

Bonsen, G. (13. Juli 2016). *Nach Abtreibung: Dänische Frauen haben Anspruch auf den Fötus. Frauen in Dänemark bekommen das Recht zur Trauer um ihr ungeborenes Kind. Nach chirurgischem Eingriff können sie das „Abtreibungsmaterial" einfordern.* Abgerufen am 07. März 2021 von https://www.shz.de/14263656

Bostrom, N. (2014). *Superintelligence. Paths, Dangers, Strategies.* Oxford: Oxford University Press.

Breckner, M. (23. Januar 2018). *Die „Demo für alle", der Hass und die Medien.* Abgerufen am 2. Mai 2020 von https://www.promedienmagazin.de/kommentar/2018/01/23/die-demo-fuer-alle-der-hass-und-die-medien/

Bremer, V., Dudareva-Vizule, S., Buder, S., an der Heiden, M. & Jansen, K. (2017). Sexuell übertragbare Infektionen in Deutschland. Die aktuelle epidemiologische Lage. *Bundesgesundheitsblatt, 60,* S. 948-957. doi:10.1007/s00103-017-2590-1

Brongersma, E. (1988). A Defence of Sexual Liberty for All Age Groups. *The Howard Journal of Criminal Justice, 27*(1), S. 32-43. doi:10.1111/j.1468-2311.1988.tb00601.x

Buchsteiner, J. (13. Januar 2016). *Politisch ganz korrekt.* Abgerufen am 3. Mai 2020 von https://www.faz.net/aktuell/politik/ausland/europa/politische-korrektheit-bedroht-die-freie-rede-13994595-p3.html

Bundeskriminalamt (2018). Polizeiliche Kriminalstatistik Bundesrepublik Deutschland. In *Jahrbuch 2018 Opfer* (66 Ausg., Bd. 2).

Bundeskriminalamt (27. September 2019). *Menschenhandel und Ausbeutung, Bundeslagebild 2018.* Abgerufen am 07. März 2021 von https://www.bka.de/DE/AktuelleInformationen/StatistikenLagebilder/Lagebilder/Menschenhandel/menschenhandel_node.html

Bundesministerium für Gesundheit (7. Mai 2020). *Pressemitteilungen: Bundestag beschließt weitreichendes Verbot von sogenannten Konversionstherapien.* Abgerufen am 8. Mai 2020 von https://www.bundesgesundheitsministerium.de/presse/pressemitteilungen/2020/2-quartal/beschluss-verbot-konversionstherapien.html#c18053

Bundesministerium für Gesundheit/Bundesministerium für wirtschaftliche Zusammenarbeit und Entwicklung (6. April 2016). *BIS 2030 – Strategie zur Eindämmung von HIV, Hepatitis B und C und anderen sexuell übertragbaren Infektionen, Beschluss des Bundeskabinetts vom 6. April 2016.* Abgerufen am 07. März 2021 von https://www.bundesgesundheitsministerium.de/fileadmin/Dateien/5_Publikationen/Praevention/Broschueren/Strategie_BIS_2030_HIV_HEP_STI.pdf

Bundespräsidialamt. (18. Januar 2006). *Rede von Bundespräsident Horst Köhler beim Jahresempfang der Evangelischen Akademie Tutzing Rede von Bundespräsident Horst Köhler beim Jahresempfang der Evangelischen Akademie Tutzing am 18. Januar 2006.* Abgerufen am 07. März 2021 von http://www.bundespraesident.de/SharedDocs/Reden/DE/Horst-

Koehler/Reden/2006/01/20060118_Rede_Anlage.pdf;jsessionid=04325BAFBCA3EFDFAB48A54FDEF66F82.2_cid362?__blob=publicationFile&v=3

Buob, H. (2016). *Das Sakrament der Ehe – unbekannt und vergessen.* Hochaltingen: Unio Verlag.

Bürger, M. (19. February 2020a). *Parents sue public school district for enabling kids to change 'gender' without parental notice, consent.* Abgerufen am 25. April 2020 von https://www.lifesitenews.com/news/parents-sue-public-school-district-for-enabling-kids-to-change-gender-without-parental-notice-consent

Bürger, M. (5. March 2020b). *Virginia gov signs law banning counseling affirming kids' biological sex.* Abgerufen am 8. Mai 2020 von https://www.lifesitenews.com/news/virginia-gov-signs-law-prohibits-counseling-affirming-kids-biological-sex

Byng, R., Bewley, S., Clifford, D. & McCartney, M. (8. December 2018). Gender-questioning children deserve better science. *The Lancet, 392*(10140), S. 2576. doi:10.1016/S0140-6736(18)32223-2

BZgA (2016). *Rahmenkonzept zur Sexualaufklärung der Bundeszentrale für gesundheitliche Aufklärung in Abstimmung mit den Bundesländern.*

Cameron, P. (1. December 1985). Homosexual Molestation of Children/Sexual Interaction of Teacher and Pupil. *Psychological Reports, 57*(3_suppl), S. 1227–1236. doi:10.2466/pr0.1985.57.3f.1227

Cameron, P. (1. December 2003). Molestations by Homosexual Foster Parents: Newspaper Accounts vs Official Records. *Psychological Reports, 93*(3), S. 793–802. doi:10.2466%2Fpr0.2003.93.3.793

Cameron, P. (8. August 2012). *How Do the Kids of Homosexual Parents Turn Out? The Best Evidence.* Abgerufen am 07. März 2021 von http://www.familyresearchinst.org/2012/08/how-do-the-kids-of-homosexual-parents-turn-out-the-best-evidence/

Cameron, P. & Cameron, K. (1996). Homosexual parents. *Adolescence, 31,* S. 757-776.

Cameron, P. & Harris, D. W. (2003). Homosexual parents in custody disputes: a thousand child-years exposure. *Psychological Reports, 93,* S. 1173-1194.

Cameron, P., Proctor, K., Coburn, W., Forde, N., Larson, H. & Cameron, K. (1. February 1986). Child Molestation and Homosexuality. *Psychological Reports, 58*(1), S. 327–337. doi:10.2466/pr0.1986.58.1.327

Card, R. F. (2007). Conscientious Objection and Emergency Contraception. *The American Journal of Bioethics, 7*(6), S. 8-14. doi:10.1080/15265160701347239

Carrel, A. (1935). *Man The Unknown.* New York & London: Harper & Brothers.

Coleman, P. (3. März 2020). *Europe: death by censorship.* Abgerufen am 1. Mai 2020 von https://www.spiked-online.com/2020/03/03/europe-death-by-censorship/

Coordes, G. (31. März 2009). Therapeuten erzürnen Homosexuelle. *Frankfurte Rundschau.* Abgerufen am 2. Mai 2020 von https://www.fr.de/rhein-main/volker-beck-per42685/therapeuten-erzuernen-homosexuelle-11501013.html

Cornides, J. (11. Februar 2017). Dem "Gewissen Europas" fehlt es an Urteilskraft. *Die Tagespost.*

Coyne, J. (13. July 2017). *Should one be allowed to euthanize severely deformed or doomed newborns?* Abgerufen am 07. März 2021 von https://whyevolutionistrue.wordpress.com/2017/07/13/should-one-be-allowed-to-euthanize-severely-deformed-or-doomed-newborns/

Cretella, M. (3. July 2017). *I'm a Pediatrician. How Transgender Ideology Has Infiltrated My Field and Produced Large-Scale Child Abuse.* Abgerufen am 07. März 2021 von https://www.dailysignal.com/2017/07/03/im-pediatrician-transgender-ideology...-infiltrated-field-produced-large-scale-child-abuse/

Crew, F. A., Darlington, C. D., Haldane, J. B. et al. (16. September 1939). Social Biology and Population Improvement. *Nature, 144*(3646), S. 521-422. doi:10.1038/144521a0

CSD Magdeburg (2018). *Forderungen an das Land Sachsen-Anhalt, Lesben- und Schwulenpolitischer Runder Tisch Sachsen-Anhalt (LSpRT) Landesforderungen 2018.* Abgerufen am 9. November 2019 von https://www.csdmagdeburg.de/forderungen-an-das-land-sachsen-anhalt/

CSD Weimar (2020). *CSD Forderungen 2017.* Abgerufen am 20. Mai 2020 von https://www.csd-weimar.de/index.php/csd-weimar-2017/forderungen-2017

Cullen, P. (11. Januar 2018). Eva. *Die Tagespost.*

Cullen, P. (27. Februar 2020). Vorsicht Falle. *Die Tagespost.*

Cullen, P. (08. Januar 2021). Lebenswert per Gerichtsentscheid? *Die Tagespost.*

Cyranoski, D. (19. July 2019). Japan approves first human-animal embryo experiments. *Nature.* doi:10.1038/d41586-019-02275-3

De Gregorio, L. (13. April 2018). *„Schritt für Schritt erobert es Körper und Psyche“*. Abgerufen am 07. März 2021 von https://www.zeit.de/campus/2018-04/schwangerschaftsabbruch-frauen-koerperliche-erfahrung

Demo für alle (31. Mai 2019a). *Familienministerium definiert Familie: Kein Vater, keine Mutter, keine Kinder*. Abgerufen am 07. März 2021 von https://demofueralle.blog/2019/05/31/familienministerium-definiert-familie-kein-vater-keine-mutter-keine-kinder/

Demo für alle (23. Januar 2019b). *Symposium »Elternrecht versus Staat: Wohin führen „Kinderrechte“ im Grundgesetz?« am Samstag, den 23. Februar 2019 in München*. Abgerufen am 2. Mai 2020 von https://demofueralle.blog/2019/01/23/symposium-elternrecht-versus-staat-wohin-fuehren-kinderrechte-im-grundgesetz-am-samstag-den-23-februar-2019-in-muenchen/#more-19134

Demo für alle (6. Dezember 2019c). *Internationale Transgender- und LSBT-Lobby plant Abschaffung des Elternrechts*. Abgerufen am 16. Mai 2020 von https://demofueralle.blog/2019/12/06/internationale-transgender-und-lsbt-lobby-plant-abschaffung-des-elternrechts/

Demo für alle (26. November 2019d). *Elternrecht zum Abschuss freigegeben: Justizministerin Lambrecht legt Gesetzentwurf für „Kinderrechte“ im Grundgesetz vor*. Abgerufen am 16. Mai 2020 von https://demofueralle.blog/2019/11/26/elternrecht-zum-abschuss-freigegeben-justizministerin-lambrecht-praesentiert-gesetzentwurf-fuer-kinderrechte-im-grundgesetz/

Demo für alle (10. Januar 2020a). *Symposium „Familie am Abgrund – Ursachen und Auswege“ am 15. Februar 2020 in Stuttgart*. Abgerufen am 2. Mai 2020 von https://demofueralle.blog/2020/01/10/symposium-familie-am-abgrund-ursachen-und-auswege-am-15-februar-2020-in-stuttgart/#more-21134

Demo für alle (2020b). *Sexuelle Vielfalt*. Abgerufen am 6. April 2020 von https://demofueralle.blog/informationen/hintergrundinfos/

Der Spiegel (27. April 2019). „Baby, bitte bleib bei mir“. *Der Spiegel, 18/2019*. Abgerufen am 07. März 2021 von https://magazin.spiegel.de/SP/2019/18/163612068/index.html

Deutsche Vereinigung von Familien nach Samenspende (2017). *Wahlprüfstein DIE LINKE*. Abgerufen am 20. Mai 2020 von http://www.di-netz.de/wp-content/uploads/2017/09/DIE-LINKE-Wahlpr%C3%BCfsteine-2017.pdf

Deutscher Bundestag (20. Juni 2007). *Schutzalter für die Darstellung in pornografischen Schriften in der Kritik. Öffentliche Anhörung des*

Rechtsausschusses. Abgerufen am 6. April 2020 von http://www.bundestag.de/aktuell/archiv/2007/recht_kw25/index.html

Deutscher Bundestag (1. Juli 2009). *Drucksache 16/13668. Vielfalt der Lebensweisen anerkennen und rechtliche Gleichbehandlunghomosexueller Paare sicherstellen.* Abgerufen am 7. April 2020 von http://dipbt.bundestag.de/dip21/btd/16/136/1613668.pdf

Deutscher Bundestag (6. Mai 2019). Achter Erfahrungsbericht der Bundesregierung über die Durchführung des Stammzellgesetzes. *Drucksache 19/10060.*

Deutscher Bundestag (19. Februar 2020). *Drucksache 19/17278. Entwurf eines Gesetzes zum Schutz vor Konversionsbehandlungen.*

Deutscher Bundestag, Dokumente (2017). *Mehrheit im Bundestag für die „Ehe für alle“*. Abgerufen am 07. März 2021 von https://www.bundestag.de/dokumente/textarchiv/2017/kw26-de-ehe-fuer-alle-513682

Deutscher Bundestag, wissenschaftliche Dienste (2017). Der Begriff der Ehe im Grundgesetz und anderen Verfassungen. *WD 3 -3000 -142/17, 2017.*

Deutscher Ethikrat (2011). *Mensch-Tier-Mischwesen in der Forschung. Eine Stellungnahme.* Berlin: Deutscher Ethikrat. Abgerufen am 24. Oktober 2020 von https://www.ethikrat.org/fileadmin/Publikationen/Stellungnahmen/deutsch/DER_StnMischwesen_Deu_Online.pdf

Deutscher Ethikrat (24. September 2014). *Inzestverbot. Stellungnahme.* Abgerufen am 22. Mai 2020 von https://www.ethikrat.org/fileadmin/Publikationen/Stellungnahmen/deutsch/stellungnahme-inzestverbot.pdf

Deutscher Hochschulverband (4. April 2017). *Zur Streit- und Debattenkultur an Universitäten. Resolution des 67. DHV-Tages in München.* Abgerufen am 2. Mai 2020 von https://www.hochschulverband.de/fileadmin/redaktion/download/pdf/resolutionen/ResolutionPoliticalCorrectness-Endfassung.pdf

Deutsches IVR Register (Mai/Juni 2018). Jahrbuch 2017. *Journal für Reproduktionsmedizin und Endokrinologie.* Abgerufen am 08. März 2021 von https://www.deutsches-ivf-register.de/perch/resources/dir-jahrbuch-2017-deutsch-final-4.pdf

Diamandis, P. H. (26. January 2015). *Ray Kurzweil's Mind-Boggling Predictions for the Next 25 Years.* Abgerufen am 7. März 2021 von https://singularityhub.com/2015/01/26/ray-kurzweils-mind-boggling-predictions-for-the-next-25-years/

Die Bibel (1980). *Einheitsübersetzung.* Freiburg im Breisgau: Herder.

Die Gleichstellungsbeauftragte der Universität zu Köln (2020). *ÜberzeuGENDERe Sprache. Leitfaden für eine geschlechtersensible Sprache.* Abgerufen am 2. Mai 2020 von https://gb.uni-koeln.de/e2106/e2113/e16894/2019_Leitfaden_GendergerechteSprache_19022020_32_Poster_Webausgabe_ger.pdf

Die Senatorin für Soziales, Kinder, Jugend und Frauen, Freie Hansestadt Bremen & Rat & Tat (2020). *Medienkoffer „Familien und vielfältige Lebensweisen" für Kindertageseinrichtungen.* Abgerufen am 6. April 2020 von https://elternaktion.files.wordpress.com/2019/03/medienkoffer_kita_pdf.pdf

Die Tagespost (17. April 2010). Baptistinnen wegen Unterrichtsboykott in Haft.

DI-Netz e.V. Familiengründung mit Samenspenden (2017). *Bundestagswahl 2017: Was wollen die Parteien?* Abgerufen am 20. Mai 2020 von https://di-netz.de/bundestagswahl-2017-was-sagen-die-parteien/

Dirks, P. (16. February 2020). *Transition as Treatment: The Best Studies Show the Worst Outcomes.* Abgerufen am 9. Mai 2020 von https://www.thepublicdiscourse.com/2020/02/60143/

Dubin, S., Lane, M., Morrison, S., Radix, A., Belkind, U., Vercler, C. & Inwards-Breland, D. (31. December 2019). Medically assisted gender affirmation: when children and parents disagree. *Journal of Medical Ethics.* doi:10.1136/medethics-2019-105567

Dubrovsky, D. (2013). *Human Nature, the Anthropological Crises and Global Future.* Abgerufen am 20. November 2020 von Global Future 2045 International Congress: http://gf2045.com/read/277/

Dudek, J. (10. April 2014). *Sexkunde oder Knast.* Abgerufen am 16. Mai 2020 von https://ef-magazin.de/2014/04/10/5190-schulpflicht-sexkunde-oder-knast

Duff, R. S. & Campbell, A. G. (1973). Moral and Ethical Dilemmas in the Special-Care Nursery. *N Engl J Med 1973, 289,* S. 890-894. doi:10.1056/NEJM197310252891705

Dvorsky, G. & Hughes, J. (20. March 2008). Postgenderism: Beyond the Gender Binary. Hartford, CT: Institute for Ethics and Emerging Technologies. Abgerufen am 27. Oktober 2020 von https://www.academia.edu/7553496/Postgenderism_Beyond_the_Gender_Binary

Elternaktion (2020a). *Bundesländer*. Abgerufen am 4. April 2020 von https://elternaktion.com/bundeslaender/

Elternaktion (2020b). *Sexualpädagogik der Vielfalt?* Abgerufen am 4. April 2020 von https://elternaktion.com/sexualpaedagogik-der-vielfalt/

Elternaktion (2020c). *Presseschau, Analysen, Debatten*. Abgerufen am 6. April 2020 von https://elternaktion.com/presseschau/

Emma (6. Dezember 2016). Pädo-Freund Kentler & Berlin. *EMMA*. Abgerufen am 4. April 2020 von https://www.emma.de/artikel/paedo-freund-kentler-und-der-berliner-senat-333857

Epoch Times (7. April 2017). *Ordnungsamt zerrt Kind mit Gewalt zur „Sexualerziehung" in die Schule*. Abgerufen am 16. Mai 2020 von https://www.epochtimes.de/politik/deutschland/fruehsexualisierung-nrw-ordnungsamt-zerrt-kind-mit-gewalt-zur-sexualerziehung-in-die-schule-a1251414.html

Erickson, W. D., Walbek, N. H. & Seely, R. K. (1988). Behavior Patterns of Child Molesters. *Archives of Sexual Behavior, 17*(1), S. 77-86.

Europäische Menschenrechtskonvention (2019). *Konvention zum Schutz der Menschenrechte und Grundfreiheiten: Sklaverei und Leibeigenschaft*. Abgerufen am 9. November 2019 von https://www.menschenrechtskonvention.eu/sklaverei-und-leibeigenschaft-9289/

Evans, V. (18. November 2009). *Commercial Markets Created by Abortion: Profiting from the Fetal Distribution Chain, Dissertation for the Licentiate*. Abgerufen am 03. Oktober 2019 von https://drive.google.com/file/d/0BxutvdıFw1MYYTc0MGNkODQtNDViMy00NTg5LTk5MzQtZGNmODRmZTQyODYx/view?hl=

Fagan, P. F. (December 2009). *The Effects of Pornography on Individuals, Marriage, Family and Community*. Abgerufen am 08. März 2021 von Marriage, Family and Community, Marriage and Religion Research Institute: https://marri.us/research/research-papers/the-effects-of-pornography-on-individuals-marriage-family-and-community/

Familienplanung (21. August 2012). *Die Schattenseiten einer Kinderwunsch-Behandlung*. Abgerufen am 08. März 2021 von https://www.familienplanung.de/schattenseiten-behandlung/

Familienplanung (30. Juli 2019). *Sterilisation*. Abgerufen am 08. März 2021 von https://www.familienplanung.de/verhuetung/verhuetungsmethoden/sterilisation/

Filipas, H. H. & Ullman, S. E. (2006). Child Sexual Abuse, Coping Responses, Self-Blame, Posttraumatic Stress Disorder, and Adult Sexual Revictimization. *Journal of Interpersonal Violence, 21*(5), S. 652–672. doi:doi.org/10.1177/0886260506286879

Fischer, L. (13. Juli 2019). *Grünes Licht für Mensch-Tier-Hybride.* Abgerufen am 23. November 2020 von https://www.spektrum.de/news/gruenes-licht-fuer-mensch-tier-hybride/1663208

Fletcher, J. (5. November 1972). Indicators of humanhood: A tentative profile of man. *The Hastings Center Report, 2*(5), S. 1-4. Abgerufen am 08. März 2021 von https://www.jstor.org/stable/3561570

Flynn, J. (19. Juni 2011). *From beyond the grave. Fathering children after death.* Abgerufen am 08. März 2021 von https://zenit.org/articles/from-beyond-the-grave/

FOCUS online (6. November 2017). *Renommierter Forscher sicher: Männer können Kinder gebären.* Abgerufen am 2020. November 7 von https://www.focus.de/familie/geburt/renommierter-forscher-erklaert-auch-maenner-koennen-kinder-gebaeren_id_7802321.html

Frankfurter Rundschau (10. September 2013). *Wie kann ein Mann ein Kind bekommen?* Abgerufen am 25. April 2020 von https://www.fr.de/ratgeber/gesundheit/kann-mann-kind-bekommen-11386978.html

Franziskus (4. Juli 2013). Die Freiheit der Kinder Gottes. Frühmesse im vatikanischen Gästehaus "Domus Sanctae Marthae". *L'Osservatore Romano, 29.* Abgerufen am 21. Dezember 2020 von http://www.vatican.va/content/francesco/de/cotidie/2013/documents/papa-francesco_20130704_meditazioni-40.html

Franziskus (19. März 2016). *Amoris Laetitia.* Abgerufen am 10. September 2020 von http://www.vatican.va/content/francesco/de/apost_exhortations/documents/papa-francesco_esortazione-ap_20160319_amoris-laetitia.html#_ftn6

Freiburger, C. (22. June 2018). *Christian baker sees 'outpouring' of support after Supreme Court win.* Abgerufen am 8. Mai 2020 von https://www.lifesitenews.com/news/christian-baker-sees-outpouring-of-support-after-supreme-court-win

Freiburger, C. (7. February 2020). *Govt should overrule parents who 'neglect' to transition kids, med journal argues.* Abgerufen am 14. Mai 2020 von https://www.lifesitenews.com/news/govt-should-overrule-parents-who-neglect-to-transition-kids-med-journal-argues

Freie Demokraten (4. Juli 2017). *Die Modernisierung des Familienrechts greift zu kurz*. Abgerufen am 08. März 2021 von https://www.fdp.de/justiz-und-rechtspolitik_modernisierung-des-familienrechts-greift-zu-kurz

Freie Demokraten (2020). *Die Freien Demokraten fordern: Offener Umgang mit der Reproduktionsmedizin*. Abgerufen am 20. Mai 2020 von https://www.fdp.de/forderung/121-1

Freund, K. & Watson, R. J. (1992). The proportions of heterosexual and homosexual pedophiles among sex offenders against children: An exploratory study. *Journal of Sex & Marital Therapy, 18*(1), S. 34-43. doi:10.1080/00926239208404356

Future of Humanity Institute/University of Oxford (10. October 2018). *£13.3 m boost for Future of Humanity Institute*. Abgerufen am 08. März 2021 von https://www.fhi.ox.ac.uk/grant-announcement/

Garcia, J. (18. Juli 2019). "Wir erschaffen uns selbst". *Die Tagespost*.

Gasnik, A. (2010). Herausforderung Internetpornografie. *Forum Ethik, Impulse zur Orientierung, Texte zur Diskussion Nr. 11*. Gießen: Institut für Ethik & Werte.

Gemeinsamer Bundesausschuss (20. Februar 2008). *Fehlbildungsrisiko der mit der Methode ICSI gezeugten Kinder im Vergleich zu IVF- bzw. natürlich konzipierten Kindern, Zusammenfassender Bericht des Unterausschusses „Familienplanung" des Gemeinsamen Bundesausschusses*.

Gerhardt, V. (2001). Vom Zellhaufen zur Selbstachtung. Abgerufen am 08. März 2021 von https://www.focus.de/kultur/diverses/standpunkt-vom-zellhaufen-zur-selbstachtung_aid_188125.html

Gerl-Falkovitz, H. B. (28. Mai 2020b). "Humanae vitae": nochmals gelesen. *welt & kirche # 04*.

Gerl-Falkovitz, H.-B. (24. Dezember 2020a). Vom Biomann zur Transfrau. *Die Tagespost*.

gesundheit adhoc (9. Februar 2017). *Pressemitteilung: Ärzte für das Leben e.V. zu Abtreibungen in der Capio-Elbe-Jeetzel-Klinik in Dannenberg: „Gewissensfreiheit der Ärzte wird faktisch ausgehöhlt"*. Abgerufen am 7. Mai 2020 von https://www.gesundheit-adhoc.de/aerzte-fuer-das-leben-ev-zu-abtreibungen-in-der-capio-elbe-jeetzel-klinik-in-dannenberg.html

Gewirtz-Meydan, A., Walsh, W., Wolak, J. & Finkelhor, D. (2018). The complex experience of child pornography survivors. *Child Abuse & Neglect*(80), S. 238-248. doi:10.1016/j.chiabu.2018.03.031

Gilbert, K. (9. December 2010). *The dark side of biotech: expert details grisly fate of fetal body parts*. Abgerufen am 08. März 2021 von https://www.lifesitenews.com/news/the-dark-side-of-biotech-expert-details-grisly-fate-of-fetal-body-parts

Giubilini, A. & Minerva, F. (2013). After-birth abortion: why should the baby live? *Journal of Medical Ethics, 39*, S. 261-263.

Global Future 2045 International Congress (15/16. June 2013). *Program Booklet*. Abgerufen am 08. März 2021 von http://gf2045.com/program/

Gobry, P. E. (15. December 2019). *A Science-Based Case for Ending the Porn Epidemic*. Abgerufen am 08. März 2021 von https://amgreatness.com/2019/12/15/a-science-based-case-for-ending-the-porn-epidemic/

Göcke, B. P. & Meier-Hamidi, F. (Hrsg.). (2018). *Designobjekt Mensch. Die Agenda des Transhumanismusauf dem Prüfstand.* Freiburg/Basel/Wien: Herder.

Goerzen, B. (2013). Moderne Sklaverei und Menschenhandel: Eine ethische Antwort auf einen unbeachteten Skandal. *Forum Ethik, Impulse zur Orientierung. Texte zur Diskussion Nr. 22*. Gießen: Institut für Ethik & Wette.

Gonzales, M. & Jones, L. A. (2018). Our Struggle Is My Struggle: Solidarity Feminism as an Intersectional Reply to Neoliberal and Choice Feminism. *Affilia: Journal of Women and Social Work*. Abgerufen am 30. April 2020 von https://www.semanticscholar.org/paper/Our-Struggle-Is-My-Struggle%3A-Solidarity-Feminism-as-Gonzalez-Ph./22123ee1e882051a50be8c467abe641932c156a0

Good, I. J. (1966). Speculations Concerning the First Ultraintelligent Machines. *Advances in Computers, 6*, S. 31-88. doi:10.1016/S0065-2458(08)60418-0

Gordon, A. (01. December 2020). *Campaigners say 'common sense has prevailed' as High Court rules children under 16 are unlikely to be able to give 'informed consent' to take puberty blockers*. Abgerufen am 17. Dezember 2020 von https://www.dailymail.co.uk/news/article-9005007/High-Court-rules-puberty-blockers-transgender-clinics-landmark-case.html

Göttinger Institut für Demokratieforschung (2014). *Die Grünen und die Pädosexualität. Ergebnisse des Forschungsprojekts Umfang, Kontext und die Auswirkungen pädophiler Forderungen in den Milieus der Neuen Sozialen Bewegung / Grünen*. Göttingen: Göttinger Institut für Demokratieforschung.

Göttinger Institut für Demokratieforschung (2015). *Abschlussbericht zum Forschungsprojekt Umfang, Kontext und Auswirkungen pädophiler Forderungen innerhalb des Deutschen Kinderschutzbundes*. Göttingen: Göttinger Institut für Demokratieforschung.

Göttinger Institut für Demokratieforschung (2016). *Die Unterstützung pädosexueller bzw. Päderastischer Interessen durch die Berliner Senatsverwaltung. Am Beispiel eines „Experiments" von Helmut Kentler und der „Adressenliste zur schwulen, lesbischen & Pädophilen Emanzipation"*. Göttingen: Göttinger Institut für Demokratieforschung.

Grabovac, I., Smith, L., Yang, L. et al. (2020). The relationship between chronic diseases and number of sexual partners: an exploratory analysis. *BMJ Sex Reprod Health, 46*, S. 100-107.

Graupner, H. (1999). Love versus Abuse. *Journal of Homosexuality, 4*(37), S. 23-56. doi:10.1300/J082v37n04_03

Greenwood, G. L., Relf, M. V., Huang, B., Pollack, M. L., Canchola, J. A. & Catania, J. A. (1. December 2002). Battering Victimization Among a Probability-Based Sample of Men Who Have Sex With Men. *American Journal of Public Health, 92*(12), S. 1964-1969. doi:10.2105/AJPH.92.12.1964

Guardini, R. (2018). *Weisheit der Psalmen*. Kevelaer: topos plus.

Haimi, M. & Lerner, A. (2016). The Impact of Parental Separation and Divorce on the Health Status of Children, and the Ways to Improve it. *J Clin Med Genom, 4*(1). doi:10.4172/jcmg.1000137

Hartfiel, S. (März 2019). Perspektivwechsel erforderlich! Kranke und behinderte Menschen erweisen uns einen wichtigen Dienst. *Der Fels*, S. 78-80.

Hartl, J. (9. April 2020). Ökologie des Herzens. *Die Tagespost*.

Haseborg, V. & Mikuteit, H. L. (28. Dezember 2012). *Prostituierte – ein ganz normaler Beruf?* Abgerufen am 08. März 2021 von https://www.welt.de/regionales/hamburg/article112273588/Prostituierte-ein-ganz-normaler-Beruf.html

Hauskeller, M. (2017). How to Become a Post-Dog: Animals in Transhumanism. *Between the Species, 20* (Iss. 1, Article 2). Abgerufen am 24. Oktober 2020 von https://digitalcommons.calpoly.edu/bts/vol20/iss1/2/

Hautebert, J. (25. Janvier 2018). *Liberté de conscience et devoir professionnel : Le Conseil d'Etat rejette le pourvoi d'un pharmacien*. Abgerufen am 8. Mai 2020 von L'association pour la liberté de conscience en France: https://www.objectiondelaconscience.org/liberte-deconscience-devoir-professionnel-conseil-detat-rejette-pourvoi-dun-pharmacien/

Haversath, J., Gärttner, K. M., Kliem, S., Vasterling, I., Strauss, B. & Kröger, C. (2017). Sexual behavior in Germany—results of a representative survey. *Dtsch Arztebl Int 2017, 114*, S. 545-550. doi:10.3238/arztebl.2017.0545

Health & Care Management (16. Februar 2017). *Chefarzt verbietet Abtreibungen.* Abgerufen am 7. Mai 2020 von https://www.hcm-magazin.de/chefarzt-verbietet-abtreibungen/150/10738/345512

Heiliger, A. (1996). Sexuelle Mißbraucher: Täter im Spektrum der Normalität. *Psychologie und Gesellschaftskritik, 20(1/2)*, S. 29-42. Abgerufen am 08. März 2021 von https://nbn-resolving.org/urn:nbn:de:0168-ssoar-265886

Heinz, K. J. (10. Dezember 2009a). Edith Düsing liest doch. *Die Tagespost.*

Heinz, K. J. (5. Dezember 2009b). Homo-Lobby torpediert Schiller-Vorlesung. *Die Tagespost.*

Heneghan, C. (8. April 2019). Doubts over evidence for using drugs on the young. *The Times.* Abgerufen am 21. April 2020 von https://archive.fo/Txx1O#selection-667.15-667.23

Henze, W. (4. Juli 2017). Droht die Wiederkehr des Rechtspositivismus? *Die Tagespost.*

Hermsmeier, L. (10. August 2019). Die elternlose Gesellschaft. *Die Zeit.* Abgerufen am 08. März 2021 von https://www.zeit.de/kultur/2019-08/kapitalismuskritik-kindererziehung-familie-abschaffung-kommunismus/komplettansicht

Herrath, F. & Sielert, U. (1991). *Lisa und Jan. Ein Aufklärungsbuch für Kinder und ihre Eltern.* Weinheim: Beltz Verlag.

Hidalgo, M. A., Ehrensaft, D., Tishelman, A. C. et al. (2013). The Gender Affirmative Model: What We Know and What We Aim to Learn. *Human Development, 56*, S. 85–290. doi:10.1159/000355235

Hildebrandt, A. (3. Juli 2008). *Der schwangere Mann hat eine Tochter geboren.* Abgerufen am 25. April 2020 von https://www.welt.de/vermischtes/article2175720/Der-schwangere-Mann-hat-eine-Tochter-geboren.html

Hofmeister, A. S. (25. August 2015). Als Ware verkauft und benutzt. *Die Tagespost.*

Hohnerlein, E. M. (2020). Addressing Poverty Risks of Lone Mothers in Germany: Social Law Framework and Labour Market Integration. In U. Meier-Gräwe, M. Motozawa, & A. Schad-Seifert, *Family Life in Japan and Germany.* Wiesbaden: Springer VS.

Holmes, W. C. & Slap, G. B. (1998). Sexual Abuse of Boys. Definition, Prevalence, Correlates, Sequelae, and Management. *JAMA, 280*(21), S. 1855–1862. doi:10.1001/jama.280.21.1855

Holson, L. M. (4. Juli 2011). *Who's on the Family Tree? Now It's Complicated.* Abgerufen am 08. März 2021 von https://www.nytimes.com/2011/07/05/us/05tree.html

Hömberg, E. (21. Juli 2019). *Produziert sie psychisch gestörte Kinder?* Abgerufen am 10. März 2010 von https://deutsch.medscape.com/artikel/4902394

Hopf, W. (Hrsg.). (2019). *Die Freiheit der Wissenschaft und ihre 'Feinde'.* Berlin: LIT Verlag.

Hopper, T. (20. November 2017). *Here's the full recording of Wilfrid Laurier reprimanding Lindsay Shephard for showing a Jordan Peterson video.* Abgerufen am 1. Mai 2020 von https://nationalpost.com/news/canada/heres-the-full-recording-of-wilfrid-laurier-reprimanding-lindsay-shepherd-for-showing-a-jordan-peterson-video

Hörnlein, K. & Otto, J. (1. August 2018). Kann das gut gehen? *Zeit Online.* Abgerufen am 14. Dezember 2020 von https://www.zeit.de/2018/32/patchworkfamilien-eltern-kinder-scheidung-trennung

Hornor, G. (2010). Child Sexual Abuse: Consequences and Implications. *Journal of Pediatric Health Care, 24*(6), S. 358-364. doi:10.1016/j.pedhc.2009.07.003

Horst, G. (8. Dezember 2007). Initiative statt Überwachung. *Die Tagespost.*

Hruz, P. W., Mayer, L. S. & McHugh, P. R. (Spring 2017). Growing Pains. Problems with Puberty Suppression in Treating Gender Dysphoria. *The New Atlantis, 52*, S. 3-36. Abgerufen am 08. März 2021 von https://www.thenewatlantis.com/publications/growing-pains

Hughes, J. R. (October 2007). Review of Medical Reports on Pedophilia . *Clinical Pediatrics , 46*(8), S. 667-682. doi:10.1177/0009922807301483

humanity + (März 2009). *Transhumanist Declaration.* Abgerufen am 25. Oktober 2020 von https://humanityplus.org/philosophy/transhumanist-declaration/

Huxley, J. (1946). *UNESCO: its purpose and its philosophy.* Abgerufen am 05. Januar 2021 von https://unesdoc.unesco.org/ark:/48223/pf0000068197

Huxley, J. (1950). New Bottles for New Wine: Ideology and Scientific Knowledge. *The Journal of the Royal Anthropological Institute of Great Britain and Ireland, 80*(1/2), S. 7-23. Abgerufen am 9. September 2020 von https://www.jstor.org/stable/2844485

Huxley, J. (1957). Transhumanism. In J. Huxley, *New Bottles for New Wines* (S. 73-76). New York: Harper & Brothers. doi:10.1177%2F002216786800800107

Idea (20. Mai 2017). *Fristlose Entlassung war nicht gerechtfertigt*. Abgerufen am 7. Mai 2020 von https://www.idea.de/menschenrechte/detail/dannenberger-abtreibungsstreit-fristlose-entlassung-war-nicht-gerechtfertigt-101063.html

Iglyo, Dentons & Thomson Reuters Foundation (19. November 2019). *Only Adults? Good Practices in Legal Gender Recognition for Youth*. Abgerufen am 16. Mai 2020 von https://www.iglyo.com/wp-content/uploads/2019/11/IGLYO_v3-1.pdf

Initiative „Für Freiheit und Selbstbestimmung" (20. April 2009). *Pressemeldung*. Abgerufen am 2. Mai 2020 von https://www.medrum.de/?q=node/2448

Institut für Demographie, Allgemeinwohl und Familie (1. Oktober 2014). *Auch der Ethikrat strickt mit: Legenden über Familienstrukturen. Nachricht des Monats, 2014/17*. Abgerufen am 28. April 2020 von https://www.i-daf.org/aktuelles/aktuelles-einzelansicht/archiv/2014/10/01/artikel/auch-der-ethikrat-strickt-mit-legenden-ueber-familienstrukturen.html

Institute for Ethics and Emerging Technologies (2020). *We advocate for a global technoprogressive movement*. Abgerufen am 08. März 2021 von https://ieet.org/philosophy/

International Agency for Research on Cancer (2007). *IARC Monographs on the Evaluation of Carcinogenic Risks to Humans, Vol. 91*. Abgerufen am 08. März 2021 von https://publications.iarc.fr/109

International Planned Parenthood Federation (2009). *Sexuelle Rechte: Eine IPPF Erklärung*. Abgerufen am 08. März 2021 von https://www.profamilia.de/fileadmin/publikationen/profamilia/IPPF_Deklaration_Sexuelle_Rechte-dt2.pdf

Jachertz, N. (20. Mai 2018). Person Computer? Der optimierte Mensch – Kritik und Chancen. *Christ in der Gegenwart*. Abgerufen am 17. November 2020 von https://www.herder.de/cig/cig-ausgaben/archiv/2018/20-2018/person-computer/

Jacob, M. (29. January 2020). *Texas mom who wanted to 'transition' 7-year-old son to girl loses again in court*. Abgerufen am 24. April 2020 von https://www.lifesitenews.com/news/texas-mom-who-wanted-to-transition-7-year-old-son-to-girl-loses-again-in-court

Jäger, L. (25. Juli 2019). Kunst, es nicht gewesen zu sein. *Die Tagespost*.

Jansen, M. (Januar 2014). Der Google-Mensch. Transhumanismus, biologische Optimierung und Internet. *GID*(221), S. 31-33. Abgerufen am 11. November 2020 von https://gen-ethisches-netzwerk.de/biobanken-und-big-data/der-google-mensch

Javaid, G. A. (1993). The children of homosexual and heterosexual single mothers. *Child Psychiatry and Human Development, 23*, S. 235-248. doi:10.1007/BF00707677

Jenny, C., Roesler, T. A. & Poyer, K. L. (1994). Are Children at Risk for Sexual Abuse by Homosexuals? *Pediatrics, 94*(1), S. 41-44.

Johannes Paul II. (1979-1984). *Die menschliche Liebe im göttlichen Heilsplan. Eine Theologie des Leibes. Mittwochskatechesen von 1979 bis 1984.* Hrsg. von Martin, N. & Martin, R. Kissleg: Fe-Medienverlag 2014.

Johannes Paul II. (22. November 1981). *Familiaris Consortio.* Abgerufen am 10. März 2021 von http://www.vatican.va/content/john-paul-ii/de/apost_exhortations/documents/hf_jp-ii_exh_19811122_familiaris-consortio.html abgerufen

Johannes Paul II. (1993). *Veritatis Splendor.* Abgerufen am 20. November 2020 von http://w2.vatican.va/content/john-paul-ii/de/encyclicals/documents/hf_jp-ii_enc_06081993_veritatis-splendor.html

Johannes Paul II. (2. Februar 1994). *Brief Papst Johannes Pauls II. an die Familien.* Abgerufen am 22. Dezember 2020 von http://www.vatican.va/content/john-paul-ii/de/apost_exhortations/documents/hf_jp-ii_exh_19811122_familiaris-consortio.html

Johannes Paul II. (1998). *Christifideles Laici. Über die Berufung und Sendung der Laien in KIrche und Welt.* Abgerufen am 30. April 2020 von http://www.vatican.va/content/john-paul-ii/de/apost_exhortations/documents/hf_jp-ii_exh_30121988_christifideles-laici.html

Johannes Paul II. (14. September 1998). *Fides et Ratio.* Abgerufen am 17. Oktober 2019 von http://www.vatican.va/content/john-paul-ii/de/encyclicals/documents/hf_jp-ii_enc_14091998_fides-et-ratio.html

Johnson, B. (26. January 2012). *Patents support Oklahoma senator's bill to ban use of aborted fetal tissues in food research.* Abgerufen am 08. März 2021 von https://www.lifesitenews.com/news/oklahoma-senator-under-fire-for-bill-to-ban-use-of-aborted-tissues-in-food

Johnson, B. (18. February 2016). *Man strips in front of girls in locker room, says transgender law allows it.* Abgerufen am 24. April 2020 von https://www.lifesitenews.com/news/man-strips-in-front-of-girls-in-swimming-pool-locker-says-transgender-law-a

Johnston, J. (17. July 2019). *Brave new world of Britain's first motherless child: Freddy was born female and is now a man – but kept his womb to have a baby, and now he's fighting to be named as Dad on the birth certificate.* Abgerufen am 24. April 2020 von https://www.dailymail.co.uk/news/article-7258287/Transgender-man-Freddy-McConnell-gave-birth-fighting-named-childs-father.html

Jungschwuppen. Schwule Jugend im Mann-O-Meter. (2020). *Sexualaufklärung in der Schule.* Abgerufen am 6. April 2020 von https://www.jungschwuppen.de/wp/sexualpadagogik/sexualaufklarung-in-der-schule/

Karliczek, K. M., Schaffranke, D. & Schwenzer, V. (2016). Der Diskurs um Pädophilie/Pädosexualität im Bundesverband pro familia in den 1970er bis 1990er Jahren. Berlin: Camino, Werkstatt für Fortbildung, Praxisbegleitung und Forschung im sozialen Bereich gGmbH.

Katechismus der Katholischen Kirche (2013). Neuübersetzung aufgrund der Editio typica Latina. Vatikan/Müchen: Libreria Editrice Vaticana/R. Oldenburg Verlag.

Kath.net (8. März 2019a). *Kanada: Vater darf 14jähriger Geschlechtsumwandlung nicht verbieten.* Abgerufen am 08. März 2021 von http://kath.net/news/67184

Kath.net (10. Mai 2019b). *Transgender: Ärzte fordern Ende von Experimenten mit Kindern.* Abgerufen am 08. März 2021 von http://kath.net/news/67864

Kay, J. (19. March 2019). An Interview With Lisa Littman, Who Coined the Term 'Rapid Onset Gender Dysphoria'. *Quillette.* Abgerufen am 22. April 2020 von https://quillette.com/2019/03/19/an-interview-with-lisa-littman-who-coined-the-term-rapid-onset-gender-dysphoria/

Keller, M. H. & Dance, G. J. (28. September 2019). *The Internet Is Overrun With Images of Child Sexual Abuse. What Went Wrong?* Abgerufen am 27. März 2020 von https://www.nytimes.com/interactive/2019/09/28/us/child-sex-abuse.html

Kentler, H. (1989). *Leihväter. Kinder brauchen Väter.* Hamburg: Rowohlt Verlag.

Khazan, O. (24. June 2019). *The Startling Rise of Choking During Sex. A quarter of women in the U.S. report feeling scared during sex.* Abgerufen am 08. März 2021 von https://www.theatlantic.com/health/archive/2019/06/how-porn-affecting-choking-during-sex/592375/

Kinderwunschtage (2019). *Unsere Experten*. Abgerufen am 9. November 2019 von https://www.kinderwunsch-tage.de/speakers

Kirkland, F. (6. März 2019). *Transgender teen care 'needs urgent regulation'*. Abgerufen am 08. März 2021 von https://www.bbc.com/news/health-47456938

Kirkup, J. (5. February 2019). Why are the police stopping a 74-year-old tweeting about transgenderism? *The Spectator*. Abgerufen am 1. Mai 2020 von https://www.spectator.co.uk/article/why-are-the-police-stopping-a-74-year-old-tweeting-about-transgenderism-5-february-2019

Kittlas, V. (23. Juli 2019a). *Geschlechtsumwandlung Mann zu Frau*. Abgerufen am 03. September 2019 von https://www.chirurgie-portal.de/plastische-chirurgie/geschlechtsumwandlung-mann-zu-frau.html

Kittlas, V. (23. Juli 2019b). *Geschlechtsumwandlung Frau zu Mann*. Abgerufen am 03. September 2019 von https://www.chirurgie-portal.de/plastische-chirurgie/geschlechtsumwandlung-frau-zu-mann.html

Kiworr, M., Bauer, A. W., & Cullen, P. (2017). Vorgeburtliche Diagnostik: Schritte auf dem Weg zur Eugenik. *Dtsch Arztbl, 114*(6), S. A 255-7.

Klein, D. (19. Januar 2006). *Horst Köhler: "Familie ist, wo Kinder sind"*. Abgerufen am 12. November 2019 von https://www.queer.de/detail.php?article_id=4198

Korte, A., Goecker, D., Krude, H., Lehmkuhl, U., Grüters-Kieslich, A. & Beier, K. M. (2008). Geschlechtsidentitätsstörungen im Kindes- und Jugendalter. Zur aktuellen Kontroverse um unterschiedliche Konzepte und Behandlunsgstrategien. *Dtsch Arztebl, 105*(48), S. 834-841. doi:10.3238/arztebl.2008.0834

Krahé, B. (2011). Pornografiekonsum, sexuelle Skripts und sexuelle Aggression im Jugendalter. *Zeitschrift für Entwicklungspsychologie und Pädagogische Psychologie, 43*(3), S. 133-141.

Krahé, B., & Berger, A. (Sep-Oct 2013). Men and women as perpetrators and victims of sexual aggression in heterosexual and same-sex encounters: A study of first-year college students in Germany. *Aggress Behav., 39*(5), S. 391-404. doi:10.1002/ab.21482 Epub 2013 Apr 29

Krahé, B., & Scheiberger-Olwig, R. (Februar 1999). Forschungsprojekt Sexuelle Gewalterfahrungen homosexueller Männer – Opfer und Täter – Zusammenfassende Darstellung der Ergebnisse.

Krahé, B., Berger, A., Vanwesenbeeck, I., Binachi, G., Chliaoutakis, J., Férnandez-Fuertes, A., . . . Zygadlo, A. (2015). Prevalence and correlates of young people's sexual aggression perpetration and victimisation in 10 European countries: a multilevel analysis. *Culture, Health & Sexuality: An International Journal for Research, Intervention and Care*. doi:10.1080/13691058.2014.989265

Kraus, I. (3. April 2019). *Gegen den Hass – Nordisches Modell jetzt! Rede auf dem 3. Weltkongress gegen die sexuelle Ausbeutung von Frauen und Mädchen in Mainz*. Abgerufen am 08. März 2021 von https://www.trauma-and-prostitution.eu/2019/04/15/gegen-den-hass-nordisches-modell-jetzt/

Kraus, J. (24. 1 2017). *Gender-Mainstream und Pädagogik – Wie passt das zusammen?* Abgerufen am 4. April 2020 von https://www.i-daf.org/aktuelles/aktuelles-einzelansicht/archiv/2017/01/24/artikel/gender-mainstream-und-paedagogik-wie-passt-das-zusammen.html

Krips-Schmidt, K. (9. Februar 2013). Wenn der Vater zur Belastung wird. *Die Tagespost*.

Kristof, N. (4. December 2020). The Children of Pornhub. Why does Canada allow this company to profit off videos of exploitation and assault? *The New York Times*. Abgerufen am 9. Dezember 2020 von https://www.nytimes.com/2020/12/04/opinion/sunday/pornhub-rape-trafficking.html

Krockenberger, S. (10. August 2017). Die Homo-"Ehe" ist ihm nicht genug. *Die Tagespost*.

Kuby, G. (2013). *Die globale sexuelle Revolution. Zerstörung der Freiheit im Namen der Freiheit*. Kissleg: fe-medienverlags GmbH.

Kuby, G. (26. Juli 2016). Die Abschaffung des Geschlechts. *Die Tagespost*.

Kuby, G. (12. August 2017). Der Kaiser ist nackt. *Die Tagespost*.

Kuby, G. (14. Dezember 2018). *Genderprogrammierung durch Sexualerziehung – Zugriff der UN auf die Jugend der Welt*. Abgerufen am 6. Mai 2020 von https://www.gabriele-kuby.de/post/2018/12/14/genderprogrammierung-durch-sexualerziehung-zugriff-der-un-auf-die-jugend-der-welt

Kuby, G. (2020). *Die verlassene Generation*. Kißlegg: fe-medienverlags GmbH.

Kuby, S. (2018a). Wir glauben, dass die Chancen nie größer waren als jetzt. In J. Hartl, Wallner, K, & Meuser, B, *Mission Manifest. Die Thesen für das Comeback der Kirche* (S. 99-122). Freiburg, Basel, Wien: Herder.

Kuby, S. (15. Februar 2018b). Der Markt der Leihmütter. *Die Tagespost*.

Kuhse, H. & Singer, P. (1985). *Should the Baby live? The Problem of Handicapped Infants*. Oxford University Press.

Kummer, S. (7. November 2017). Embryonen werden Schmuckstücke. *Die Tagespost*.

Kurzweil, R. (7. March 2001). *The Law of Accelerating Returns*. Abgerufen am 11. November 2020 von https://www.kurzweilai.net/the-law-of-accelerating-returns

LaBarbera, P. (22. February 2017). *Trump drops Obama's 'transgender' school bathroom order*. Abgerufen am 23. April 2020 von https://www.lifesitenews.com/news/trump-drops-obamas-transgender-school-bathroom-order

Landeshauptstadt Hannover (18. Januar 2019). Neue Regelung der Stadtverwaltung für eine geschlechtergerechte Verwaltungssprache. Abgerufen am 2. Mai 2020 von https://www.hannover.de/Leben-in-der-Region-Hannover/Verwaltungen-Kommunen/Die-Verwaltung-der-Landeshauptstadt-Hannover/Gleichstellungsbeauf%C2%ADtragte-der-Landeshauptstadt-Hannover/Aktuelles/Neue-Regelung-f%C3%BCr-geschlechtergerechte-Sprache

Landesrektor_innenkonferenz & Landeskonferenz der Frauenbeauftragten an den Hochschulen im Land Bremen (2014). Orientierungshilfe für eine gendergerechte Sprache. An den Hochulen im Land Bremen. Abgerufen am 3. Mai 2020 von https://www.uni-bremen.de/fileadmin/user_upload/sites/zentrale-frauenbeauftragte/UfHuql-OrientierungshilfeFuerGendergerechteSprache.pdf

Langer, I. (2. Oktober 2019). Globale Allianz. *Die Tagespost*.

Langrehr, B. (30. Januar 2016). *Wie erfolgt die Hormonbehandlung im Rahmen der Geschlechtsumwandlung?* Abgerufen am 18. Januar 2020 von https://www.chirurgie-portal.de/plastische-chir/plastische-chirurgie/geschlechtsumwandlung-frau-zu-mann/hormonbehandlung-geschlechtsumwandlung.html

Lau, T. (17. Januar 2020). *Religiöse Bedenken: Apotheker darf Pille danach verweigern*. Abgerufen am 8. Mai 2020 von https://www.apotheke-adhoc.de/nachrichten/detail/apothekenpraxis/religioese-bedenken-apotheker-darf-pidana-verweigern/?tx_aponews_newsdetail%5B%40widget_4%5D%5BcurrentPage%5D=3&tx_aponews_newsdetail%5B%40widget_4%5D%5BitemsPerPage%5D=1&cHash=b85263b3e59ad

Laun, A. (3. Januar 2020). Globales Blutbad. *Die Tagespost.*
Laurence, D. (7. November 2017a). *School helped 11-year-old girl 'transition' to boy, hid from parents.* Abgerufen am 16. Mai 2020 von https://www.lifesitenews.com/news/school-helped-11-year-old-girl-transition-to-boy-hid-from-parents
Laurence, D. (13. July 2017b). *Teachers must keep child's 'transgenderism' a secret from parents: Ontario school boards.* Abgerufen am 16. Mai 2020 von https://www.lifesitenews.com/news/teachers-must-keep-childs-transgenderism-a-secret-from-parents-ontario-scho
Laurence, L. (15. November 2019). *Jury rules against Daleiden, pro-lifers who exposed Planned Parenthood's sale of baby body parts.* Abgerufen am 09. März 2021 von https://www.lifesitenews.com/news/breaking-jury-rules-against-daleiden-pro-lifers-who-exposed-planned-parenthoods-sale-of-baby-body-parts
Laurence, L. (2020). *Canadian dad trying to stop daughter's 'transition' to male faces charges for speaking to media.* Abgerufen am 23. April 2020 von https://www.lifesitenews.com/news/canadian-dad-trying-to-stop-daughters-transition-to-male-faces-charges-for-speaking-to-media
Laws, J. (5. March 2020). *Judge was right to rule transgender man, 34, who gave birth should be described as 'mother' on the child's birth certificate, government ministers argue.* Abgerufen am 24. April 2020 von https://www.dailymail.co.uk/news/article-8079767/Judge-right-rule-trans-man-gave-birth-mother-birth-certificate-ministers-say.html
Le Monde (26. janvier 1977). À propos d'un procès. *Le Monde.* Abgerufen am 09. März 2021 von https://www.lemonde.fr/archives/article/1977/01/26/a-propos-d-un-proces_2854399_1819218.html
Lee, R. (November 2017). The truth about the homosexual rights movement. *New Oxford Review*, S. 26-37.
Lewis, C. S. (1932). *Mere Christianity.* New York: Macmillan.
Lewis, C. S. (1996). *The Abolition of Man.* New York: Touchstone.
Lewis, S. (2019). *Full Surrogay Now. Feminism against Family.* London/New York: Verso.
Liminski, J. (22. Oktober 2011). Betrifft: Pornografie. *Die Tagespost.*
Liminski, J. (9. November 2019). Unnötig und gefährlich. *Die Tagespost.*
Liminski, J. (13. August 2020). Es fehlen die Kinder. *Die Tagespost.*
Lindner, A. M. (2009). *Geschäft Abtreibung.* Augsburg: Sankt Ulrich Verlag.

Lindner, A. M. (15. März 2018). Ist das Freiheit? *Die Tagespost.*
Lindsay, J., Boghossian, P. & Pluckrose, H. (19. February 2018a). *Downloadable Video.* Abgerufen am 09. März 2021 von https://drive.google.com/drive/folders/19tBy_fVlYIHTxxjuVMFxh4pqLHM_en18
Lindsay, J., Boghossian, P. & Pluckrose, H. (2018b). *Project Summary and Fact Sheet.* Abgerufen am 09. März 2021 von https://drive.google.com/drive/folders/19tBy_fVlYIHTxxjuVMFxh4pqLHM_en18
Littman, L. (2018). Parent reports of adolescents and young adults perceived to show signs of a rapid onset of genderdysphoria. *PLoS ONE, 13*(8). doi:10.1371/journal.pone.0202330
Littman, L. (19. March 2019). Correction: Parent reports of adolescents and young adults perceived to show signs of a rapid onset of gender dysphoria. *PLoS ONE, 14*(3). doi:10.1371/journal.pone.0214157
Louis, C. (1. Juli 2009). Hat der CSD noch einen Sinn? *Emma*. Abgerufen am 18. April 2020 von https://www.emma.de/artikel/debatte-hat-der-csd-noch-einen-sinn-264026
Louis, C. (17. Dezember 2019). Immer mehr Frauen werden Männer. *Emma.* Abgerufen am 22. Dezember 2020 von https://www.emma.de/artikel/einfach-das-geschlecht-wechseln-337373
LSVD (2020a). *Was fordert der LSVD für Regenbogenfamilien? LSVD-Positionspapier "Regenbogenfamilien im Recht".* Abgerufen am 3. Juli 2020 von https://www.lsvd.de/de/ct/458
LSVD (2020b). *Was ist Homosexualität? Fragen und Antworten zu Lesben und Schwulen.* Abgerufen am 25. November 2020 von https://www.lsvd.de/de/ct/1177-Was-ist-Homosexualitaet-Fragen-und-Antworten-zu-Lesben-und-Schwulen#ursache-homosexualitaet
LSVD (2020c). *Menschenrechte, Vielfalt und Respekt. Das Programm des Lesben- und Schwulenverbandes (LSVD).* Abgerufen am 22. Dezember 2020 von https://www.lsvd.de/de/ct/410-Menschenrechte-Vielfalt-und-Respekt#regenbogenfamilien
Lutter, A. (14. März 2019). *Sterilisation bei Frauen, 14. März 2019.* Abgerufen am 03. Februar 2020 von https://www.lifeline.de/sexualitaet/verhuetung/sterilisation-id165386.htm
Mack, E. & Ackermann, L. (2019). *Liberale Prostitutionsgesetzgebung in Deutschland – eine rechtsethische Analyse.* Abgerufen am 2. November 2019

von https://www.uni-erfurt.de/fileadmin/user-docs/Sozialethik/Dokumente/MackAckermannProstitution.pdf

MailOnline (12. December 2020). *Three men and a baby! First family in California with THREE dads on their child's birth certificate open up about life as a same-sex parenting 'throuple' to their two kids.* Abgerufen am 21. Dezember 2020 von https://www.dailymail.co.uk/news/article-9046393/First-family-California-THREE-dads-birth-certificate-opens-up.html

Mainwaring, D. (27. September 2019). *Ex-transgenders tell US Supreme Court: It's 'abuse' to affirm gender confusion.* Abgerufen am 21. April 2020 von https://www.lifesitenews.com/news/ex-transgenders-tell-us-supreme-court-its-abuse-to-affirm-gender-confusion

Mampe, B., Friederici, A. D., Christophe, A. & Wermke, K. (15. December 2009). Newborns' Cry Melody Is Shaped by Their Native Language. *Current Biology, 19*(23), S. 1994-1997. doi:10.1016/j.cub.2009.09.064

Manning, W. D., Fettro, M. N. & Lamidi, E. (2014). Child Well-Being in Same-Sex Parent Families: Review of Research Prepared for American Sociological Association Amicus Brief. *Popul Res Policy Rev, 33*, S. 485–502. doi:10.1007/s11113-014-9329-6

Mann-O-Meter. Berlins schwuler Checkpoint (2020). *Kategorie: Sex / Fetisch.* Abgerufen am 6. April 2020 von https://www.mann-o-meter.de/tops/sex-fetisch

Marchiano, L. (6. October 2017a). Outbreak: On Transgender Teens and Psychic Epidemics. *Psychological Perspectives, 60*(3), S. 345-366. doi:10.1080/00332925.2017.1350804

Marchiano, L. (6. October 2017b). Misunderstanding a New Kind of Gender Dysphoria. *Quillette.* Abgerufen am 22. April 2020 von https://quillette.com/2017/10/06/misunderstanding-new-kind-gender-dysphoria/

Martin, J. (8. December 2015). Conceptualizing the Harms Done to Children Made the Subjects of Sexual Abuse Images Online. *Child & Youth Services, 36*(4), S. 267-287. doi:10.1080/0145935X.2015.1092832

Mascher, K. (2020). *Pädophile Allianzen. Die Pädophilenbewegung in Deutschland und ihre Interessensvertreter. Deutsches Institut für Jugend und Gesellschaft.* Abgerufen am 16. Februar 2020 von https://www.dijg.de/paedophilie-kindesmissbrauch/normalisierung-allianzen-lobby/

McCartney, M. (26. March 2018). Medicine must do better on gender. *BMJ, 360:k1312.* doi:10.1136/bmj.k1312

Meister, T. A., Rimoldi, S. F., Soria, R. et al. (11. September 2018). Association of Assisted Reproductive Technologies With Arterial Hypertension During Adolescence. *Journal of the American College of Cardiology, 72*(11), S. 1267-1274. doi:10.1016/j.jacc.2018.06.060

Men Having Babies (2016). *Rahmenbedingungen für die Prinzipien ethischer Leihmutterschaft für zukünftige Eltern.* Abgerufen am 18. April 2020 von https://www.menhavingbabies.org/advocacy/ethical-surrogacy/

Meuser, B. (2020). *Freie Liebe. Über neue Sexualmoral.* Basel: Fontis-Verlag.

Millette, R. (26. May 2011). *Pro-life groups call for Pepsi boycott over aborted fetal cell lines.* Abgerufen am 09. März 2021 von https://www.lifesitenews.com/news/pro-life-groups-call-for-pepsi-boycott-over-aborted-fetal-cell-lines

MIT Technology Review (May 2015). *Engineering the Perfect Baby.* Abgerufen am 09. März 2021 von https://www.technologyreview.com/magazines/engineering-the-perfect-baby/

Montagna, D. (11. March 2019). *Experts gather in Rome to fight 'barbaric' use of aborted babies in vaccines.* Abgerufen am 09. März 2021 von https://www.lifesitenews.com/news/rome-conference-to-discuss-use-of-aborted-fetuses-in-vaccines

Mother Teresa (4. February 1994). *Address To The National Prayer Breakfast – Feb. 4, 1994, Washington, DC.* Abgerufen am 09. März 2021 von https://awpc.cattcenter.iastate.edu/2017/03/21/address-to-the-national-prayer-breakfast-feb-4-1994/

Müller, S. (2009). Body Integrity Identity Disorder (BIID)—Is the Amputation of Healthy Limbs Ethically Justified? *The American Journal of Bioethics, 9*(1), S. 36-43. doi:10.1080/15265160802588194

Münch, W. (2. Dezember 2014). Die Familie zwischen Ordnung und Revolution. *Die Tagespost.*

Munkittrick, K. (16. July 2011a). *When Will We Be Transhuman? Seven Conditions for Attaining Transhumanism.* Abgerufen am 24. Oktober 2020 von https://www.discovermagazine.com/mind/when-will-we-be-transhuman-seven-conditions-for-attaining-transhumanism

Munkittrik, K. (20. June 2011b). *Your Body, Your Choice: Fight for Your Somatic Rights.* Abgerufen am 8. November 2020 von https://www.discovermagazine.com/technology/your-body-your-choice-fight-for-your-somatic-rights

Neef, T., Hensel, A & Pausch, R. (2014). *Von »Knabenliebhabern« und »Power-Pädos« Zur Entstehung und Entwicklung der westdeutschen*

Pädophilen-Bewegung. Eine bundesdeutsche Geschichte. Abgerufen am 9. März 2020 von https://www.academia.edu/11195076/Von_Knabenliebhabern_und_Power-P%C3%A4dos_Zur_Entstehung_und_Entwicklung_der_westdeutschen_P%C3%A4dophilen-Bewegung

Nentwig, T. (2019). *Bericht zum Forschungsprojekt: Helmut Kentler und die Universität Hannover.* Leibnitz Universität Hannover.

Neuralink Progress Update, Summer 2020 (28. August 2020). Abgerufen am 09. März 2021 von https://www.youtube.com/watch?v=DVvmgjBL74w&t=2435

Neutze & Osterheider (17. September 2015). *Mikado – Mißbrauch von Kindern: Aetiologie, Dunkelfeld, Opfer. Zentrale Ergebnisse des Forschungsverbundes.* Abteilung für Forensische Psychiatrie und Psychotherapie der Universität Regensburg. Abgerufen am 09. März 2021 von http://www.mikado-studie.de/tl_files/mikado/upload/MiKADO_Zusammenfassung.pdf

Niedermeier, R. (Jan/Feb 2021). "Schöne neue Welt" (A. Huxley). Trans- und Posthumanismus als Herausforderung. *Theologisches, 51*(01/02), S. 33-48.

Nonbinarywiki (28. Februar 2019). *Category: Nonbinary identities.* Abgerufen am 15. März 2020 von https://nonbinary.wiki/wiki/Category:Nonbinary_identities

Norak, S. (2019). *Prostitution ist unvereinbar mit der Menschenwürde – und über die Loverboy – Methode, Vortrag auf dem 3. Weltkongress gegen die sexuelle Ausbeutung von Frauen und Mädchen, Mainz, 2.-5. April 2019.* Abgerufen am 09. März 2021 von https://daten2.verwaltungsportal.de/dateien/seitengenerator/571c634ce60ff702826cd18799cadd7b186819/sandra_norak.pdf

Oberheide, G. (14. Dezember 2014). *Wieviel Wissenschaft steckt hinter der "Pädagogik der sexuellen Vielfalt"?* Abgerufen am 4. April 2020 von http://www.derfreiejournalist.de/?e=144

Oberlandesgericht Hamm (8. April 2013). *3 RBs 360/12.* Abgerufen am 16. Mai 2020 von http://www.justiz.nrw.de/nrwe/olgs/hamm/j2013/3_RBs_360_12_Beschluss_20130408.html

Observatory on Intolerance and Discrimination against Christians in Europe (2019). *Report 2019.* Abgerufen am 8. Mai 2020 von https://www.intoleranceagainstchristians.eu/

Observatory on Intolerance and Discrimination against Christians in Europe (21. January 2020). *Wales: Parents Lose Right to Withdraw Children from Sex Ed.* Abgerufen am 16. mai 2020 von https://www.intoleranceagainstchristians.eu/index.php?id=12&case=3256

O'Neil, T. (3. October 2017). *Woman Who Thought She Was a Man on Transgender Treatment: 'It's Not a Cure at All'.* Abgerufen am 18. April 2020 von https://pjmedia.com/parenting/2017/10/03/woman-who-thought-she-was-a-man-on-transgender-treatment-its-not-a-cure-at-all/

Open Philantropy (2020). *Who We Are.* Abgerufen am 29. Dezember 2020 von https://www.openphilanthropy.org/about/who-we-are

Overdick-Gulden, M. (2005). Terri Schiavo: Aktive Euthanasie. *Dtsch Arztebl 2005, 102*(23), S. A-1661.

Parfitt, T. (17. April 2005). Beauty salons fuel trade in aborted babies. *The Guardian.* Abgerufen am 09. März 2021 von https://www.theguardian.com/world/2005/apr/17/ukraine.russia

Park, J. L. (2009). *When Is a Person? Pre-Persons & Former Persons.* Minneapolis, MN: Existential Books. Abgerufen am 09. März 2021 von https://s3.amazonaws.com/aws-website-jamesleonardpark---freelibrary-3puxk/FER.html

Park, J. L. (2017). *Personhood Bibliography.* Abgerufen am 09. März 2021 von https://s3.amazonaws.com/aws-website-jamesleonardpark---freelibrary-3puxk/B-PERSON.html

Parke, C. (23. März 2018a). *Women's college instructs professors not to call students 'women'.* Abgerufen am 2. Mai 2020 von https://www.foxnews.com/us/womens-college-instructs-professors-not-to-call-students-women

Parke, C. (20. März 2018b). *College student reinstated after 18-day exile from Christianity class for gender speech.* Abgerufen am 2. Mai 2020 von https://www.foxnews.com/us/college-student-reinstated-after-18-day-exile-from-christianity-class-for-gender-speech

Paul VI. (25. Juli 1968). *Enzyklika Humanae Vitae. Über die rechte Ordnung der Weitergabe menschlichen Lebens.*

Paulus, M. (2019). *Die Einflussnahme der (Organisierten) Kriminalität auf die bundesdeutschen Rotlichtmilieus, Rede auf dem 3. Weltkongress gegen sexuelle Ausbeutung von Frauen und Mädchen, Mainz, 2.-5. April 2019.* Abgerufen am 09. März 2021 von https://daten2.verwaltungsportal.de/dateien/seitengenerator/571c634ce60ff702826cd18799cadd7b186819/manfred_paulus.pdf

Pearce, D. (2008). *Die reproduktive Revolution. Selektionsdruck in einer post-darwin'schen Welt. Vortrag beim Touch-Me Festival, Zagreb, Dezember 2008.* Abgerufen am 17. Oktober 2020 von https://www.reproductive-revolution.com/deutsch/index.html

Pearce, D. (2020a). *Reprogramming The Biosphere. Towards a Pain-free World.* Abgerufen am 17. Oktober 2020 von https://www.gene-drives.com/ReprogrammingTheBiosphere.pdf

Pearce, D. (2020b). *Compassionate Biology. How CRISPR-based "gene drives" could cheaply, rapidly and sustainably reduce suffering throughout the living world.* Abgerufen am 24. Oktober 2020 von https://www.gene-drives.com/

Pech, M.-E. (5. Januar 2020). *La justice rétablit les affiches d'Alliance Vita.* Abgerufen am 30. April 2020 von https://www.lefigaro.fr/actualite-france/la-justice-retablit-les-affiches-d-alliance-vita-20200105

PETA (28. August 2012). *A Rat Is a Pig Is a Dog Is a Boy.* Abgerufen am 24. Oktober 2020 von https://www.peta.org/blog/rat-pig-dog-boy/

Peters, F. (8. Oktober 2013). Pro Familia steckt tief im Pädophilie-Skandal. *Welt.* Abgerufen am 4. April 2020 von https://www.welt.de/politik/deutschland/article120742896/Pro-Familia-steckt-tief-im-Paedophilie-Skandal.html

Polyamorie (2020). Abgerufen am 20. Mai 2020 von http://www.polyamorie.de/

Pouliquen, L. (July 2017). *The psychological consequences of abortion, Dossier of the European Institute of Bioethics.* Brüssel: European Institute of Bioethics. Abgerufen am 09. März 2021 von https://www.bioethik-online.at/de/bibliothek/detail.asp?id=139&tit=The+psychological+consequences+of+abortion

Prentice, D. & Lee, T. S. (8. December 2020). *What you need to know about the COVID-19 vaccines.* Abgerufen am 21. Dezember 2020 von https://lozierinstitute.org/what-you-need-to-know-about-the-covid-19-vaccine/

Preuk, M. (9. September 2019). Tabuthema Analsex. Was beim Analsex beachtet werden sollte. *Focus online.* Abgerufen am 09. März 2021 von https://www.focus.de/gesundheit/praxistipps/so-riskant-ist-analverkehr-analsex-das-muessen-sie-beachten_id_7561840.html

Priest, M. (2019). Transgender Children and the Right to Transition: Medical Ethics When Parents Mean Well but Cause Harm. *The American Journal of Bioethics, 19*(2), S. 45-59. doi:10.1080/15265161.2018.1557276

Pro Familia Landesverband Nordrhein-Westfalen (2019). *Medizinische Kurzinformationen zum Schwangerschaftsabbruch.* Abgerufen am

04. März 2020 von https://www.profamilia.de//fileadmin/landesverband/lv_nordrhein-westfalen/6403

Psychologie heute (Dezember 1997). *Pädophilie: Partnerschaft oder subtile Gewalt? 5 Streitfragen an Gerhard Amendt und Rüdiger Lautmann.* Abgerufen am 09. März 2021 von http://www.itp-arcados.net/wissenschaft/partnerschaftodergewalt.pdf

Queere Bildung (2020). *Bundesverband für Bildungs- und Aufklärungsarbeit im Bereich sexueller und geschlechtlicher Vielfalt.* Abgerufen am 4. April 2020 von http://queere-bildung.de/der-bundesverband/

Queer-Lexikon (2020). *Glossar.* Abgerufen am 15. März 2020 von https://queer-lexikon.net/glossar/

Rapid-Onset Gender Dysphoria (ROGD). (2020). *Our Position.* Abgerufen am 23. April 2020 von https://www.parentsofrogdkids.com/about-1

Rat & Tat. Zentrum für queeres Leben (2020). *Medienkoffer Alle da?! „Familien und vielfältige Lebensweisen" für die Grundschule.* Abgerufen am 6. April 2020 von https://elternaktion.files.wordpress.com/2019/03/medienkoffer_grundschule.pdf

Ratzinger, J. (1968). *Einführung in das Christentum (Vorlesungen über das apostolische Glaubensbekenntnis).* München: Kösel-Verlag.

Rayner, G. (16. September 2018). Minister orders inquiry into 4,000 per cent rise in children wanting to change sex. *The Telegraph.* Abgerufen am 09. März 2021 von https://www.telegraph.co.uk/politics/2018/09/16/minister-orders-inquiry-4000-per-cent-rise-children-wanting/

Reardon, S. (26. January 2017). Hybrid zoo: Introducing pig–human embryos and a rat–mouse. *Nature.* doi:10.1038/nature.2017.21378

Reckinger, F. (2010). Gewissenszwang im demokratischen Rechtsstaat? Zum schulischen Sexualkundeunterricht. *KIRCHE heute, 17*(12), S. 14-16. Abgerufen am 16. Mai 2020 von http://www.f-reckinger.de/pdf-dateien/gewissenszwang_sexualkunde-unterricht.pdf

Regnerus, M. (2012). How different are the adult children of parents who have same-sex relationships? Findings from the New Family Structures Study. *Social Science Research, 41*(4), S. 752-770. doi:10.1016/j.ssresearch.2012.03.009

Rehder, S. (2007). *Gott spielen. Im Supermarkt der Gentechnik.* München: Pattloch.

Rehder, S. (10. Oktober 2009). Der Herr der Gene. *Die Tagespost.*

Rehder, S. (20. Dezember 2016). "Die gefährlichste Idee der Welt". *Die Tagespost.*

Rehder, S. (23. Februar 2017a). Reproduktives Reisen leicht gemacht. *Die Tagespost.*
Rehder, S. (25. Februar 2017b). Eine Wette auf die Zukunft. *Die Tagespost.*
Rehder, S. (21. Dezember 2017c). Die kontaminierte Zeugung. *Die Tagespost.*
Rehder, S. (25. Oktober 2018a). Schöne neue CRISPR-Welt. *Die Tagespost.*
Rehder, S. (22. November 2018b). Dein Bauch gehört mir. *Die Tagespost.*
Rehder, S. (22. November 2018c). „Moralisch äußerst bedenklich". *Die Tagespost.*
Rehder, S. (20. Dezember 2018d). Das Ende der Gleichheit. *Die Tagespost.*
Rehder, S. (24. Februar 2019a). Staatsaufgabe Eugenik. *Die Tagespost.*
Rehder, S. (28. März 2019b). SOS der Zauberlehrlinge. *Die Tagespost.*
Rehder, S. (23. Mai 2019c). „Das sind alles sehr schlaue Leute". *Die Tagespost.*
Rehder, S. (22. August 2019d). „Wir erleben einen regelrechten Hype" Die vorwiegend ideologisch geführte „Transgender"-Debatte kann nicht im Sinne der Betroffenen sein, meint der Münchener Kinder- und Jugendpsychiater Alexander Korte. *Die Tagespost.*
Rehder, S. (13. August 2020a). Kleine Pille große Wirkung. *Die Tagespost.*
Rehder, S. (15. Oktober 2020b). Biologische Revolution. *Die Tagespost.*
Rehder, S. (14. Mai 2020c). Das ideologische Parlament. *Die Tagespost.*
Rella, W., Bonelli, J., & Kummer, S. (2010). Fünfzig Jahre „Pille": Risiken und Folgen. *Imago Hominis, 17*(4), S. 263-274.
Rhodes, R. (2019). Conscience, conscientious objections, and medicine. *Theor Med Bioeth, 40*, S. 487-506. doi:10.1007/s11017-019-09513-9
Roidl, T. (2010. März 2010). Der politisch-sexuelle Komplex. *Junge Freiheit, 13*(10). Abgerufen am 09. März 2021 von http://www.jf-archiv.de/archiv10/201013032632.htm
Romano, E. & De Luca, R. V. (2001). Male sexual abuse: A review of effects, abuse characteristics, and links with later psychological functioning. *Aggression and Violent Behavior, 6*(1), S. 55-78. doi:10.1016/S1359-1789(99)00011-7
Rosenfeld, M. J. (3. August 2010). Nontraditional families and childhood progress through school. *Demography, 47*(3), S. 755-775. doi:10.1353/dem.0.0112
Rothblatt, M. (2011). *From Transgender to Transhuman: A Manifesto On the Freedom Of Form.* Selbstverlag.
Rupp, M. (Hrsg.). (2009). *Die Lebenssituation von Kindern in gleichgeschlechtlichen Lebenspartnerschaften.* Köln: Bundesanzeiger Verlag. Abgerufen am 09. März 2021 von https://www.bmjv.de/SharedDocs/Archiv/Downloads/Forschungsbericht_Die_Lebenssituation_von_Kindern_in_gleichgeschlechtlichen_Lebenspartnerschaften.pdf?__blob=publicationFile&v=3

Rupp, M. (Hrsg.). (2011). *Partnerschaft und Elternschaft bei gleichgeschlechtlichen Paaren. Verbreitung, Institutionalisierung und Alltagsgestaltung.* Opladen, Berlin, Toronto: Verlag Barbara Budrich GmbH.

Sadrinna, D. (2019). *Vergleich: Sterilisation beim Mann vs. Sterilisation bei der Frau, 2011 – 2019*. Abgerufen am 05. Dezember 2019 von https://www.vasektomie-experten.de/sterilisation-mann-frau-vergleich/

Salkind, J., Bevan, R., Drage, G., Samuels, D. & Hann, G. (31. January 2019). Safeguarding LGBT+ adolescents. *BMJ, 364:l245*. doi:10.1136/bmj.l245

Sandfort, T. (1987). Pedophilia and the Gay Movement. *Journal of Homosexuality, 13*(2-3), S. 89-110. doi:10.1300/J082v13n02_08

Sarah, R. & Diat, N. (2019). *Herr bleibe bei uns denn es will Abend werden.* Bad Kißlegg: Fe-Medienverlag.

Sarantakos, S. (1996). Children in three contexts: family, education and social development. *Children Australia, 21*, S. 23-31. doi:10.1017/S1035077200007173

Sarvanan, S. (2013). An ethnomethodological approach to examine exploitation in the context of capacity, trust and experience of commercial surrogacy in India. *Philos Ethics Humanit Med, 8*(10). doi:10.1186/1747-5341-8-10

Saul, S. (13. December 2009). 21st-Century Babies. Building a Baby, With Few Ground Rules. *The New York Times.*

Saunders, P. (2008). Homosexualität. *Forum Ethik. Impulse zur Orientierung. Texte zur Diskussion Nr. 1.* Gießen: Institut für Ethik & Werte.

Savulescu, J. (October 2001). Procreative beneficence: why we should select the best children. *Bioethics, 15*(5-6), S. 413-26. doi:10.1111/1467-8519.00251

Scheidgen, I. (2017). *Von Rimbaud zu Camus. Fünf Autoren des Existentialismus.* Norderstedt: Twentysix Verlag.

Scherrer, U., Rimoldi, S. F., Rexhaj, E. et al. (2012). Systemic and Pulmonary Vascular Dysfunction in Children Conceived by Assisted Reproductive Technologies. *Circulation, 125*, S. 1890-1896. doi:10.1161/CIRCULATIONAHA.111.071183

Schneider, H. (9. April 2016). Heute kaufe ich mir mal Kinder. *Die Tagespost.*

Schott, H. (2006). Medizingeschichte(n): Medizinische Ethik – Der Eid des Hippokrates. *Dtsch Arztebl, 103*(33), S. A-2178 / B-1883 / C-1820. Abgerufen am 09. März 2021 von https://www.aerzteblatt.de/archiv/52441

Schuklenk, U. (2019). Conscience-based refusal of patient care in medicine: a consequentialist analysis. *Theor Med Bioeth*, S. 523–538. doi:10.1007/s11017-019-09510-y

Schwarzer, A. (2019). Rede Alice Schwarzer – Stand: 24.4.2019. 3. Weltkongress gegen Prostitution / 3.4.2019. Abgerufen am 09. März 2021 von https://www.solwodi.de/seite/396262/weltkongress-reden.html

Schwibach, A. (24. Mai 2011). *Wie man Sex mit Kindern rechtfertigt*. Abgerufen am 09. März 2021 von http://www.kath.net/news/31565

Scully, E. (20. April 2019). *'Not only women feel broody': Transgender man reveals he was desperate to have a child before he went through 'a total loss of self' as he became pregnant with his baby*. Abgerufen am 24. April 2020 von https://www.dailymail.co.uk/news/article-6943105/Gay-transgender-man-tells-story-giving-birth-boy-despite-fears-trans-phobia.html

Shaw, A. (5. Oct 1977). Defining The Quality of Life. *The Hastings Center Report, 7*(5), S. 11. Abgerufen am 09. März 2021 von https://www.jstor.org/stable/3560715

Shears, R. (7. May 2012). *Thousands of pills filled with powdered human baby flesh discovered by customs officials in South Korea*. Abgerufen am 27. April 2020 von https://www.dailymail.co.uk/news/article-2140702/South-Korea-customs-officials-thousands-pills-filled-powdered-human-baby-flesh.html

Shreffler, K. M., Greil, A. L., McQuillan, J. & Gallus, K. L. (2016). Reasons for tubal sterilisation, regret and depressive symptoms. *J Reprod Infant Psychol, 43*(3), S. 304-313. doi:10.1080/02646838.2016.1169397

Shulman, C. & Bostrom, N. (2014). Embryo Selection for CognitiveEnhancement: Curiosity or Game-changer? *Global Policy, 5*(1), S. 85-92. Abgerufen am 17. Oktober 2020 von https://nickbostrom.com/papers/embryo.pdf

Shupe, J. (10. February 2020a). *My New Life After Transgender Despair*. Abgerufen am 18. April 2020 von https://www.dailysignal.com/2020/02/10/my-new-life-after-transgender-despair/

Shupe, J. (2020b). *Website Of James Shupe (Formerly Jamie Shupe). Ex-Transgender And Former Non-Binary Person*. Abgerufen am 18. April 2020 von https://jamieshupe.wordpress.com/

Shvarts, A. (18. April 2008). *Shvarts explains her 'repeated self-induced miscarriages'*. Abgerufen am 16. November 2020 von https://yaledailynews.com/blog/2008/04/18/shvarts-explains-her-repeated-self-induced-miscarriages/

Sielert, U. (2005). Sexuelle Bildung von Anfang an! Sexualität und Sexualerziehung im Bildungsauftrag von Kindertagesstätten. *Vortrag am 21.02.2005 in Hamburg auf der Fachtagung „Kuscheln, Fühlen, Doktorspiele ... – Frühkindliche Sexualerziehung in der Kita“.* Abgerufen am 6. April 2020 von https://www.isp-sexualpaedagogik.org/downloadfiles/vortrag_Sielert_-_Sexuelle_Bildung.pdf

Singer, P. (1980). *Practical Ethics.* Cambridge University Press.

Singer, P. (1994). *Rethinking Life and Death. The Collapse of our Traditional Ethics.* New York: St. Martin's Griffin.

Singularity University (2020). *We're Singularity University. We prepare you to seize exponential opportunities.* Abgerufen am 11. November 2020 von https://su.org/about/

Sirota, T. (21. January 2009). Adult Attachment Style Dimensions in Women Who Have Gay or Bisexual Fathers. *Archives of Psychiatric Nursing, 23*(4), S. 289-297. doi:10.1016/j.apnu.2008.08.005

Smith, W. J. (20. September 2002). *The Transhumanists.* Abgerufen am 25. Oktober 2020 von https://www.discovery.org/a/1261/

Smith, W. J. (2010). *A Rat Is a Pig Is a Dog Is a Boy. The Human Cost of the Animal Rights Movement.* New York/London: Encounter Books.

Smith, W. J. (8. September 2011). *The Trouble With Transhumanism.* Abgerufen am 09. März 2021 von https://www.firstthings.com/blogs/firstthoughts/2011/08/the-trouble-with-transhumanism

Smith, W. J. (31. March 2017). Defining Doctors Down. *Washington Examiner.* Abgerufen am 11. Mai 2020 von https://www.washingtonexaminer.com/weekly-standard/defining-doctors-down

Smith, W. J. (2. June 2019a). Infanticide Becomes Justifiable. *First Things.* Abgerufen am 09. März 2021 von https://www.firstthings.com/web-exclusives/2019/02/infanticide-becomes-justifiable

Smith, W. J. (21. September 2019b). *What Comes After Transgender?* Abgerufen am 11. Mai 2020 von https://spectator.org/what-comes-after-transgender/

Smith, W. J. (25. February 2019c). Bioethicist: Block Transgender Puberty Even If Parents Say No. *National Review.* Abgerufen am 11. Mai 2020 von https://www.nationalreview.com/corner/bioethicist-block-transgender-puberty-even-if-parents-say-no/

Solidarität mit Kristina Hänel (19. November 2017). *Solidarität mit Kristina Hänel, Nora Szász und allen anderen nach § 219a StGB angeklagten*

*Ärzt*innen: „Die Schwangerschaftsunterbrechung ist keine Gnade, sondern ein Recht!“*. Abgerufen am 29. Oktober 2019 von https://solidaritaetfuerkristinahaenel.wordpress.com/2017/11/19/die-schwangerschaftsunterbrechung-ist-keine-gnade-sondern-ein-recht/

Sorgner, S. L. (2016). *Transhumanismus „Die gefährlichste Idee der Welt“!?* Freiburg, Basel, Wien: Herder.

Sorgner, S. L. (10. Oktober 2019). *Schöner neuer Mensch – Transhumanismus trifft christliches Menschenbild.* Abgerufen am 17. November 2020 von https://www.forum-grenzfragen.de/transhumanismus-trifft-christliches-menschenbild/

Spenderkinder (2020a). *Henk.* Abgerufen am 30. März 2020 von http://www.spenderkinder.de/ueberuns/meinungenundgeschichten/henk/

Spenderkinder (2020b). *Marissa.* Abgerufen am 30. März 2020 von http://www.spenderkinder.de/ueberuns/meinungenundgeschichten/marissa/

Spenderkinder (2020c). *Claire.* Abgerufen am 30. März 2020 von http://www.spenderkinder.de/ueberuns/meinungenundgeschichten/claire/

Spenderkinder (2020d). *Leni.* Abgerufen am 30. März 2020 von http://www.spenderkinder.de/ueberuns/meinungenundgeschichten/leni/

Spieker, M. (2011a). *Der verleugnete Rechtsstaat. Anmerkungen zu einer Kultur des Todes in Europa.* Paderborn: Ferdinand Schöningh.

Spieker, M. (15. Februar 2011b). Die Zerstörung der Ehekultur. *Die Tagespost.*

Spieker, M. (2012). Von der zertifizierten Geburt zur eugenischen Gesellschaft. *Institut für medizinische Anthropologie und Bioethik, Imago Hominis, 19*(4), S. 261-270.

Spieker, M. (6. Oktober 2015a). Aufklärung über die "Aufklärer". *Die Tagespost.*

Spieker, M. (5. September 2015b). Eine anthropologische Revolution. *Die Tagespost.*

Staatsinstitut für Familienforschung an der Universität Bamberg (2009). *Die Lebenssituation von Kindern in gleichgeschlechtlichen Lebenspartnerschaften.* Abgerufen am 09. März 2021 von https://www.ifb.bayern.de/projekte/neue/27259/index.php

Stahl, R. Y. & Emanuel, E. J. (2017). Physicians, Not Conscripts — Conscientious Objection in Health Care. *N Engl J Med, 376*, S. 1380-1385. doi:10.1056/NEJMsb1612472

Statistisches Bundesamt (Destatis). (2019a). *Pressemitteilung Nr. 20 vom 14. Mai 2019.* Abgerufen am 20. Mai 2019 von https://www.destatis.de/DE/Presse/Pressemitteilungen/Zahl-der-Woche/2019/PD19_20_p002.html

Statistisches Bundesamt (Destatis). (2019b). *Pressemitteilung Nr. 272 vom 16. Juli 2019*. Abgerufen am 05. August 2019 von https://www.destatis.de/DE/Presse/Pressemitteilungen/2019/07/PD19_272_122.html

Statistisches Bundesamt (Destatis). (2019c). *Pressemitteilung Nr. 475 vom 11. Dezember 2019*. Abgerufen am 27. Dezember 2019 von https://www.destatis.de/DE/Presse/Pressemitteilungen/2019/12/PD19_475_122.html

Statistisches Bundesamt (Destatis). (2019d). *Bevölkerung – Eheschließungen, Ehescheidungen und Lebenspartnerschaften*. Abgerufen am 04. November 2019 von https://www.destatis.de/DE/Themen/Gesellschaft-Umwelt/Bevoelkerung/Eheschliessungen-Ehescheidungen-Lebenspartnerschaften/_inhalt.html

Statistisches Bundesamt (Destatis). (2019e). *Haushalte und Familien – Paare mit und ohne Kinder nach Lebensform und Gebietsstand*. Abgerufen am 04. November 2019 von https://www.destatis.de/DE/Themen/Gesellschaft-Umwelt/Bevoelkerung/Haushalte-Familien/Tabellen/3-1-paare.html?nn=208760

Statistisches Bundesamt (Destatis). (2020a). *Privathaushalte nach Haushaltsgröße im Zeitvergleich*. Abgerufen am 15. November 2020 von https://www.destatis.de/DE/Themen/Gesellschaft-Umwelt/Bevoelkerung/Haushalte-Familien/Tabellen/lrbev05.html

Statistisches Bundesamt (Destatis). (2020b). *Familien mit minderjährigen Kindern in der Familie nach Lebensform und Kinderzahl*. Abgerufen am 12. November 2020 von https://www.destatis.de/DE/Themen/Gesellschaft-Umwelt/Bevoelkerung/Haushalte-Familien/Tabellen/2-5-familien.html

Staudacher, M. & Gabl, F. (1998). Die Bedeutung von Alexis Carrel für die moderne Gefäßchirurgie. *Gefässchirurgie, 3*, S. 117–122. doi:10.1007/PL00010502

Stern (19. April 2011). *Interview mit Volker Beck. Der Grüne und die Schöpfung*. Abgerufen am 09. März 2021 von https://www.stern.de/politik/deutschland/interview-mit-volker-beck-der-gruene-und-die-schoepfung-3199242.html

Stern (25. Juli 2012). *Embryonenfund in Russland. Das Geschäft mit illegalen Abtreibungen*. Abgerufen am 09. März 2021 von https://www.stern.de/panorama/stern-crime/embryonenfund-in-russland-das-geschaeft-mit-illegalen-abtreibungen-3450746.html

Stop Surrogacy Now (2019). *Stoppt Mietmutterschaft jetzt*. Abgerufen am 9. November 2019 von http://www.stopsurrogacynow.com/the-statement/statement-german/#sthash.pYiBZvqX.dpbs

Supreme Court of the United States (23. August 2019). *NO. 18-107*. Abgerufen am 9. Mai 2020 von https://www.supremecourt.gov/DocketPDF/18/18-107/113528/20190824011904782_18-107%20Amicus%20Brief%20of%20Walt%20Heyer%20et%20al..pdf

Tagesschau (28. Oktober 2019). *Bundeskriminalamt – Kinder verbreiten immer öfter Kinderpornos*. Abgerufen am 02. November 2019 von https://www.tagesschau.de/inland/bka-kinderporno-schulen-101.html

Tasker, F. (June 2005). Lesbian Mothers, Gay Fathers, and Their Children: A Review. *Journal of Developmental & Behavioral Pediatrics, 26*(3), S. 224-240.

TAZ (12. 7 2008). Nachruf: helmut kentler ist tot. Für eine erlaubende Sexualmoral. *taz.de*. Abgerufen am 4. April 2020 von https://taz.de/!836663/

Terasem Movement Foundation (28. Dezember 2020). Abgerufen am 28. Dezember 2020 von https://terasemmovementfoundation.com/

The Brendan O'Neill Show (24. März 2020). *How everyday speech became a crime*. Abgerufen am 3. May 2020 von https://www.spiked-online.com/podcast-episode/how-everyday-speech-became-a-crime/

The Guardian (16. October 2018). *Academics are being harassed over their research into transgender issues*. Abgerufen am 6. Mai 2020 von https://www.theguardian.com/society/2018/oct/16/academics-are-being-harassed-over-their-research-into-transgender-issues

Thonhauser, A. (7. Juni 2018). Höchstgericht gibt Bäcker Recht. *Die Tagespost*.

Tindall, R. H. (1978). The Male Adolescent Involved with a Pederast Becomes an Adult. *Journal of Homosexuality, 3*(4), S. 373-382.

Tooley, M. (1988). In Defense of Abortion and Infanticide. In M. F. Goodman (Hrsg.), *What is a Person?* (S. 83-114). Clifton, New Jersey: The Humana Press Inc.

Trabert, G. (2019). *Armut führt in die Prostitution und Prostitution in die Armut. Vortrag auf dem 3. Weltkongress gegen die sexuelle Ausbeutung von Frauen und Mädchen, Mainz, 2.-5. April 2019*. Abgerufen am

05. Mai 2020 von https://www.solwodi.de/seite/396262/weltkongress-reden.html

Transsexualität – Transidentität –Trans-Infos (2019a). *Nebenwirkungen der Hormonbehandlung bei MzF-TS*. Abgerufen am 05. Dezember 2019 von http://www.trans-infos.de/hormonbehandlung-mann-zu-frau/nebenwirkungen-der-hormonbehandlung-bei-mzf-ts/

Transsexualität – Transidentität –Trans-Infos (2019b). *Nebenwirkungen der Hormonbehandlung bei FzM-TS*. Abgerufen am 05. Dezember 2019 von http://www.trans-infos.de/hormonbehandlung-frau-zu-mann/nebenwirkungen-der-hormonbehandlung-bei-fzm-ts/

Tucker, E. (26. July 2016). *Alberta bar's 'you must use bathroom of your birth gender' sign spurs outrage.* Abgerufen am 24. April 2020 von https://globalnews.ca/news/2849614/alberta-bars-you-must-use-bathroom-of-your-birth-gender-sign-spurs-outrage/

Udell, J. A., Lu, H. & Redelmeier, D. A. (13. March 2017). Failure of fertility therapy and subsequent adverse cardiovascular events. *CMAJ, 189*(10), S. E391-E397. doi:10.1503/cmaj.160744

Uittenbogaard, M. (2020). *A conversation with Dr Frits Bernard*. Abgerufen am 22. Februar 2020 von https://www.brongersma.info/A_conversation_with_Dr_Frits_Bernard_-_Pioneer

Ulrich, N. (2020). *Patchworkfamilien.* Abgerufen am 14. Dezember 2020 von https://www.windeln.de/magazin/familie/familienleben/patchworkfamilie.html

Universität Bielefeld (2020). *Gendersensible Sprache*. Abgerufen am 2. Mai 2020 von https://www.uni-bielefeld.de/verwaltung/refkom/gendern/

USCCB (2020). *Discrimination Against Catholic Adoption Services*. Abgerufen am 8. Mai 2020 von http://www.usccb.org/issues-and-action/religious-liberty/discrimination-against-catholic-adoption-services.cfm

Valente, S. M. (8. February 2005). Sexual Abuse of Boys. *JCAPN, 18*(1), S. 10-16. doi:10.1111/j.1744-6171.2005.00005.x

Van Maren, J. (8. October 2018). *Male pedophile identifies as trans woman and victimizes children.* Abgerufen am 24. April 2020 von https://thebridgehead.ca/2018/10/08/male-pedophile-identifies-as-trans-woman-and-victimizes-children/

Van Maren, J. (4. March 2019a). *Doctors seeing 'exponential growth' in transgender procedures for Canadian kids*. Abgerufen am 09. März 2021 von https://www.lifesitenews.com/blogs/doctors-seeing-exponential-growth-in-transgender-procedures-for-canadian-kids

Van Maren, J. (14. November 2019b). *Woman horrified that partner's porn habit included watching abuse of teen girls*. Abgerufen am 09. März 2021 von https://www.lifesitenews.com/blogs/woman-horrified-that-partners-porn-habit-included-watching-abuse-of-teen-girls

Van Maren, J. (2. December 2019c). *More evidence that porn leads men to abuse women – and sometimes kill them.* Abgerufen am 09. März 2021 von https://www.lifesitenews.com/blogs/more-evidence-that-porn-leads-men-to-abuse-women

Van Maren, J. (15. February 2019d). *Man who says he's 'female' enters women's bathroom, sexually assaults 10-year-old girl.* Abgerufen am 24. April 2020 von https://www.lifesitenews.com/blogs/man-who-says-hes-female-enters-womens-bathroom-sexually-assaults-10-year-ol

Van Maren, J. (20. February 2020a). *Cases of teen girls who believe they're 'boys' skyrockets in Sweden.* Abgerufen am 23. April 2020 von https://www.lifesitenews.com/blogs/cases-of-teen-girls-who-believe-theyre-boys-skyrockets-in-sweden

Van Maren, J. (12. February 2020b). *Celebrities destroying their 'transgender' kids is seeping into mainstream culture.* Abgerufen am 21. April 2020 von https://www.lifesitenews.com/blogs/celebrities-destroying-their-transgender-kids-is-seeping-into-mainstream-culture

Van Maren, J. (11. March 2020c). *The more common trans bathrooms get, the more sexual assaults will happen in them.* Abgerufen am 23. April 2020 von https://www.lifesitenews.com/blogs/the-more-common-trans-bathrooms-get-the-more-sexual-assaults-will-happen-in-them

Van Maren, J. (3. February 2020d). *Journal of Medical Ethics suggests children could be taken away from their parents if they oppose sex change surgeries and hormone therapy.* Abgerufen am 14. Mai 2020 von https://thebridgehead.ca/2020/02/03/journal-of-medical-ethics-suggests-children-could-be-taken-away-from-their-parents-if-they-oppose-sex-change-surgeries-and-hormone-therapy/

Van Maren, J. (11. February 2020e). *Think LGBT cultural changes 'won't affect you'? Here's the ugly way they do.* Abgerufen am 14. Mai 2020 von https://www.lifesitenews.com/blogs/think-lgbt-cultural-changes-wont-affect-you-heres-the-ugly-way-they-do

Verhagen, E. & Sauer, P. J. (2005). The Groningen Protocol – Euthanasia in Severely Ill Newborns. *N Engl J Med, 352*, S. 959-962. doi:10.1056/NEJMp058026

Vinge, V. (6. September 1993). The Coming Technological Singularity: How to Survive in the Posthuman Aera. Conference Paper. Abgerufen am 9. September 2020 von https://ntrs.nasa.gov/citations/19940022856

Voigt, M. (7. Februar 2015). Wer sind wir eigentlich? *Die Tagespost.*

von Gersdorff, M. (11. November 2014). Kommt die postnatale Abtreibung? *Junge Freiheit*. Abgerufen am 09. März 2021 von https://jungefreiheit.de/kolumne/2014/kommt-die-postnatale-abtreibung/

Vonholdt, C. R. (Juli 2010). *Gender Mainstreaming: Ein Programm zur Gestaltung von Zukunftslosigkeit?* Abgerufen am 4. April 2020 von Deutsches Institut für Jugend und Gesellschaft: https://www.dijg.de/gender-mainstreaming/begriff-definition/

Vonholdt, C. R. (27. September 2012). Die kollektive Illusion der Homo-"Ehe". *Die Tagepost.*

Wadman, M. (27. June 2013). Medical research: Cell division. *Nature, 498*, S. 422-426. doi:10.1038/498422a

Wainright, J. L. & Patterson, C. J. (2006). Delinquency, victimization, and substance use among adolescents with female same-sex parents. *Journal of Family Psychology, 20*(3), S. 526–530. doi:10.1037/0893-3200.20.3.526

Wakonigg, D. (15. Januar 2019). *Niederlande: Kritik an homophober "Nashville-Erklärung"*. Abgerufen am 1. Mai 2020 von https://hpd.de/artikel/niederlande-kritik-an-homophober-nashville-erklaerung-16382

Walk Free Foundation (2018). *The Global Slavery Index 2018: Europe and Central Asia Report*. Perth, Australia.

Walter, F., Klechs, S. & Hensel, A. (Hrsg.). (2015). *Die Grünen und die Pädosexualität. Eine bundesdeutsche Geschichte.* Göttingen: Vandenhoeck & Ruprecht.

Weber, C. (24. April 2014). Was sie noch nie über Sex wissen wollten. *Süddeutsche Zeitung, 95*.

Weindling, P. (1. November 2012). Julian Huxley and the Continuity of Eugenics in Twentieth-century Britain. *J Mod Eur Hist., 10*(4), S. 480–499. doi:10.17104/1611-8944_2012_4

Weirauch, L. A., Gerhard-Herman, M. D. & Mendelson, M. M. (September 2018). Epigenetics. Is the Mode of Conception a Marker for Future Cardiovascular Risk? *Journal of the American College of Cardiology, 72*(11). doi:10.1016/j.jacc.2018.07.013

Welt (8. Mai 2012). Woher kommen die Menschenfleisch-Kapseln, die angeblich heilen? Abgerufen am 09. März 2021 von https://www.welt.de/aktuell/article106272817/Woher-kommen-die-Menschenfleisch-Kapseln-die-angeblich-heilen.html

Whitehall, J. (15. December 2016). Gender Dysphoria and Surgical Abuse. *Quadrant Online*. Abgerufen am 22. April 2020 von https://quadrant.org.au/magazine/2016/12/gender-dysphoria-child-surgical-abuse/

WHO-Regionalbüro für Europa und BZgA (2011). *Standards für die Sexualaufklärungin Europa. Rahmenkonzept für politische Entscheidungsträger, Bildungseinrichtungen, Gesundheitsbehörden, Expertinnen und Experten.* Köln: Bundeszentrale für gesundheitliche Aufklärung (BZgA). Abgerufen am 14. Dezember 2020 von https://www.bzga-whocc.de/fileadmin/user_upload/WHO_BZgA_Standards_deutsch.pdf

Wikipedia (31. October 2019a). *Senomyx*. Abgerufen am 30. Dezember 2019 von https://en.wikipedia.org/wiki/Senomyx

Wikipedia (2019b). *BDSM*. Abgerufen am 7. Dezember 2019 von https://de.wikipedia.org/wiki/BDSM

Wikipedia (2019c). *Sadomasochismus*. Abgerufen am 7. Dezember 2019 von https://de.wikipedia.org/wiki/Sadomasochismus

Wikipedia (2020a). *Pädophilie-Debatte (Bündnis 90/Die Grünen)*. Abgerufen am 13. Februar 2020 von https://de.wikipedia.org/wiki/P%C3%A4dophilie-Debatte_(B%C3%BCndnis_90/Die_Gr%C3%BCnen)

Wikipedia (2020b). *Pädophilie-Debatte (1970er und 1980er Jahre)*. Abgerufen am 16. Februar 2020 von https://de.wikipedia.org/wiki/P%C3%A4dophilie-Debatte_(1970er_und_1980er_Jahre)#cite_note-19

Wikipedia (2020c). *Rind et al. controversy*. Abgerufen am 22. Februar 2020 von wikipedia.org: https://en.wikipedia.org/wiki/Rind_et_al._controversy

Wikipedia (2020d). *Helmut Graupner*. Abgerufen am 17. April 2020 von wikipedia.org: https://de.wikipedia.org/wiki/Helmut_Graupner#cite_note-5

Wikipedia (2020e). *Tinder*. Abgerufen am 24. Juni 2020 von https://de.wikipedia.org/wiki/Tinder

Wikipedia (9. September 2020f). *Technologische Singularität*. Abgerufen am 02. Oktober 2020 von https://de.wikipedia.org/wiki/Technologische_Singularität

Wilson, H. (22. May 2018). Human reactions to rape culture and queer performativity at urban dog parks in Portland, Oregon. *Gender, Place & Culture*. doi:10.1080/0966369X.2018.1475346

Wilson, R. F. (2. Januar 2001). Children at Risk: The Sexual Exploitation of Female Children after Divorce. *Cornell Law Review, 86*. Abgerufen am 09. März 2021 von http://scholarship.law.cornell.edu/clr/vol86/iss2/1

Wolfensberger, W. (1975). *The Origins and Nature of our Institutional Models*. Syracuse, NY: Human Policy Press.

Wolfensberger, W. (October 1980). A Point of View. A Call to Wake Up to A New Wave of "Euthanasia" of Severely Impaired People. *Education & Training of the Mentally Retarded, 15*(3), S. 171-173.

Wolfensberger, W. (1984a). Holocaust II? *Journal of Learning Disabilities, 17*(7), S. 439-440.

Wolfensberger, W. (1984b). 'Euthanasia' in our society today. *People with Special Needs/Down Syndrom Report, 6*(2), S. 12.

Wolfensberger, W. (1992). *The new genocide of handicapped and afflicted people*. Syracuse, NY.

Wolfensberger, W. (1994c). The Growing Threat to the Lives of Handicapped People in the Context of Modernistic Values. *Disability & Society, 9*(3), S. 395-413.

Wolfensberger, W. (1994d). Let's hang up "quality of life" as a hopeless term. In D. Goode (Hrsg.), *Quality of life for persons with disabilities: International perspectives and issues* (S. 285-321). Cambridge: Brookline Books.

Wolfensberger, W. (2013). *A Brief Introduction To Social Role Valorization. A high-order concept for addressing the plight of societally devalued people, and for structuring human services* (4. Ausg.). Plantagenet, ON: Valor Press.

Wood, J. (25. September 2019). *Transgender man who gave birth but doesn't want to be described as 'mother' on birth certificate LOSES High Court fight to be recorded as 'father' or 'parent'*. Abgerufen am 24. April 2020 von https://www.dailymail.co.uk/news/article-7503201/Transgender-man-loses-legal-fight-birth-certificate.html

Wunder, M. (2020). *Gedenkort-T4: Was heißt Eugenik*. Abgerufen am 9. September 2020 von https://www.gedenkort-t4.eu/de/wissen/was-heisst-eugenik

Young, S. (4. November 2017). *Trans women could get pregnant 'tomorrow', fertility professor claims.* Abgerufen am 7. November 2020 von https://www.independent.co.uk/life-style/men-pregnant-womb-transplant-dr-richard-paulson-transgender-a8037201.html

Zentrum für Lehrerbildung der Universität Potsdam & LesBiSchwules Aktionsbündnis Land Brandenburg e.V. (September 2008). Schule unterm Regenbogen – HeteroHomoBiTrans-Lebensweisen im Unterricht an den Schulen im Land Brandenburg. Abgerufen am 6. April 2020 von https://elternaktion.files.wordpress.com/2019/01/handreichung_schule-unterm-regenbogen.pdf

Zuber-Jerger, I. (2002). Reproduktionsmedizin – Zwischen Trauma und Tabu: Zu hohe Risikobereitschaft. *Dtsch Arztebl, Heft 10,* S. A 617-619.

Zweites Vatikanisches Konzil, Gaudium et Spes (7. Dezember 1965). *Pastorale Konstiturion über die Kirche in der Welt von heute.* Abgerufen am 04. Oktober 2020 von http://www.vatican.va/archive/hist_councils/ii_vatican_council/documents/vat-ii_const_19651207_gaudium-et-spes_ge.html

Zwerenz, M. (3. August 2017). *Diese beiden Männer haben ein gemeinsames Kind bekommen.* Abgerufen am 25. April 2020 von https://ze.tt/diese-beiden-maenner-haben-ein-gemeinsames-kind-bekommen/